中国公文写作研究会公文文献研究室
鲁东大学公文文献研究中心
中国公文学研究

主　编　柳新华
副主编　徐艳华　张玉禄

简明公文类编（下册）

JianMing GongWen LeiBian

编　著　徐艳华　柳新华　张玉禄
参编人员　刘玉坤　乔卫星　王佳　刘璐　高慧

经济科学出版社
Economic Science Press

《中国公文学研究》编委会

名 誉 主 任　苗枫林
主　　　编　柳新华
副 主 编　徐艳华　张玉禄
成　　　员　（排名不分前后）

苗枫林　柳新华　徐艳华　张玉禄　姜德照
王东海　董相志　王红霞　丁洪荣　孙彩惠
李忠朋　蔡江涛　邵明媚　张艳伟　王　佳
乔卫星　刘国明　张晓青　兰　玲　史守海
李瑞芬　曲俊义　崔胜显　邵建国　刘玉坤
刘明洋　刘　璐　高　慧　张　晨　朱绘锦
史林林　乔雨菲

《简明公文类编》

编　　　著　徐艳华　柳新华　张玉禄
参编人员　刘玉坤　乔卫星　王　佳　刘　璐　高　慧

序

公文在中华文明的历史进程中一直担当着重要角色，历经几千年的演变和发展，始终发挥着治国安邦、革故鼎新、传递政令、凝聚民心、推动经济与社会发展的重要作用，但公文学作为一门独立学科被世人所重视，时间却相当短暂，充其量不过二十几年的历史。

20年前，苗枫林的《中国公文学》（齐鲁书社1987年版）一书出版，第一次较为系统地把公文作为一门学科进行研究，创造性地提出具有很高理论价值和实用价值的公文学观点，从理论和实践的结合上论述了公文学的基本规律，由此填补了中国公文学理论上的空白，成为中国公文学研究史上的里程碑。

此前我国公文学的研究，一直依附于其他学科，在秘书学、档案学、写作学、语言学、行政学等学科的边缘徘徊，犹抱琵琶半遮面，藏在深闺人不识。伴随着苗枫林《中国公文学》的问世，公文学有了"名"，有了较为科学的界限和定位，我国公文学研究逐渐自立门户，崭露头角。随后成立的中国公文写作研究会，在推动公文学研究方面做了大量工作，许多专家学者和党政机关的文秘工作者加入到了公文学研究队伍中来，大批优秀公文学研究成果不断涌现，理论研究与实践应用的结合也越来越密切，公文学成为一个内容日渐丰富、目标日趋清晰、体系逐渐完备的学术领域。时至今日，公文学研究已呈现出生机蓬勃的发展态势，越来越受到社会和理论学界的关注。

从《中国公文学》出版以来二十多年的时间里，出版社出版了大量公文方面的书籍。据中国公文写作研究会不完全统计，20世纪90年代以后，关于公文学和公文写作的各种版本的教材、专著计有200多种。但绝大多数是为满足社会需要，以及后来公务员考试的急需，而编辑出版的公文写作与处理方面的应用类书籍，这些著作对于普及公文知识，提高公文写作与处理水平，服务于社会及党政机关工作，发挥了重要作用。但就公文学理论研究方面而言，迄今为止尚未有超过苗枫林《中国公文学》的突破与建树。由于公文学理论研究滞后，致使公文写作领域长期囿于"格式加例文"的仿制模式，未能对我国公文的改革与发展以及文风建设发挥应有的作用。至今公文学的一些基本理论问题，诸如公文的定义、公文学的研究对象、公文学的学科体系、公文规范化理论以及公文文种归类等，均未有权威的定论，各执一词，莫衷一是。这种状况显然不利于公文学科建设以及更好地服务于社会和公务活动。

发展是硬道理，没有发展，任何事物都没有生命力。尽管公文学研究已经取得可喜的成绩，但同其他新兴学科一样，公文学同样面临打破瓶颈深入发展的问题。传统单一的研究方法和手段、固定不变的研究对象和内容，严重制约了公文学科的深度建构，研究成果陷于狭窄、重复、肤浅，难以突破飞跃的泥淖中。苗枫林生前就多次说过，要使公文从单纯的应用技术进入学术领域，必须深入开展理论研究，推动我国公文学科建设进程。否则，将导致公文的发展与应用误入歧途，甚或对党政机关作风和社会发展产生不良影响。为此，中国公文写作研究会会长桂维民指出，公文学界要努力做好三方面的改变：一是更新观念和思路，将公文学研究视野放得更宽、更广；二是拓宽研究范围和角度，促进公文学全方位、深层次发展；三是创新研究手段和方法，将公文学建立在科学论证的基础之上。

许多公文学界的专家学者在为公文学的健康发展进行着坚持不懈地努力和探索。2007年7月"苗枫林公文学术思想暨《中国公文学》出版发行20周年研讨会"和2011年7月"公文学的发展现状与展望和公文文献服务平台建设研讨会"期间，与会专家学者对公文学的现状与前景取向表示极大的关切，苗枫林先生出席会议，会上会下与有关人士多次谈到要加强公文学理论研究，并希望鲁东大学公文文献研究中心师生在这方面多做一些工作，并表示他正在做中国公文名篇赏读和公文史学方面的研究工作，如果出版，可以作为这方面研究的丛书之一。

根据苗枫林先生的建议，鲁东大学公文文献研究中心拟定了《中国公文学研究》丛书写作计划，落实了研究撰稿人员，结合公文学的教学、科研的需要展开工作。最初拟定的书目有《中国公文名篇赏析》（苗枫林）、《公文学的现状与展望》（柳新华）、《当代中国公文学》（柳新华、徐艳华）、《简明公文类编》（徐艳华、柳新华、张玉禄）、《中国公文史学》（张晓青）、《公文语言与修辞》（丁洪荣）、《公文格式规范》（姜德照）、《新编公文写作》（王红霞）、《电子公文撰制》（柳新华、王东海、董相志）等，并议定根据研究工作的进展情况，篇目作适当的增加或减少。

《中国公文学研究》丛书编写工作，从一开始就坚持理论与实践相结合、研究与应用相结合，但侧重于公文理论方面的研究，力求走出公文类书籍格式加例文的窠臼，在公文的深领域、广覆盖、系统化上做文章。丛书作为一个整体，力求全面反映公文学的主体框架内容，并努力在以往无人涉及的领域拓展，同时，考虑读者学习使用方便，各个分册又各自独立成编，不追求形式上的统一。因此在公文研究领域一些重要问题上不惜笔墨，展开论述，而对社会已见著述较多的内容一掠而过，甚或仅作简单介绍。

几年来，担纲任务的鲁东大学公文文献研究中心的师生，以不畏艰难、勇于探索的精神，取得了一大批有价值、有见地、开创性的研究成果，完成多项重大课题研究，发表了一批优秀论文，建立了在全国颇具影响的公文数据库、公文服务平台和公文研究网站，经中国公文写作研究会批准建立了该会直属的公文文献研究室，开启了公文学研究新的阵地和良好的发展模式，受到各方的关注和重视。

正当《中国公文学研究》丛书在有计划、有步骤全面展开之际，不幸的是2013年1月苗枫林先生因病去世，使丛书的编写工作失去了一位重要的领导者和指导者。临终前他委托家人将他已经完稿的《中国公文名篇赏析》转交给鲁东大学公文文献研究中心安排出版事宜。为了表达对苗枫林先生的敬慕和怀念，鲁东大学公文文献研究中心师生以最快的速度组织校对、编审，在苗枫林先生逝世一周年之前将《中国公文名篇赏析》提前交由经济科学出版社出版发行，随后陆续完成其他书稿，于2013年下半年到2014年下半年由经济科学出版社完成编辑出版。

我们虽然尽最大努力完成了《中国公文学研究》丛书的编撰，但我们深知，由于能力和水平的限制，我们的研究离苗枫林先生的期望还有很大差距，完成苗枫林先生的未竟事业，真正确立公文学的学科地位，使之形成一门独立、严整的学科，还有大量的工作要做，还有很长的路要走。我们愿意与广大的公文学研究者一道继续迎难而上，拼搏奋进，深入思考问题，脚踏实地进行研究，为公文学科的建立与发展作出积极的贡献。

最后，需要说明的是，《中国公文学研究》丛书在编写过程中，参考借鉴了公文学界专家学者近年来的大量研究成果，咨询查阅了大量出版物和网络有关数据库，虽然在各个分册参考书目中和引文中已分别表达谢忱，但仍然有大量研究者、作者的名字未能一一列出，在此，谨以编委会的名义，向所有提供研究成果、著作、资料信息和对丛书编辑出版给予关心、支持和帮助的朋友表示衷心的感谢！

柳新华

2014 年 12 月 12 日

（序作者柳新华，为中国公文写作研究会副会长、中国公文写作研究会公文文献研究室主任、鲁东大学公文文献研究中心主任）

前　言

公文作为一种管理工具，在我国党政机关、事业和企业单位的地位和作用越来越重要，社会应用日益扩大和广泛，公文种类也伴随时代发展和工作需要不断调整，日渐增多。为了满足社会应用需要和公文学理论研究的需要，鲁东大学公文文献研究中心（中国公文写作研究会公文文献研究室）作为全国首家高校公文学与公文写作的科学研究机构，在教学和研究过程中，广泛搜集整理了历史至今的公文种类，编写了这部《简明公文类编》。

公文，作为人类文明的产物，可谓历史悠久，源远流长。公文种类在公文的发展进程中，以及在公文的现实应用中扮演着十分重要的角色，经过两千多年的繁衍，俨然已成为一个庞大家族。如今的公文，从广义讲，包括机关、团体、事业和企业单位的各种文件、电报、报表、会议文件、调查资料、记录、登记表册，等等。据《简明公文类编》编写过程的不完全统计，从古至今诞生的公文文种约有2000多种。我们从公文文种在历史上的生生死死、曲曲折折的演变轨迹中，可以认识公文在人类文明发展史中的重要地位和作用，可以更好地利用公文为现实工作服务，可以为公文学的理论研究提供珍贵的资料和依据。因此，《简明公文类编》编纂出版，在公文学与公文写作的理论与实践上，具有重要的理论意义和现实价值。

本书在编写中，努力做到以下三点：一是力求全面。本书内容共分为上、中、下三编，上编为古代公文，按照历史纵向顺序编写，包括先秦、秦汉、魏晋南北朝、隋唐、宋元、明清等历史时期的公文文种；中编为近现代公文，主要包括太平天国、民国时期和新民主主义革命时期使用的公文种类。下编为当代公文,按照现实工作的横向顺序和使用领域编写,涉及规范性公文、法规与规章性公文、事务性公文以及各类专用公文。二是简明扼要。书中除概述公文种类的历史演变以外,不论是历史公文文种还是当代公文文种只是列出了公文文种的名称、定义、用途、例文标题及来源等属性信息,省略了例文正文,以便读者能够即查即用、按图索骥。三是注重实用。现实工作中公文种类繁多,除党政机关规范性公文外,各种公文文种定义由于系统、部门、地方、组织、团体不同,自定概念、用途和规范,往往使人真伪难辨、莫衷一是,为此,编写中一一甄别,力求采用党和国家权威部门规定或社会公认、约定俗成的说法。如现实公文文种采用现行的《党政机关公文处理工作条例》、《党政机关公文格式》的规定等,以免误导读者。

需要说明的是,当前公文学界和实际工作中,公文领域有许多疑而未决的问题,由于受编写体例和篇幅的限制,无法一一展开说明和讨论,只能根据我们的认识和研究,取其一种说法。如公文与文书、与文件、与应用文以及文章、档案之间的历史渊源、相互联系、相互区别,至今众说纷纭,莫衷一是,但编写中又是无法回避的,为了统一表述方便起见,除保留历史原貌外,在行文中,一律统一为广义公文含义之下。再如每种公文文种在历史长河的演变过程中,名称虽然一样,但不同历史时期的语言表述、内涵和用途是不一致的,甚至大相径庭,遇到类似情况,一般采用初始的说法,而后对其重要的发展变化进行补述,而变化不大的历史时期和阶段不去进行一一对应的阐述。

《简明公文类编》是鲁东大学公文文献研究中心师生的共同研究成果,编写时间长达三年有余。徐艳华副教授、柳新华教授、张玉禄研究员为此倾注了大量的心血,往往为了一个公文种类四处查找资料,反复修改,直至满意为止;鲁东大学公文文献研究中心连续三届公文写作与处理专业的研究生刘玉坤、乔文星、邵建国、吴颖、邓丽丽、王佳、刘璐、高慧等同学在校学习期间,在资料收集整理、编写校对及统编中做了大量的工作，其中，刘玉坤、乔卫星、王佳、刘璐、高慧等，还承担了统编任务；鲁东大学图书馆张晓青、王贞俭、苑刚、张艳玲、高秀萍馆员等，在百忙之中查找提供了许多有价值的史料；乔雨菲、朱绘锦、王晓华、苏燕、赵爱、付海霞、李伟、李娇娇等选修课的研究生同学也参与了资料收集和校对工作；还有鲁东大学文学院和出版社的许多老师和同志们，在编写本书的过程中，曾给予了热情的指导和帮助，在此一并表示衷心感谢！

编著者

2014 年 12 月 12 日

总　目

凡例	1
简明公文类编文种目录	1
简明公文类编	1
附录一　条目音序索引	570
附录二	
表1　古代公文种类	640
表2　近代公文种类	648
表3　现代公文种类	652
表4　港澳台地区公文种类	674
参考文献	675
后记	679
跋	681

凡　例

1. 本类编收录了中国自古代以来各个历史时期使用的公文文种2500余条，以简要介绍其基本概念（定义）、文种的渊源和确立（出处）、用途和文种类别为主，部分条目并加以图文，例举了比较规范的实例。

2. 条目安排：

（1）本编所收全部条目的排列法如下：

①对所选古代、近代公文文种，依其时代顺序，按文种类别对公文条目进行排列。公文种类分级，一级：行文方向（下、上、平、多向），二级：文种种类（条目）。

②现代公文文种类别，分别是以其使用领域或行业编排的，有的又按其行业特点划分了子类别。

③本书所收文种种类条目分单字条目和多字条目，同种类条目按字数、笔划多少的顺序排列。

（2）个别文种名称相同，但在不同时代使用过，或有发展、演化，或另有用途、释义不同，均分别编排于相应的文种类别，对文种演化的方面、方向、过程作了简述。

（3）凡所选编公文文种有别称、简称的，一般在条目释文中注明。词条释义内容包括多项的，分开作注，列项标明。如公文文种名称条目相同、与前条目释义变化不大，且有联系的，注明有：【参见××章×节：××条】

（4）现代的党、人大、政协、政府及其部门、司法、社团等专用公文文种，集中列为一章"专用公文文种"。①主要收录了具有行业特点、常用的部分叙述式文种条目，一般的表单式条目未编录。②编入了部分已经停止使用，但又具有文种类别特点的专用公文文种，如：劳动教养类专用公文。③行政指导、许可、确认、监督、复议、裁决、处罚、强制等法律法规专用公文，适用于行政机关各部门，在本类编中分类作了简述，在其他行政部门或行业专用公文条目中不再重复赘述。

（5）为便于检索公文文种条目，本类编附录了条目音序索引，并附录古代、近代、现代、港澳台地区公文种类表。

简明公文类编
文种目录

上编 古代公文种类

第一章 先秦公文种类 ………… 3
第一节 下行公文文种 ………… 7
一、王命公文 ………… 7
令 ………… 7
吊 ………… 7
告 ………… 7
诏 ………… 7
命 ………… 7
谏 ………… 8
封 ………… 8
诰 ………… 8
赦 ………… 9
教 ………… 9
策 ………… 9
谟 ………… 9
丹书 ………… 10
玺书 ………… 10
二、官府公文 ………… 10
方 ………… 10
语书 ………… 10
第二节 上行公文文种 ………… 11
对 ………… 11
范 ………… 11
诵 ………… 11
颂 ………… 11
谏 ………… 11
歌 ………… 11
牒 ………… 12
箴 ………… 12
治 治成 ………… 12
治中 ………… 13
功书 ………… 13
事书 ………… 13
复逆 ………… 13
禹贡 ………… 13
贤能之书 ………… 14
民情之五书 ………… 14
第三节 平行公文文种 ………… 14
移文 遗书 贻书 ………… 14
第四节 多向行文文种 ………… 14
书 上书 ………… 14
训 训诰 ………… 15
议 ………… 15
告 ………… 15
诉 ………… 15
版 ………… 16
质 ………… 16

第五节　专用公文文种 …… 16

一、卜辞与祭祀公文 …… 16
祈 …… 16
祝　祷 …… 17
卜辞 …… 17
占辞 …… 17
命辞 …… 17
前辞 …… 18
验辞 …… 18

二、礼法公文 …… 18
礼 …… 18
礼籍 …… 19
式 …… 19
则 …… 19
贡 …… 19
两 …… 20
判 …… 20
典 …… 20
法 …… 20
柄 …… 21
律 …… 21
统 …… 21
职 …… 21
赋 …… 22
禁 …… 22
辞 …… 22
籍 …… 22
国比 …… 22

三、军事公文 …… 23
节 …… 23
诅 …… 23
征 …… 23
符 …… 23
盟 …… 24
誓 …… 24
檄 …… 24
符节 …… 25
符玺 …… 25
简稽 …… 25

四、经济公文 …… 25
券 …… 25
契 …… 25
丁籍 …… 25
比居 …… 26
比要 …… 26
日成 …… 26
月计 …… 26
月要　月成 …… 26
计书 …… 26
书契 …… 27
左契 …… 27
右契 …… 27
礼命 …… 27
地比 …… 28
岁会 …… 28
岁成 …… 28
约剂 …… 28
质剂 …… 28
质要 …… 28
役要 …… 29
判书 …… 29
版图 …… 29
要会 …… 29
傅别 …… 29

第二章　秦汉公文种类 …… 31

第一节　下行公文文种 …… 34
一、皇帝专用公文 …… 34

令	34	策问	41
旨	34	九锡文	41
告	34	起居注	41
谕	34	丹书铁券	41
戒	34	二、官府公文	42
戒书	35	布告	42
诏	35	方书	42
诏书	35	府书	42
诏记	35	举书	42
诏告	35	扁书	43
诏条	35	除书	43
诏板	36	遣书	43
制	36	报　报书	43
制诏	36	教　教帖	43
密诏	36	章程	43
封	36	**第二节　上行公文文种**	**44**
封赐	37	对	44
益封	37	议	44
辞封	37	启	44
增封	37	状　行状	44
赦	37	表	45
大赦	38	奏	45
曲赦	38	章	46
郊赦	38	笺	46
恩赦　常赦	38	疏	46
敕	38	白事	47
手敕	38	应书	47
申敕	39	奏策	47
戒敕	39	封事	47
切责	39	奔命书	48
玉册	39	变事书	48
符命	40	奏谳书	48
玺书	40	请诏书	48
策书	40	**第三节　平行公文文种**	**49**

刺	49	僮约	56
品约	49	买田券	56
移书	49	买地券	57

第四节　多向行文文种 …… 49

书	49		
记	50		
传	50		
符	50		
繻	50		
过所	50		
碑文	51		
牒　牒书	51		

第三章　魏晋南北朝公文种类 …… 58

第一节　下行公文文种 …… 61

一、诏敕公文 …… 61

手令	61
令书	62
令旨	62
天制	62
制书	62
诏	62
诏黄	62
诏策	62
遗诏	62
敕	62
敕书	63
天敕	63
申敕	63
曲赦	63
赦文	63
策	63
册	64
册书	64
册文	64
册命	64
哀册	64
谥册	64
赠谥册	65

第五节　专用公文文种 …… 52

一、军事公文 …… 52

檄	52
檄移	52
虎符	52
露布	53

二、法律公文 …… 53

比	53
令	53
式	54
告	54
制	54
律	54
科	55
效	55
行书	55
爰书	55
故事	55
法律答问	55

三、经济公文 …… 56

约	56
贳卖	56

二、官府公文 …… 65

令	65
告身	65

板 …………………… 65	格 …………………… 70
教 …………………… 65	故事 ………………… 71
符 …………………… 66	三、经济公文 ……… 71
牓 …………………… 66	户籍 ………………… 71
第二节 上行公文文种 … 66	记账 ………………… 71
议 …………………… 66	券契 ………………… 71
启 …………………… 66	税契 ………………… 71
详 …………………… 66	买地券 ……………… 71
奏 …………………… 67	四、谱牒公文 ……… 72
笺 …………………… 67	状 行状 …………… 72
解 …………………… 67	诔文 ………………… 72
表 …………………… 67	谱牒 ………………… 72
贺表 ………………… 67	墓志铭 ……………… 73
弹事 ………………… 67	
第三节 平行公文文种 … 68	**第四章 隋唐公文种类** … 74
刺 …………………… 68	**第一节 下行公文文种** … 79
移 …………………… 68	一、皇帝专用公文 … 79
牒 …………………… 68	批 …………………… 79
第四节 多向行文文种 … 68	报 …………………… 79
书 …………………… 68	手诏 ………………… 79
关 …………………… 68	诏令 ………………… 79
符 …………………… 69	诏书 ………………… 80
第五节 专用公文文种 … 69	册书 ………………… 80
一、军事公文 ……… 69	制书 ………………… 80
符 …………………… 69	玺书 ………………… 81
檄文 ………………… 69	铁券 ………………… 81
露布 ………………… 69	赦文 ………………… 81
二、法律公文 ……… 69	赦书 ………………… 82
比 …………………… 69	敕牒 ………………… 82
令 …………………… 69	御札 ………………… 82
式 …………………… 70	德音 ………………… 82
状 …………………… 70	慰劳制书 …………… 82
律 …………………… 70	二、皇室专用公文 … 83
科 …………………… 70	令 …………………… 83

教	83	第三节 平行公文文种	88
起居注	83	关	88
三、官府公文	83	刺	88
公验	83	移	88
告身	83	第四节 多向行文文种	88
堂帖	83	碑文	88
符	84	牒	88
旨符	84	简牒	89
宣	84	第五节 专用公文文种	89
宣麻	84	一、军事公文	89
边牒	84	木契	89
优牒	84	鱼符	89
考牒	84	龟符	90
度牒	85	檄文	90
简牒	85	露布	90
榜	85	二、法律公文	91
长名榜	85	令	91
第二节 上行公文文种	85	式	91
一、上奏公文	85	判	91
议	85	典	91
启	85	律	92
状	86	科	92
熟状	86	格 永格	92
表	86	格后敕	92
弹	86	比附	93
笺	86	条例	93
疏	86	断状	93
奏	86	辞牒	93
奏抄	87	三、经济公文	93
封事	87	券	93
牓子	87	契	94
二、官府公文	87	户帖	94
笺	87	手实	94
辞	87	计账	94

市籍 …………………………… 95	敕书 …………………………… 105
田簿 …………………………… 95	敕命 …………………………… 105
四、谱牒公文 ………………… 95	敕牒 …………………………… 106
玉牒 …………………………… 95	敕牓 …………………………… 106
族谱 …………………………… 95	御札 …………………………… 106
谱牒 …………………………… 95	遗诰 …………………………… 106
墓志铭 ………………………… 96	德音 …………………………… 106
五、其他 ……………………… 96	白札子 ………………………… 106
功状 …………………………… 96	二、皇室专用公文 …………… 107
由历 …………………………… 96	令旨 …………………………… 107
甲历 …………………………… 96	懿旨 …………………………… 107
凭由 …………………………… 97	起居注 ………………………… 107
保状 …………………………… 97	三、官府公文 ………………… 107
陟状 …………………………… 97	头子 …………………………… 107
脚色 …………………………… 97	札付 …………………………… 108
时政记 ………………………… 97	记过 …………………………… 108
	指挥 …………………………… 108
第五章 宋元公文种类 ……… 98	省札 …………………………… 108
第一节 下行公文文种 ……… 102	晓示 …………………………… 108
一、皇帝专用公文 …………… 102	牌面 …………………………… 108
诏 ……………………………… 102	照札 …………………………… 109
制 ……………………………… 103	解由 …………………………… 109
诰 ……………………………… 103	榜文 …………………………… 109
赦 ……………………………… 103	故牒 …………………………… 109
宣 ……………………………… 103	黄牒 …………………………… 110
宣命 …………………………… 104	敕牒 …………………………… 110
口宣 …………………………… 104	今故牒 ………………………… 110
手札 …………………………… 104	**第二节 上行公文文种** ……… 110
手诏 …………………………… 104	一、上奏公文 ………………… 110
册书 …………………………… 104	书 ……………………………… 110
圣旨 …………………………… 105	帖 ……………………………… 111
批答 …………………………… 105	表 ……………………………… 111
告敕 …………………………… 105	章 ……………………………… 111
敕 ……………………………… 105	疏 ……………………………… 111

奏状	111	令	116
熟状	111	式	116
封事	112	律	116
弹事	112	格	116
白劄子	112	条格	117
牓子	112	条例	117
入门牓子	112	例　断例	117
辞见牓子	112	札撒　大札撒	117
二、官府公文	112	判状	118
启	112	诉状	118
申状	113	牒状	118
谏书	113	三、经济公文	118
牒上	113	契	118
牒呈上	113	丁籍	118

第三节　平行公文文种 … 113　户帖 … 118
关 … 113　合同 … 118
刺 … 113　凭由 … 119
移 … 113　茶引 … 119
公牒 … 114　盐引 … 119
平牒 … 114　鼠尾簿 … 119
国信 … 114　四、谱牒公文 … 119
咨文 … 114　玉牒 … 119
咨呈 … 114　行状 … 120
咨报 … 114　族谱 … 120
密白 … 114　墓表 … 120

第四节　多向行文文种 … 115　墓志铭 … 120
牒 … 115
劄子 … 115　**第六章　明清公文种类** … 121
策问 … 115
第五节　专用公文文种 … 116　**第一节　下行公文文种** … 126
一、军事公文 … 116　一、皇帝专用公文 … 126
檄 … 116　诏 … 126
露布 … 116　遗诏 … 127
二、法律公文 … 116　即位诏 … 127
　　　　　　　　　　　　　罪己诏 … 127

册命	127	差票	134
朱谕	128	票文	135
批答　朱批	128	牌　牌面　牌文	135
制书	128	牌示	135
制辞	128	牌票	135
诰命	129	牌檄	135
铁券	129	火牌	135
敕	129	白牌	135
敕书	129	兵牌	136
敕命	129	护牌	136
敕谕	130	度牒	136
传敕	130	故牒	136
坐名敕	131	尾单	136
谕	131	排单	136
谕旨	131	勘劄	136
寄信谕旨	131	堪合	137
二、皇室专用公文	132	谕文　谕帖	137
懿旨	132	安民告示	137
起居注	132	勒石告示	137
三、官府公文	132	第二节　上行公文文种	137
示　告示	132	一、上奏公文	137
传示	132	启	137
红示	132	译	138
批　批示	132	表　笺	138
帖　下帖	133	奏　疏	138
驾帖	133	讲章	138
号纸	133	折本	139
交片	133	密本	139
执照	133	奏本　题本	139
邮符	134	奏折	139
火票	134	奏副	140
兵票	134	驳议	140
信票	134	弹事	140
宪票	134	揭帖	140

录副奏折……………………… 140
二、官府公文……………………… 140
长详……………………………… 140
由详……………………………… 140
通详……………………………… 140
详册……………………………… 141
详文……………………………… 141
申文……………………………… 141
申状……………………………… 141
呈状……………………………… 141
节略……………………………… 142
说帖……………………………… 142
验文……………………………… 142
密单……………………………… 142
牒呈……………………………… 142
膳牌……………………………… 143
禀………………………………… 143
禀帖……………………………… 143
条禀……………………………… 143
夹单禀…………………………… 144
红白禀…………………………… 144
双红禀…………………………… 144
八股文…………………………… 144

第三节　平行公文文种……… 145
函………………………………… 145
付子……………………………… 145
平关……………………………… 145
平咨……………………………… 145
关文……………………………… 145
咨文……………………………… 146
移文……………………………… 146
移会……………………………… 146
知会……………………………… 146

第四节　多向行文文种……… 147

电………………………………… 147
牒………………………………… 147
札………………………………… 147
札付……………………………… 147
咨呈……………………………… 148
照会……………………………… 148
绿头牌…………………………… 148

第五节　专用公文文种……… 149
一、法律公文……………………… 149
令………………………………… 149
律………………………………… 149
诰………………………………… 149
状………………………………… 150
认状……………………………… 150
批状……………………………… 150
供状……………………………… 150
招状……………………………… 150
结状……………………………… 150
副状……………………………… 151
领状……………………………… 151
甘结……………………………… 151
会典……………………………… 151
成案……………………………… 151
收管……………………………… 151
金票……………………………… 152
供词……………………………… 152
例………………………………… 152
则例……………………………… 152
条例……………………………… 152
事例……………………………… 152
谕　令…………………………… 152
堂谕……………………………… 153
榜文……………………………… 153
二、军事公文……………………… 153

檄	153	官契	158
火牌	153	红契	158
金牌　信符	153	契尾	158
军册	154	契约	158
符节	154	实收、库收	159
符验	154	执照	159
丹符	155	黄册	159
敕符	155	鱼鳞图册	159
探报	155	易知由单	160
塘报	155	四、谱牒公文	160
勘合	155	玉牒	160
露布	156	族谱	160
三、经济公文	156	墓表	160
文批　批廻	156	墓志铭	161
户籍	156	五、外交公文	161
户帖	156	书	161
牙帖	156	国书	161
由帖	157	节略	161
茶引	157	护照	161
盐引	157	条约	162
串票	157	条款	162
股票	158	照会	162
合同	158		

中编　近代公文种类

第七章　太平天国时期公文种类	165	札谕	169
		训谕	170
		咏谕	170
第一节　下行公文文种	169	珍谕	170
告示	169	诫谕	170
条例	169	诰谕	170
知照	169	海谕	170
劝谕	169	钧谕	170

晓谕	171	兵册	176
谆谕	171	家册	176
喧谕	171	馆衙名册	176
珍醒	171	将凭	176
诲醒	171	路引	176
勖醒	171	路凭	177
天王诏旨	172	三、经济公文文种	177
幼主诏旨	172	田凭	177
第二节　上行公文文种	172	商凭	177
上呈	172	易知由单	177
本章	172	油盐口粮挥条	177
敬禀	172	油盐转发通知	178
跪禀	172	四、外交公文文种	178
禀申	172	书	178
禀报	173	书致	178
禀奏	173	书复	178
第三节　平行公文文种	173	札谕	178
启	173	诰谕	178
函	173	照会	179
书	173	五、宗教公文文种	179
书复	173	开印奏章	179
书致	174	中秋奏章	179
照会	174	礼拜奏章	179
第四节　特殊公文文种	174	乔迁奏章	179
一、法律公文	174	花烛奏章	179
天条	174	封印奏章	179
天命　天令	174	祝寿奏章	179
刑律	174	除岁奏章	180
合挥	175	端阳奏章	180
制度	175	谢恩奏章	180
官执照	175	元旦出行奏章	180
二、军事公文文种	176	升官开印奏章	180
军目	176	谢恩兼悔罪奏章	180
军册	176	第五节　其他公文文种	180

门牌	180	布告	192
封套	181	方案	192
路程单	181	册文	192
去文底簿	181	交片	192
来文底簿	181	决议	192
送信记事	181	启事	193
		批	193
第八章　民国时期公文种类	182	批令	193
		批示	193
第一节　下行公文文种	187	批答	193
令	187	宣言	194
手令	187	封寄	194
手谕	187	须知	194
申令	187	通令	194
电令	188	通告	194
告令	188	通报	194
告示	188	通知	195
训令	188	密令	195
训词	189	密饬	195
命令	189	意见	195
指令	189	榜示	195
院令	189	任命状	195
部令	189	**第二节　上行公文文种**	196
赦令	190	呈	196
策令	190	电呈	196
处分令	190	咨呈	196
委任令	190	签呈	197
大总统令	190	密呈	197
示	191	密报	197
札	191	密详	197
饬	191	密奏	197
谕	191	详	198
广告	191	禀	198
公告	191	奏	198

奏折	198	贺电	204
手折	198	通电	204
计划	198	密电	204
节略	198	传单	204
报告	199	告书	205
条陈	199	纪实	205
咨陈	199	声明	205
要点	199	移付	205
说帖	199	记事录	205
提案	199	审查录	205
情报	200	建议书	206
简报	200	说明书	206
简章	200	演讲词	206
请愿书	200	会议记录	206
意见书	200	会议纪要	206
报告书	200	会谈记录	206
工作报告	201	调查报告	207
政绩报告	201	**第五节 专用公文文种**	207
第三节 平行公文文种	201	一、法律与法规性公文	207
付	201	法	207
咨	201	办法	207
公函	201	约法	207
电函	202	大纲	207
笺函	202	纲要	207
密函	202	纲领	208
密咨	202	诉状	208
议案	202	条例	208
合同	203	条规	208
契约	203	规约	208
备忘录	203	规程	208
第四节 多向行文文种	203	规则	209
状	203	细则	209
电报	203	要则	209
代电	204	通则	209

章程	209
官制	209
指令	210
赏格	210
判决书	210
起诉书	210
二、军事公文	210
禀	210
檄	210
批令	210
规令	211
宣令	211
移文	211
捷报	211
战报	211
战斗详报	211
战斗要报	211
战斗概报	212
战绩电报	212
战绩通报	212
作战计划	212
作战命令	212
作战通报	212
作战机密日记	213
作战经过概要	213
三、财经公文	213
合约	213
清册	213
统计表	213
财政概要	214
岁入总预算表	214
岁出总预算表	214
预算审查报告	214
四、外交公文	214

节略	214
协约	214
协定	215
声明	215
条约	215
宣言	215
说帖	215
通牒	215
照会	216

第九章 革命战争时期公文种类 …… 217

第一节 下行公文文种 …… 220

令	220
电令	220
训令	221
训词	221
命令	221
指令	221
通令	221
密令	221
动员令	221
通缉令	222
紧急命令	222
法	222
大纲	222
办法	222
方案	222
公告	222
布告	223
计划	223
决议	223
决定	223
启事	223

告书	223	意见书	228
条例	224	第三节 平行公文文种	228
纲领	224	公函	228
批	224	协定	228
批示	224	声明	228
批复	224	便函	228
批答	224	咨文	229
指示	225	提议	229
指示信	225	提案	229
规定	225	第四节 多向行文文种	229
规程	225	表	229
规则	225	电报	229
细则	225	代电	229
原则	225	贺电	230
通则	226	证明	230
通告	226	经验	230
通报	226	宣言	230
章程	226	通知	230
意见	226	提纲	230
第二节 上行公文文种	226	签条	231
呈	226	简报	231
签呈	227	讲话稿	231
报告	227	慰问信	231
总结	227	会议记录	231
要点	227	会议纪要	231
请示	227	紧急通知	232
上诉书	228	调查报告	232

下编　现代公文种类

第十章　党的公文种类	235	公约	237
		办法	237
第一节　党内法规与规章性		条例	237
公文	237	守则	237

细则················ 238
准则················ 238
规则················ 238
规范················ 238
规定················ 238
规程················ 239
制度················ 239
党章················ 239
第二节 党的规范性公文··· 239
函················· 239
公报················ 240
公告················ 240
决议················ 240
决定················ 240
规定················ 241
纪要················ 241
批复················ 241
条例················ 242
命令（令）············ 242
指示················ 242
请示················ 242
意见················ 243
报告················ 243
通告················ 243
通报················ 244
通知················ 244
紧急通知············· 244
统计公报············· 244
联合公报············· 245
第三节 党的事务性公文··· 245
一、党委机关事务性工作公文··· 245
党委工作计划·········· 245
党委工作总结·········· 245
党代会工作报告········· 245

党代会代表提案········· 246
党委领导班子述职报告····· 246
党代表提案（提议）的转办函··· 246
党代表提案办理结果意见
　　反馈表············ 246
二、党委工作部门事务性公文··· 246
方案················ 247
计划················ 247
规划················ 247
讲话················ 247
纲要················ 247
建议················ 248
信息················ 248
总结················ 248
简报················ 248
工作安排············· 248
工作要点············· 249
典型材料············· 249
宣传提纲············· 249
调查报告············· 249

第十一章　行政公文种类··· 250
第一节　行政法规与规章性公文··· 253
公约················ 253
办法················ 253
实施办法············· 253
管理办法············· 254
守则················ 254
细则················ 254
实施细则············· 254
全面实施细则·········· 254
地方实施细则·········· 254
部分实施细则·········· 255
规则················ 255

规定	255	决定	264
规范	255	专项性决定	265
规程	255	公布性决定	265
条例	255	处置性决定	265
制度	256	任免性决定	265
章程	256	决策性决定	265
第二节　规范性行政公文	256	纲领性决定	266
令	256	奖惩性决定	266
条令	257	部署性决定	266
命令	257	宣告处理性决定	266
指令	258	纪要	266
公布令	258	办公会议纪要	267
主席令	258	专题会议纪要	267
任免令	258	研讨会议纪要	267
行政令	259	联席会议纪要	267
宣布令	259	议案	267
嘉奖令	259	立法案	268
国务院令	259	预算案	268
函	259	建撤案	268
公函	260	人事任免案	268
便函	261	授予荣誉称号案	269
告知函	261	国民经济和社会发展计划案	269
审批函	261	批示	269
询问函	261	批复	269
商洽函	261	决定性批复	270
答复函	262	批准性批复	270
布告	262	指示性批复	270
公报	262	报告	270
公告	262	专题报告	271
知照性公告	263	问题报告	271
政策性公告	263	呈送报告	271
要事性公告	263	建议报告	272
强制性公告	264	情况报告	272
决议	264	综合报告	272

决策方案报告	272	直发性意见	281
综合分析报告	272	规划性意见	281
可行性研究报告	273	指导性意见	281
请示	273	**第三节 事务性公文**	281
紧急请示	273	公示	281
批转性请示	273	电文（传真电报）	281
求准性请示	274	讲话	282
解答性请示	274	设想	282
通告	274	纲要	282
事项性通告	274	指南	282
法规性通告	275	须知	282
知照性通告	275	标准	282
通报	275	说明	282
批评通报	276	方案	283
表彰通报	276	草案	283
紧急通报	276	预案	283
情况通报	276	修正案	284
通知	276	清单	284
紧急通知	277	工作安排	284
督查通知	277	工作要点	284
发布性通知	278	工作指引	284
任免性通知	278	工作经验	284
会议性通知	278	先进事迹	284
批转性通知	278	典型材料	285
事务性通知	278	规划	285
知照性通知	279	计划	285
转发性通知	279	学习计划	285
指示性通知	279	活动计划	286
颁发性通知	279	专项性计划	286
签报	279	综合性计划	286
意见	280	汇报	286
计划性意见	280	汇报提纲	286
实施性意见	280	调查汇报	286
建议性意见	280	调查报告	287

调查提纲 …………………… 287	黄皮书 …………………… 295
调研报告 …………………… 287	绿皮书 …………………… 295
基本情况调查报告 ………… 287	蓝皮书 …………………… 295
述职报告 …………………… 287	准入条件 ………………… 296
自我检查报告 ……………… 287	
总结 ………………………… 288	**第十二章　专用公文种类** …… 297
个人总结 …………………… 288	**第一节　党务机关专用公文** … 297
专题总结 …………………… 288	一、综合办公部门专用公文 … 297
全面总结 …………………… 288	抄告单 …………………… 297
简报 ………………………… 288	汇报提纲 ………………… 297
会议简报 …………………… 289	电话记录单 ……………… 298
工作情况简报 ……………… 289	督查通知单 ……………… 298
典型经验简报 ……………… 289	督查结果报告单 ………… 298
主持词 ……………………… 289	会务事项联系单 ………… 298
开幕词 ……………………… 289	领导同志出席会议安排表 ……… 298
闭幕词 ……………………… 289	二、纪检（行政监察）部门
欢迎词 ……………………… 290	专用公文 ……………… 299
欢送词 ……………………… 290	立案报告 ………………… 299
祝酒词 ……………………… 290	审查报告 ………………… 299
答谢词 ……………………… 290	见面材料 ………………… 299
公开信 ……………………… 291	说明材料 ………………… 299
表扬信 ……………………… 291	谈话笔录 ………………… 299
感谢信 ……………………… 291	信访复信 ………………… 300
慰问电 ……………………… 291	信访转办函 ……………… 300
慰问信 ……………………… 292	立案调查结论 …………… 300
邀请函 ……………………… 292	纪检工作条例 …………… 300
贺电 ………………………… 292	纪检证明材料 …………… 301
贺词 ………………………… 292	纪检调查笔录 …………… 301
贺信 ………………………… 293	纪律处分决定 …………… 301
讣告 ………………………… 293	纪律检查建议书 ………… 301
唁电 ………………………… 293	行政监察通知书 ………… 301
悼词 ………………………… 294	行政监察建议书 ………… 302
白皮书 ……………………… 294	停职检查建议书 ………… 302
红皮书 ……………………… 294	案件通报 ………………… 302

案件处理批复	302
案件复查批复	302
案件审理报告	303
案件调查报告	303
党纪处分申诉登记卡	303
三、组织部门专用公文	303
（一）组织工作类	303
入党誓词	303
入党申请书	304
入党志愿书	304
入党考察报告	304
入党思想汇报	304
入党介绍人意见	305
入党转正申请书	305
党组织专用公示	305
党组织专用办法	305
党组织专用记录	305
党组织专用决议	305
党组织专用决定	306
党组织专用报告	306
党组织专用材料	306
党组织专用请示	306
党组织专用通知	306
党组织专用意见	307
党组织专用鉴定	307
党组织专用审批表	307
党组织专用登记表	307
党组织关系介绍信	308
党组织专用思想汇报	308
吸收预备党员决议	308
（二）干部工作和选举工作类	308
干部任免材料	308
选举结果报告	309
选举结果报告单	309
召开党员代表大会的请示	309
召开党员代表（党员）大会的通知	309
同意召开党员代表大会请示的批复	310
党员代表（全体党员）大会主持词	310
党员代表（党员）大会选举办法	310
党组织工作目标自查考核登记表	310
四、宣传部门专用公文	311
内参材料	311
先进事迹材料	311
介绍经验的典型材料	311
思想反映	311
宣传动态	311
宣传提纲	312
宣传工作意见	312
五、统战部门专用公文	312
统战信息	312
政治审查报告	312
第二节 人大、政协机关专用公文	312
一、人大机关专用公文	312
公告	312
宪法	313
议案	313
法案	313
法律	313
自治法规	314
述职报告	314
供职报告	314
国际条约	315

地方性法规……………………… 315	行政指导项目审议终结报告……… 323
审议意见书……………………… 315	行政指导项目效果评估报告……… 323
人大代表议案…………………… 316	行政指导受理（不予受理）
执法检查报告…………………… 316	通知书………………………… 323
评议工作方案…………………… 316	（二）行政许可类 ……………… 323
特别行政区法…………………… 316	行政许可申请书………………… 323
财政决算审查报告……………… 317	行政许可听证公告……………… 324
财政预算草案审查报告………… 317	行政许可听证报告……………… 324
代表议案办理情况报告………… 317	行政许可听证申请书…………… 324
代表议案处理意见报告………… 317	行政许可听证告知书…………… 324
人大代表建议、批评和意见…… 317	行政许可听证通知书…………… 324
批准本级财政决算的决议……… 318	行政许可文书送达回证………… 325
批准本级财政预算的决议……… 318	行政许可核查工作记录………… 325
二、政协机关专用公文………… 318	行政许可利害关系人告知书…… 325
提案……………………………… 318	行政许可申请材料补正告知书… 325
建议案…………………………… 319	行政许可特别程序期限告知书… 325
提案办理复文…………………… 319	注销行政许可决定书…………… 326
第三节　行政机关专用公文…… 319	撤回行政许可决定书…………… 326
一、法规类专用公文…………… 320	撤销行政许可决定书…………… 326
（一）行政指导类 ……………… 320	受理行政许可申请决定书……… 327
行政劝导书……………………… 320	收取行政许可申请材料凭证…… 327
行政指导公示书………………… 320	不予受理行政许可申请通知书… 327
行政指导申请书………………… 321	延长行政许可批准时限告知书… 327
行政指导示范书………………… 321	准予/延续/变更行政许可
行政指导约见书………………… 321	决定书………………………… 327
行政指导告诫书………………… 321	不予批准/延续/变更行政
行政指导建议书………………… 321	许可决定书…………………… 327
行政指导提示书………………… 321	（三）行政确认类 ……………… 328
行政指导规劝书………………… 322	公安管理确认书………………… 328
行政指导辅导书………………… 322	卫生管理确认书………………… 328
行政指导提醒书………………… 322	民政管理确认书………………… 328
行政指导警示书………………… 322	劳动管理确认书………………… 328
行政指导工作规则……………… 322	经济管理确认书………………… 329
行政指导工作指南……………… 322	司法行政管理确认书…………… 329

（四）行政监督类 ………………… 329
行政举报登记 …………………… 329
行政处理决定书 ………………… 329
行政处理建议书 ………………… 330
行政处理结案报告 ……………… 330
行政监督送达回证 ……………… 330
行政案件转办通知书 …………… 330
行政案件移送通知书 …………… 330
行政监督立案审批表 …………… 330
行政执法错案责任追究决定 …… 330
调卷通知书 ……………………… 331
协助调查通知书 ………………… 331
询问（调查）笔录 ……………… 331
限期整改通知书 ………………… 331
案件调查终结报告 ……………… 331
（五）行政复议类 ………………… 331
行政复议申请书 ………………… 332
行政复议决定书 ………………… 332
行政复议告知书 ………………… 332
行政复议和解书 ………………… 332
行政复议建议书 ………………… 333
行政复议调解书 ………………… 333
行政复议裁决书 ………………… 333
行政复议意见书 ………………… 333
行政复议申请转送函 …………… 333
行政复议中止通知书 …………… 334
行政复议终止决定书 …………… 334
行政复议终止通知书 …………… 334
行政复议法律意见书 …………… 334
行政复议申请补正通知书 ……… 334
行政复议申请受理通知书 ……… 335
行政复议延期审理通知书 ……… 335
行政复议责令受理通知书 ……… 335
行政复议恢复审理通知书 ……… 335

行政复议被申请人答复书 ……… 335
行政复议提出答复通知书 ……… 336
行政复议强制执行申请书 ……… 336
行政复议规范性文件转送函 …… 336
行政复议责令恢复审理通知书 … 336
行政处分建议书 ………………… 336
行政处理决定书 ………………… 336
撤回行政复议申请书 …………… 337
驳回行政复议申请决定书 ……… 337
第三人参加行政复议告知书 …… 337
不予受理行政复议申请决定书 … 337
责令履行行政复议决定通知书 … 337
停止执行具体行政行为通知书 … 338
（六）行政裁决类 ………………… 338
行政裁决书 ……………………… 338
行政裁决申请书 ………………… 338
行政裁决送达回证 ……………… 339
行政裁决受理通知书 …………… 339
行政裁决案件调解书 …………… 339
参加行政裁决通知书 …………… 339
撤回行政裁决申请书 …………… 339
行政裁决案件听证笔录 ………… 339
行政裁决不予受理决定书 ……… 340
行政裁决案件听证通知书 ……… 340
行政裁决案件调查通知书 ……… 340
行政裁决案件处理意见书 ……… 340
行政裁决调查（询问）笔录 …… 340
（七）行政诉讼类 ………………… 340
民事反诉状 ……………………… 341
民事起诉状 ……………………… 341
行政上诉书（状） ……………… 341
行政申诉书（状） ……………… 341
行政起诉书（状） ……………… 341
行政诉讼答辩书（状） ………… 341

（八）行政处罚类 …………………… 342
行政处罚决定书 …………………… 342
行政处罚通知书 …………………… 342
行政处罚听证笔录 ………………… 342
行政处罚听证通知书 ……………… 343
行政处罚事先告知书 ……………… 343
行政处罚听证会报告书 …………… 343
行政处罚强制执行申请书 ………… 343
行政处罚强制执行通知书 ………… 343
案件处理意见书 …………………… 343
查封（暂扣）决定书 ……………… 343
先行登记保存证据通知书 ………… 344
解除查封（暂扣）决定书 ………… 344
解除先行登记保存证据通知书 …… 344
送达回证 …………………………… 344
调查询问笔录 ……………………… 344
现场检查（勘察）笔录 …………… 344
责令改正违法行为决定书 ………… 345
分期（延期）缴纳罚款申请书 …… 345
同意分期（延期）缴纳罚款
　通知书 …………………………… 345
（九）行政强制类 …………………… 345
行政强制执行公告 ………………… 346
行政强制执行协议 ………………… 346
行政强制结案报告 ………………… 346
行政强制执行申请书 ……………… 346
行政强制执行决定书 ……………… 346
行政强制执行催告书 ……………… 346
行政强制措施决定书 ……………… 346
行政强制执行现场笔录 …………… 347
行政强制措施现场笔录 …………… 347
中止强制执行通知书 ……………… 347
终结强制执行通知书 ……………… 347
恢复强制执行通知书 ……………… 347

解除行政强制措施决定书 ………… 347
查封（扣押）决定书 ……………… 348
查封（扣押）当场告知书 ………… 348
查封（扣押）延期决定书 ………… 348
解除查封（扣押）决定书 ………… 348
检测、检验、检疫或技术
　鉴定告知书 ……………………… 348
划拨存款（汇款）决定书 ………… 348
冻结存款（汇款）决定书 ………… 349
冻结存款（汇款）通知书 ………… 349
冻结存款（汇款）延期
　决定书 …………………………… 349
解除冻结存款（汇款）
　决定书 …………………………… 349
限制公民人身自由决定书 ………… 349
被限制人身自由人家属通知书 …… 349
解除限制公民人身自由决定书 …… 350
代履行决定书 ……………………… 350
立即代履行事后通知书 …………… 350
申请人民法院强制（立即）
　执行申请书 ……………………… 350
（十）行政奖励与处分类 ………… 350
行政奖励决定 ……………………… 351
行政奖励申请书 …………………… 351
行政处分决定书 …………………… 351
行政处分复核申请书 ……………… 352
行政处分复核决定书 ……………… 352
变更行政处分决定书 ……………… 352
解除行政处分决定书 ……………… 352
撤销行政处分决定书 ……………… 352
受处分期间表现情况的报告 ……… 352
不服行政处分复核结果申诉书 …… 353
不服行政处分复核结果申诉
　处理决定 ………………………… 353

（十一）行政征收类 …………… 353
公用征收补偿合同 …………… 354
行政收费决定书 ……………… 354
行政收费通知书 ……………… 354
行政征收决定书 ……………… 354
行政征收告知书 ……………… 354
行政征收听证事先告知书 …… 354
行政征收听证权利通知书 …… 355
（十二）行政赔（补）偿类 …… 355
行政补偿申请书 ……………… 356
行政补偿决定书 ……………… 356
行政赔偿申请书 ……………… 356
行政赔偿决定书 ……………… 356
行政赔偿调解书 ……………… 357
不予行政赔偿决定书 ………… 357
（十三）行政调解类 …………… 357
行政调解笔录 ………………… 357
行政调解申请书 ……………… 357
行政调解协议书 ……………… 357
行政调解审批表 ……………… 358
行政调解邀请函 ……………… 358
行政调解调查记录 …………… 358
行政调解征求意见书 ………… 358
行政调解受理登记表 ………… 358
行政调解终止通知书 ………… 358
行政调解案件结案表 ………… 359
行政调解受理通知书 ………… 359
行政调解终止送达回证 ……… 359
行政调解不予受理通知书 …… 359
行政调解权利义务告知书 …… 359
行政调解协议司法确认申请书 … 359
简易纠纷（口头）调解
　登记表 ……………………… 359
二、财经、审计专用公文 ……… 360

（一）财经类 …………………… 360
协议书 ………………………… 360
合同书 ………………………… 360
决算报告 ……………………… 360
招标公告 ……………………… 360
招标申请书 …………………… 361
招标邀请书 …………………… 361
中标通知书 …………………… 361
未中标通知书 ………………… 361
资格预审通告 ………………… 361
市场调查报告 ………………… 362
市场预测报告 ………………… 362
财务分析报告 ………………… 362
财务工作计划 ………………… 362
财政工作计划 ………………… 363
财政决算报告 ………………… 363
财政预算报告 ………………… 363
财政收支分析报告 …………… 363
财政预算草案报告 …………… 363
财政预算执行情况报告 ……… 364
招股说明书 …………………… 364
经济意向书 …………………… 364
经济统计报告 ………………… 364
经济仲裁申请书 ……………… 364
经济仲裁调解书 ……………… 365
经济仲裁裁定书 ……………… 365
经济活动分析报告 …………… 365
国民经济和社会发展计划 …… 365
（二）审计类 …………………… 365
审计工作报告 ………………… 366
审计工作年度计划 …………… 366
审计工作综合报告 …………… 366
审计报告 ……………………… 366
审计决定书 …………………… 367

审计建议书	367	协助执行通知书	373
审计通知书	367	边控对象通知书	373
审计处罚决定书	367	涉税案件移送书	374
审计复核意见书	367	责令限期改正通知书	374
审计移送处理书	368	委托代征税款协议书	374
审计报告征求意见书	368	调取账簿资料通知书	374
协助查询个人存款通知书	368	检查存款账户许可证明	374
协助查询单位账户通知书	368	核定（调整）定额通知书	374
封存通知书	368	收缴、停止发售发票决定书	375
专项审计调查报告	368	解除冻结存款通知书	375
财政财务收支审计报告	369	解除阻止出境决定书	375
三、税务、工商专用公文	369	解除税收保全措施决定书	375
（一）税务类	369	解除收缴、停止发售发票决定书	375
税收计划	369		
税务稽查结论	369	（二）工商行政管理类	375
税务处理决定书	370	行政告诫书	376
税务事项通知书	370	行政约见书	376
税务检查通知书	370	行政建议书	376
税务文书送达回证	370	招商说明书	377
税务认定年审审批表	370	分公司登记申请书	377
税务认定审批确认表	370	营业单位登记申请书	377
税务证件挂失报告表	371	公司注销登记申请书	377
税收保全措施决定书	371	公司登记（备案）申请书	377
税收强制执行决定书	371	企业名称预先核准申请书	377
扣缴税收款项通知书	371	企业名称预先核准通知书	378
延期申报申请核准表	372	非公司企业法人改制登记申请书	378
延期缴纳税款申请审批表	372		
外出经营活动情况申报表	372	非公司企业法人注销登记申请书	378
外出经营活动税收管理证明	372		
纳税人合并分立情况报告书	372	非公司企业法人登记（备案）申请书	378
阻止出境决定书	372		
阻止欠税人出境布控申请表	373	指定代表或者共同委托代理人授权委托书	378
阻止欠税人出境撤控申请表	373		
阻止欠税人出境撤控通知书	373	外商投资企业备案申请书	378

外商投资企业设立登记申请书	379	终止消费者权益争议	
外商投资企业注销登记申请书	379	调解告知书	382
外商投资企业变更登记申请书	379	不予受理（终止受理）消费者	
外商投资公司撤销登记申请书	379	投诉告知书	382
外商投资合伙企业备案申请书	379	股权出质设立登记申请书	383
外商投资合伙企业设立登记		股权出质变更登记申请书	383
申请书	379	股权出质注销登记申请书	383
外商投资合伙企业变更登记		股权出质撤销登记申请书	383
申请书	379	股权出质设立登记通知书	383
外商投资企业名称预先核准		商标注册申请书	383
申请书	380	商标注销申请书	384
外商投资企业名称已核调整		商标异议申请书	384
申请书	380	商标注册行政建议书	384
外商投资企业分支机构设立		商标转让行政指导书	384
登记申请书	380	商标续展注册申请书	384
外商投资企业分支机构注销		商标许可备案行政指导书	385
登记申请书	380	商标使用许可合同备案申请书	385
外商投资企业分支机构变更		商标注册人死亡／终止注销	
登记申请书	380	商标申请书	385
外商投资企业（企业集团）		转让注册商标申请书	385
名称变更核准意见书	380	变更商标行政指导书	385
外国（地区）企业常驻代表		驳回／不予注销的决定	386
机构设立登记申请书	380	注册商标争议裁定申请书	386
外国（地区）企业常驻代表		撤销注册商标复审申请书	386
机构注销登记申请书	381	撤销注册不当商标复审申请书	386
外国（地区）企业常驻代表机构		广告业务招标书	386
变更登记（备案）申请书	381	广告经营许可证	387
消费者投诉登记表	381	广告经营登记申请表	387
受理消费者投诉告知书	381	广告经营申请登记审核表	387
消费者权益争议调解书	381	广告经营变更登记申请表	387
消费者投诉转办通知书	382	广告经营变更登记审核表	387
消费者权益争议调解通知书	382	广告经营注销登记申请表	387
消费者投诉分送情况告知书	382	广告经营注销登记审核表	388
处理消费者投诉情况报告书	382	广告经营单位年检注册书	388

户外广告登记申请表 ………… 388
户外广告登记（变更登记）
　审核表 ………………………… 388
固定形式印刷品广告登记证 …… 388
固定形式印刷品广告登记
　申请表 ………………………… 388
固定形式印刷品广告登记
　审核表 ………………………… 389
四、人力资源与社会保障
　　管理专用公文 ………………… 389
（一）劳动管理类 ………………… 389
工伤认定申请书 ………………… 389
工伤认定决定书 ………………… 389
工伤认定申请受理决定书 ……… 390
工伤认定申请不予受理通知书 … 390
不予认定工伤决定书 …………… 390
劳动合同 ………………………… 390
集体劳动合同 …………………… 390
劳务派遣协议 …………………… 390
劳动能力鉴定结论 ……………… 391
劳动能力鉴定申请书 …………… 391
劳动能力复查鉴定结论 ………… 391
劳动能力鉴定结论通知书 ……… 391
劳动能力复查鉴定申请书 ……… 392
劳动仲裁申请书 ………………… 392
劳动仲裁受理通知书 …………… 392
劳动争议仲裁调解书 …………… 392
劳动争议仲裁答辩书 …………… 392
劳动争议仲裁裁决书 …………… 392
劳动争议调解协议书 …………… 393
劳动仲裁不予受理通知书 ……… 393
（二）社会保障管理类 …………… 393
救济申请书 ……………………… 393
不予救济告知书 ………………… 394
批准救济通知书 ………………… 394
出证机构诚信承诺书 …………… 394
农村五保供养待遇申请书 ……… 394
农村五保供养待遇批准书 ……… 394
不予批准享受农村五保供养
　待遇告知书 …………………… 394
孤儿基本生活费申请书 ………… 394
孤儿基本生活费使用
　监管协议书 …………………… 395
孤儿基本生活费批准
　（不予批准）书 ……………… 395
城乡医疗医前救助告知书 ……… 395
城乡困难群众医疗救助申请书 … 395
城乡居民最低生活保障申请书 … 395
城乡困难群众临时救助申请书 … 395
城乡困难群众临时救助
　批准（不予批准）书 ………… 395
城市流浪乞讨人员求助申请书 … 396
城市流浪乞讨人员求助批准
　（不予批准）书 ……………… 396
城镇"三无"人员申请
　认定书 ………………………… 396
精减退职职工救济申请书 ……… 396
精减退职职工救济批准书 ……… 396
申请城乡低保待遇诚信承诺书 … 396
资助农村困难群众建房（新建、
　改建、维修）申请书 ………… 397
资助农村困难群众建房（新建、
　改建、维修）批准
　（不予批准）书 ……………… 397
（三）人力资源管理类 …………… 397
人事调令 ………………………… 397
人事调动通知 …………………… 398
干部商调函 ……………………… 398

工资转移证明……………… 398
外国人就业证……………… 398
外国人就业许可证书……… 398
申论………………………… 398
应征信……………………… 399
求职信……………………… 399
履历表……………………… 399
员工守则…………………… 399
招聘广告…………………… 399
招聘启事…………………… 399
录用合同…………………… 399
录用通知书………………… 400
岗位责任书………………… 400
培训计划书………………… 400
绩效考核方案……………… 400
职业资格证书……………… 400
竞聘上岗实施方案………… 401
聘任书……………………… 401
聘用合同…………………… 401
聘用意向书………………… 401
聘任专业技术职务公示…… 401
聘用外国人就业申请表…… 402
辞职信……………………… 402
辞职报告…………………… 402
辞退通知书………………… 402
离职通知书………………… 402
解聘通知书………………… 402
博士后科研工作站申报表… 402
设立博士后科研流动站申报表 …… 403
五、国土资源、水利、海域
　　管理专用公文…………… 403
（一）国土资源管理类…… 403
土地储备计划……………… 403
土地登记申请书…………… 403

土地登记审批表…………… 403
土地使用权出租合同……… 404
土地使用权抵押合同……… 404
土地使用权转让合同……… 404
不动产权证书……………… 404
不动产登记证明…………… 405
国有土地使用权证………… 405
国有建设用地交地确认书… 405
国有建设用地使用权出让合同 …… 405
收回国有建设用地使用权
　决定书…………………… 405
闲置土地认定书…………… 406
闲置土地调查通知书……… 406
闲置土地情况告知书……… 406
闲置土地处置听证权利告知书 …… 406
征缴土地闲置费决定书…… 406
宗地登记公告……………… 407
建设用地批准书…………… 407
建设项目竣工申报书……… 407
建设项目动工开发申报书… 407
（二）水利管理类………… 407
水土保持监测资格证书申请表 …… 407
水文、水资源调查评价资质
　申请表…………………… 408
水利工程建设监理单位资质
　等级申请表……………… 408
开发建设项目水土保持方案
　审批申请表……………… 408
开发建设项目水土保持设施
　验收申请表……………… 408
建设项目水资源论证资质
　申请表…………………… 408
（三）海域管理类………… 409
无居民海岛使用权证书…… 409

海域使用权证书…………………… 409
海域使用申请书…………………… 409
海域使用权登记申请表…………… 409
海域使用权注销登记申请表……… 409
海域使用权（续期、变更、
　　转让）申请书………………… 410
六、规划、建设、交通、环保
　　专用公文……………………… 410
（一）规划建设类………………… 410
工程设计任务书…………………… 410
工程地质勘察报告………………… 410
住宅使用说明书…………………… 410
住宅质量保证书…………………… 411
建设工程设计合同………………… 411
建设工程施工合同………………… 411
建设工程监理合同………………… 411
建设工程勘察合同………………… 411
建设工程规划许可证……………… 412
建设工程施工许可证……………… 412
建设用地规划许可证……………… 412
建设工程质量评价报告…………… 412
建设工程质量监督注册登记表 …… 413
建设工程竣工报告………………… 413
建设工程竣工验收报告…………… 413
建设工程竣工规划验收合格证 …… 413
建设项目建议书…………………… 413
建设项目投资估算………………… 414
建设项目选址申请书……………… 414
建设项目选址意见书……………… 414
建设项目可行性研究报告………… 414
建设项目可行性研究报告的
　　批复…………………………… 414
房屋所有权证……………………… 415
房屋拆迁许可证…………………… 415

房屋拆迁补偿协议书……………… 415
房屋拆迁补偿安置协议…………… 415
（二）交通运输类………………… 415
道路运输证………………………… 415
道路运输经营许可证……………… 416
道路客运站经营申请书…………… 416
道路货物运输经营申请书………… 416
道路危险货物运输申请书………… 416
道路客运班线经营可行性报告 …… 417
道路旅客运输班线经营申请书 …… 417
道路危险货物运输行政
　　许可决定书…………………… 417
道路货物运输站（场）经营
　　申请书………………………… 417
公路交通安全设施整改通知书 …… 417
超限运输车辆行驶公路申请书 …… 417
光船租船合同……………………… 417
定期租船合同……………………… 418
海难救助合同……………………… 418
航次租船合同……………………… 418
港口作业合同……………………… 418
水路货物运输合同………………… 418
海上货物运输合同………………… 418
船舶国籍证书……………………… 419
船舶营业运输证…………………… 419
船舶所有权登记证书……………… 419
国际船舶运输经营许可证………… 419
国内水路运输经营许可证………… 419
国内沿海集装箱货运代理协议 …… 420
包机运输合同……………………… 420
包机运输申请书…………………… 420
场址预选报告书…………………… 420
民用机场使用许可证申请书……… 420
民用机场工程环境影响报告书 …… 421

民用航空货运代理合同…………… 421
民用航空器国籍登记证…………… 421
民用航空器国籍登记证申请书…… 421
非经营性通用航空登记证………… 421
经营性通用航空企业筹建
 认可通知书……………………… 422
铁路运输合同……………………… 422
国铁接轨许可证…………………… 422
专用线接轨合同…………………… 422
专用线可行性研究报告…………… 423
专用线与国铁接轨意向书………… 423
专用线可行性研究报告
 审查意见………………………… 423
（三）环境保护类………………… 423
环境监测快报……………………… 423
环境质量报告书…………………… 423
污染源监测报告…………………… 424
污染源监督监测季报……………… 424
专项规划环境影响报告书………… 424
建设项目环境影响报告书………… 424
建设项目竣工环境保护
 验收申请………………………… 424
七、科技、教育、知识产权、
 文化、文物管理专用公文…… 425
（一）科技类……………………… 425
设计任务书………………………… 425
设计说明书………………………… 425
技术任务书………………………… 425
国家科技奖励推荐书……………… 425
国家最高科学技术奖推荐书……… 425
科技建议书………………………… 426
科技鉴定书………………………… 426
科技试验报告……………………… 426
科技统计报告……………………… 427

科技成果鉴定证书………………… 427
科技成果鉴定申请书……………… 427
科技产品技术说明书……………… 427
科技产品使用说明书……………… 427
科技项目申请书编写提纲………… 428
科研立项报告……………………… 428
科研立项申请书…………………… 428
科研计划任务书…………………… 428
科研项目申请书…………………… 428
科研项目可行性报告……………… 428
科研项目结项鉴定申请书………… 429
课题申报指南……………………… 429
课题结题验收证书………………… 429
（二）教育类……………………… 429
学校章程…………………………… 430
学校发展规划……………………… 430
学校章程核准书…………………… 430
招生广告…………………………… 430
招生计划…………………………… 430
招生简章…………………………… 431
入学通知书………………………… 431
复学申请书………………………… 431
学籍登记表………………………… 431
学生体检表………………………… 431
学生干部登记表…………………… 432
毕业生登记表……………………… 432
毕业生跟踪调查报告……………… 432
助学金申请表（书）……………… 432
奖学金申请表（书）……………… 432
实验报告…………………………… 433
考试规则…………………………… 433
试卷分析报告……………………… 433
教学大纲…………………………… 433
教学计划…………………………… 433

教学任务书	434	网络文化经营活动立项	
教学质量报告	434	登记申请	440
教学成果鉴定书	434	营业性演出许可证	440
教学改革方案	434	音像制品经营许可证	440
教学改革论证报告	434	（五）文物管理类	440
教学改革实验分析报告	435	文物保护责任书	440
（三）知识产权类	435	文物勘探协议书	440
权利要求书	435	文物保护管理协议	441
专利转让合同	435	文物考古发掘许可申请书	441
专利权评价报告	435	迁移拆除文物申请书	441
专利权质押合同	436	八、卫生医疗、食药安全	
专利权无效宣告请求书	436	专用公文	441
专利权评价报告请求书	436	（一）卫生医疗类	441
发明专利请求书	436	卫生许可证	441
发明专利请求提前公布声明	436	执业医师资格证	442
发明专利申请优先审查请求书	437	入院记录	442
外观设计专利请求书	437	手术记录	442
实用新型专利请求书	437	手术同意书	442
实用新型专利检索报告请求书	437	手术清点记录	442
商标转让合同	437	手术安全核查记录	442
中外技术转让合同	437	上级医师查房记录	443
知识产权转让合同	437	术前小结	443
著作权转让合同	438	术前讨论记录	443
著作权质押合同	438	术后首次病程记录	443
著作权质押合同申请表	438	出院记录	443
著作权质押合同登记证	438	会诊记录	443
作品著作权登记申请表	438	日常病程记录	443
软件著作权登记申请表	439	交（接）班记录	443
放弃专利权声明	439	有创诊疗操作记录	443
撤回专利申请声明	439	有创诊疗操作同意书	444
（四）文化管理类	439	死亡记录	444
网吧经营许可证	439	死亡病例讨论记录	444
网络文化经营许可证	439	医嘱单	444
网吧经营管理安全责任书	440	住院志	444

住院病历	444	规约	450
阶段小结	444	协定	450
抢救记录	444	声明	450
转科记录	445	护照	451
知情同意书	445	国书	451
急诊留观记录	445	宣言	451
首次病程记录	445	宪章	451
特殊病例记录	445	换文	452
特殊检查治疗同意书	445	致辞	452
病历	446	颂词	452
病程记录	446	答词	452
病情告知书	446	照会	452
病危（重）通知书	446	签证	453
病重（病危）患者护理记录	446	签证申请表	453
麻醉记录	446	开场白	453
麻醉同意书	446	议定书	453
麻醉术前访视记录	447	批准书	453
输血治疗知情同意书	447	抗议书	453
疑难病例讨论记录	447	备忘录	454
（二）食品药品安全类	447	邀请函	454
封条	447	工作文件	454
药品说明书	447	框架文件	454
食品说明书	447	框架协议	455
中药制剂说明书	448	战略合作框架协议	455
技术鉴定委托书	448	双边条约	455
责令召回通知书	448	多边条约	455
保健食品说明书	448	国际条约	455
检验结果告知书	448	国际公法	456
产品样品确认告知书	449	国际协议	456
九、涉外专用公文	449	外交公报	456
（一）外交类	449	外交电报	456
公约	449	外交声明	456
专约	450	外交函件	456
条约	450	全权证书	457

共同展望…………………………… 457	涉外合同…………………………… 463
涉外公证…………………………… 457	涉外投标书………………………… 464
情况说明…………………………… 457	涉外招标书………………………… 464
答记者问…………………………… 457	涉外招标通告……………………… 464
联合公报…………………………… 458	涉外仲裁协议……………………… 464
联合声明…………………………… 458	涉外公证申请表…………………… 465
领事证书…………………………… 458	涉外投标申请书…………………… 465
领事任命书………………………… 458	涉外仲裁申请书…………………… 465
书面讲话…………………………… 458	补偿贸易合同……………………… 465
专题发言…………………………… 459	国际技术转让合同………………… 465
主旨演讲…………………………… 459	国际贸易代理合同………………… 466
主体发言…………………………… 459	十、行政合同、国有资产、
一般性发言………………………… 459	企业管理专用公文 ………… 466
一般性辩论发言…………………… 459	（一）行政合同类 ………………… 466
介绍性发言………………………… 459	计划生育合同……………………… 466
解释性发言………………………… 460	国家订购合同……………………… 467
谅解备忘录………………………… 460	国家科研合同……………………… 467
（二）海关类 ……………………… 460	矿山承包合同……………………… 467
托运单……………………………… 460	采矿权转让合同…………………… 467
清关文件…………………………… 460	公用征收补偿合同………………… 468
报检委托书………………………… 460	公共工程承包合同………………… 468
代理报关委托书…………………… 461	农村土地承包合同………………… 468
报关员年审报告书………………… 461	海域租赁承包合同………………… 468
进出口货物报关单………………… 461	国有土地使用权出让合同………… 469
进出口货物征免税证明…………… 461	全民所有制工业企业承包合同…… 469
出口货物退税专用报关单………… 462	（二）国有资产管理类 …………… 469
知识产权海关备案申请书………… 462	事业单位产权登记证……………… 469
（三）对外贸易类 ………………… 462	资产评估立项申请书……………… 469
进口检验申请单…………………… 462	资产评估确认申请书……………… 470
进出口货物许可证………………… 462	资产评估项目核准申请…………… 470
对外贸易谈判方案………………… 462	企业国有资产评估报告…………… 470
反倾销调查申请书………………… 463	企业国有资产产权登记证………… 470
反倾销调查最终裁定……………… 463	（三）企业管理类 ………………… 470
出口商品检验申请单……………… 463	企业章程…………………………… 470

中外合作企业协议 …………… 471
中外合作企业合同 …………… 471
中外合作企业章程 …………… 471
中外合资企业章程 …………… 471
有限责任公司章程 …………… 471
股份有限公司章程 …………… 472
联营企业法人章程 …………… 472
企业集团组建方案 …………… 472
工业企业承包经营合同 ……… 472
质量管理手册 ………………… 473
质量分析报告 ………………… 473
市场定位报告 ………………… 473
市场调查报告 ………………… 473
市场预测报告 ………………… 473
产品分析报告 ………………… 474
产品定位报告 ………………… 474
企业定位报告 ………………… 474
品牌定位报告 ………………… 474
项目管理目标责任书 ………… 474
第四节　法律专用公文 …… 475
一、公安机关专用公文 ……… 475
（一）立案、管辖、回避类 … 477
立案报告 ……………………… 477
立案决定书 …………………… 477
受案登记表 …………………… 477
不予立案通知书 ……………… 477
不立案理由说明书 …………… 477
指定管辖决定书 ……………… 478
移送案件通知书 ……………… 478
回避/驳回申请回避决定书 …… 478
（二）律师参与刑事诉讼类 … 478
提供法律援助通知书 ………… 478
涉密案件聘请律师申请表 …… 479
涉密案件聘请律师决定书 …… 479

会见犯罪嫌疑人申请表 ……… 479
不准予会见犯罪嫌疑人决定书 … 479
准予会见犯罪嫌疑人决定书 … 479
准予会见犯罪嫌疑人通知书 … 479
（三）强制措施类 …………… 480
拘传证 ………………………… 480
拘留证 ………………………… 480
换押证 ………………………… 480
逮捕证 ………………………… 480
传讯通知书 …………………… 481
拘留通知书 …………………… 481
逮捕通知书 …………………… 481
释放证明书 …………………… 481
释放通知书 …………………… 481
入所健康检查表 ……………… 482
取保候审决定书 ……………… 482
取保候审保证书 ……………… 482
取保候审执行通知书 ………… 482
被取保候审人义务告知书 …… 482
收取保证金通知书 …………… 482
没收保证金决定书/通知书 …… 482
退还保证金决定书/通知书 …… 483
对保证人罚款决定书/通知书 … 483
责令具结悔过决定书 ………… 483
指定居所监视居住通知书 …… 483
监视居住决定书/执行通知书 … 484
解除取保候审决定书/通知书 … 484
解除监视居住决定书/通知书 … 484
变更逮捕措施通知书 ………… 484
延长拘留期限通知书 ………… 484
延长侦查羁押期限通知书 …… 485
不予释放/变更强制措施
　通知书 ……………………… 485

计算/重新计算侦查羁押
　期限通知书 …………………… 485
提请批准逮捕书 ………………… 485
提请批准延长侦查羁押
　期限意见书 …………………… 485
提请批准重新计算侦查羁
　押期限意见书 ………………… 486
收容教育/延长收容教育
　决定书 ………………………… 486
强制戒毒/延长强制戒毒
　决定书 ………………………… 486
（四）侦查取证类 ……………… 486
传唤证 …………………………… 486
通缉令 …………………………… 486
搜查证 …………………………… 487
提讯提解证 ……………………… 487
协查通报 ………………………… 487
悬赏通告 ………………………… 487
讯问笔录 ………………………… 487
报案笔录 ………………………… 488
搜查笔录 ………………………… 488
辨认笔录 ………………………… 488
询问笔录 ………………………… 488
询问通知书 ……………………… 488
继续盘问通知书 ………………… 488
办案协作函 ……………………… 489
扣押决定书 ……………………… 489
查封决定书 ……………………… 489
起诉意见书 ……………………… 489
鉴定聘请书 ……………………… 489
侦查工作方案 …………………… 490
现场勘验笔录 …………………… 490
调取证据通知书 ………………… 490
补充侦查报告书 ………………… 490
终止侦查决定书 ………………… 490
强制医疗意见书 ………………… 491
解剖尸体通知书 ………………… 491
鉴定意见通知书 ………………… 491
撤销案件决定书 ………………… 491
撤销通缉令的通知 ……………… 491
没收违法所得意见书 …………… 492
协助查询财产通知书 …………… 492
协助查封/解除查封通知书 …… 492
协助冻结/解除冻结财产
　通知书 ………………………… 492
证人诉讼权利义务告知书 ……… 493
被害人诉讼权利义务告知书 …… 493
扣押/解除扣押邮件/电报
　通知书 ………………………… 493
犯罪嫌疑人诉讼权利义务
　告知书 ………………………… 493
未成年人法定代理人到场
　通知书 ………………………… 493
未成年证人/被害人法定
　代理人到场通知书 …………… 493
（五）技术侦查类 ……………… 494
采取技术侦查措施决定书 ……… 494
执行技术侦查措施通知书 ……… 494
解除技术侦查措施决定书 ……… 494
延长技术侦查措施期限决定书 … 494
（六）执行类 …………………… 494
假释证明书 ……………………… 494
刑满释放证明书 ………………… 495
收监执行通知书 ………………… 495
减刑/假释建议书 ……………… 495
暂予监外执行决定书 …………… 495
（七）刑事通用类 ……………… 495
死亡通知书 ……………………… 495

要求复议意见书 …………………… 496	国家赔偿或刑事赔偿复议申请
提请复核意见书 …………………… 496	恢复审查通知书 …………… 500
呈请拘传报告书 …………………… 496	提交国家赔偿案件情况通知书 …… 500
呈请拘留报告书 …………………… 496	二、检察法律专用公文 …………… 501
呈请结案报告书 …………………… 496	起诉书 ……………………………… 502
呈请破案报告书 …………………… 497	法律解释 …………………………… 502
呈请搜查报告书 …………………… 497	立案决定书 ………………………… 502
呈请调取证据报告书 ……………… 497	公诉意见书 ………………………… 503
呈请撤销案件报告书 ……………… 497	民事抗诉书 ………………………… 503
呈请案件侦查终结报告书 ………… 497	刑事抗诉书 ………………………… 503
（八）外国人出入境类 …………… 498	回避决定书 ………………………… 503
限期离境决定书 …………………… 498	通知立案书 ………………………… 503
遣送出境决定书 …………………… 498	检察建议书 ………………………… 504
取消居留资格决定书 ……………… 498	检察意见书 ………………………… 504
缩短停留期限决定书 ……………… 498	不起诉决定书 ……………………… 504
扣留/收缴护照、证件决定书 …… 498	不起诉意见书 ……………………… 504
出入境管理拘留审查/延长	立案请示报告 ……………………… 504
拘留审查决定书 ……………… 499	纠正违法通知书 …………………… 504
（九）公安国家赔偿类 …………… 499	决定释放通知书 …………………… 505
国家赔偿决定书 …………………… 499	免予起诉决定书 …………………… 505
国家赔偿金支付申请书 …………… 499	批准逮捕决定书 …………………… 505
国家赔偿或刑事赔偿申请不予	指定管辖决定书 …………………… 505
受理通知书 …………………… 499	提请抗诉报告书 …………………… 505
国家赔偿或刑事赔偿复议申请	批准聘请律师决定书 ……………… 506
补正通知书 …………………… 499	拘留人大代表报告书 ……………… 506
国家赔偿或刑事赔偿复议申请	停止执行死刑意见书 ……………… 506
驳回通知书 …………………… 500	刑事赔偿申请书 …………………… 506
国家赔偿或刑事赔偿复议申请	刑事赔偿决定书 …………………… 506
受理通知书 …………………… 500	刑事赔偿立案通知书 ……………… 506
国家赔偿或刑事赔偿复议申请	刑事赔偿复议决定书 ……………… 507
中止审查通知书 ……………… 500	审查终结报告 ……………………… 507
国家赔偿或刑事赔偿复议申请	审查刑事赔偿申请通知书 ………… 507
终结审查决定书 ……………… 500	重新审查意见书 …………………… 507
	支付赔偿金申请书 ………………… 507

国家赔偿金支付申请书……… 507	执行裁定书……………………… 514
赔偿监督立案通知书…………… 508	执行死刑笔录…………………… 514
赔偿监督申请审查结果通知书 … 508	法庭审理笔录…………………… 514
赔偿监督案件审查结果通知书 … 508	验明正身笔录…………………… 514
三、法院法律专用公文…………… 508	合议庭评议笔录………………… 515
（一）诉讼类…………………… 509	审判委员会讨论案件笔录……… 515
诉状……………………………… 509	国家赔偿决定书………………… 515
上诉状…………………………… 509	国家赔偿审理报告……………… 515
反诉状…………………………… 510	诉前财产保全申请书…………… 515
申诉书…………………………… 510	诉讼财产保全担保书…………… 516
控告状…………………………… 510	驳回申诉通知书………………… 516
答辩状…………………………… 510	驳回再审申请通知书…………… 516
民事上诉状……………………… 510	（二）行政裁判类……………… 516
民事起诉状……………………… 510	行政裁定书……………………… 516
民事答辩状……………………… 511	行政赔偿调解书………………… 516
行政上诉状……………………… 511	第一审行政判决书……………… 516
行政起诉状……………………… 511	第二审行政判决书……………… 517
刑事上诉状……………………… 511	再审程序行政判决书…………… 517
刑事申诉书……………………… 511	（三）民事裁判类……………… 517
刑事答辩状……………………… 511	民事决定书……………………… 517
刑事自诉状……………………… 512	民事调解书……………………… 517
刑事自诉案件反诉状…………… 512	民事裁定书……………………… 517
支付令申请书…………………… 512	第一审民事判决书……………… 518
公示催告申请书………………… 512	第二审民事判决书……………… 518
民事再审申请书………………… 512	再审程序民事判决书…………… 518
宣告失踪申请书………………… 512	（四）刑事裁判类……………… 518
宣告死亡申请书………………… 513	刑事裁定书……………………… 518
强制执行申请书………………… 513	驳回自诉刑事裁定书…………… 519
管辖异议申请书………………… 513	中止审理刑事裁定书…………… 519
判决书…………………………… 513	终止审理刑事裁定书…………… 519
调解书…………………………… 513	减免罚金刑事裁定书…………… 519
裁定书…………………………… 513	补正裁判文书失误刑事裁定书 … 519
司法解释………………………… 514	准许撤诉或按撤诉处理刑事
宣判笔录………………………… 514	裁定书……………………… 519

第一审刑事判决书…………… 520	聆询通知书………………… 526
第一审刑事裁定书…………… 520	矫正建议书………………… 527
第一审刑事无罪判决书……… 520	劳动教养决定书…………… 527
第一审刑事有罪判决书……… 520	劳动教养通知书…………… 527
第一审刑事附带民事判决书… 520	劳动教养呈批报告………… 527
第二审刑事判决书…………… 521	五、监狱法律专用公文………… 528
第二审刑事裁定书…………… 521	假释证明书………………… 528
假释刑事裁定书……………… 521	释放证明书………………… 529
减刑刑事裁定书……………… 521	提请假释建议书…………… 529
收监执行决定书……………… 522	提请减刑建议书…………… 529
再审程序刑事判决书………… 522	收监执行意见书…………… 529
暂予监外执行决定书………… 522	监狱起诉意见书…………… 529
死刑复核刑事判决书………… 522	暂予监外执行通知书……… 529
死刑复核刑事裁定书………… 522	暂予监外执行意见书……… 530
撤销缓刑刑事裁定书………… 523	罪犯入监通知书…………… 530
四、司法行政法律专用公文…… 523	罪犯出监鉴定表…………… 530
司法鉴定书…………………… 523	罪犯处罚通知书…………… 530
司法鉴定申请书……………… 523	罪犯死亡通知书…………… 530
司法鉴定协议书……………… 524	罪犯死因鉴定书…………… 530
司法鉴定意见书……………… 524	罪犯奖励通知书…………… 530
司法鉴定咨询意见书………… 524	罪犯病危通知书…………… 531
司法鉴定检验报告书………… 524	罪犯不予收监通知书……… 531
司法鉴定书证审查意见书…… 524	罪犯离监探亲证明书……… 531
法律援助公函………………… 525	罪犯暂不收监通知书……… 531
法律援助公函（转交申请）… 525	罪犯暂予监外执行期间不计入
法律援助公函（通知辩护）… 525	执行刑期建议书…………… 531
法律援助协作函……………… 525	刑满释放人员通知书……… 531
刑事指定辩护公函…………… 525	在押罪犯脱逃通知书……… 532
委托代理/辩护协议 ………… 525	对罪犯刑事判决提请处理
给予法律援助决定书………… 526	意见书……………………… 532
终止法律援助决定书………… 526	六、仲裁类……………………… 532
聆询报告……………………… 526	仲裁协议…………………… 532
聆询笔录……………………… 526	仲裁协议书………………… 532
聆询告知书…………………… 526	仲裁申请书………………… 532

仲裁调解书………………… 533	法律建议书………………… 538
仲裁答辩书………………… 533	法律意见书………………… 538
仲裁裁决书………………… 533	法律咨询意见书…………… 538
仲裁反诉书………………… 533	合同审查意见书…………… 539
仲裁反申请书……………… 533	延期审理申请书…………… 539
仲裁申请执行书…………… 534	接受指定辩护函…………… 539
仲裁回避申请书…………… 534	调查取证申请书…………… 539
仲裁应诉通知书…………… 534	聘请法律顾问合同………… 539
仲裁保全申请书…………… 534	解除强制措施申请书……… 539
仲裁保全担保书…………… 534	通知证人出庭申请书……… 540
仲裁委托代理协议………… 534	通知鉴定人出庭申请书…… 540
仲裁代理授权委托书……… 534	通知有专门知识的人
仲裁保全措施申请书……… 535	出庭申请书…………… 540
指定仲裁员函……………… 535	刑事案件代理委托协议…… 540
延期审理申请书…………… 535	刑事辩护律师事务所函…… 540
证据保全申请书…………… 535	重新鉴定、勘验申请书…… 540
执行仲裁裁决申请书……… 535	会见在押犯罪嫌疑人
撤销仲裁裁决申请书……… 535	申请书（涉秘案件）…… 541
经济合同纠纷仲裁申请书… 536	提请收集、调取证据申请书… 541
七、律师专用公文………… 536	为犯罪嫌疑人提供帮助的
律师函……………………… 536	委托协议……………… 541
律师见证书………………… 536	八、公证专用公文………… 541
律师催告函………………… 536	公证书……………………… 542
律师承诺函………………… 536	公证申请书………………… 542
律师事务所函……………… 537	撤回公证申请书…………… 542
律师调查笔录……………… 537	减免公证费申请书………… 542
律师阅卷笔录……………… 537	收养公证书………………… 543
律师事务所调查专用证明… 537	学历公证书………………… 543
律师会见在押犯罪嫌疑人的函… 537	拍卖公证书………………… 543
律师会见在押犯罪嫌疑人、	提存公证书………………… 543
被告人专用介绍信……… 537	遗嘱公证书………………… 543
庭审笔录…………………… 538	赠与公证书………………… 544
授权委托书（民事诉讼）… 538	继承权公证书……………… 544
授权委托书（刑事辩护）… 538	商标权公证书……………… 544

招标投标公证书……………… 544	士官留用察看审批表…………… 549
保全证据公证书……………… 544	行政看管审批表………………… 549
婚姻状况公证书……………… 544	行政看管登记表………………… 549
赡养协议公证书……………… 545	控告、申诉登记表……………… 550
合同（协议）公证书………… 545	处分登记（报告）表…………… 550
注册商标转让公证书………… 545	个人奖励登记（报告）表……… 550
第五节 军队专用公文…………… 545	单位奖励登记（报告）表……… 550
条令……………………………… 545	第六节 社会团体专用公文……… 550
命令……………………………… 545	社团章程………………………… 550
通令……………………………… 545	社团海报………………………… 551
通报……………………………… 546	社团筹备申请书………………… 551
指示……………………………… 546	社团备案申请书………………… 551
动员词…………………………… 546	社团成立登记申请书…………… 551
呈批件…………………………… 546	社团注销登记申请书…………… 551
请阅件…………………………… 546	社团变更登记申请书…………… 551
决心书…………………………… 546	社团设立分支（代表）机构
应战书…………………………… 546	登记申请书…………………… 552
保证书…………………………… 547	社团成员年度评议……………… 552
挑战书…………………………… 547	
检讨书…………………………… 547	**第十三章　港、澳、台地区**
任免令…………………………… 547	**　　　　　公文种类**………… 553
授勋令…………………………… 547	第一节 香港地区公文种类……… 553
惩戒令…………………………… 547	一、通用类……………………… 554
嘉奖令…………………………… 548	令………………………………… 554
撤销令…………………………… 548	公告……………………………… 554
代职报告………………………… 548	公函……………………………… 554
蹲点报告………………………… 548	布告……………………………… 555
交换意见………………………… 548	呈文……………………………… 555
转业申请书……………………… 548	录事……………………………… 555
重要情况通报…………………… 548	便笺……………………………… 555
士官对照检查…………………… 549	咨文……………………………… 555
士官述职报告书………………… 549	通告……………………………… 556
士官选取申请书………………… 549	通函……………………………… 556
士官晋级申请书………………… 549	签注……………………………… 556

人事令…………………………………… 556
开会通知………………………………… 556
议事文件………………………………… 556
议事日程………………………………… 557
会议记录………………………………… 557
行政法令………………………………… 557
法律文件………………………………… 557
档案纪要………………………………… 557
酬酢公函………………………………… 557
政府宪报公告…………………………… 558
致个别市民公函………………………… 558
致国内政府单位公函…………………… 558
致属下员工公函………………………… 558
二　应用（酬酢）类…………………… 558
柬帖……………………………………… 558
献辞……………………………………… 559
题辞……………………………………… 559
演讲辞…………………………………… 559
牌匾铭文………………………………… 559
祝贺信…………………………………… 559
致谢信…………………………………… 559
酬酢信…………………………………… 559
慰唁信…………………………………… 560
邀请信…………………………………… 560
三　内部类……………………………… 560
咨文……………………………………… 560
白皮书…………………………………… 560
绿皮书…………………………………… 560
报告书…………………………………… 560
讨论文件………………………………… 561
进度报告………………………………… 561
咨询文件………………………………… 561
资料文件………………………………… 561
行政会议备忘录………………………… 561
工作表现评核报告……………………… 561
临时立法会参考资料摘要……………… 561
第二节　澳门地区公文种类………… 562
公告……………………………………… 562
公函……………………………………… 562
布告……………………………………… 562
告示……………………………………… 562
声明……………………………………… 562
批示……………………………………… 563
报告……………………………………… 563
法规……………………………………… 563
规划……………………………………… 563
请示……………………………………… 563
请示/建议书…………………………… 563
请柬……………………………………… 563
通告……………………………………… 564
通知……………………………………… 564
章程……………………………………… 564
工作令…………………………………… 564
计划书…………………………………… 564
召集书…………………………………… 564
申请书…………………………………… 564
建议书…………………………………… 564
传阅函…………………………………… 565
备忘录…………………………………… 565
内部通告………………………………… 565
内部通知………………………………… 565
会议通知………………………………… 565
会议纪录………………………………… 565
会议纪要………………………………… 565
传阅通知………………………………… 565
行政命令………………………………… 566
第三节　台湾地区公文种类………… 566
令………………………………………… 567

呈	567	通知	568
函	567	提案	568
咨	567	聘书	568
签	567	证明书	568
书函	567	契约书	569
公告	567	开会通知单	569
记录	568	手令或手谕	569
报告	568	证书或执照	569
说帖	568	签函或便函	569
通告	568	公务电报或代电	569
通报	568		

第十二章 专用公文种类

专用公文,相对通用公文而言,亦称专用文件或行业公文,是指具有专门职能的机关,根据特殊需要在一定的行业、系统或特定的范围内使用的,专业性较强的,且具有特定内容和格式的专门公文文种,是现代公文的一大类别。专用公文与通用公文比较有下列几个特点:一是适用于特定的行业、系统、部门,或特殊领域需要使用。二是多有特定的格式和项目,除采用书面文字形式外,较多地采用数字表单式,项目、内容和形式都有特殊的规定,并按照规定填制。三是多有其特殊的制作和运转程序。四是多有其行业、系统特点和特殊的专业术语。专用公文涉及面非常广,数量极多。本章选择党务、人大、政协、政府及行政机关、司法、军队、社会团体等方面部分常用的主要专用公文文种作简要介绍。

第一节 党务机关专用公文

党务机关专用公文,是指党的综合办公、组织、宣传、统战和党的纪检(行政监察)部门制作和使用的党务专用公文。本节择要介绍实践中部分常用的党务机关专用公文。

一、综合办公部门专用公文

抄告单

抄告单,是党委办公部门向其他有关单位转发的开展工作需要其配合时开具的,标明发文单位、发文时间、发文编号、发文名称、分送单位、发送内容或负责承担的具体事宜等信息的单据性公文。常用于同级平行部门或所属单位开展某项工作,但涉及需要其他平行部门配合的内容比较多,已经不是自身职责范围内可以协调解决的,需要召集联席会议协调或书面转发至其他部门。如:《中共×××委员会办公室抄告单》(××党办抄〔201×〕字第××号)。下行或平行公文文种。

汇报提纲

汇报提纲,是指党的下级机关向上级机关提纲挈领地口头汇报工作或某项工作的阶段进展情况,或在某一特定会议需要口头扼要地汇报某项工作时使用的一种公文。适用于主动向上级领导机关或领导人全面汇报工作,或就某一项重点工作向上级领导汇报，或以求解决的方案，或向前来视察、检查工作的上级领导汇报工作。如：孝感市党风巡视组向市委常委会议汇报时的《党员干部"四风"自查情况汇报提纲》（2014年9月25日）。上行公文文种。

电话记录单

电话记录单，又称"电话处理单"，是党的办公部门对外来涉及与工作有关的办公电话，进行记录并作出反馈时制作和使用的，载明来电单位、来电人、来电时间、电话号码、来电内容、接应人、领导批示、处理情况等信息的表单式公文。上行、平行或下行公文文种。

督查通知单

督查通知单，是指党的办公部门按照有关程序，将经批准立项的督促查办事项登记造册，并通知主办或牵头单位时制作和使用的，载明督办内容、督查要求、交办时间、承办单位、办理时限、附件等信息的公文。适用于对已转交承办部门的事项，要跟踪检查，督促按期办理；对在规定时限内未能办理的，督查部门要及时催办，并督促限期办理。下行公文文种。

图12-1-1 中共重庆市委督查事项通知

督查结果报告单

督查结果报告单，是指承办部门办结督查事项后，向党的督查部门报告反馈办理结果时制作和使用的，载明交办事项、交办日期、报告日期、办理结果、审核意见、承办部门负责人签字、附件等信息的总结性公文。上行公文文种。

会务事项联系单

会务事项联系单，是党的办公部门对某一重要或大型会议的筹备和善后事宜进行组织安排或协调联络、统计时制作和使用的，说明秘书工作和行政事务工作，重要会议还对安全保卫工作提出要求等内容的公文。会务事项联系单一般用于召开重要的或大型会议。主要用于会期长，出席会议人数多，任务繁杂，涉及面广，需有多方参与、配合、承担会议的有关工作。平行、下行公文文种。

领导同志出席会议安排表

领导同志出席会议安排表，是党的综合办公机关安排领导同志出席会议，为使领导同志提前有所安排和准备，能够届时出席会议，还便于会务人员在开会前逐一落实或及时作相应的调整，以免影响会议的正常召开时制作和使用的，载明日期、时间、名称、地点、出席人、承办单位等信息的公文。上行、平行、下行公文文种。

二、纪检（行政监察）部门专用公文

纪检（行政监察）部门专用公文，是指党的纪律检查（行政监察）部门履行本部门职责的过程中所使用的公文。纪检（行政监察）部门公文具有鲜明的强制性、揭露性、规范性。要求主题单一而鲜明，内容翔实而准确，结构严谨而规范，文风质朴而庄重。

立案报告

立案报告，又称"立案请示"，是指纪检（行政监察）机关决定对涉及党员干部的某一事件需要进行立案调查的案件，报请领导审查决定时制作的，写明被检查人姓名、单位、职务、问题性质、情况来源、主要问题、拟办单位、呈报单位、领导审批等情况的请示性公文。适用于对反映、检举和控告，以及发现党员、党组织或行政监察对象严重违犯党纪、政纪的问题，经初步核实后，确认有违纪事实，并需追究纪律责任而应作为案件进行调查的。上行公文文种。

审查报告

审查报告，又称"审理报告"，是指纪检（行政监察）机关案件审理部门或专兼职审理干部，对移送审理或呈报审批案件的事实、证据、定性、处理及办案程序等，提出审理意见时制作并使用的公文。审查报告适用于综合反映案件审理部门的审理意见，是纪检监察机关领导班子审议案件的主要依据，也是制作请示、批复、处分决定等公文的重要基础。如：《中共中央纪律检查委员会关于康日新问题的审查报告》（2010年10月18日中国共产党第十七届中央委员会第五次全体会议通过）。上行、平行公文文种。

见面材料

见面材料，是指纪检监察机关调查组对案件经过初查核实、取得证据、认定错误事实、调查终结阶段而形成的与被调查人进行见面核对时制作和使用的，写清被调查对象的基本情况、准确认定错误或违纪事实、认定错误或违纪性质、界定被调查人应负的责任和问题定性等内容的公文。上行、平行或下行公文文种。

说明材料

说明材料，是指当涉案当事人不同意调查组出具的事实材料时，纪检部门审核案卷材料并作进一步调查后，对事实情况作出进一步说明时所制作的，用清楚的事实、确凿的证据，说明事实的存在与情节的轻重等内容的公文。适用于被调查人不承认或推托辩解认定的错误事实，或明显故意狡辩、拒不承认错误，说明其不端正的错误态度时使用。上行或下行公文文种。

谈话笔录

谈话笔录，是指纪检监察机关的调查人员依照有关规定，按照程序在案件检查、案件复查及补充调查的过程中,为核实案件事实,收集证据,向谈话对象(被调查人、受侵害人、证人)调查了解案情时所制作的,反映谈话的时间、地点、谈话人身份、记录人身份、谈话对象的主要情况及谈话内容的记录性公文。上行、平行或下行公文文种。

信访复信

信访复信,是指纪检监察、信访部门对受理的信访事项,按照程序进行处理后,书面向信访人回复受理情况或答复有关问题、说明情况、告知处理结果、解释不能处理的原因,或告知转其他有关职能部门处理等情况时使用的公文。如:2013年4月16日,国家信访局写给吴××的《信访复信》(信复字〔2013〕52号)。下行公文文种。

信访转办函

信访转办函,是指纪检(行政监察)部门对来信来访事项,按照"属地管理、归口办理"的原则和相关规定及要求,转交其他职能机关处理交接时制作的,载明主送单位、信访标题与内容、建议转办的正文、领导批示、成文时间、印章等项内容的公文。信访转办适用于信访事项不属于本级纪检监察部门管辖范围的,应转到有管辖权的纪检监察部门或其他党政主管职能部门酌情处理时使用。如:2012年×月×日,中央纪律检查委员会信访室监察部举报中心《信访事项转办函》(访转鲁字〔201×〕××号)。平行公文文种。

立案调查结论

立案调查结论,是指纪检(行政监察)部门在对案件实施调查方案终结时,综合分析案情、鉴别证据、认定错误事实的基础上,主要是对违纪违规者划清责任界限,对每个问题做出的符合实际的结论,提出符合实际的定性处理意见的公文。如:2014年10月22日,昆明市纪委和晋宁县纪委分别向市常委会提交的《关于对晋宁县富有村"10·14"事件16名责任人的立案调查结论》(新华网,2014年10月24日)。上行、下行公文文种。

纪检工作条例

纪检工作条例,是指地方、军队党的各级纪检部门为严肃党纪的中心环节,为使案件检查工作规范化、制度化,提高办案质量和效率,根据中国共产党章程有关规定,结合案件检查工作的实践,而制定的工作标准。如:《中国共产党纪律检查机关案件检查工作条例》(中国方正出版社,1994年版)。

图 12-1-2

下行公文文种。

纪检证明材料

纪检证明材料，又称"证据"，是指纪检（行政监察）机关案件检查人员依照规定程序收集的、用以证明案件事实情况的证人证言、物证、书证、受侵害人的检举、被调查人的陈述、视听材料、现场勘验笔录和鉴定结论等一切证明性公文。上行公文文种。

纪检调查笔录

纪检调查笔录，是指党的纪检（行政监察）部门对某一案件调查取证，现场与涉案人员进行调查询问、谈话时制作的，准确记载问话时间、地点、询问人、记录人、被调查人的基本信息、案由，以及详细询谈内容的公文。笔录须经被询谈对象审阅，确认笔录无误后，调查人和被调查人分别签章有效。上行公文文种。

纪律处分决定

纪律处分决定，是指党的纪检部门对于受理的违纪案件，在事实清楚、证据确凿的基础上，确认违纪人员构成违纪，并依据有关规定，决定给予某种纪律处分时制作的，载明被处分人的基本情况、违纪事实、依据、处分种类、执行时间等内容的公文。一般适用于在对违犯党纪的党员进行处理时使用。如：《关于给予×××同志党内严重警告处分的决定》。对于共同违纪的案件，应对受处分的人员分别作处分决定。下行公文文种。

纪律检查建议书

纪律检查建议书，是指由纪委机关对发现的问题经初步核实（审查），被反映人虽有违纪事实，但情节轻微，认为不需要对其追究党的纪律责任的情况作出处理时，向同级党组织或下级党组织，或行政机关提出处理建议时制作和使用的、具有监督和约束作用的公文。如：中共××市纪律检查委员会《关于×××有关"四风"问题的纪律检查建议》（×纪建字〔2014〕6号）。下行或平行公文文种。

行政监察通知书

行政监察通知书，是指行政监察机关履行监察职责，依照法律、法规和政策，实施检查、调查、建议、处分等项监察权力时，向被监察对象发出的，写明决定对其进行行政监察事项的行政告知性程序公文。行政监察机关遇有下列情况之一时可使用行政监察通知书：1. 接到人民政府或上级监察机关指示，进行检查、调查时。2. 人民群众举报被监察单位或个人有违法违纪问题，需要进行调查时。3. 查办违纪案件，需要被监察单位或个人提供有关文字说明和各种证据时。4. 进行例行的检查、调查，需要被监察单位或个人提供文字说明和各种证据时。平行或下行公文文种。

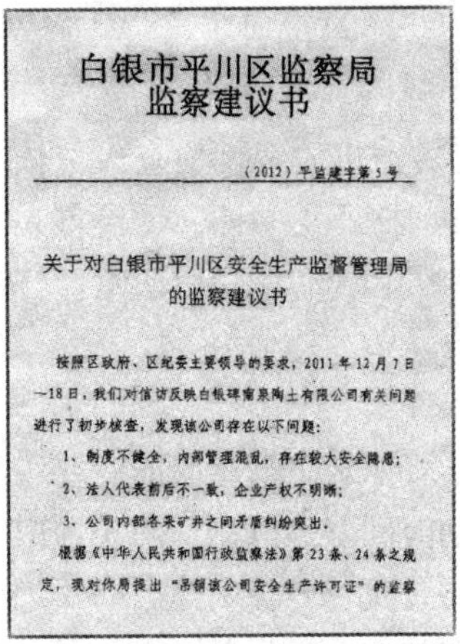

白银市平川区监察局
监察建议书

（2012）平监建字第5号

关于对白银市平川区安全生产监督管理局
的监察建议书

按照区政府、区纪委主要领导的要求，2011年12月7日—18日，我们对信访反映白银碑窗泉陶土有限公司有关问题进行了初步核查，发现该公司存在以下问题：

1、制度不健全，内部管理混乱，存在较大安全隐患；

2、法人代表前后不一致，企业产权不明晰；

3、公司内部各采矿井之间矛盾纠纷突出。

根据《中华人民共和国行政监察法》第23条、24条之规定，现对你局提出“吊销该公司安全生产许可证”的监察

图12－1－3 白银市平川区监察局《关于对白银市平川区安全生产监督管理局的监察建议书》平监建字〔2012〕第5号

行政监察建议书

行政监察建议书，是指行政监察机关按照法律、法规，在履行监督职责，对被监察对象的某一事项实施检查、调查、审理的基础上，根据监察结果，针对存在的问题，按有关规定提出相应的整改措施、处理意见等建议的行政法律公文。多在向被监察对象的行政主管机关移送或向被监察对象送达监察结果时使用。如：安阳市监察局关于对《安阳市公共资源交易中心的监察建议书》（2013年2月17日）。上行、平行或下行公文文种。

停职检查建议书

停职检查建议书，是指由党的纪检机关对犯有严重错误已不适宜担任现任职务的党员干部，或对抗、阻挠、干扰、破坏对其问题的查处，妨碍案件检查工作开展的党员干部，向管辖党员干部的党组织提出按照一定的程序，采取组织措施，临时停止其履行所担任的职务、检查反省问题、接受调查或审查时使用的一种公文。平行或下行公文文种。

案件通报

案件通报，是指党的纪检部门对重要的或典型的违法违纪案件，经调查初步核实或处理情况终结时制作并发布的，主要是通过摆情况，找根源，阐明处理决定，以案警示，使广大党员干部从中吸取教训，引以为戒，以免重蹈覆辙，具有警示性、教育性的告知性公文。如：《中央纪委通报10起违反中央八项规定精神的典型问题》（2013年12月17日）。下行公文文种。

案件处理批复

案件处理批复，是指有权批准对案件作出某种处理的纪检、监察机关，对案件审理部门或下级纪检、监察机关在案件审理结束后，按照批准权限呈报的违纪案件处理意见的请示所给予明确的正式答复时制作和使用的，针对请示内容作出同意、更改、否定或者需要继续调查补证的决定的公文。如：《关于对×××同志贪污案件处理意见的批复》《关于给予×××同志留党察看一年处分的批复》。下行公文文种。

案件复查批复

案件复查批复，是指原批准给予处分的党委或纪检、监察机关，对由承办案件的部门或下级纪检、监察机关，将党员、党组织对所受党纪处分不服的申诉问

题进行复议、复查后,提出的处理意见或复议、复查结论的请示所给予正式审批答复时制作和使用的,载明维持、变更、撤销原处理决定或复查(复审)决定的处理结论的公文。下行公文文种。

案件审理报告

案件审理报告,是指纪检、监察机关的案件审理部门(案件审理小组)或专(兼)职审理人员按照案件审理工作的基本要求,对本级案件检查部门直接调查处理和下级纪检、监察机关所呈报的调查终结的违纪案件进行审理后,作出的关于案件的事实、证据、性质、有关人员的责任和党纪政纪处分的认定性审查核实意见的公文。上行公文文种。

案件调查报告

案件调查报告,是指纪检、监察机关或专案组对违犯党纪、政纪的案件,在进行调查核实的基础上,经集体讨论和客观分析所形成的,说明立案依据及调查的简要情况、案件的事实真相、主要错误事实及性质、有关人员的责任、被调查人对错误的态度、提出定性处理意见或建议的公文。适用于审查办案时内部运转使用。纪检、监察机关的案件调查报告,根据所反映的内容和用途的不同主要分为两大类:一是以某一情况或问题的综合性调查报告。它是集中反映某一类案件的共同特点,重点反映问题的整体概貌。如:《关于对当前涉农政策违法违纪案件的调查报告》(东营市纪委研究室,2012年9月23日)。二是对某一具体案件的调查报告。它是围绕某一问题的具体经过,包括细节、证人、证据等都要有明确的交代。如:××纪律检查委员会《关于×××贪污受贿、腐化堕落案件的调查报告》(2014年6月×日)。上行、下行公文文种。

党纪处分申诉登记卡

党纪处分申诉登记卡,是指纪检、监察机关接待受到处分的党员申诉时使用的,载明来访日期、申诉人情况、何处来、原编号、转往何处、转办时间、是否要结果、拟办意见、领导意见、承办单位和承办人等信息,表明是否受理受到处分党员申诉的表格式公文。上行、平行、下行公文文种。

三、组织部门专用公文

党的组织部门专用公文,是党的组织部门在履行其考察、选拔、管理、培训干部和培养、发展党员等职责时所使用的公文。

(一)组织工作类

入党誓词

入党誓词,是指根据党章的规定,预备党员在党组织举行的入党宣誓仪式上,面对党旗当众庄严表示,自愿承担政治责任、并决心为党的事业而献身的言词。红军时期,入党誓词已经比较规范,抗日战争时期、解放战争时期、新中国成立初期入党誓词多次修改。现行党章是1982年9月召开的中共十二大通过的,首次把入党誓词写进了党章。《中国共产党章程》第一章第六条规定:"预备党员必须面向党旗进行入党宣誓。誓词如下:我志愿加入中国共产党,拥护党的纲领,遵守党的章程,履行党员义务,执行党的决定,严守党的纪律,保守党的秘密,对党忠诚,积极工作,为共产主义奋斗终身,随时准备为党和人民牺牲一切,永不叛党。"上行公文文种。

图12-1-4 抗战时期的入党誓词

入党申请书

入党申请书,是指由要求入党的同志本人自愿向党组织提交的,表达自己入党的信念、要求入党的愿望和态度,并附有入党自传、思想汇报等书面材料的公文。如:《入党申请书》(申请人:×××,2014年×月×日)。上行公文文种。

入党志愿书

入党志愿书,是指入党积极分子按照党章的规定,自愿向党组织提交的,说明本人和家庭的基本情况,表达入党的愿望和对党的认识理解,并联系自己的实际谈对党组织的信仰,填写本人入党志愿等情况的公文。上行公文文种。

入党考察报告

入党考察报告,是指申请入党人所在党支部经对申请入党人的申请书、志愿书、自传、思想汇报、外调证明材料、党校培训情况等进行审查并加以综合分析后,在此基础上所拟制的,综合

图12-1-5 不同时期的《中国共产党入党志愿书》(申请人:×××)

反映申请人的基本情况、简历和政治历史情况,家庭主要成员、主要社会关系成员的政治历史和现实表现情况,本人接受党组织培养和考察的情况及现实表现情况,找出其优缺点,给予客观公正的评价,提出是否符合具备党员条件与可否提交党支部大会讨论的意见的公文。如:××党支部《关于×××同志的入党考察报告》(201×年×月×日)。上行公文文种。

入党思想汇报

入党思想汇报,又称党员思想汇报,是指要求入党的同志从向党组织递交入党申请书起,就被纳入党组织教育、考察和培养的范围。申请人为了使党组织更

好地了解自己的思想情况，自觉地接受党组织的教育和监督，争取组织的教育和帮助，主动地向所在的党组织（党支部）定期汇报自己的思想、工作和学习情况时制作和使用的公文。入党申请人也可在执行特殊任务或遇到重大活动时，做专题思想汇报。如：《预备党员×××关于建党90周年的思想汇报》。上行公文文种。

入党介绍人意见

入党介绍人意见，是指在支部大会讨论通过吸收入党申请人入党时，入党介绍人向支部大会介绍对入党申请人的教育培养、考察指导及申请人的现实表现等有关情况，并填写意见时使用的公文。上行公文文种。

入党转正申请书

入党转正申请书，简称"转正申请书"，是指根据党章的规定，预备党员在预备期满前，由本人主动向所在单位党组织提交的，实事求是地汇报本人在预备期内的表现情况和需要向党组织说明的问题，提出请求转为正式党员的事项，并表明自己对能否转正的态度和今后努力的方向的公文。如：《××大学××同志入党转正申请书》。上行公文文种。

党组织专用公示

党组织专用公示，是一种根据工作需要，在党内公开张贴、电子办公系统发布或者供党内人士传阅的公文。主要适用于考选干部公示、评选先进基层党组织和优秀党员公示、发展党员公示、预备党员转正公示公告等。如：中共湖北省委组织部《干部任前公示公告》（〔2014〕第30号）。下行公文文种。

党组织专用办法

党组织专用办法，是指党组织专为贯彻落实党的某一法令、条例或进行某项工作的方法、步骤、措施而制定的补充性法规公文。如：《先进党组织评选实施办法》《党组织考评办法》《关于加强和规范基层党组织建设工作和活动经费的管理办法》等。下行公文文种。

党组织专用记录

党组织专用记录，是指如实记载党组织的会议基本情况、会议上的报告、讨论的问题、发言、决定等内容的记录性公文。主要用于支部大会讨论接受预备党员或党员转正、党组织的"三会一课"、征求党内外群众意见等。平行或下行公文文种。

党组织专用决议

党组织专用决议，是指经党组织会议讨论通过的必须贯彻执行的重大问题或重要事项，用专用决议形式发布的公文。它具有很强的权威性、规定性和约束力，常用于支部大会关于接受预备党员的决议、支部大会关于通过预备党员能否转正的决议、支部大会关于通过到期转正为正式党员的决议、支部大会关于延长预备党员预备期的决议、支部大会关于取消预备党员资格的决议等。下行公文文种。

党组织专用决定

党组织专用决定，是指对党的重大事项或者重大行动作出安排及决策时使用的，具有很强的规定性和约束性的公文。常用于关于召开党员代表大会的决定、党员干部停职检查决定书、党员自行脱党处理的决定、党员处分决定、立案决定书、处分决定书、免于处分决定书、案件复查决定书等。下行公文文种。

党组织专用报告

党组织专用报告，是指个人或者集体在一定时期内，对某一项工作进行回顾总结，或将某一事项的基本情况、过程和结果向上级党组织、全体党员汇报时制作和使用的陈述性公文。常用于入党考察报告、准备吸收预备党员的报告、党员要求退党处理情况的报告、劝告党员退党的报告、党费收缴使用和管理情况的报告、补选支部委员选举结果的报告、大会选举报告单、计票单选举结果报告单、初步核实（审查）报告、党员案件审理报告、党员干部述职报告等。上行公文文种。

党组织专用材料

党组织专用材料，是指党组织为了某项工作而整理的只有参考价值而没有约束力的公文。常用于优秀党员事迹材料、先进党组织经验材料、干部考察材料、先进集体呈报材料、先进个人呈报材料、政审综合材料、函调证明材料、内参材料、介绍经验典型材料、党外干部考察（调研）材料、见面材料、说明材料、纪检证明材料等。上行、平行或下行公文文种。

党组织专用请示

党组织专用请示，是指请求党的上级机关对某项工作、某个问题作出指示给予明确答复或审核批准时制作和使用的一种公文。主要用于党员处分处理意见的请示、基层党委（党支部）组成人员的请示、成立基层党委（党支部）的请示、补选党支部委员的请示、党支部委员会换届选举的请示、党支部委员会选举结果和分工的请示、案件处理请示等。上行公文文种。

党组织专用通知

党组织专用通知，是指党的机关专门用于向下级党组织或全体党员发出的告知性公文。主要用于党组织部署开展的有关工作和学习教育活动、启用党组织的印章、考选和任免干部、召开党员代表大会、党代表大会代表选举工作等。如：中共河北省委组织部《关于做好2014年大学生村官选聘工作的通知》（冀组字〔2014〕13号，2014年3月3日）。下行公文文种。

党组织专用意见

党组织专用意见,是指党的领导机关对某项重点工作和重要问题,提出见解、措施和处理办法,为下一步开展工作做好准备的一种指示性公文。党组织专用意见可用于上行文、平行文和下行文。作为上行文,意见类似于请示,应按请示性公文的程序和要求办理。党的上级机关应当对下级机关报送的意见作出处理或给予答案。主要用于接收预备党员的审查意见、接收预备党员的审批意见、审批预备党员转正的意见、党小组推荐意见、上级党组织指派专人进行谈话情况和对申请人入党的意见、征求党内外群众意见、入党介绍人意见等。作为平行文,收文机关对文中提出的见解,可作为决策、行动或工作的参考。作为下行文,党组织专用意见具有指示、指导和规范作用,可对下级机关布置工作,下级机关应当遵照执行。上行、平行或下行公文文种。

图 12-1-6 《中共株洲市委办公室关于推进学习型党组织建设的实施意见》(株办发〔2010〕9号,2010年5月14日)

党组织专用鉴定

党组织专用鉴定,是指党组织在发展党员和管理党员或党员干部中,对某一个党员或党员干部在某一时期的政治表现、工作、学习等方面的优、缺点等,客观、真实地作出书面评价的公文。党组织专用鉴定有党员自我鉴定和党组织鉴定之分,一般是根据上级党组织的统一部署或在预备党员转正、民主评议党员、年终总结工作、调动工作单位、完成某项工作或学习任务时使用。上行、下行公文文种。

党组织专用审批表

党组织专用审批表,是指党组织对下级呈报的载有详实情况及请求批准事项进行审查批准或作出批示的表格式公文。其最大的特点是格式化和表现形式的多样性,没有固定的表格形式,可根据事项的需要不同、登记内容的不同而变化。主要用于干部任免审批表、干部调动审批表、先进党组织呈报审批表、优秀共产党员呈报审批表、优秀党务工作者呈报审批表等。上行、下行公文文种。

党组织专用登记表

党组织专用登记表,是指党组织使用的一种较

图 12-1-7 干部任免审批表

全面记载基本情况和相关信息,便于查阅、存档的表格式公文文种,其根据不同的需要,表现形式多样,没有固定的表格形式,可根据登记内容和侧重点而变化。主要用于党员登记、入党积极分子培养教育考察登记、吸收预备党员公示情况登记、预备党员转正登记、党组织工作目标自查考察登记、年度考察登记、考选和任用干部、党员干部违法违纪处理登记、案件移送审理登记等。上行、下行公文文种。

党组织关系介绍信

党组织关系介绍信,是指党员在党组织中的隶属关系发生变化,党员应在转入单位党组织参加党的组织生活,交纳党费时所制作和使用的凭证性公文。适于党员因工作单位发生变化、外出学习或工作时间在六个月以上且地点比较固定,按规定向其所在地党组织转移正式组织关系时使用。平行公文文种。

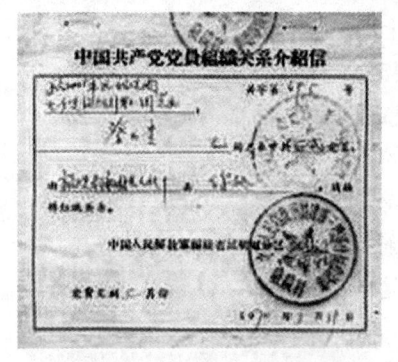

图12-1-8 《中国共产党党员组织关系介绍信》

党组织专用思想汇报

党组织专用思想汇报,是指下级党组织向上级党组织提交的,报告本单位工作情况、反映党组织成员或党员中的思想动向、提出意见或者建议时制作的公文。一般是在年度、遇到国内外发生重大或突发政治事件、答复上级机关的询问时使用,以便上级党组织及时了解情况,作出正确决策,指导工作,解决问题。如:《××党支部(总支)关于在××工作期间的党员思想情况汇报》。上行公文文种。

吸收预备党员决议

吸收预备党员决议,是指党支部根据支部大会讨论接收发展对象为预备党员的决议通过时形成的意见和会议记录,据实整理而成的结论性公文。适用于报上级党组织审批后,连同申请人的《入党志愿书》等一并装入本人档案。如:《××支部大会关于吸收××同志为预备党员的决议》。上行、下行公文文种。

(二)干部工作和选举工作类

党的干部工作和选举工作专用公文,是指党的组织或干部部门在履行其管理、选拔、考察干部,以及指导下级党组织进行选举干部的职责过程中所使用的公文。

干部任免材料

干部任免材料,是指党的干部管理部门选

图12-1-9 中共赣榆县委组织部《关于张宜春等同志任免职务的通知》(赣组干〔2012〕240号)

拔、任用和免除职务时供党委讨论、审议和备案时制作和使用的公文。干部任免材料主要有：干部职务任免（任职或免职）请示、干部职务任免备案报告、干部任免审批表、干部考察材料、党委（党组）会议纪要、干部任职回避登记表等，还包括党委审查批准后形成的审批通知、任免决定等。其中报党委的材料是上行公文文种，任免通知是下行公文文种。

选举结果报告

选举结果报告，是指基层党组织向上级党组织汇报召开党员代表（全体党员）大会选举情况及结果、党委或纪委第一次全体会议选举情况及结果时制作和使用的，写明会议的召开情况和选举情况，须报上级党组织批准或备案的"两委"委员名单，须报上级党组织批准的"两委"常委和书记、副书记名单的陈述性公文。主要用于上级党组织审批、备案。如：《中国共产党翟店镇第八次代表大会选举结果报告》（翟党字〔2011〕×号）。上行公文文种。

选举结果报告单

选举结果报告单，是指党组织举行换届选举时，由总监票人当场向大会主席团和与会全体代表宣布参选人员、发票和收票情况及选举结果的表格式公文。适用于采用无记名投票选举的方式，须严格按程序经计票人在监票人的监督下计票后产生。上行、下行公文文种。

召开党员代表大会的请示

召开党员代表大会的请示，是指党的地方各级委员会召开全委会，作出召开党代表大会的决议之后，提请上级党组织予以审批时制作和使用的，说明召开党代会的时间、地点、指导思想、主要议程，代表名额、构成比例、分配原则、差额比例及选举办法，下届党委委员和纪委委员名额及候选人名额，代表、委员、常委、书记、副书记名额及选举办法等内容的请示性公文。省级党的委员会一般于召开党代会四个月前报中央审批，其

图 12-1-10 中共桂山社区支部委员会委员选举结果报告单

他党的地方委员会一般于召开党代会两个月前报上一级党委审批。如：《关于召开中国共产党皖西学院第二次党员代表大会的请示》（皖院党〔2011〕12号）。上行公文文种。

召开党员代表（党员）大会的通知

召开党员代表（党员）大会的通知，是指党组织在召开党代表（党员）大会的各项筹备工作基本就绪，确定了召开会议时间，且距召开大会时提前一定的时间，以书面形式向所属党组织发出的，说明会议召开的时间、地点、主要议

题、出席对象、会期，与会人员报到的具体时间、地点和报到的注意事项，及提出相关要求等内容的公文。中共东北师范大学委员会《关于召开第十四次党员代表大会的通知》（东师大党字〔2014〕××号）。下行公文文种。

同意召开党员代表大会请示的批复

同意召开党员代表大会请示的批复，是指上级党委收到下级党组织关于召开党代会的请示后，责成组织部门对下级党委的请示进行审查，主要对请示的大会召开时间和议程，代表名额和构成原则及差额比例，党的委员会委员、候补委员和纪律检查委员会委员及常委、书记、副书记名额、差额比例等内容提出批复意见，经党委集体讨论研究是否同意后，予以回复时制作和使用的公文。如：中共福建省委《关于同意召开中共福建师范大学第七次党员代表大会的批复》（闽委干〔2013〕549号）。下行公文文种。

党员代表（全体党员）大会主持词

党员代表（全体党员）大会主持词，是指由大会主持人主持会议时按会议的组织流程逐项进行诵读的，主要是宣告会议名称、本次会议的议程、提出会议要求等内容的公文。适用于召开党员代表（全体党员）大会期间的预备会议、开幕式、主席团会议、举行选举、闭幕式等环节，且都必须分别使用不同的主持词。下行公文文种。

党员代表（党员）大会选举办法

党员代表（党员）大会选举办法，是指为确保选举工作的顺利进行，按照党章和党的有关选举工作条例规定的要求，结合实际情况而制定的，说明制定选举办法的依据、选举的任务、提名确定候选人的办法、确定当选人的原则与候选人和当选人名单排列顺序的规定、填写选票的注意事项、产生监票人和计票人的办法、选举的方式和程序、选举的有效性和有效票的规定、选举的纪律等规范选举行为的准则性公文。专用于召开党代表大会、党员大会换届选举和党的委员会、纪律检查委员会第一次全体会议进行选举时。如：《中国共产党温州市第十一次代表大会选举办法》（2012年2月10日，温州市第十一次党代会第二次全体会议通过）。下行公文文种。

党组织工作目标自查考核登记表

党组织工作目标自查考核登记表，是指党组织对年度或某一阶段工作目标进行自我检查考核时使用的，载明工作目标自查考核的项目内容、标准、分值等项目的综合评定性表格式公文。该表一般由上级党组织统一制定印发，用于其下属党组织进行认真自查后如实报上级党组织审查和抽查，以便了解工作情况。下行、上行公文文种。

四、宣传部门专用公文

党的宣传部门专用公文，是指党的宣传部门在履行其理论学习、理论教育、理论宣传、意识形态领域和宣传党的路线、方针和政策等职责过程中所使用的公文。

内参材料

内参材料，又称"内部参考资料"或简称"内参"，是指党的宣传部门认为内容不适合公开发布或报道的，且事实本身具有较高的社会影响力，但又必须让党委领导知道，需要领导同志引起重视时所制作的，主要反映重要时政动向、社会不良现象、亟待解决的事件、负面新闻、争议话题、突发事件、重要技术突破、基层民意、有价值的经验、有益探索的敏感内容或某一内部情况等的公文。适用于向党的领导人或党内一定范围内的同志决策提供参考，方便领导同志作出准确的判断和批示时使用。上行公文文种。

先进事迹材料

先进事迹材料，是指记载某一集体或个人过去在某些方面所做的位于时代前列或行业领先，可作为表率和榜样，供他人学习借鉴的重要事迹或成功经验的记述性公文。适用于对先进的优秀事迹进行宣传、对工作中彰显的精神进行弘扬、对卓越的工作成绩进行表彰。先进事迹材料一般有两种：一是个人先进事迹，也就是常见的先进个人事迹，如先进工作者、优秀党员、劳动模范、道德模范、见义勇为先进个人等；二是先进集体或先进单位，如先进党支部、先进车间或科室、抗洪抢险先进集体等。上行、平行或下行公文文种。

介绍经验的典型材料

介绍经验的典型材料，是指党的宣传机关从某个角度去审视，把具有先进性、代表性的先进集体或先进人物的事迹，加以调查、分析、整理，而形成的具有推广和借鉴价值的，且对推动面上的工作能起引领作用的总结性公文。主要适用于表彰先进、传播事迹、交流和推广各种经验等。上行、平行或下行公文文种。

思想反映

思想反映，或称"情况反映""思想动态"，是指党和国家发生的重大事项时，党的宣传部门对党员、干部和群众所表现出的积极或消极的情绪，正反两方面的反映情况和意见等事实加以综合整理而成的，及时报告上级领导机关及有关部门，以便为党和政府作出决策提供参考时使用的叙述性公文。主要适用于在党和政府出台的某项重大决策、实施某一政策措施或社会发生重大事件时使用。如：《干部群众对十八大胜利召开的思想反映》（无锡市滨湖区党委宣传部，2012年12月12日）。上行公文文种。

宣传动态

宣传动态，或称"宣传工作动态"，是指党的宣传部门将党员、干部、群众的有关社会活动发展变化的情况或在活动中的状态、基层党组织开展宣传工作的情况等，及时扼要地整理出的叙述性公文。主要用于公开党务、互通信息、通报情况、交流经验等，具有一定的时效性。上行、平行或下行公文文种。

宣传提纲

宣传提纲，是指党的宣传部门对党的某一政策法规进行宣传时，所形成的提纲挈领式地概叙纲目、要点的公文。目的是使党员、干部在学习宣传活动中，节省时间和精力，准确把握重点，提高学习效率，取得更好的学习效果。下行公文文种。

宣传工作意见

宣传工作意见，是指党的宣传机关就贯彻执行上级精神或在特定的时间内对下级机关部署、指导开展工作，或有针对性地解决带有普遍性、局部性的意识形态问题时制作和使用的，说明发布意见的缘由，提出见解和处理办法及执行要求，带有宣传、引导、说明、阐释意义的指导性公文。下行公文文种。

五、统战部门专用公文

统战部门专用公文，是指统战部门在组织贯彻执行中共中央关于统一战线的方针、政策，向党组织反映情况，提出开展统战工作的意见和建议，扩大党的群众基础，巩固党的执政地位时所使用的公文。

统战信息

统战信息，又称"统战工作"，是指党的统战部门将统战对象的有关社会活动发展变化的情况或在活动中的状态、状况，基层党组织开展统战工作的情况等，及时扼要地整理出的叙述性公文。主要用于党务公开、交流经验、通报情况等，具有一定的时效性。上行、平行或下行公文文种。

政治审查报告

政治审查报告，也称"政审报告""综合材料"，是党的统战部门在调查、查看人事档案、考核的基础上，对拟推荐为政协委员的同志作出全面评价的公文。适用于党的统战部门向党委和上级政协机关汇报某位同志的政治审查情况，以备讨论其任政协委员时向大会报告。上行公文文种。

第二节 人大、政协机关专用公文

一、人大机关专用公文

公告

公告，是指人大机关向国内外宣布重要事项、重要事件，或者颁布法律、法规等法定事项和任免事项时制作和使用的公文。如：《徐州市第十五届人民代表大会常务委员会公告》（第十七号），"《徐州市公共体育设施条例》经江苏省第十二届人民代表大会常务委员会第十一次会议于 2014 年 7 月 25 日批准，现予公布，自 2014 年 10 月 1 日起施行。2014 年 7 月 31 日"。下行公文文种。

宪法

宪法，是指由国家最高权力机关——全国人民代表大会严格按照规定程序制定的，规定国家的基本制度和根本任务，即社会制度、国家制度的原则和国家政权的组织以及公民的基本权利义务等内容的根本大法。宪法具有最高的法律效力，一切法律、行政法规和地方性法规都不得同宪法相抵触。因此也具有更为严格的制定和修改程序。中国现行宪法是 1982 年 12 月 4 日第五届全国人民代表大会第 5 次会议通过的《中华人民共和国宪法》，全国人民代表大会于 1988 年、1993 年、1999 年、2004 年先后四次以宪法修正案的形式对现行宪法作了修改和补充。下行公文文种。

议案

议案，是指由具有法定提案权的国家机关、会议常设或临时设立的机构和组织，以及法定数量的人大代表，就属于本级人大职权范围内的事项，向本级人民代表大会或人大常委会提请审议并作出决定的议事原案。适用于在会议期间或闭会期间，根据法定程序，有关机构向同级人大及其常委会提请审议的事项。议案一经审议通过，就具有法律的约束力，有的就是法律、地方性法规。如：在 2013 年 12 月 25 日，张德江委员长主持十二届全国人大常委会第十五次委员长会议，审议《国务院关于提请废止〈国务院关于劳动教养问题的决定〉和〈国务院关于劳动教养的补充规定〉》的议案、《国务院关于提请审议〈关于调整完善生育政策的决政（草案）〉的议案》（人民日报，2013 年 12 月 26 日）。上行公文文种。

法案

法案，是指有法定组织或人大代表提出的、有立法权的人民代表大会及其常务委员会审议的，具有法律性质的议案，包括制定法律法规的法案、修改法律法规的法案、解释法律法规的法案、废止法律法规的法案。如：国务院向全国人民代表大会常务委员会提交的《中华人民共和国职业病防治法（草案）》（中华人民共和国第九届全国人民代表大会常务委员会第二十四次会议于 2001 年 10 月 27 日通过）。上行公文文种。

法律

法律，是指国家立法机关或国家机关按照立法程序制定或认可，并由国家立法机关颁布，且由国家政权强制力保证实施的，以规定当事人权利和义务为内容的，具有普遍约束力的社会规范和行为规则的各种规范性法律公文。包括宪法、基本法律、普通法律、行政法规等国家级法律和有法律效力的解释，以及地方性法规等规范性公文。我国的基本法律是由全国人民代表大会及其常务委员会经一定立法程序制定并颁布的。法律通常规定和调整国家、社会和公民生活中某一方面带根本性的社会关系或基本问题，其调整面相对较窄，内容较具体。其法律效力和地位仅次于宪法，是制定其他规范性文件的依据，如民法、刑法、诉讼法等。由全国人民代表大会及其常务委员会制定的其他法律或一般法律，如《婚姻法》《会计法》《教育法》等。下行公文文种。

自治法规

自治法规，是指民族自治区域（自治区、自治州、自治县）的立法权力机关，依据宪法并结合当地民族的政治、经济和文化特点，所制定的自治条例和单行条例等特殊的地方规范性法律公文。自治条例，是民族自治地方根据自治权制定的综合的规范性法律条例；单行条例，则是根据自治权制定的调整某一方面事项的规范性法律公文。自治区的自治条例和单行条例，须报全国人民代表大会常务委员会批准后生效；自治州、自治县的自治条例和单行条例，须报省或自治区人民代表大会常务委员会批准后生效，并报全国人民代表大会常务委员会备案。如：《云南省西双版纳傣族自治州自治条例（修订）》（1987年9月8日云南省西双版纳傣族自治州第七届人民代表大会第一次会议通过，1987年9月23日云南省第六届人民代表大会常务委员会第二十九次会议批准；2007年3月29日西双版纳傣族自治州第十一届人民代表大会第一次会议修订，2007年7月27日云南省第十届人民代表大会常务委员会第三十次会议批准，2007年8月30日西双版纳傣族自治州人民代表大会常务委员会公告公布，自2007年9月1日起施行）。自治条例和单行条例可作为民族自治地方的司法依据。下行公文文种。

述职报告

述职报告，是指经人民代表大会选举或人民代表大会常务委员会决定任命的国家工作人员，向人民代表大会及其常务委员会会议所提交的，陈述一个时期履行岗位职责、完成的工作任务、取得的成绩、存在的缺点和问题等任职情况，进行自我回顾、评估、鉴定的总结性公文。适于人民代表大会及其常务委员会为履行宪法和法律赋予的监督职责，供人大常委会组成人员和人大代表对人民代表大会选举或人民代表大会常务委员会决定任命的国家工作人员进行评议、考核、任免的依据时使用。如：201×年×月××日，××省劳动和社会保障厅厅长×××在省×届人大常委会第三十次会议上所作的《述职报告》。上行公文文种。

供职报告

供职报告，或称"供职发言"，是指地方人大常委拟任命的政府组成人员和法院、检察院领导职务的人员，在任职前向人大常委会会议进行自我介绍时所使用的，简要汇报本人基本情况及工作阅历、政治业务素质，表明对被提名拟承担职务的态度，阐明具有的能力和优势及依法行政的思路，对任职工作目标和任务做出任职承诺，请求给予审议等内容的公文。供职发言的内容主要用于人大常委会决定是否任命时参考。如：××市教育局局长×××向××市××届人大常委会提交的《供职报告》（201×年×月×日）。上行公文文种。

国际条约

国际条约，不属于国内法的范畴，但中国签订和加入的国际条约，对于国内的国家机关、社会团体、企业、事业单位和公民也有约束力。因此，这些条约就其具有与国内法同样的约束力而言，也是中国法的形式之一。如：《中华人民共和国和乌克兰关于民事和刑事司法协助的条约》，以及中国加入世界贸易组织所签订的一系列文件等。

地方性法规

地方性法规，是指省、自治区、直辖市的人民代表大会及其常务委员会，在与宪法、法律和行政法规不相抵触的前提下，根据本地区的情况，制定、发布的仅限于在本行政区域内发生法律效力的规范性法律公文。《中华人民共和国立法法》第六十四条规定："地方性法规可以就下列事项作出规定：（一）为执行法律、行政法规的规定，需要根据本行政区域的实际情况作具体规定的事项；（二）属于地方性事务需要制定地方性法规的事项。除本法第八条规定的事项外，其他事项国家尚未制定法律或者行政法规的，省、自治区、直辖市和较大的市根据本地方的具体情况和实际需要，可以先制定地方性法规。在国家制定的法律或者行政法规生效后，地方性法规同法律或者行政法规相抵触的规定无效，制定机关应当及时予以修改或者废止。"如：《山东省民用建筑节能条例》（2012年11月29日山东省第十一届人民代表大会常务委员会第三十四次会议通过）。下行公文文种。

图12－2－1　《天津市地方性法规汇编》，2005年版

审议意见书

审议意见书，是指县级以上地方各级人民代表大会常务委员会在听取和审议"一府两院"报告或某一方面工作时综合归纳而成的，评价"一府两院"工作，督促其依法行政、公正司法，并提出改进工作的建议、批评和意见，或就审议的某一项工作要求"一府两院"答复、改进、完善时使用的公文。如：大同市人大

常委会办公厅向大同市政府送达的《大同市十三届人大常委会第十七次会议审议意见书》（2010年7月8日）。下行、平行公文文种。

人大代表议案

人大代表议案，是指人大代表在举行会议时或闭会期间，按照规定程序和要求，由具备提议案的法定资格的、符合法定的代表人数，就属于本级人大职权范围内的重要事项，向其反映有关问题、提出议事原案时制作和使用的，写明案由、案据和解决问题的方案等内容的公文。如：第十二届全国人大二次会议期间，孔晓艳等31名天津代表团代表联名向大会提交的《关于制定中华人民共和国个人信用法的议案》（中国人大网，2014年3月12日）。上行公文文种。

执法检查报告

执法检查报告，是指受人大常委会或人大专门委员会委托，由人大常委会或人大专门委员会组成人员、人大代表组织的检查组对"一府两院"及其有关部门，贯彻执行国家法律法规和地方性法规情况进行专项检查后形成的，向人大常委会会议或专门委员会报告工作时使用的，重点报告贯彻实施法律的主要做法和成效、存在的主要问题，提出检查建议的公文文种。如：《全国人民代表大会常务委员会执法检查组关于检查〈中华人民共和国食品安全法〉实施情况的报告》（《中华人民共和国全国人民代表大会常务委员会公报》2010年第2期）。上行公文文种。

评议工作方案

评议工作方案，是指各级人民代表大会及其常务委员会，按照宪法和法律的规定，组织人大代表或常务委员会组成人员通过特定方式，对人民代表大会选举或人民代表大会决定任命的国家工作人员的述职、国家行政机关和司法机关的年度工作或行风进行评议时所制作和使用的，明确指导思想、评议对象及内容、参评人员、评议标准、评议的方法和步骤、提出工作要求等内容的事务性公文。如：《淄博市人大常委会关于开展专项工作评议的方案》（2010年6月2日，市十三届人大常委会主任会议第39次会议通过）。下行公文文种。

特别行政区法

特别行政区法，是指全国人民代表大会根据宪法和法律的规定，对我国版图内，在中央政府管理之下，具有特殊法律地位的特别行政区专门制定并通过的特别行政区基本法，以及特别行政区保留的原有法律和新依法制定并报全国人民代表大会常务委员会备案的、在该特别行政区内有效的规范性法律公文。如：自1997年7月1日起施行的《中华人民共和国香港特别行政区驻军法》（第八届全国人大常委会于1996年12月30日审议通过，中华人民共和国第八十号主席令）。下行公文文种。

财政决算审查报告

财政决算审查报告，是指各级人大财经委员会向其所在人民代表大会常务委员会提交的，报告财政决算草案审议结果的公文。适于按照财政决算编制的法定程序和要求，各级人民代表对同级人民政府委托同级财政部门的负责人提出的财政决策草案报告进行审议，人大财经委员会并审查相关的决算资料和审计资料，走访调查预算单位的财政资金管理和使用情况，对财政决算草案进行初步审查后使用。如：2014年6月24日，在第十二届全国人民代表大会常务委员会第九次会议上，全国人大财政经济委员会副主任委员廖晓军所作的《全国人民代表大会财政经济委员会关于2013年中央决算审查结果的报告》。上行公文文种。

财政预算草案审查报告

财政预算草案审查报告，是指各级人大财经委员会向人民代表大会主席团提交的，报告财政预算草案审议结果的公文。适于各级人民代表大会按照财政预算编制的法定程序和要求，对同级人民政府委托同级财政部门的负责人提出的财政预算草案报告进行审议，人大财经委员会根据各代表团的意见，对预算报告和预算草案进行了审查后使用。如：西藏自治区第十届人民代表大会财政经济委员会副主任委员多吉才旺所作的《关于西藏自治区2013年财政预算执行情况和2014年预算草案的审查报告》（2014年1月11日西藏自治区十届人大二次会议主席团第二次会议通过）。上行公文文种。

代表议案办理情况报告

代表议案办理情况报告，是指人民代表大会常务委员会、人民代表大会专门委员会、人民政府、人民法院、人民检察院，向人民代表大会及其常务委员会提交的，报告对人民代表大会期间人大代表提出的议案的审议和办理情况的公文。如：2012年10月30日，南京市人民政府《关于市十四届人大五次会议及市十四届人大代表建议和议案办理情况报告》。上行公文文种。

代表议案处理意见报告

代表议案处理意见报告，是指人民代表大会会议期间，会议秘书机构对在大会主席团规定的议案截止时间内代表提出的议案进行整理后，向大会主席团报告代表所提议案的基本情况，提出处理意见时使用的公文。如：第十二届全国人大一次会议副秘书长王万宾所作的《关于第十二届全国人民代表大会第一次会议代表提出议案处理意见的报告》（2013年3月13日第十二届全国人民代表大会第一次会议主席团第四次会议通过，2013年3月14日《人民日报》）。上行公文文种。

人大代表建议、批评和意见

人大代表建议、批评和意见，是指人大代表在人民代表大会会议期间或在人民代表大会闭会期行使民主管理和监督的权力，就属于本级人大、政府、法院、检察院职权或管辖范围的事项，向本级人民代表大会或常务委员会，反映人民群众呼声和要求，提出工作建议、批评和意见时制作和使用的，写明事由、意见和建议的公文。如：2007年，盐城市第五届人民代表大会第五次会议期间，邢卫东等12位代表提出的《加强市区防洪工程建设，增强城市防洪保障能力的建议》（第1号议案）。上行公文文种。

批准本级财政决算的决议

批准本级财政决算的决议，是指人民代表大会常务委员会在听取、审议同级人民政府委托同级财政部门的负责人所做的财政决算草案报告的基础上，根据人民代表大会财政经济委员会的审查报告，决定批准人民政府提出的本级财政决算（草案），批准财政局部门受人民政府委托所作的《关于本级财政决算的报告》时制作和使用的公文。如：南京市第十五届人民代表大会常务委员会《关于批准2013年市本级财政决算的决议》（2014年8月22日，南京市第十五届人民代表大会常务委员会第十二次会议通过）。下行公文文种。

批准本级财政预算的决议

批准本级财政预算的决议，是指人民代表大会常务委员会在听取、审议同级人民政府委托同级财政部门的负责人所做的财政预算草案报告的基础上，根据人民代表大会财政经济委员会的审查报告，决定批准人民政府提出的本级财政预算（草案），批准财政局部门受人民政府委托所作的《关于本级财政预算的报告》时制作和使用的公文。如：长沙市第十四届人民代表大会常务委员会《关于批准市本级2014年财政预算调整方案的决议》（2014年10月31日，长沙市第十四届人民代表大会常务委员会第十五次会议通过）。下行公文文种。

二、政协机关专用公文

政协机关专用公文，是政协组织在履行职能过程中形成的具有一定效力和规范体式的公文，是政协工作的重要工具。

提案

提案，是指政协委员、参加政协的民主党派、工商联、人民团体和政协各专门委员会，向政协全体会议或常务委员会书面提出的，经提案审查委员会或提案委员会审查立案后，转交承办单位办理的书面意见和建议的公文。适于在召开政协全体会议期间或休会期间，参加政协的单位和政协委员行使民主权利、民主监督时使用。如：2013年3月，致公党中央向全国政协第十二届一次会议提交的《关于加强我国地下水资源保护的提案》（第0049号）；民进中央向全国政协第十二届一次会议提交的《关于提高违法成本、加大惩处力度，切实保障食品安全的提案》（第0292号）。上行、平行或下行公文文种。

建议案

建议案，是指政协组织根据政协章程和《政协全国委员会关于政治协商、民主监督、参政议政的规定》，就政治、经济和社会生活等方面的某些重大问题，经政协委员全体会议、常委会议或主席会议讨论并审议通过的，以政协组织的名义和正式文件的形式，向同级中共党委、人大常委会或人民政府提出的重要建议性公文。一般适用于比一般提案涉及的内容更加重要，由政协组织委员通过专题调研、充分论证、更易于引起国家机关高度重视的建议。如：《关于进一步提升首都空气质量的建议案》（2012年6月12日，北京市政协第十一届委员会常务委员会第三十二次会议通过）。平行公文文种。

提案办理复文

提案办理复文，是指政协提案承办单位针对提案所提的意见、建议，按照行文的特定要求，将提案办理结果回复提案人时所使用的，说明办理经过、建议的采纳、落实和解决情况的答复性公文。如：住房和城乡建设部答复民建中央在第十一届四次会议期间提出的《关于加强保障性住房制度建设的提案》（提案第0259号）。上行、平行公文文种。

第三节 行政机关专用公文

行政机关专用公文，是指行政机关在治理社会、管理公务的具体行政行为中制作的规范格式的公文，具有法律效力或者法律意义。它是特殊规范化的公文，具有其他公文所没有的权威性，有法定的制作权限和确定的读者，有特定的行文格式。表现形式包括：行政命令、行政征收、行政许可、行政确认、行政监督检查、行政处罚、行政强制、行政给付、行政奖励、行政裁决、行政合同、行政指导、行政赔偿等。行政机关专用公文具有以下三个特点：一是行政机关专用公文是一种法律文件，即具有法律效力或者具有法律意义的文件；二是行政机关专用公文是行政机关行使行政管理权，对社会事务进行管理所适用的文件；三是制作行政机关专用公文的主体，必须是具有行政执法权的行政机关或者有关组织机构。

行政机关专用公文的作用主要有以下几个方面：一是行政机关专用公文是贯彻执行法律、法规和规章的工具。行政机关在行使国家所授予的行政执法权时，是通过行政机关专用公文表明管理者执行法律、法规的意志；二是行政机关专用公文是行政诉讼的有利证据。一方面行政机关专用公文是行政相对人向人民法院提起诉讼的证据；另一方面也是行政机关进行答辩的有利证据。

一、法规类专用公文

（一）行政指导类

行政指导，是指行政机关在其职能、职责或管辖事务范围内，为适应复杂多样化的经济和社会管理需要，基于国家的法律精神、原则、规则或政策，适时灵活地采取指导、劝告、建议等非强制性方法，谋求相对人同意或协力，以有效地实现一定行政目的之行为。简言之，行政指导就是行政机关在其职责范围内为实现一定行政目的而采取的符合法律精神、原则、规则或政策的指导、劝告、建议等行为，不直接产生法律效果。

行政指导主要是指行政机关在职责范围内实施的指导、劝告、建议、说明、提示、警示、告诫、帮助和服务等柔性管理行为。它具有非强制性、示范引导性、广泛适用性、柔软灵活性、方法多样性、选择接受性、沟通协调性等诸多特点，与行政合同、行政奖励、行政资助等非强制手段一道，构成柔性管理行为体系，在经济与社会管理领域发挥着积极作用。

行政指导方式并不是地方行政机关和执法人员主观随意提出的，而是符合现行法律、法规和国务院《全面推进依法行政实施纲要》的要求并结合实际需要采行的。《行政处罚法》第五条规定："实施行政处罚，纠正违法行为，应当坚持处罚与教育相结合，教育公民、法人或者其他组织自觉守法。"第二十七条规定：当事人的"违法行为轻微并及时纠正，没有造成危害后果的，不予行政处罚。"《实施纲要》第九条明确提出："在改革行政管理方式的过程中，要充分发挥行政规划、行政指导和行政合同等非强制方式的作用。"行政管理事务繁杂，涉及城市规划、城乡建设、科教文卫、人力资源、社会保障、民政、公安、司法、交通、资源、环保、农业、水利、工商、财税、金融、物价、审计、统计、保险、海关、侨务、宗教等社会工作各个领域，关系到国计民生的各个方面，行政指导公文的门类较多，其中专用表格类公文较多，本节择要介绍几种拟制式行政指导专用公文。

行政劝导书

行政劝导书，是指行政指导部门约见单位法定代表人或相关负责人进行谈话劝导，督促其完善制度，整改自身存在的问题，避免违法违规行为再次发生时制作和使用的公文。下行公文文种。

行政指导公示书

行政指导公示书，是指行政指导机关对行政管理工作中制作或者获取的相关信息进行收集、整理、分析，并依法向社会公众公开，为行政相对人提供有引导性的参考时所制作和使用的公文。如：公布典型案例，公开企业信用信息，公布流通领域商品质量监测信息，公开市场主体登记信息综合分析报告等。下行公文文种。

行政指导申请书

行政指导申请书，是指行政指导相对人向行政指导部门提出的，请求给予实施行政指导事项的公文。例如：内资市场主体登记的行政指导申请，投资人申请对企业名称核准、企业设立登记、变更登记、备案等事项予以行政指导等。上行公文文种。

行政指导示范书

行政指导示范书，是指行政指导部门通过推荐、评价等方式，引导行政相对人合法、规范生产经营活动时所制作和使用的公文。如：制订合同示范文本，建立和完善企业信用体系等。下行公文文种。

行政指导约见书

行政指导约见书，或称"行政指导约谈书"，是指行政机关针对行政管理相对人生产或经营活动中的突出问题，以行政主体或所属执法机构的名义，对行政相对人采取集中或个别约谈方式的行政指导方式，预先约定时间会见时使用的公文。约谈主要是对其宣传法律法规、指出存在问题，帮助其迅速纠正违法行为。约见应履行相关审批手续，由两名以上工作人员实施，并制作谈话笔录。下行公文文种。

行政指导告诫书

行政指导告诫书，又称"行政指导劝诫书"，是指行政机关在行政处罚案件查处过程中，对行政相对人的轻微违法违规行为，但法无明确规定或无相应罚则的，且不能即时改正的事项而制发的给予警告、劝诫，同时告知其应当遵守的行为规范和改正违法违规行为的措施，督促其遵纪守法，完善制度，对自身存在的问题要依法进行整改，避免违法违规行为再次发生的公文。适用于要求当事人停止和改正违法违规行为，防止违法违规行为进一步延续，违法违规后果进一步扩大。下行公文文种。

行政指导建议书

行政指导建议书，是指行政指导机关根据本部门的行政管理和服务职能，在日常行政监管中主动为行政相对人的违法违规行为提出处理建议时所制作和使用的，主要告知其关于行政建议的目的、内容、理由、依据等事项，引导其遵守法律、诚信经营，建立和完善各项管理制度，规范自身行为等内容的公文。下行公文文种。

行政指导提示书

行政指导提示书，是指行政指导机关根据相关举报或执法信息，为有效防范某种违法违规行为的发生，以书面形式向社会或一定范围的行政管理相对人发布的，不具有强制力的政策指南或者提供咨询意见，宣传、解释法律法规，事先告知行政机关的各项监管要求，提示、督促其依法履行义务，预防发生违法违规行为的公文。下行公文文种。

行政指导规劝书

行政指导规劝书，又称"行政指导劝告书"，是指行政指导部门就容易发生或者可能发生的违法行为，对行政相对人进行劝告、预警时所制作和使用的公文。如：根据执法数据分析提示相关主体避免实施易发生的违法行为，对条件无法满足生产经营要求的相关主体在其筹备阶段进行预警，对涉嫌破坏市场经济秩序但无明确法律规范的行为进行劝告等。下行公文文种。

行政指导辅导书

行政指导辅导书，是指行政指导机关为行政相对人提供与行政管理业务相关的帮助和支持时所制作和使用的公文。如：帮助、引导企业实施商标战略，帮助农民发展订单农业、发展农村经纪人、注册农产品商标和地理标志，对行政相对人进行行政管理方面的法律法规宣传教育等。下行公文文种。

行政指导提醒书

行政指导提醒书，是指行政指导部门就行政相对人容易疏忽的行政管理相关事项进行提示时所制作和使用的公文。如：提醒证照有效期限即将届满、提醒义务履行期限即将届满、提醒业务办理期限、提醒办理业务变更、提醒消费者回避消费陷阱等。下行公文文种。

行政指导警示书

行政指导警示书，是指行政机关对行政管理相对人违法情节轻微、无主观故意的违法违规行为，以书面形式警示其迅速采取相关措施立即予以纠正，并告知其正确规范和行为要求，不再对其作出行政处罚具体行政行为的公文。下行公文文种。

行政指导工作规则

行政指导工作规则，或称"行政指导工作规程"，是指行政管理机关在其法定职权范围内，为了推进和规范行政管理机关行政指导工作，保障行政管理机关在行政指导中正确履行职权时制作和使用的，说明行政指导实施主体与适用范围、实施程序、监督检查等内容的公文。如：2013 年 1 月 4 日，国家工商行政管理总局印发《工商行政管理机关行政指导工作规则》（工商法字〔2013〕3 号）。平行公文文种。

行政指导工作指南

行政指导工作指南，或称"行政指导工作手册"，是指行政部门根据职责对服务项目所要提供的服务，用书面形式加以规范行政部门和行政相对人的职责、义务，使行政指导部门工作人员和行政指导相对人都能了解工作概要时制作和使用的，明确行政指导某项行政工作的依据、对象、内容、方法、步骤、程序或流程、提供材料、工作标准、应注意的事项和要求等内容的叙述性公文。如：苏州市规划局《规划行政指导手册》（2011年10月8日）。平行公文文种。

行政指导项目审议终结报告

行政指导项目审议终结报告，是指全面反映按照项目审议制度和规定程序，对行政指导项目实施审查、评议工作及其审议结果的总结性公文。适用于对申报的政府投资的重点项目、对国民经济和社会发展具有重大影响的项目，或投资较为重大、社会关注度较高的项目，作为上级决策或项目批准实施后对其进行行政指导和监督的重要依据。如：《关于首都新机场项目审议终结的报告》。上行公文文种。

行政指导项目效果评估报告

行政指导项目效果评估报告，是指行政指导机关对已经进行过行政指导过的事项，根据各个被评估项目的共性和特性，设定评估标准和方法，整体对行政指导的执行力、行政指导效果、社会反响等方面进行全面综合评价的公文。主要用于评估行政指导的目标、实现情况、行政指导的质量、效果影响等方面的情况。上行、下行公文文种。

行政指导受理（不予受理）通知书

行政指导受理（不予受理）通知书，是指行政指导部门对行政相对人提出的行政指导申请审查后，依法做出受理（不予受理）实施行政指导的决定，向行政相对人制发的，说明决定的事项、理由和依据等内容的通知性公文。下行公文文种。

（二）行政许可类

行政许可，是指行政机关根据公民、法人或者其他组织的申请，经依法审查，准予其从事特定活动的行为（《中华人民共和国行政许可法》，第十届全国人民代表大会常务委员会第四次会议于2003年8月27日通过，自2004年7月1日起施行）。从行政许可的性质、功能和适用条件的角度来说，大体可以划分为五类：(1) 普通许可；(2) 特许；(3) 认可；(4) 核准；(5) 登记。本节择要介绍常用的行政许可类专用公文。

行政许可申请书

行政许可申请书，是指公民、法人或者其他组织从事特定活动，依法需要取得行政许可的，事前向行政机关提出申请，请求行政机关作出合法的应答，准予其从事某种特定活动意向时所使用的，写明申请行政许可的事项、依据和理由等内容的公文。如：《建设行政许可申请书》《食品卫生行政许可申请书》《税务行政许可申请书》等。上行公文文种。

行政许可听证公告

行政许可听证公告，是行政机关根据法律、法规、规章规定，实施行政许可应当听证的事项，或者行政机关认为需要听证的其他涉及公共利益的重大行政许可事项，向社会公众发布时制作和使用的，载明举行行政许可听证内容，及有关听证的时间、地点和要求等事项的告知性公文。适于行政机关依职权主动听证，或者对不确定利害关系人告知听证权利时使用。如：2013年11月28日，就新建北京至沈阳铁路客运专线环境影响报告书的审批有关事项，国家环境保护部办公厅发布《环境保护行政许可听证会公告》。下行公文文种。

行政许可听证报告

行政许可听证报告，是指听证会结束后，行政机关听证主持人根据听证会笔录的基本情况、行政许可的有关事实和证据，提出倾向性的处理意见和建议、进行汇总整理而形成的公文。适于听证主持人向行政机关负责人报告听证会情况，并提出处理意见时使用。听证主持人向主体负责人提交报告时，应当附听证笔录。如：××市林业局《林业行政许可听证报告》（××年×月×日）。上行公文文种。

行政许可听证申请书

行政许可听证申请书，是申请人、利害关系人在收到行政许可听证告知书的限定时间内，就行政许可申请的事项，向行政机关提交的依法要求举行并参加听证会时使用的，阐明申请听证的目的、依据和理由的公文。如：《参加建设规划行政许可听证申请书》（申请人×××，××年×月×日）。上行公文文种。

行政许可听证告知书

行政许可听证告知书，是行政机关对受理的行政许可事项，依法向申请人及其与利害关系人告知享有要求听证的权利和有关参加听证事项的公文。适于行政机关认为行政许可事项，可能直接涉及其与利害关系人之间的重大利益关系时使用。如：太仓市住房和城乡建设局《规划行政许可听证告知书》（太住建许听告〔2013〕10号，2013年10月12日）。下行公文文种。

行政许可听证通知书

行政许可听证通知书，是行政机关确认受理的行政许可申请项目或事项，并将决定举行听证会的内容及与听证相关的事宜，通知申请人和特定利害关系人及有关人员的公文。适用于属于法律、法规、规章规定的实施行政许可应当听证的事项，或者行政机关认为需要听证的其他涉及公共利益的重大行政许可事项、申请人和利害关系人的申请举行行政许可听证会等情形。如：淮安市规划局《行政许可听证通知书——中南世纪城管线综合方案修改听证会》（淮规听通字〔2013〕1号，2013年9月18日）。下行公文文种。

行政许可文书送达回证

行政许可文书送达回证，是指行政许可机关按照法定格式制作的既证明送达行为，又证明受送达人接受送达的凭证性公文。用以证明行政机关与受送达人之间发生送达相关法律公文关系的凭证。平行公文文种。

行政许可核查工作记录

行政许可核查工作记录，是指执法人员对申请人提交申请材料的真实性进行核对，并对行政许可实质条件进行现场检查或者勘验而作的文字、图形记载和真实客观的描述，作为依

图12-3-1 《行政许可文书送达回证》

法决定是否予以行政许可的重要依据的记载性公文。适合在行政机关需要派人对申请材料的实质内容到现场进行核查时使用。上行公文文种。

行政许可利害关系人告知书

行政许可利害关系人告知书，是指行政机关在对行政许可申请进行审查时，发现申请人申请的行政许可事项直接关系到他人的重大利益，利害关系人享有知情权，行政机关告知申请人、利害关系人行使陈述、申辩权利时制作和使用的公文。行政许可直接关系他人重大利益告知书分为：利害关系人重大利益告知书、申请人重大利益告知书。它是行政机关在履行行政许可审批过程中绝对不可省略的关键程序。如：邢台市城乡规划局《建设行政许可利害关系人告知书》（邢规技建字〔2014〕2号，2014年4月28日）。下行公文文种。

行政许可申请材料补正告知书

行政许可申请材料补正告知书，是指行政机关经对受理的申请材料审查后，发现申请材料不齐全或者不符合法定形式，受理单位一次性告知申请人或单位，需要补正的全部内容时使用的公文。下行公文文种。

行政许可特别程序期限告知书

行政许可特别程序期限告知书，即听证、招标、检验、检测、检疫、鉴定、专家评审所需时间告知书，是指行政机关对申请人申请办理的行政许可事项在作出行政许可决定前，依法需要进入听证、招标、检验、检测、检疫、鉴定、专家

评审等程序,将行政许可事项实施特别程序所需的时间不计算在许可时限内及有关事项,告知申请人、利害关系人时使用的公文。下行公文文种。

注销行政许可决定书

注销行政许可决定书,是指行政机关依法决定对已经准予的行政许可予以注销时所使用的,载明应予注销的具体情形和理由,并据此告知当事人办理注销行政许可的手续、有关利害关系人具有行政复议权和行政诉讼权等事项的法律公文。适于当事人已经获得行政许可后,行政机关经调查核实,又发现其发生违反有关法律、法规、规章规定的情形,依法应予以注销行政许可时使用。如:浙江省司法厅《注销行政许可决定书》(浙司许律决字〔2014〕02379号,2014年10月8日)。下行公文文种。

图12-3-2 江门市住房和城乡建设局《注销行政许可决定书》(江建许字〔2014〕41号)

撤回行政许可决定书

撤回行政许可决定书,是指行政机关基于公共利益的需要,依法审查决定收回相对人已经被准予的行政许可事项时使用的,写明撤回行政许可事项名称、法律依据或者事实基础和理由,并据此告知当事人办理有关手续和其依法享有法律救济权利和途径等内容的公文。该公文适用于:被准予的行政许可未到达或已经到达相对人,但尚未生效之前,行政许可依据的法律、法规、规章修改或者废止,或行政许可依据的客观情况发生重大变化等情形。下行公文文种。

图12-3-3 常州市规划局《撤回行政许可决定书》(常规撤07〔2014〕02号)

图12-3-4 北京市规划委员会怀柔分局《撤销行政许可决定书》(规怀撤字〔2008〕1号)

撤销行政许可决定书

撤销行政许可决定书,是指行政机关依法决定对已经准予的行政许可进行撤销时使用的,载明取得的行政许可事项名称、应予撤销的具体情形、法律依据和理由，并据此告知申请人办理撤回行政许可的手续、有关利害关系人具有行政复议权和行政诉讼权等事项的法律公文。适于在当事人已经获得行政许可后，又出现了依法应当撤销行政许可的情形，行政机关或上级单位决定撤销并中止或强行中止行政许可的事项时使用。下行公文文种。

受理行政许可申请决定书

受理行政许可申请决定书，是指行政机关对收到的行政许可申请材料进行审查后，依法决定受理行政许可申请，并据此通知申请人时使用的公文。适用于申请事项属于本行政机关职权范围，申请材料齐全、符合法定形式，或者申请人按照本行政机关的要求提交全部补正申请材料的行政许可申请。下行公文文种。

收取行政许可申请材料凭证

收取行政许可申请材料凭证，又称"行政许可申请材料接收凭证"，是行政机关在接收和转递行政许可申请材料时所制作和使用的，载有登记编号、接收材料目录、接收时间、接收人和申请人的联系电话等内容的凭证式公文。适用于行政机关对收取的行政许可申请材料规范管理、留存备查，并出具给申请人或其委托代理人。平行公文文种。

不予受理行政许可申请通知书

不予受理行政许可申请通知书，是指行政机关经对申请人提交的申请材料进行审查，依法作出不予受理行政许可申请的书面决定后，告知申请人不予受理行政许可申请的理由和依据，及申请人享有依法申请行政复议或者提起行政诉讼的权利时制作并使用的公文。下行公文文种。

延长行政许可批准时限告知书

延长行政许可批准时限告知书，是指行政机关在法定时限内不能作出行政许可决定，依法需要延长办理时限，将延长期限的理由和需延长的期限，告知申请人时使用的公文。下行公文文种。

准予/延续/变更行政许可决定书

准予/延续/变更行政许可决定书，是指行政机关在对申请人提交的申请材料进行审查后，依法作出准予/延续/变更行政许可的书面决定，并据此向申请人颁发行政许可证件时使用的公文。下行公文文种。

不予批准/延续/变更行政许可决定书

不予批准/延续/变更行政许可决定书，是指行

图12-3-5 中华人民共和国水利部《准予（延续）水行政许可决定书》（水许可资源决字〔2010〕6号）

政机关在对申请人提交的申请材料进行审查后，依法决定不准予/延续/变更行政许可申请时使用的，并据此向申请人出具的载有不准予/延续/变更行政许可的依据或理由等项内容的凭证式公文。下行公文文种。

（三）行政确认类

行政确认，是指行政主体依法对相对方的法律地位、法律关系和法律事实进行甄别，给予确定、认可、证明并予以宣告的具体行政行为。它主要有以下几种形式：(1) 确定，即对个人、组织的法律地位与权利义务的确定。(2) 认可，又称认证，是行政主体对个人、组织已有法律地位和权利义务以及确认事项是否符合法律要求的承认和肯定。(3) 证明，即行政主体向其他人明确肯定被证明对象的法律地位、权利义务或某种情况。(4) 登记，即行政主体应申请人申请，在政府有关登记簿册中记载相对方的某种情况或事实，并依法予以正式确认的行为。(5) 行政鉴定，即行政主体对特定的法律事实或客体的性质、状态、质量等进行的客观评价。(6) 其他。

本节择要介绍现实工作中常用的几种行政确认类专用公文文种。

公安管理确认书

公安管理确认书，是指公安管理中的确认公文。主要有：对身份的确认，如确认公民身份的《居民身份证》、户籍等；对法律事实的确认，如对交通事故车辆、物品、尸体、路况以及当事人的生理、精神状态的检验和鉴定；对交通事故现场的结论、等级的确认；对当事人交通责任的认定；对行政案件的原告中自然受治安行政拘留的人员、劳教和受审人员的精神病司法鉴定；对社会见义勇为行为的确认，如《见义勇为行为确认书》；对外国人在中国永久居留审批管理的确认，如《外商投资项目确认书》《外商投资产品出口企业确认书》《外商投资先进技术企业确认书》等。下行公文文种。

卫生管理确认书

卫生管理确认书，是指卫生管理中的确认公文。主要有：对医疗机构等级的确认，对新药品及进口药品的鉴定，对国境卫生的鉴定，对医疗事故等级的鉴定，对食品卫生的确认等。下行公文文种。

民政管理确认书

民政管理确认书，是指民政管理中的确认公文。主要有：对现役军人死亡性质、伤残性的确认；对烈士纪念建筑物的等级确认；对革命烈士的确认；对结婚、离婚条件的确认；对法律关系状态的确认。如：民政机关对收养关系的鉴证，就是确认养父母与养子女的权利义务关系。下行公文文种。

劳动管理确认书

劳动管理确认书，是指劳动管理中的确认公文。主要有：对人员伤亡事故原因、责任的确认；对锅炉压力容器事故原因和责任的确认；对特别重大事故的技术鉴定等。下行公文文种。

经济管理确认书

经济管理确认书，是指经济管理中的确认公文。主要有：对产品标准的行政认证和计量器具检定，产品质量认证；对商标和专利权的审定；对著作权属的确认；对动植物检疫的确认；对养殖水面区域的确认；对自然资源的所有权和使用权的确认；对无效经济合同的确认等。下行公文文种。

司法行政管理确认书

司法行政管理确认书，是指司法行政管理中的确认公文。主要有：对合同、委托、遗嘱、继承权、财产权、收养关系、亲属关系等民事法律关系的公证；对身份、学历、经历、出生、死亡、婚姻状况等事实的认定证明；对有关文件的真伪、法律效力的公证等。下行公文文种。

（四）行政监督类

行政监督公文，是指负有监督职责的国家机关，对于行政执法主体实施的行政执法行为，是否符合行政法律规范进行监察和督促，并对违法行为予以纠正时使用的公文。行政监督有狭义和广义之分。狭义的行政监督，是指行政机关内部上下级之间，以及专设的行政监察、审计机关、政府法制部门对行政机关及其公务人员的监督。广义的行政监督，泛指执政党、国家权力机关、司法机关和人民群众等多种社会力量对国家行政机关及其公务人员的监督。本节是指狭义的行政监督。行政监督类公文文种很多，本节择要介绍现实行政监督实践中常用的部分专用公文。

行政举报登记

行政举报登记，是指行政监督机关对公民、法人或者其他组织，以电话、信件、来访、转办、检查中发现、媒体报道、上级交办、其它途径等，申诉、检举有关执法机关违法行为所作的记录性公文。当事人反映的事实无论是有权管辖或无权管辖，均要进行记录。

行政处理决定书

行政处理决定书，是行政监督机关查明案件事实，依照法定程序，对行政违法行为作出决定性处理意见时所制作和使用的，载明案由、认定的事实和证据、行政处理依据、处理意见等内容的法律公文。下行公文文种。

图12-3-6 广州市国土资源和房屋管理局《行政处理决定书》（穗国房法字〔2009〕70号）

行政处理建议书

行政处理建议书,是指行政监督机关根据法律、法规所规定的监督职权,在实施监察权力时,向被监督部门和人员就其职责范围内的事项提出的,具有一定行政法律效力的处理意见的建议性公文。行政处理建议书主要有惩处警示型、效能监察型、鼓励褒奖型三种。适用于对被监督单位或个人的失误行为、不当行为、违纪行为或模范行为等,向被监督对象或其上级主管机关建议给予政纪处分、暂停其行使职权、要求其采取必要的补救措施、纠正错误或对其表彰奖励时。平行、上行公文文种。

行政处理结案报告

行政处理结案报告,是指行政监督部门对行政案件作出处理,责任单位对该处理决定履行完毕后,需要对该案进行办理完结手续时使用的公文。如:六盘水市环境保护局《关于对水城县勺米弘财煤矿环境违法行为的行政处理结案报告》(六环字〔2011〕06号)。上行公文文种。

行政监督送达回证

行政监督送达回证,是指行政监督部门按照法定格式制作的既证明送达行为,又证明受送达人接受送达的行为,行政监督部门与受送达人之间发生送达相关法律公文关系的凭证性公文。平行公文文种。

行政案件转办通知书

行政案件转办通知书,是行政监督执法机关根据不同情况,对申诉或检举案件,责成有关机关进行查处时使用的法律公文。受转办的机关应按转办通知书的要求,将处理结果及时告知法制部门。如:××工商行政管理局《消费者投诉案件转办通知书》(工商〔201×〕第×号)。平行或下行公文文种。

行政案件移送通知书

行政案件移送通知书,又称"行政案件移送书",是行政监督执法机关确认经立案审理的行政案件已超出本机关管辖范围,属于其他行政执法机关职责办理的,依法移交相应的行政执法机关办理时使用的法律公文。如:××市旅游局向市卫生局转送的《行政案件移送书》(×旅投移〔2014〕×号)。下行公文文种。

行政监督立案审批表

行政监督立案审批表,是指行政监督执法机关对举报后应当立案查处的行政执法行为,呈请本部门领导批准,从而获取对本案调查处理权时填写的表格式法律公文。下行公文文种。

行政执法错案责任追究决定

行政执法错案责任追究决定,是行政监督部门对行政案件调查终结,经案件专审组织或常务会对案件进行研究、讨论,依法认定该行政案件的行政执法行为错案后，所形成的初步处理意见的法律公文。下行公文文种。

调卷通知书

调卷通知书，是行政监督部门执法机关为调查了解行政案件或对卷宗进行审查，将有关卷宗暂时调离所在单位，由行政监督执法机关进行审阅时使用的法律公文。下行公文文种。

协助调查通知书

协助调查通知书，又称"协查通知书"，是行政监督执法机关调查行政案件时，请求有关单位和人员给予协助时使用的，说明查询单位、受理单位、查询内容、查询依据及理由、查询时间等内容的告知性公文。上行、平行或下行公文文种。

询问（调查）笔录

询问（调查）笔录，是行政监督执法机关了解当事人基本情况和索取案件有关证据时使用的公文。调查笔录，是为获取案件的有关证据，对当事人以外的第三人了解案情时使用的公文。调查笔录、询问笔录，是行政监督执法机关作出案件处理的重要依据。

限期整改通知书

限期整改通知书，是行政监督执法机关通过对行政案件的调查，发现被调查单位和人员在行政执法过程中有较轻的违法行为，不宜定为错案，但对社会造成了一定的负面影响时，责令责任单位和有关人员限期改正存在问题的公文。如：2014年11月4日，浙江省住房和城乡建设厅向浙江力行消防工程有限公司送达的《责令限期整改通知书》（浙建许责字〔2014〕1号），要求该公司按消防设施工程专业承包二级资质条件进行整改。下行公文文种。

案件调查终结报告

案件调查终结报告，是行政监督部门对行政案件调查完结，由办案人员综合调查情况，呈请领导审批时所制作的，写明案由和调查经过、当事人的基本情况、违法事实、相关证据、案件性质、法律依据和处理建议等内容的总结性公文。适于据此制作处理决定时使用。如：××市工商行政管理局《关于×××制作销售假酒案的调查终结报告》（2014年3月21日）。上行公文文种。

（五）行政复议类

行政复议，是指公民、法人或者其他组织不服行政主体作出的具体行政行为，认为行政主体的具体行政行为侵犯了其合法权益，依法向法定的行政复议机关提出复议申请，行政复议机关依法对该具体行政行为进行合法性、适当性审查，并作出行政复议决定的行政行为，是公民、法人或其他组织通过行政救济途径解决行政争议的一种方法。行政复议的特征主要有：行政复议以行政争议和部分民事争议为处理对象；行政复议直接以具体行政行为为审查对象；行政复议以合法性和合理性为审查标准；行政复议以公文审理为主要方式；行政复议以行政相对人为申请人，以行政主体为被申请人；行政复议以行政机关为处理机关。根据《行政复议法律文书示范文本》（国法函〔2008〕196号、国法函〔2000〕31号）的规定，行政复议公文文种较多，本节择要介绍部分常用的拟制式行政复议专用公文。

行政复议申请书

行政复议申请书，是作为行政管理相对人的公民、法人或者其他组织，因行政机关的具体行政行为直接侵犯其合法权益而向有管辖权的行政机关申请复议时提交的书面公文，据以引起行政复议程序发生的法律公文。如：2012年2月20日，《贵阳铭仁堂医院行政复议申请书》。上行公文文种。

行政复议决定书

行政复议决定书，是行政复议机关按《行政复议法》规定的程序，经过对行政复议案件的审理，在查明事实的基础上，区分不同情况，结案时依法就全案的具体问题作出处理决定时制作和使用的，载明申请人的身份情况和被申请人的情况，申请复议的主要请求和理由，复议机关认定的事实和理由，复议结论的法律公文。行政复议决定书根据其效力，分为一般行政复议决定和最终裁决。一般行政复议决定，即省级下属的行政复议机关作出的复议决定。如：定远县人民政府《行政复议决定书》（定政复决字〔2014〕2号）。一般行政复议决定作出后并非最终结果，当事人不服的，可在法定期限内向人民法院提起行政诉讼。最终裁决，是国务院作出针对省级人民政府和国务院部委的行政行为作出的行政复议裁决，或省级人民政府根据国务院或者省、自治区、直辖市人民政府对行政区划的勘定、调整或者征用土地的决定，确认土地、矿藏、水流、森林、山岭、草原、荒地、滩涂、海域等自然资源的所有权或者使用权的行政复议决定。如：广州市人民政府《行政复议决定书》（穗府行复〔2013〕525号）。下行公文文种。

行政复议告知书

行政复议告知书，是指收到复议申请的行政复议机关，告知行政复议当事人向有权管辖的行政复议机关申请行政复议及有关事项时所作出的告知性公文。适用于对不属于本行政机关受理的行政复议申请时。如：宁波市国土资源局办公室印发的《行政复议告知书》（甬土资行复〔2012〕24号）。下行公文文种。

行政复议和解书

行政复议和解书，是经行政复议机构准许，在和解内容不损害社会公共利益和他人合法权益的前提下，行政复议申请人与被申请人按照自愿、合法的原则，在行政复议机关作出行政复议决定之前，双方对行政复议事项自愿达成符合规定的某种和解协议而拟定的具有法律效力的公文。平行公文文种。

行政复议建议书

行政复议建议书，是指行政复议机构在案件审查过程中，发现被申请人作出的具体行政行为在程序上存在瑕疵、处理合法不合理及其他带有普遍性的问题，但不足以影响具体行政行为结果，经集体讨论须作出维持原具体行政行为的复议决定后，向有关立法机关、或其他行政机关、或被申请人，提出完善制度和改进行政执法建议的公文。如：《武陵市人民政府行政复议建议书》（武复建字〔2011〕1号）。平行公文文种。

行政复议调解书

行政复议调解书，是经行政复议机关或组织依法主持或参与调解，并根据申请人和被申请人双方在合法、自愿的原则下，接受调解达成的调解协议或调解笔录内容所制作的一种法律公文。如：《中华人民共和国拱北海关行政复议调解书》（拱北海关复字〔2008〕1号）。下行公文文种。

行政复议裁决书

行政复议裁决书，是国务院或省级人民政府对其提起行政复议最终裁决申请而依法制作的行政复议决定性法律公文。是申请人不服一般行政复议决定，向国务院或省级人民政府提出行政复议申请，国务院作出针对省级人民政府和国务院部委的行政行为作出的行政复议裁决，或省级人民政府根据国务院或者省、自治区、直辖市人民政府对行政区划的勘定、调整或者征用土地的决定，确认土地、矿藏、水流、森林、山岭、草原、荒地、滩涂、海域等自然资源的所有权或者使用权的行政复议决定时使用。下行公文文种。

行政复议意见书

行政复议意见书，是行政复议机关对审理终结的复议案件，依法督促被申请人或者其他下级行政机关纠正行政违法行为，或做好善后工作，或就全案的重要或具体问题，向被申请人或其他下级行政机关提出见解和处理意见的公文。如：《武陵市人民政府行政复议意见书》（武政复意字〔2011〕2号）。下行公文文种。

图12-3-7 《国务院行政复议裁决书——关于山东省潍坊市潍城区西关街道办事处北三里村李××不服鲁政土字〔2011〕1号批复，申请行政复议的决定》（国复〔2012〕61号）

行政复议申请转送函

行政复议申请转送函，是指接受行政复议申请的行政复议机关，依法将属于其他行政复议机关受理的行政复议申请，在法定期限内转送有关行政复议机关、并告知申请人时出具的公文。平行、下行公文文种。

行政复议中止通知书

行政复议中止通知书，是行政复议机关在作出行政复议决定之前，针对案件审理过程中出现法定的中止情形，依法决定暂停审理，告知当事人中止行政复议的原因和决定时使用的公文。行政复议中止通知书适用于：根据《行政复议法实施条例》第四十一条的规定，行政复议期间有 8 种情形之一，影响行政复议案件审理的；或申请人依法要求撤回行政复议申请，从而导致行政复议活动结束；或者案件存在其他依法需暂停审理的情形等。行政复议中止的原因消除后，将恢复行政复议案件的审理。下行公文文种。

行政复议终止决定书

行政复议终止决定书，行政复议机关在受理行政复议申请期间，由于出现某种情形而导致行政复议审理的结束，对符合法定终止情形的，依法作出行政复议终止决定的公文。适用于《行政复议法》或者《行政复议法实施条例》第四十二条规定的五种情形。如：《定西市人民政府行政复议终止决定书》（定政复终字〔2009〕1 号）。下行公文文种。

图 12-3-8 武汉市江汉区人民政府《行政复议终止决定书》（江政行复终〔2013〕第 03 号）

行政复议终止通知书

行政复议终止通知书，是行政复议机关在受理行政复议申请期间，依法作出行政复议终止决定后，告知申请人终结对行政复议申请进行审理的决定及事由和依据的公文。如：海南省人民政府《行政复议终止通知书》（琼府行复终字〔2005〕第 29 号）。下行公文文种。

行政复议法律意见书

行政复议法律意见书，是指行政复议机关对行政复议案件的重要问题，或其他需要出具法律意见的事由，向有关行政机关、司法机关依法提出处理意见时制作和使用的公文。如：广东省人民政府《行政复议法律意见书》（粤府政行复意〔2011〕1 号）。平行公文文种。

行政复议申请补正通知书

行政复议申请补正通知书，是指行政复议机关对申请人提供的申请材料不齐全或者表述不清楚的，难以认定该申请是否符合法定受理条件的，告知并要求申请人需要补正申请材料及相关事项时使用的公文。下行公文文种。

行政复议申请受理通知书

行政复议申请受理通知书，是指行政复议机关依法对决定受理的行政复议案件，通知申请人和被申请人时使用的格式文书。它是行政复议机关受理申请人申请的书面凭证，表明申请人的申请符合法律规定的受理范围。送达被申请人的通知书应附上复议申请书副本。下行公文文种。

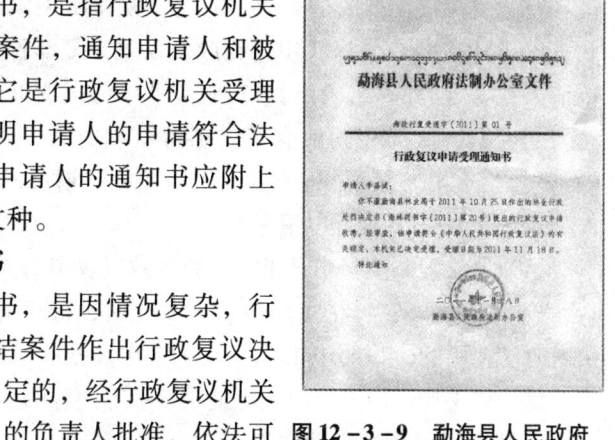

行政复议延期审理通知书

行政复议延期审理通知书，是因情况复杂，行政机关不能在规定期限内审结案件作出行政复议决定的，经行政复议机关的负责人批准，依法可以适当延长，并通知申请人和被申请人延长复议期限时使用的公文。下行公文文种。

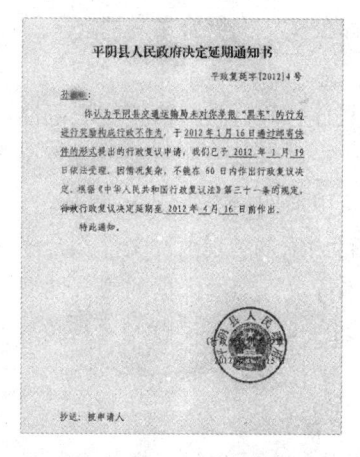

图12-3-9　勐海县人民政府法制办公室《行政复议申请受理通知书》（海政行复受通字〔2011〕第01号）

图12-3-10　平阴县人民政府《决定延期通知书》（平政复延字〔2012〕4号）

行政复议责令受理通知书

行政复议责令受理通知书，是下级行政机关无正当理由不受理公民、法人或其他组织依法提出的行政复议申请的，上级行政机关可以责令其依法应当受理行政复议申请时使用的公文。如：××市人民政府《行政复议责令受理通知书》（×政行复受〔201×〕×号）。下行公文文种。

行政复议恢复审理通知书

行政复议恢复审理通知书，是行政复议中止原因消除后，行政复议机关依法决定恢复审理，并告知行政复议申请人、被申请人时所制作和使用的，告知决定恢复审理的事由、法律依据和决定恢复审理时间等内容的公文。如：××市人民政府《行政复议恢复审理通知书》（×政行复恢〔201×〕×号）。下行公文文种。

行政复议被申请人答复书

行政复议被申请人答复书，是被申请人根据行政复议机关通知书的要求，针对申请人所提出的行政复议申请事项作出书面答复，同时说明作出行政行为的实事、证据、法律依据和理由，并提交相关证据和其他有关材料的公文。××市人民政府《行政复议被申请人答复书》（×政行复答〔201×〕×号）。上行公文文种。

行政复议提出答复通知书

行政复议提出答复通知书,是行政复议机关依法受理行政复议申请后,将行政复议申请书副本(口头申请行政复议笔录复印件)发送被申请人时,并通知被申请人在法定时间内,针对该行政复议申请提交书面答复、当初作出该具体行政行为的证据、依据和其他有关材料等事项的告知性公文。如:××市人民政府《行政复议提出答复通知书》(×政行复提答通〔201×〕×号)。下行公文文种。

行政复议强制执行申请书

行政复议强制执行申请书,是指行政复议申请人对复议决定逾期不起诉又不履行,或者不履行最终裁决的行政复议决定时,行政机关请求人民法院强制执行复议决定时所使用的,写明申请执行人和被申请执行人的基本情况,行政复议议案内容、复议机关作出的复议决定、请求事项等内容的法律公文。上行公文文种。

行政复议规范性文件转送函

行政复议规范性文件转送函,是行政复议机关将具体行政行为所依据的规范性文件,转请相关机关审查处理的公文。转送函为两种:一是申请人在申请行政复议时,一并提出对具体行政行为依据的规范性文件的审查申请的,法律依据填写《行政复议法》第二十六条;二是复议机关认为具体行政行为依据的规范性文件不合法的,法律依据填写《行政复议法》第二十七条。"具体行政行为所依据的规范性文件名称"应当同时注明文号,转送函并附相关材料。如:××市人民政府《行政复议规范性文件转送函》(×政行复转〔201×〕×号)。平行公文文种。

行政复议责令恢复审理通知书

行政复议责令恢复审理通知书,是指上级行政机关认为行政复议机关驳回行政复议申请的理由不成立,依法责令其恢复审理时所制作和使用的,载明被责令恢复审理机关名称、事由、法律依据和恢复审理时间的告知性公文。如:××市人民政府《行政复议责令恢复审理通知书》(×政行复审〔201×〕×号)。下行公文文种。

行政处分建议书

行政处分建议书,是行政复议机关对被申请人违反行政复议法及其实施条例,逾期未依法履行行政复议机关作出的行政复议决定的行为事实,向其人事或监察部门建议依法对有关责任人给予行政处分时使用的,载明行政复议决定送达日期、行为事实和法理依据、履行内容、法律依据、提出处理建议和要求等内容的公文。如:××省国土资源厅《行政处分建议书》(×国土行复处〔201×〕×号)。平行公文文种。

行政处理决定书

行政处理决定书,是指行政机关按《行政复议法》规定的程序,对审理终结的复议案件，依据法律、法规、规章及上级发布的具有普遍约束力的决定、命令，就全案的具体问题作出处理的书面决定。如：白银市人民政府《行政处理决定书》（白政处决字〔2008〕第01号）。下行公文文种。

撤回行政复议申请书

撤回行政复议申请书，是指在行政复议机关作出行政复议决定之前，申请人自愿向行政复议机关提交的说明理由，要求撤回原行政复议申请的公文。经行政复议机关核准，确认理由符合法律规定，可准予撤回行政复议申请。但有下列情形之一，行政复议申请不可撤回：（1）因撤回申请可能损害国家利益、公共利益或者他人合法权益；（2）申请人撤回申请不是出于本人自愿；（3）其他依法不可撤回情形。撤回行政复议申请的，行政复议终止。申请人撤回申请后，又以同一事实和理由重新提起行政复议的，行政复议机关可不予受理。上行公文文种。

驳回行政复议申请决定书

驳回行政复议申请决定书，是行政复议机关经审理查明实事及当事人提供的证据以及质证、认证过程等，对符合法定驳回情形的，依法作出驳回行政复议申请决定时制作和使用的，载明申请人、被申请人、第三人或委托代理人名称，事由、三方当事人的认证情况，行政复议机关查明的事实，决定驳回行政复议申请和法律依据等内容的公文。如：上海市人民政府《驳回行政复议申请决定书》（沪府复驳字〔2013〕第20号）。下行公文文种。

第三人参加行政复议告知书

第三人参加行政复议告知书，是行政复议机关告知与被申请行政复议的具体行政行为有利害关系的其他公民、法人或其他组织作为第三人参加行政复议，听取其意见时使用的公文。如：烟台市人民政府《第三人参加行政复议告知书》（烟政行复参〔2014〕××号）。下行公文文种。

不予受理行政复议申请决定书

不予受理行政复议申请决定书，是行政复议机关对行政管理相对人提出的复议申请，依法进行审查后，认定申请人提出的行政复议申请不符合规定，作出不予受理处理的决定，并书面告知申请人的公文。下行公文文种。

图12-3-11 上海市城市规划管理局《不予受理通知书》（沪规行复不受字〔2006〕第01号）

责令履行行政复议决定通知书

责令履行行政复议决定通知书，是被申请人不履行或无正当理由拖延履行行政复议决定的，行政机关责令其限期履行行政复议决定时使用的，载明被责令履行的机关名称、行政复议决定送达日期、履行内容、法律依据、最终履行期限，及不履行所应当承担的法律责任等内容的公文。如：黑龙江省政府《责令履行行政复议决定通知书》（黑政行复履〔2012〕×号）。下行公文文种。

停止执行具体行政行为通知书

停止执行具体行政行为通知书，是行政复议机关经对依法予以受理的行政复议申请加以审查，认为需要并书面告知被申请人停止执行原具体行政行为时使用的，载明事由、停止执行的具体行政行为和理由、法律依据、停止执行该具体行政行为的时间等内容的公文。如：山东省食品药品监督管理局《停止执行具体行政行为通知书》（鲁食药监复停字〔2014〕×号）。下行公文文种。

（六）行政裁决类

行政裁决，是指行政机关或法定授权的组织，依照法律授权，对当事人之间发生的、与行政管理活动密切相关的、与合同无关的民事纠纷进行审查，并作出裁决的具体行政行为。行政裁决机关，是经法律法规授权的特定行政机关，而不是司法机关，但是并非任何一个行政机关都可以成为行政裁决的主体，只有那些对特定行政管理事项有管理职权的行政机关，经法律法规明确授权，才能对其管理职权有关的民事纠纷进行裁决，成为行政裁决的主体。如《商标法》《专利法》《土地管理法》《森林法》《食品卫生法》《药品管理法》等，对侵权赔偿争议和权属争议作出规定，授权有关行政机关对这些争议予以裁决。行政裁决一般应遵循以下程序：申请、立案、通知、答辩、审查、裁决、执行。如：《城市房屋拆迁行政裁决工作规程》（建设部2004年3月1日起施行）。根据我国目前法律、法规的规定，行政裁决主要有：（1）侵权纠纷的裁决。（2）补偿纠纷的裁决。（3）损害赔偿纠纷裁决。（4）权属纠纷的裁决。（5）行政裁决。（6）国有资产产权裁决。（7）专利强制许可使用费裁决。（8）劳动工资、经济补偿裁决。（9）民间纠纷的裁决。行政裁决类公文文种很多，本节择要介绍部分常用的拟制式行政裁决类专用公文。

行政裁决书

行政裁决书，是行政机关或仲裁机构根据已查明的事实，依法对争议案件及申请人请求的事项作出行政决定或行政裁决，并告知当事人对作出的行政决定或行政裁决不服的，有行政复议权、诉讼权的法律公文。如：《石家庄市房管局关于"怡博苑"项目的行政裁决书》（石裁字〔2007〕第4号）。下行公文文种。

行政裁决申请书

行政裁决申请书，是申请人向行政机关说明请求行政裁决事项的主要事实和理由，并提交证据及依据的公文。如：安徽省蚌埠市龙子湖区长淮卫镇朝阳村村民邢巍、邢长华，向国务院提出的《行政裁决申请书》（2011年9月15日），请求依法裁决并撤销《行政复议决定书》（皖行复字〔2011〕27号），及原复议的具体行政行为《关于蚌埠市龙子湖区2009年第一批次建设用地置换的批复》（皖政地置〔2010〕12号）的申请。平行公文文种。

行政裁决送达回证

行政裁决送达回证，是指行政机关按照法定格式制作、用以证明送达和受送达人签收行政裁决法律公文的凭证。它既是送达行为的证明，又是受送达人接受送达的证明，是行政机关与受送达人之间发生具体行政行为关系的凭证。平行公文文种。

行政裁决受理通知书

行政裁决受理通知书，是行政机关经审查，认为申请人的请求符合法律和法规的规定，对决定依法受理的行政裁决案件，通知申请人和被申请人时使用的格式公文。它是行政机关受理申请人申请的书面凭证。送达被申请人的通知书应附上裁决申请的副本。如：××市工商行政管理局《行政裁决受理通知书》（×工商裁受字〔201×〕×号）。下行公文文种。

行政裁决案件调解书

行政裁决案件调解书，是行政机关或组织在作出行政裁决前，根据自愿和合法的原则，在查清事实、分清是非的基础上，通过调解促使申请人和被申请人达成的协议或调解笔录内容而制作的法律公文。如：××市××管理局《行政裁决案件调解书》（××裁调字〔201×〕×号）。平行公文文种。

参加行政裁决通知书

参加行政裁决通知书，是行政机关依法受理行政裁决申请，告知被申请人或与本裁决具体行政行为有利害关系的公民、法人作为第三人参加审理活动及相关事项时使用的公文。如：××市知识产权管理局《参加行政裁决通知书》（×知裁通字〔201×〕×号）。下行公文文种。

撤回行政裁决申请书

撤回行政裁决申请书，是指在行政裁决机关作出行政决定之前，申请人自愿向行政裁决机关提交的说明理由，要求撤回原行政裁决申请的公文。经行政裁决机关核准，确认理由符合法律规定，可准予撤回行政裁决申请。上行公文文种。

行政裁决案件听证笔录

行政裁决案件听证笔录，是行政裁决机关在举行的行政裁决听证会现场，制作的完整、客观地记载听证过程和内容等情况的记录性公文。适用于需要举行听证会的行政裁决案件。听证人员在行政机关的案件调查人员、当事人及其代理人、证人和其他有关人员的共同参与下,就案件的事实、理由及依据的适用等问题进行辩论、质证时使用。

行政裁决不予受理决定书

行政裁决不予受理决定书,是行政裁决机关或行政裁决机构经审查,认为申请人的请求不符合法律和法规的规定,决定不予受理,并告知申请人及其有提起行政复议权、行政诉讼权等有关事项的公文。如:××市国土资源管理局《行政裁决不予受理决定书》(×土裁不字〔201×〕×号)。下行公文文种。

行政裁决案件听证通知书

行政裁决案件听证通知书,是行政裁决机关或行政裁决机构对举行听证会的案件,根据案件审理的需要,告知申请人和被申请人、有关单位或个人参加听证审理及有关事宜的公文。如:××市交通运输管理局《行政裁决案件听证通知书》(×交裁听字〔201×〕×号)。下行公文文种。

行政裁决案件调查通知书

行政裁决案件调查通知书,是行政裁决机关或行政裁决机构在审查案件过程中,因与案件利害关系人利益相关的或其他问题须进一步调查,依法请有关单位和个人协助调查时使用的公文。如:××市××管理局《行政裁决案件调查通知书》(××裁调通字〔201×〕×号)。下行公文文种。

行政裁决案件处理意见书

行政裁决案件处理意见书,是行政裁决机构对行政裁决事项,向人民政府提出处理意见和建议时制作和使用的公文。如:××市××管理局《行政裁决案件处理意见书》(××裁处字〔201×〕×号)。上行、平行或下行公文文种。

行政裁决调查(询问)笔录

行政裁决调查(询问)笔录,是行政裁决机关或行政裁决机构调查(询问)时,真实、完整、客观的现场记录。

(七)行政诉讼类

行政诉讼专用公文,是指在行政案件中当事人为维护自己的合法权利,向人民法院提起诉讼或复议,人民法院作出裁决或处理决定的法律公文。行政诉讼专用公文包括:行政申诉书、行政上诉书、行政赔偿申请书、行政赔偿调解书(一审行政赔偿案件用)、行政诉讼起诉书、行政诉讼答辩书、行政判决书、行政裁定书、行政复议申请书、申请复议书、行政答辩状、强制执行申请书(行政强制执行)等。其中,行政判决书分一审行政案件、再审行政案件、二审维持原判或改判用的四种情况下的行政判决书。行政裁定书分准许或不准许撤诉、停止执行具体行政行为或驳回申请、提起再审、二审准许或不准撤回上诉、二审维持或撤销一审裁定、不予受理起诉、驳回起诉等情况下的行政裁定书。本节择要介绍几种拟制式行政诉讼类专用公文。

民事反诉状

民事反诉状，是指民事案件的被告及其法定代理人在诉讼过程中，为维护自身的合法权益，以本诉的原告为被告而提出的，向同一人民法院递交与本诉在事实和法律上有牵连的独立诉讼请求时使用的公文。上行公文文种。

民事起诉状

民事起诉状，是指公民、法人或其他组织，在认为自己的合法权益受到侵害或者与他人发生争议时或者需要确权时，依据事实和法律，向人民法院提交的请求人民法院依法裁判的法律文书。民事起诉状的种类有：交通、婚姻、索赔、借贷等。上行公文文种。

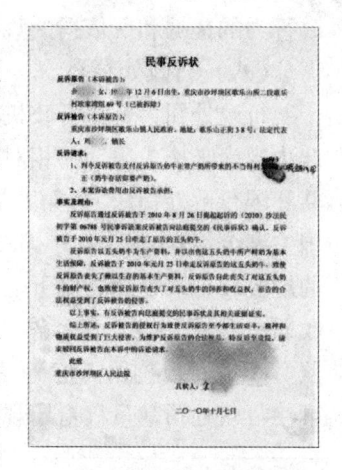

图12-3-12 2010年10月7日，具状人余××对重庆市沙坪坝区歌乐山镇人民政府的《民事反诉状》

行政上诉书（状）

行政上诉书（状），是指诉讼当事人或其法定代理人，不服一审法院的第一审判决或裁定，在法定的上诉期内，向原审法院的上一级法院提起上诉，要求重新审理案件，或撤销、变更原判决内容所提交的，写明上诉人、被上诉人基本情况、案由、上诉请求、上诉理由和法律依据的诉讼法律公文。上行公文文种。

行政申诉书（状）

行政申诉书（状），是行政诉讼当事人对已经发生法律效力的判决、裁定认为确有错误，依照法定程序向原审人民法院或者向上一级人民法院提出申诉时所制作的公文，即为行政再审申诉书。上行公文文种。

行政起诉书（状）

行政起诉书（状），是指公民、法人或其他组织对行政机关所涉及的具体行政行为不服，认为自己的行政权益受到侵害或者与他人发生行政争议时，向人民法院提起行政诉讼，请求人民法院对该行政行为的是否合法予以裁决时制作并使用的，写明原告和被告基本情况、案由、诉讼请求、事实与理由、证据和证据来源、证人姓名和住址等情况的法律公文。如：新邵县潭溪镇岩门村村民黄××，诉交通运输行政管理机关不履行行政处罚和行政奖励职责一案，2011年×月×日。上行公文文种。

行政诉讼答辩书（状）

行政诉讼答辩书（状），是指民事或行政案件的被告人或被上诉人，在收到起诉状或上诉状副本后，在法定限期内，针对原告起诉或上诉的请求，提出的事实和理由及依据，不仅要进行回答、辩解和反驳，还必须提供自己作出该具体行政行为的证据和所依据的规范性文件的一种举证性公文。上行、平行公文文种。

(八) 行政处罚类

行政处罚，是指行政机关或其他行政主体依据法定的职权和程序，对违反行政法规尚未构成犯罪的相对人，给予行政制裁的具体行政行为。根据《中华人民共和国行政处罚法》（第八届全国人民代表大会第四次会议通过，中华人民共和国主席令第63号，1996年3月17日公布，自1996年10月1日起施行）第八条的规定，行政处罚有以下七种：（1）警告。（2）罚款。（3）没收违法所得、没收非法财物。（4）责令停产停业。（5）暂扣或者吊销许可证，暂扣或者吊销执照。（6）行政拘留。（7）法律、行政法规规定的其他行政处罚。如：《财政部门行使行政处罚裁量权指导规范》（财法〔2013〕1号）。行政处罚类专用公文涉及面广，种类较多，每个行政系统都在三五十种左右，本节择要介绍现实中部分通用的拟制式行政处罚类专用公文。

行政处罚决定书

行政处罚决定书，是行政管理机关对违法案件调查终结后，针对当事人违法行为的情节轻重以及具体情况，依法制作的载明当事人违法事实、处罚理由、依据和决定等事项的具有强制力的法律公文。行政处罚决定书分为两种：一是当场行政处罚决定书，仅适用简易程序处罚；二是一般行政处罚决定书，又称普通行政处罚决定书，简称行政处罚决定书。下行公文文种。

图12-3-13 深圳市公安局福田分局《公安行政处罚决定书》（深公福决字〔2011〕第02562号）

行政处罚通知书

行政处罚通知书，又称行政处罚告知书，是指行政处罚机关对单位或当事人的违法行为作出行政处罚决定之前，发出的告知当事人作出行政处罚决定的事实、理由、依据和具体惩戒制裁手段，并通知当事人依法享有的陈述、申辩和要求听证权时制作的法律公文。下行公文文种。

行政处罚听证笔录

行政处罚听证笔录，是指行政处罚机关对听证过程所做的书面记录。笔录应当交听证会主持人、参加人员、记录员审核无误并签字或盖章后，方可作为行政处罚的重要依据。

行政处罚听证通知书

行政处罚听证通知书，是指行政机关对单位或当事人提出的听证申请审核后，决定举行听证会，用以告知当事人举行听证会的时间、地点、方式（公开或不公开）、享有权利和有关事项等内容的法律文书。下行公文文种。

行政处罚事先告知书

行政处罚事先告知书，是指行政主体对符合听证条件的行政处罚，在作出行政处罚决定之前，告知当事人行政处罚的事实、理由、依据及拟将作出的处罚，同时告知当事人依法享有陈述、申辩的权利和听证申请权利时使用的公文。下行公文文种。

行政处罚听证会报告书

行政处罚听证会报告书，是指听证会结束后，听证主持人向执法机关负责人报告听证会情况并提出案件处理意见时制作和使用的，载明听证会的时间、地点、案由、听证参加人的基本情况，听证认定的事实、证据，写清听证结论及处理意见，并附听证笔录的公文。上行公文文种。

行政处罚强制执行申请书

行政处罚强制执行申请书，是指行政主体对在法定期限内，不履行发生法律效力的行政处罚决定的行政相对人，依法向人民法院提出请求，采取强制性制裁的方式，以迫使该相对人履行该义务，或者达到与履行义务相同之状态时制作的公文。适于当事人拒不履行《行政处罚决定书》或《当场行政处罚决定书》《责令改正违法行为决定书》载明的法定义务，由案件处罚机关向人民法院申请强制执行时使用。上行、平行公文文种。

行政处罚强制执行通知书

行政处罚强制执行通知书，是指具有行政处罚权的行政机关或者人民法院，对具有违法行为，且在法定期限内不履行行政处罚决定的行政相对人，依法强制性制裁其在一定期限内履行行政处罚决定而发出的告知性法律公文。下行公文文种。

案件处理意见书

案件处理意见书，是指行政处罚权案件调查结束后，执法人员就案件的调查经过、证据材料、调查结论及处理意见报请执法机关负责人审批的公文。适用于重大、复杂或者争议较大，需经执法机关负责人集体讨论的案件。上行公文文种。

查封（暂扣）决定书

查封（暂扣）决定书，是指具有行政处罚权的行政机关依法决定临时限制或中止被处罚人已经取得的许可权利或资格，使其在法定时间内暂时停止从事许可行为的法律公文。适于决定采取强制性处罚措施，对涉案场所、设施或财物予以就地封存或暂时扣押的事项时使用。下行公文文种。

先行登记保存证据通知书

先行登记保存证据通知书，是行政机关在对涉嫌违法案件调查或检查时，为便于保全证据，依法决定对与涉嫌违法行为有关的证据采取先进行登记、保存措施，并在法定期间内要求被处罚人或有关人员对经登记的证据妥善保管，禁止毁损、转移、篡改或隐匿，而向被调查对象送达的法律公文。适用于在对案件进行调查取证、收集证据的过程中，在认定证据可能灭失或者以后难以取得的情况下，依法采用的一种证据保全措施。如：河北省无线电管理局《先行登记保存证据通知书》（冀无局罚登存通字〔2012〕第161号）。下行公文文种。

解除查封（暂扣）决定书

解除查封（暂扣）决定书，是行政机关依法决定恢复被处罚人已经取得的许可权利或资格，使其继续从事许可行为的法律公文。适于对已经实施查封（暂扣）措施的涉案场所、设施或财物，依法应当予以解除该强制性处罚措施时使用。如：××县××局《解除查封（暂扣）决定书》（××〔201×〕×号）。下行公文文种。

解除先行登记保存证据通知书

解除先行登记保存证据通知书，是行政机关对涉嫌违法案件经调查或检查结案时，依法认定违法事实不成立或者违法行为轻微，可以不予行政处罚的，依法决定解除先行登记保存措施并告知当事人的公文。适用于调查人员取证完结，解除先行登记保存证据而通知被调查对象时使用。如：××县××局《解除先行登记保存证据通知书》（××〔201×〕×号）。下行公文文种。

送达回证

送达回证，是指行政机关的行政执法或司法机关按照法定格式制作的、用以证明送达执法公文的凭证。它既是送达行为的证明，又是受送达人接受送达的证明，是行政机关或司法机关与受送达人之间发生诉讼法律关系的凭证性公文。下行公文文种。

调查询问笔录

调查询问笔录，是行政机关办案人员为查清违法事实，而对当事人和其他相关人员进行调查了解有关情况时，所作的有助于行政机关分析案情，依法作出处罚决定的重要证据性的记录性公文。适用于调查人员取证，记录调查人员对违法嫌疑人、受害人、证人等有关人员的询问过程和问答内容。

现场检查（勘察）笔录

现场检查（勘察）笔录，是指行政执法人员对与涉嫌违法行为有关的场所、设备或财物等进行检查或者勘验时所制作的，以真实客观的文字、图形，记载和描述调查取证过程和发现情况的公文。笔录是为行政机关了解现场情况提供资料，为查清事实提供证据，为依法作出处罚决定提供依据。

责令改正违法行为决定书

责令改正违法行为决定书，是指行政主体在对违法行为人给予行政处罚的同时，单独制发的责令违法行为人停止并改正或者限期改正违法行为，以恢复法定原状，维持法定的秩序或者状态的公文。适于经过调查取证，确认当事人存在违法行为，命令当事人改正或者限期改正时使用。下行公文文种。

分期（延期）缴纳罚款申请书

分期（延期）缴纳罚款申请书，是指当事人向行政机关提交的要求延期或者分期缴纳罚款，说明不能按时缴纳罚款的原因，并附以必要的证明材料的公文。上行公文文种。

同意分期（延期）缴纳罚款通知书

同意分期（延期）缴纳罚款通知书，是指行政机关经过审查或实际调查，对当事人是否具有履行缴纳罚款义务的条件和能力作出合理判断，认为当事人申请延期或者分期缴纳罚款的理由成立，同意当事人的延期或者分期缴纳罚款申请，作出准予分期（延期）缴纳罚款的决定，并据此送达告知当事人和负责收缴罚款的银行时使用的公文。下行公文文种。

（九）行政强制类

行政强制，是指行政机关为了实现行政目的，预防或制止正在发生或可能发生的违法行为、危险状态以及不利后果，或者为了保全证据、确保案件查处工作的顺利进行，而对相对人的人身、财产和行为采取的强制性措施。行政强制执行，是指行政机关或者行政机关申请人民法院，对拒不履行行政决定的公民、法人或者其他组织，依法采取强行制约措施，促其履行义务的具体行政行为。《行政强制法（草案）》从1999年3月起草，历经12年，经过全国人大常委会五次审议，由第十一届全国人民代表大会常务委员会第二十一次会议于2011年6月30日表决通过，自2012年1月1日起施行的《中华人民共和国行政强制法》（中华人民共和国主席令，第49号），进一步规范了行政强制的设定和实施，是行政法领域中的支架性法律。它的制定标志着中国向建成完备的行政法体系迈出重要一步，将对推进政府依法行政，保障和监督行政机关履职，保护公民权益产生重大影响。这是一部继《行政处罚法》《行政许可法》后，又一部旨在约束行政权力的法律。上述三部法律被誉为我国行政立法的"三部曲"。行政强制的类型是限时强制，是指因情况紧急，为了达到预期的行政目的，行政主体不以相对方履行义务为前提，即对相对方的人身自由和财产予以强制的活动或制度。《行政强制法》规定实施行政强制措施的种类有：（1）限制公民人身自由；（2）查封场所、设施或者财物；（3）扣押财物；（4）冻结存款、汇款；（5）其他行政强制措施。本节择要介绍部分拟制式行政强制类专用公文。

行政强制执行公告

行政强制执行公告，是行政机关在强制执行前，依法督促当事人在法定期限内自行履行拆违义务，同时也是向社会宣示行政机关对违法建筑的态度，用以警示他人的公开告知性公文。适用于决定对违法的建筑物、构筑物、设施等需要强制拆除的事项。下行公文文种。

行政强制执行协议

行政强制执行协议，是指行政机关在实施行政强制执行时，在不损害公共利益和他人合法权益的情况下，与当事人达成执行和解书面意见，而共同签署的具有法律效力的记录性公文。平行公文文种。

行政强制结案报告

行政强制结案报告，是指在行政强制实施完毕后，执法人员制作的记载行政强制执行案件的基本案情，依法进行的调查、决定依据与理由、实施内容与方式、处理结果等情况，及结案审批意见的公文。上行公文文种。

行政强制执行申请书

行政强制执行申请书，是指当事人逾期不起诉，又不履行行政复议决定，或者不履行最终裁决的复议决定时，行政机关请求人民法院强制执行复议决定时所使用的法律公文。上行公文文种。

行政强制执行决定书

行政强制执行决定书，是指具有行政强制执行权的行政机关或人民法院，依法作出的对义务人采取行政强制措施的具体行政行为的决定性公文。适用于对在法定期限内既不起诉，或逾期又未履行行政决定的义务，或催告期间有转移、隐匿财物等情况的被执行人。如：××市××局《行政强制执行决定书》（××强执决字〔201×〕第××号）。下行公文文种。

行政强制执行催告书

行政强制执行催告书，是指行政执法机关申请人民法院强制执行前，根据行政决定书面向负有未履行义务的行政相对人直接送达的，催促其在一定期限内履行义务，并告知不履行义务的后果、行政相对人依法享有陈述权和申辩权等事项的公文。如：××市××局《行政强制执行催告书》（××强催告字〔201×〕第××号）。下行公文文种。

行政强制措施决定书

行政强制措施决定书，是指行政执法机关经审查，依法对涉嫌违法需采取行政强制措施的案件，所制作的载明违法行为的事实、违反法律规定的依据、作出行政强制决定的理由和证据、决定予以行政强制措施的种类及形式、告知当事人申请行政复议和行政诉讼的途径和期限等事项的法律公文。如：××县××局《行政强制措施决定书》（××强措决字〔201×〕第×号）。下行公文文种。

行政强制执行现场笔录

行政强制执行现场笔录，是指行政机关及其工作人员在行政执法过程中，对有关执法活动现场实施行政强制措施的过程和结果、当事人的陈述和申辩意见及现场处理等情况当场制作的，并由当事人或见证人签名的书面记录性公文。包括现场检查笔录、现场勘验笔录、现场检验笔录、行政强制措施现场笔录，以及现场制作的音像视听资料等。制作现场笔录是行政机关保存行政活动证据的重要方式之一。

行政强制措施现场笔录

行政强制措施现场笔录，是指行政机关具备资格的行政执法人员依法实施行政强制措施时制作的，全面、客观、真实地记录现场情况及当事人的陈述和申辩，并由当事人或见证人、执法人员共同签名的公文。

中止强制执行通知书

中止强制执行通知书，是指行政机关在行政强制执行程序开始后，告知当事人基于法定事由暂时停止强制执行的决定、理由和依据的公文。适用于行政强制执行程序过程中，因出现《行政强制法》第三十九条规定的四种情形，而导致中止强制执行程序，待该情况消失后，本机关将依法恢复执行的特殊情况。如：××市××局《中止强制执行通知书》（××强中执字〔201×〕第×号）。下行公文文种。

终结强制执行通知书

终结强制执行通知书，是指行政机关在行政强制执行程序开始后，依法决定终结强制执行，告知当事人终结执行的情形及理由、法律依据的公文。适于因出现《行政强制法》第四十条规定的五种情形，无法继续执行决定的情况时使用。如：××市××局《终结强制执行通知书》（××强终执字〔201×〕第×号）。下行公文文种。

恢复强制执行通知书

恢复强制执行通知书，是指行政机关依法决定对中止强制执行的案件，予以恢复执行程序时制作的，告知当事人恢复执行的理由、依据的公文。适用于中止执行的情形已消失或未履行执行协议约定的义务的案件。如：××市××局《恢复强制执行通知书》（××强复执字〔201×〕第×号）。下行公文文种。

解除行政强制措施决定书

解除行政强制措施决定书，是指行政机关经过调查取证，发现强制措施所涉及的财物或物品与违法行为无关或者需要作撤案处理时，依法决定解除强制措施而发给当事人的公文。适用于解除扣留、封存、责令暂停销售、先行登记保存证据等行政强制措施。如：××市××局《解除行政强制措施决定书》（××解强措字〔201×〕第×号）。下行公文文种。

查封（扣押）决定书

查封（扣押）决定书，是指执法机关在案件调查过程中，依照有关法律法规，决定对涉案场所、设施或者财物，采取就地封存或扣留涉案财产时使用的公文。如：××市××局《查封（扣押）决定书》（××查（扣）决字〔201×〕第×号）。下行公文文种。

查封（扣押）当场告知书

查封（扣押）当场告知书，是指行政机关对涉嫌违法行为依法作出强制执行决定后，执法人员在执法现场使用的，告知当事人采取查封（扣押）行政强制措施的理由、依据以及当事人依法享有的权利、救济途径等事项的公文。下行公文文种。

查封（扣押）延期决定书

查封（扣押）延期决定书，是指经行政机关负责人批准，行政机关对查封、扣押的场所、设备和相关物品，依法作出的载明延长查封、扣押期限和理由的决定，并及时送达当事人的公文。适用于案件情况复杂，需要延长查封、扣押期限的案件。如：××市××局《查封（扣押）延期决定书》（××强查延字〔201×〕第×号）。下行公文文种。

解除查封（扣押）决定书

解除查封（扣押）决定书，是指经行政执法机关调查核实，依法决定对涉嫌违法行为查封（扣押）的场所、设施或者财物，解除强制措施，并送达当事人的公文。适用于《行政强制法》第二十八条规定的五种情形。如：××市××局《解除查封（扣押）决定书》（××强解查字〔201×〕第×号）。下行公文文种。

检测、检验、检疫或技术鉴定告知书

检测、检验、检疫或技术鉴定告知书，是指行政执法机关执法过程中，依法制作的书面载明对已经查封、扣押的物品，因需要进行检测、检验、检疫或者技术鉴定的期间，决定延长查封、扣押期限，并书面告知当事人的公文。如：××市××局《检测、检验、检疫或技术鉴定告知书》（××强检告字〔201×〕第×号）。下行公文文种。

划拨存款（汇款）决定书

划拨存款（汇款）决定书，是指由法律规定的行政机关依法作出的，将行政相对人在金融机构的存款、汇款，强制转汇上缴至国库、财政专户或者法律、法

规规定账户的书面决定，并送达金融机构和当事人的公文。适用于《行政强制法》第四十七、四十九条的规定。如：××市××局《划拨存款（汇款）决定书》（××强划决字〔201×〕第×号）。下行公文文种。

冻结存款（汇款）决定书

冻结存款（汇款）决定书，是指行政执法机关依照法律规定，决定对当事人涉嫌违法的银行账户、存款（汇款）数额及币种采取强制措施，限制其流动，且载有当事人在法定期限内享有复议权和诉讼权的一种公文。适用于防止违法行为人转移资金、抽逃资金。如：××市××局《冻结存款（汇款）决定书》（××强冻决字〔201×〕第×号）。下行公文文种。

冻结存款（汇款）通知书

冻结存款（汇款）通知书，是指行政执法机关依照法律规定，履行法定程序，将决定对当事人涉嫌违法的银行账户、存款（汇款）采取冻结的强制措施，交付并请求金融机构依法予以配合时使用的公文。如：××市××局《冻结存款（汇款）通知书》（××强冻通字〔201×〕第×号）。平行公文文种。

冻结存款（汇款）延期决定书

冻结存款（汇款）延期决定书，是指经行政机关负责人批准，行政机关告知当事人对正在实施冻结期限内的存款（汇款），依法决定延长其冻结期限和说明理由，并书面通知金融机构和当事人时使用的公文。适用于案件情况复杂，需要延长冻结存款（汇款）期限的案件。如：××市××局《冻结存款（汇款）延期决定书》（××强冻延决字〔201×〕第×号）。平行、下行公文文种。

解除冻结存款（汇款）决定书

解除冻结存款（汇款）决定书，是指经行政执法机关调查核实，依法决定解除对当事人涉嫌违法行为实施的冻结存款（汇款）的强制措施，并及时书面通知金融机构和当事人时使用的公文。如：××市××局《解除冻结存款（汇款）决定书》（××解冻决字〔201×〕第×号）。平行、下行公文文种。

限制公民人身自由决定书

限制公民人身自由决定书，是指行政执法机关对涉嫌违法的当事人实施限制公民人身自由的行政强制措施时，出具的载明限制人身自由的理由、依据、期限、地点，并告知当事人具有申请行政复议和向人民法院提起行政诉讼权利的法律公文。适用于对当事人依法实施暂时性限制人身自由的强制措施时。如：××市××局《限制公民人身自由决定书》（××强限决字〔201×〕第×号）。下行公文文种。

被限制人身自由人家属通知书

被限制人身自由人家属通知书，是指行政执法机关依法对当事人实施限制公民人身自由的行政强制措施时,将实施强制措施的执行机关、原因、地点和期限等事项,书面告知当事人家属的法律公文。一般在对当事人依法实施行政强制措施时当场使用。当场无法告知的,在实施强制措施后应立即通知。如:××市××局《被限制人身自由人家属通知书》(××被限通字〔201×〕第×号)。下行公文文种。

解除限制公民人身自由决定书

解除限制公民人身自由决定书,是指行政执法机关对正处在实施限制公民人身自由的行政强制措施期间的当事人出具的,载明解除的理由、法律依据和解除时间的公文。适用于实施限制人身自由的行政强制措施达到法定期限,实施行政强制措施的目的已经达到或者条件已经消失等情形。如:××市××局《解除限制公民人身自由决定书》(××解限决字〔201×〕第×号)。下行公文文种。

代履行决定书

代履行决定书,是指当事人拒绝履行或者没有能力履行行政法义务时,行政机关决定采取强制执行措施,由他人代替当事人履行义务,并向义务人征收代履行费用时使用的公文。主要适用于该行政法义务属于可以由他人代替履行的作为义务,如排除障碍、恢复原状、强制拆除等。对于不能够由他人替代的作为义务和不作为义务,特别是与人身有关的义务,不能适用代履行。如:××市××局《代履行决定书》(××强代决字〔201×〕第×号)。下行公文文种。

立即代履行事后通知书

立即代履行事后通知书,是指需要当事人立即履行义务,而当事人不能履行,又不在场的,行政机关依法决定立即实施代履行,在事后及时通知当事人,并依法作出处理时使用的公文。适用于《行政强制法》第五十二条规定的情形。下行公文文种。

申请人民法院强制(立即)执行申请书

申请人民法院强制(立即)执行申请书,是指没有行政强制执行权的行政机关,向所在地有管辖权的人民法院申请强制执行时制作和使用的,写明申请人及被申请人基本情况,作出行政强制措施决定的事实、理由和依据,当事人的意见及行政机关催告情况,申请强制执行标的情况等内容的公文。适用于当事人在法定期限内不申请行政复议或者提起行政诉讼,又不履行行政决定,催告书送达十日后当事人仍未履行义务的案件。上行公文文种。

(十)行政奖励与处分类

行政奖励,是指行政主体为了表彰先进、激励后进,充分调动和激发人们的积极性和创造性,依照法定条件和程序,对为国家、人民和社会作出突出贡献或者模范地遵纪守法的行政相对人,给予物质或精神奖励的具体行政行为。根据不同的法律、法规和规章的规定，行政奖励的内容和形式体现为三个方面：1. 精神方面的权益，即给予受奖人某种荣誉，如授予"劳动模范"等荣誉称号、通报表扬、通令嘉奖、记功，发给奖状、荣誉证书、奖章等。2. 物质方面的权益，即发给奖金或者各种奖品。3. 职务方面的权益，即予以晋级或者晋职。当然，这种奖励的对象具有更进一步的限定性，并且，由于牵涉到的职务、职级，往往要求有组织法上的根据。这三种奖励形式，既可单独进行，又可合并实施。由于这三种奖励在激励、调动积极性方面各有特色，因而，实践中往往三者并行：既有精神奖励，又有物质奖励，亦重视职务方面的权益赋予。

根据国家公务员局公布《公务员奖励规定（试行）》（2008年1月4日颁布实施）、《行政机关公务员处分条例》（中华人民共和国国务院令第495号）、人力资源社会保障部和监察部颁布实施的《事业单位工作人员处分暂行规定》（2012年8月22日公布），及各省市自治区行政奖励表彰规定、办法，本章择要介绍选取的部分主要专用公文文种。

行政奖励决定

行政奖励决定，是指国家行政机关为弘扬先进，树立典型，按照管理权限和有关规定，对工作表现突出，有显著成绩和贡献，或者有其他突出事迹的各级行政机关、团体、企事业单位及其工作人员，决定给予表彰奖励时制作的公文。适用于《公务员法》第四十九条规定的十种情形。如：常州市武进区人民政府《关于给予查伟明等389位同志记三等功奖励的决定》（武政发〔2013〕93号）。下行公文文种。

行政奖励申请书

行政奖励申请书，是指向上级政府、行政主管部门或行政奖励表彰工作机构，提报的说明行政奖励表彰的项目或事项、理由依据、表彰周期、奖励种类、评选范围、评选办法、评选名额、奖励方式、经费数额及拟使用情况等内容的请示性公文。适用于已经明文规定的常态性行政奖励项目以外的，对某项重大活动、阶段性重要工作或影响较大的突发事件中表现突出的集体和个人，进行即时性行政奖励表彰的项目。上行公文文种。

行政处分决定书

行政处分决定书，是指国家行政机关为规范国家工作人员的行政行为，严肃政纪，使之有所鉴戒，根据管理权限和有关法规，经查证，对违犯规定的工作人员，决定给予行政处分时所制作的，载明违法违纪事实、处分的种类、受处分的期间和依据、不服处分决定的申诉途径和期限的公文。适用于违犯规定而又尚未构成犯罪的，或者虽然构成犯罪但是依法不追究刑事责任的工作人员。下行公文文种。

行政处分复核申请书

行政处分复核申请书,是指受到处分的工作人员对处分决定不服的,在自收到行政处分决定书或者应当知道该处分决定的法定时间内,向原处分决定单位书面提交的,说明申请复核事实、依据和理由等而使用的公文。上行公文文种。

行政处分复核决定书

行政处分复核决定书,是指原行政处分决定单位自受理复核申请后,在法定时间内,对当事人申请的事项复查核实后,依法重新作出变更或撤销行政处分时使用的公文。下行公文文种。

变更行政处分决定书

变更行政处分决定书,是指当受到处分人员对处分决定不服而向原处分决定单位申请复核,或对复核结果不服的而向原处分决定单位的主管部门或者同级事业单位人事管理部门提出申诉时,受理处分复核、申诉的单位经审查复核后,依法决定变更原处分决定或者责令原处分决定单位变更原处分决定时出具的公文。变更行政处分决定适用于有下列情形之一的:(1)适用法律、法规、规章错误的;(2)对违法违纪行为的情节认定有误的;(3)处分不当的。下行公文文种。

解除行政处分决定书

解除行政处分决定书,是指经原处分决定单位批准,依法决定对当事人受到的处分予以解除或者提前解除处分时所制作的,载有原处分的种类、解除或者提前解除处分的依据、以及该工作人员在受处分期间的表现情况等内容的公文。适用于原行政处分不适当的;工作人员受开除以外的处分,在受处分期间有悔改表现,并且没有再出现违法违纪情形的;处分期满,经原处分决定单位批准后解除处分。企事业单位工作人员在受处分期间终止或解除聘用合同的,处分期满后,自然解除处分。下行公文文种。

撤销行政处分决定书

撤销行政处分决定书,是指当受到处分人员对处分决定不服而向原处分决定单位申请复核,或对复核结果不服而向原处分决定单位的主管部门或者同级事业单位人事综合管理部门提出申诉时,受理处分复核、申诉的单位经审查复核,依法撤销处分决定后,重新作出的或者责令原处分决定单位重新作出的决定性公文。撤销行政处分决定适用于有下列情形之一的:(1)原处分所依据的事实不清和证据不足的;(2)违反规定程序,影响案件公正处理的;(3)超越职权或者滥用职权作出处分决定的。下行公文文种。

受处分期间表现情况的报告

受处分期间表现情况的报告,是指按照干部人事管理权限,相关单位或者有关部门经对受处分工作人员进行全面调查了解后所制作的,客观、真实地反映受处分工作人员在受处分期间的表现情况的总结报告性公文。适用于对受处分工作人员作出解除或者提前解除处分的决定。上行公文文种。

不服行政处分复核结果申诉书

不服行政处分复核结果申诉书，是指受到处分的工作人员对行政处分的复核结果不服的，在自接到复核决定的法定时间内，按照干部人事管理权限和有关规定，又向原处分决定单位的主管部门或者同级单位人事管理部门书面提出申诉的公文。适用于在收到原处分决定单位申请复核决定书后，对复核结果不服的。上行公文文种。

不服行政处分复核结果申诉处理决定

不服行政处分复核结果申诉处理决定，是指原处分决定单位的主管部门或者同级单位人事综合管理部门，自受理不服行政处分复核结果申诉后，在法定时间内，在对当事人申诉的事项进行调查审理的基础上，依法作出处理决定时使用的公文。下行公文文种。

（十一）行政征收类

行政征收，是指行政机关或者法定授权的组织，根据法律法规的规定、国家和社会公共利益的需要，依法向行政管理相对人强制地、无偿地征缴一定财物的单方具体行政行为。其特征是：(1) 法定性。行政征收权来自于法律、法规的规定，是行政主体针对公民、法人或其他组织实施的一种单方具体行政行为，直接指向行政相对人的经济利益。(2) 羁束性。行政征收不仅要有法定依据，而且要严格遵循羁束的原则，没有自由裁量的余地。(3) 强制性。行政征收的实施必须以相对方负有行政法上的缴纳义务为前提。行政主体实施行政征收行为，不仅不需要征求相对人的同意，而且可以凭借各种强制方式迫使行政相对人履行相关义务。(4) 无偿性。行政征收的实质在于行政主体以强制方式无偿取得相对方的财产所有权，是财产的单向流转，相对人不会得到任何补偿，这是由行政征收是为了满足国家和社会公共利益的需要这一性质所决定的。行政征收主要有以下几种：①税收征收。它是行政征收中最主要的方面。②资源费征收。在我国，城市土地、矿藏、水流、山岭、草地、荒地、滩涂等自然资源属于国家所有。单位和个人在开采、使用国有资源时必须依法向国家缴纳资源费。如水资源费、矿产资源补偿费的征收等。③建设资金征收。这是为确保国家的重点建设，解决重点建设资金不足问题而面向公民、法人或其他组织实施的征收。如：公路养路费、港口建设费、机场建设费、国家能源交通重点建设基金的征收等。④排污费征收。⑤滞纳金征收。⑥管理费征收。⑦其他法律、法规规定的征收内容。

目前，我国还未正式出台《行政征收法》，行政征收的行为方式、程序和措施等大多散见于各种法规中。根据我国现行法律、法规规定，行政征收的行为方式主要有查账征收、查定征收、查验征收、定期定额征收及代征、代扣、代缴等。由于行政征收法规的不完善，行政征收行为方式没有具体明确的规定。在实际行政征收过程中，具体运用哪种征收方式，由行政机关依据法律、法规的规定及相对方的具体生产经营情况而定。本节择要介绍当前在实践中使用较多的几种拟制式行政征收专用公文。

公用征收补偿合同

公用征收补偿合同，是指行政主体为了社会公共利益，征用相对人的财产并给予补偿时，经双方协商后达成一致所签订的，明确双方的权利和义务，确定如何补偿、补偿数额，以及约定相关事项等内容的契约性公文。这类合同目前广泛运用于城市建设、交通、水利设施等公共基础建设领域。平行公文文种。

行政收费决定书

行政收费决定书，是指国家行政机关或者法律、法规授权的机构，根据国家法律法规的规定行使其管理职能，为满足特别的行政支出，向与特别支出存在特定关系的行政相对人实施收取货币的具体行政行为时，所作出的载明收费的项目、理由、依据、数额、管理和缴纳方式等内容的实体公文。适用于收费权利、义务关系明确，收费数额较小，并且收费主体和缴费义务不存在争议的，由简易程序作出的收费决定。下行公文文种。

行政收费通知书

行政收费通知书，是指行政机关根据国家和法律法规的规定，实施行政收费决定的具体行政行为时，将行政收费的项目、理由、依据、数额等内容，书面通知行政相对人时使用的公文。下行公文文种。

行政征收决定书

行政征收决定书，是指行政机关或者法定授权的组织，根据法律法规的规定、国家和社会公共利益的需要，经听证程序后，依法决定向行政管理相对人强制地、无偿地征缴一定数额金钱或者实物时所制作和使用的，载明行政征收的项目、法律依据、征缴数额、征收的行为方式等内容的实体公文。下行公文文种。

行政征收告知书

行政征收告知书，是行政机关依法实施行政征收的具体行政行为时，向当事人送达并告知行政征收决定内容时所制作和使用的，说明行政征收的项目、法律依据、征缴数额、征收的行为方式等内容的程序公文。下行公文文种。

行政征收听证事先告知书

行政征收听证事先告知书，是指对符合听证条件的行政征收，行政机关在依法作出行政征收决定之前，履行事先告知义务，向当事人送达并告知行政征收的种类、事实、理由、依据、额度、期限和当事人依法享有的听证申请权、陈述和申辩权及相关事项时制作的程序公文。如：杭州市西湖区人口和计划生育局《关于送达〈行政征收事先告知书〉的公告》（西人计公告〔2008〕1号）。下行公文文种。

行政征收听证权利通知书

行政征收听证权利通知书，是指行政机关对符合听证程序的行政征收项目，在举行听证程序之前，向予以听证的当事人送达并告知其享有的听证权、可行使的陈述和申辩权及有关事项的听证程序公文。适用于对符合听证条件的行政征收，行政机关在作出行政征收决定之前，履行事先告知义务，告知当事人依法享有的听证申请权。当事人据此在法定期限内提出听证要求的，行政机关应当受理。下行公文文种。

（十二）行政赔（补）偿类

行政赔偿，是指行政主体违法实施行政行为，侵犯相对人合法权益并造成损害时，由国家承担的一种赔偿责任。我国于1994年5月12日第八届全国人民代表大会常务委员会第七次会议通过《中华人民共和国国家赔偿法》（2012年10月26日第2次修正），该法第二条规定："国家机关和国家机关工作人员行使职权，有本法规定的侵犯公民、法人和其他组织合法权益的情形，造成损害的，受害人有依照本法取得国家赔偿的权利。"我国的《国家赔偿法》规定了行政赔偿和刑事赔偿两种国家赔偿。

行政赔偿范围：1. 侵犯公民人身权的违法行政行为及赔偿方式。侵犯人身权的行为有五种：（1）违法拘留或者采取限制公民人身自由的行政强制措施的；（2）非法拘禁或者以其他方法非法剥夺公民人身自由的；（3）以殴打等暴力行为或者唆使他人以殴打等暴力行为造成公民身体伤害或者死亡的；（4）违法使用武器、警械造成公民身体伤害或者死亡的；（5）造成公民身体伤害或者死亡的其他违法行为。其赔偿方式为支付赔偿金。2. 侵犯财产权的违法行政行为及其赔偿方式。这类行为有四种：（1）违法实施罚款、吊销许可证和执照、责令停产停业、没收财物等行政处罚的；（2）违法对财产采取查封、扣押、冻结等行政强制措施的；（3）违反国家规定征收财物、摊派费用的；（4）造成财产损害的其他违法行为。其赔偿方式有以下几种：第一，返还财产；第二，恢复原状；第三，支付赔偿金。

行政补偿，是指国家行政机关及其工作人员在管理国家和社会公共事务的过程中，因合法的行政行为给公民、法人或其他组织的合法权益造成了损失，或者相对人为社会公共利益而受到损失时，由国家基于保障财产权和公共负担平等的原则，采取的依法予以补偿相对人损失的一种制度。现行行政补偿规定涉及面广、数量多，比较具体，这是主要特征。现有的行政补偿制度已涉及众多领域，如国防、公共安全、环境资源保护、协助公务、征地、拆迁等方方面面。如：《重庆市行政许可补偿暂行办法》（2007年5月31日市人民政府第101次常务会议通过，自2007年7月1日起施行）。本节择要介绍几种拟制式行政补偿专用公文。

行政补偿申请书

行政补偿申请书，是指公民、法人和其他组织的合法权益，因合法的行政行为受到损失而要求行政补偿时，向被申请的行政补偿义务机关，递交的阐明并请求给予补偿的理由、依据和意见的书面公文。如：征收土地补偿、劳动经济补偿、环境污染补偿、拆迁补偿等申请书。上行公文文种。

行政补偿决定书

行政补偿决定书，是指行政补偿义务机关就行政补偿的有关事项，根据予以补偿的有关规定，依法向补偿相对人作出的决定性公文。如：《国有土地上房屋征收与补偿决定书》《在海域使用权期满前提前收回海域使用权的补偿决定书》。下行公文文种。

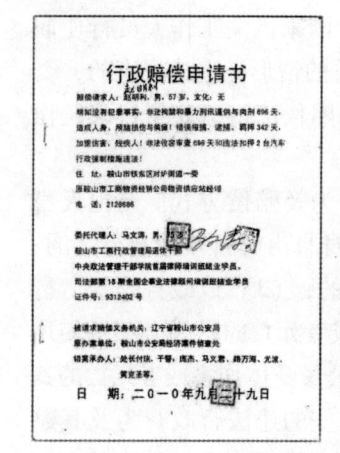

行政赔偿申请书

行政赔偿申请书，是指行政赔偿请求人向行政赔偿义务机关递交申请书，阐明要求给予赔偿的原因、事实和理由，提出赔偿请求的法律公文。申请行政赔偿，除了存在法律允许可以不递交书面申请的情况外，一般都要递交行政赔偿申请书。是赔偿义务机关据以审查赔偿请求、裁决赔偿内容的基础材料。行政赔偿申请书是受害人提出行政赔偿的载体，按规定提交行政赔偿申请书，既有利于行政赔偿请求人主张权利，也有利于行政赔偿义务机关理赔。属于行政诉讼法律公文。上行公文文种。

图12-3-14 《行政赔偿申请书》

行政赔偿决定书

行政赔偿决定书，是指行政赔偿义务机关针对提出行政赔偿的申请，依法向赔偿请求人作出的载明确定的事实和根据、决定是否予以赔偿，并送达赔偿申请人，告知其有复议权、诉讼权等事项的法律公文。下行公文文种。

图12-3-15 永州市劳动教养管理委员会《行政赔偿决定书》（永劳赔决字〔2010〕第01号）

行政赔偿调解书

行政赔偿调解书（一审行政案件用），是指人民法院受理赔偿请求后，在审理行政赔偿案件的过程中，根据损害的具体情况，本着平等自愿、互让互谅的原则，通过调解促使赔偿请求人和赔偿义务机关达成解决赔偿争议的协议，并经双方予以确认后，依法制作的具有法律效力的公文。平行公文文种。

不予行政赔偿决定书

不予行政赔偿决定书，是指行政赔偿义务机关按程序对行政赔偿申请书进行审理，确认不符合行政赔偿条件，决定不予行政赔偿的案件，而依法制作的不予赔偿、并送达赔偿申请人的法律公文。下行公文文种。

（十三）行政调解类

行政调解，是国家行政机关处理平等主体之间民事争议的一种方法，是在国家行政机关的主持下，以当事人双方自愿为基础，以国家法律、法规及政策为依据，对属于国家行政机关职权管辖范围内的纠纷，通过对争议双方的说服与劝导，促使双方当事人互让互谅、平等协商、达成共识，形成和解协议，从而合理地、彻底地解决矛盾纠纷或有关争议的活动。行政调解协议虽然不具有强制执行的法律效力，但它的性质是合同，应当按照法律对合同的规定来处理相关问题，并按照法律对合同的有关规定对当事人进行进一步的保护，对其具有约束力。常指的行政调解主要有：（1）基层人民政府的调解。（2）国家合同管理机关的调解。（3）公安机关的调解。（4）婚姻登记机关的调解。如：《中华人民共和国人民调解法》（2010年8月28日第十一届全国人民代表大会常务委员会第十六次会议通过，自2011年1月1日起施行）；《关于深入推进矛盾纠纷大调解工作的指导意见》（中央社会治安综合治理委员会、最高人民法院、最高人民检察院、国务院法制办公室、公安部等16家单位，2011年4月22日印发）。本节择要介绍几种拟制式行政调解专用公文。

行政调解笔录

行政调解笔录，是全面、客观、真实地记载调解案由、调解过程、调解结果、协议内容、履行方式和调解现场情况等内容，并由当事人、调解员、记录人签名的文字记录。适用于在行政调解的现场制作形成。

行政调解申请书

行政调解申请书，是指请求行政调解的法人及社会组织，向行政机关提交的载有申请人与被申请人基本信息、请求行政调解的事项、纠纷或争议的事实及理由的书面公文。上行公文文种。

行政调解协议书

行政调解协议书，是指经行政机关调解，双方当事人以不损害国家和社会公共利益或第三方合法权益、不违反法律法规和公序良俗为原则，在平等自愿、共同协商的基础上，所制作的载明纠纷事实、争议焦点及当事人达成调解协议的内容，双方各自应当承担的责任，约定履行协议的方式与期限等情况的公文。下行公文文种。

行政调解审批表

行政调解审批表，是指行政机关在收到行政调解申请并经审查后制作的，载明申请人、被申请人或委托代理人基本信息、纠纷类别、请求调解事项、是否受理和审批意见的表单式公文。适用于调解程序的启动、领导审批、终结等程序。上行公文文种。

行政调解邀请函

行政调解邀请函，是指行政机关根据调解争议纠纷案情，向需要予以配合的有关单位，发出的说明案由和邀请依据及邀请派人协助本案的调解，并要求给予回复的公函。适用于行政机关在调解过程中，认为需要邀请相关专家、当事人所在的基层人民调解组织以及其他社会专业调解力量参与调解。下行公文文种。

行政调解调查记录

行政调解调查记录，是指行政机关启动行政调解程序后，需要核实有关情况或调解人员向其他组织和人员调查了解争议纠纷情况时，对调查核实的内容所做的书面记录。调查记录须经被调查人认定，由被调查人、调查人和记录人签名方为有效。

行政调解征求意见书

行政调解征求意见书，是指行政机关在启动调解程序前，向各方当事人发出的说明拟对其纠纷案依法进行调解，征求当事人是否同意，并告知当事人如同意调解须注意的事项，如不同意调解可寻求的其他法律救济途径，要求当事人签署回复意见的公文。在使用该公文时，略有不同。当行政机关依职权当场调解和主动调解时，须征求各方当事人的意见，公文中应写明相应的法律依据。申请人向行政机关申请调解时，只征求被申请人的意见，公文中不必写明法律依据。下行公文文种。

行政调解受理登记表

行政调解受理登记表，是指行政机关简要记载受理申请调解或者主动调解、当事人姓名、纠纷类型，并注明调解结果和时间的表格式公文。

行政调解终止通知书

行政调解终止通知书，是指行政机关决定终止调解时，向当事人发出的说明案由及终止的原因和决定，并根据案件性质，告知或引导当事人可寻求其他法律救济途径解决的公文。适用于经行政机关多次调解后，双方当事人未能达成协议或调解协议生效前一方反悔时，行政机关决定终止调解的。下行公文文种。

行政调解案件结案表

行政调解案件结案表，是指行政机关制作的简要记载每件行政调解案件的纠纷类别、调解过程及结果、协议履行情况和结案意见等内容的表格式公文。专用于行政调解案件结案情况的登记。

行政调解受理通知书

行政调解受理通知书，是指行政机关对当事人提出的行政调解申请进行审查后，认为符合行政调解条件时，书面告知申请人本机关决定予以受理行政调解申请，并向申请人说明调解的时间、地点及相关事项的公文。一般用于一方当事人提出行政调解申请的情形。下行公文文种。

行政调解终止送达回证

行政调解终止送达回证，是指行政机关制作的载明送达公文名称、受送达人、案由和终止原因、送达地址、送达人和送达时间、接收人或代收人签收等事项的凭证式公文。适用于作为行政机关向当事人送达行政调解终止公文时的凭据。下行公文文种。

行政调解不予受理通知书

行政调解不予受理通知书，是行政机关对当事人提出的行政调解申请进行审查后，认为不符合行政调解条件时，书面告知申请人本机关决定不予受理行政调解申请，可寻求的其他法律救济途径及相关事项的公文。适用于一方当事人提出行政调解申请，经审查不符合行政调解条件的情形。下行公文文种。

行政调解权利义务告知书

行政调解权利义务告知书，是行政机关书面告知当事人，在行政调解中所享有的权利和应当履行的义务，并要求当事人自愿遵守执行的公文。一般在启动行政调解程序后，随同受理通知书送达当事人或进行行政调解开始时面交当事人。行政调解工作流程及相关公文也可一并予以告知。下行公文文种。

行政调解协议司法确认申请书

行政调解协议司法确认申请书，是指经行政机关调解达成调解协议后，双方当事人在调解协议生效之日起法定期限内，共同向人民法院申请依法确认调解协议的法律效力的司法公文。一般在所达成的行政调解协议不能当即履行，或双方当事人认为有必要通过司法程序依法确认调解协议的效力时使用。上行公文文种。

简易纠纷（口头）调解登记表

简易纠纷（口头）调解登记表，是指行政机关调解员对当事人之间的简易纠纷，采取口头协议方式进行调解时，制作的载明纠纷的主要事实、争议事项、达成协议的内容、履行的方式和期限等主要内容的记录。适用于行政机关认为可口头调解，不需要调查取证的简易纠纷，或当事人认为无需制作调解协议书的简易纠纷，是事后进行调解回访和监督协议履行情况的依据。

二、财经、审计专用公文

（一）财经类

财经公文，通常具有格式的固定性和对象的特定性，如：合同类公文、标书类公文、函类公文等，每一类文种有其固定的体例、结构安排，作者必须按照固定的格式去写作。财经公文的行文对象通常是固定的，有些文种，对其对象有很强的约束力。如：招标书与投标书，只用于招标单位与投标单位之间；经济合同只用于签订合同的法人双方。

财经类公文涵盖范围较广，本章所择要介绍的主要是：财政类、财务类、合同类、招标类、计划统计类、调查总结类、经济仲裁类、市场经济类等常用的几种文种。

协议书

协议书，是指在经济活动中，有着共同意愿的各方经过协商讨论，就某些具体事务达成一致意见，但又不适合以合同方式作出反应，从而共同签署的经济关系公文。如：《西安市——咸阳市经济一体化协议书》（《西安市人民政府公报》2003年第2期）。平行公文文种。

合同书

合同书，是指平等主体的自然人、法人、其他组织之间，设立、变更、终止民事权利义务关系时所制作和使用的协议性公文。如：2010年9月26日，苏尼特左旗人民政府办公室发布《阶段性禁牧合同书》。平行公文文种。

决算报告

决算报告，是指国家机关、企事业单位及其他经济组织某一年度或某一建设项目预算执行结果的书面总结性公文。适用于提请同级人民代表大会或本单位职工代表大会审议，或送请上级主管部门、审计机关核查其执行情况时使用。如：《国务院关于2011年中央决算的报告》（2012年6月27日，在第十一届全国人民代表大会常务委员会第二十七次会议上，财政部部长谢旭人）。上行公文文种。

招标公告

招标公告，是指政府机关、社会组织机构、招标单位或招标人向社会公布项目标准和投标条件，提出价格和要求等项目内容，以期从中选择承包单位或承包人的一种公文。适用于进行科学研究、技术攻关、工程建设与设计、合作经营或大宗商品交易、企业租赁或承包等招标，在新闻媒体或网络公开发布时使用。

如：2012 年 7 月 13 日，郑州市金水区人民政府采购办公室《郑州市金水区石桥社区办公楼工程监理（第二次）招标公告》（采购编号：JSC2012 - G - 72 号）。下行公文文种。

招标申请书

招标申请书，是指招标单位或招标人依照有关规定，向招标、投标管理部门或上级有关主管部门报送请求批准招标时，简要地写明需要招标的项目，已具备招标的条件，并表明申请招标的意愿和要求的一种公文。适用于发布招标公告前的公开招标项目。如：《武进区城市管理局办公楼改扩建工程施工招标申请书》（2009 年 8 月 18 日，常州市武进区城市管理局）。上行公文文种。

招标邀请书

招标邀请书，是指招标单位或招标人向具备承担招标项目能力、资信良好的特定法人或者其他组织，发出的邀请其参与投标，并扼要说明招标项目概况、招标方式、购买招标文件等相关事项和要求的招标公文。适用于公开招标的项目在招标申请得到批准后。如：2010 年 11 月 12 日，吉林大学招标与采购管理中心《招标邀请书》（招标采购项目：国家级生物实验教学示范中心仪器设备）。平行公文文种。

中标通知书

中标通知书，是指招标单位或招标人书面向中标单位或法人发出的，书面告知其已中标的招标项目名称、确定签订合同的时间、地点，应携带的证件、材料和应履行的要求等相关事项，且对双方具有法律效力的凭证性公文。一般在由国家有关职能部门管理监督下，经过招标、投标、开标、评标、定标的法定程序，招标人最终确定某一个或某几个投标人中标的情况下使用。如：2011 年 4 月 2 日，景德镇市国家税务局发布《景德镇市国税局机关 2011~2012 年车辆维修保养询价采购项目中标通知书》（中标单位：景德镇市通福汽车销售服务有限公司）。下行公文文种。

未中标通知书

未中标通知书，是指招标单位在确定中标单位后，书面向未中标的投标单位或法人发出的，简要告知其评标机构的评议结果及未中标、中标方等信息的凭证性公文。如：2011 年 4 月 2 日，景德镇市国家税务局发布《景德镇市国税局机关 2011~2012 年车辆维修保养询价采购项目未中标通知书》（景德镇市隆鑫贸易有限公司）。下行公文文种。

资格预审通告

资格预审通告，是指对于大型或复杂的土建工程或成套设备，在正式组织招标以前，为对供应商的资格和能力进行预先审查，而邀请潜在的供应商参加资格预审时，配合招标公告制发的在官方媒体上发布的，载明采购实体名称、采购项目名称、采购（工程）规模、主要工程量、计划采购开始（开工）和交货（完工）日期，发售资格预审文件的时间、地点和售价，以及提交资格预审文件的最迟日期等内容的告知性公文。适用于为在投标人中确定合格的投标人参与投标活动。如：《南京地铁十号线工程综合信息系统项目资格预审通告》（招标编号：JITC-11DTAL0468）。下行公文文种。

市场调查报告

市场调查报告，是指市场调查人员根据市场调查、收集、记录、整理的资料，用市场经济规律分析研究市场的需求状况，以书面形式，如实反映市场调查内容及工作过程，透过市场现状，揭示市场运行的规律和本质，并提供调查结论和建议的公文。适用于为主管行政机关或企业对市场的决策和管理工作，提供客观、科学的依据。如：《长春市旅游市场调查报告》（《统计教育》2008年第2期）。上行公文文种。

市场预测报告

市场预测报告，是指针对某一具体的经济活动或某一产品的发展前景，在市场调查的基础上，综合调查的材料，根据现实的市场情况与相关的信息资料，运用科学的方法进行分析研究，对未来的市场发展变化趋势作出预测和判断的一种预见性公文。市场预测报告实际上是调查报告的一种特殊形式。适用于为有关行政部门和企业提供信息，以改善经营管理，促使产销对路，提高经济效益。如：《柴达木循环经济实验区水资源开发利用现状及需求预测》（2009年7月8日）。上行公文文种。

财务分析报告

财务分析报告，是指依据由企业、事业会计报表、财务分析表及经营活动和财务活动等资料，所提供的丰富、重要的信息及其内在联系，运用一定的科学分析方法，对一定时期内的经营特征，利润实现及其分配情况，资金增减变动和周转利用的情况，税金缴纳情况，存货、固定资产等主要财产物资的盘盈、盘亏、毁损等变动情况或财务计划完成等情况及对本期或下期财务状况将发生重大影响的事项，作出客观、全面、系统的分析和评价，并进行必要的科学预测和说明而形成的总结性公文。如：《企业年度财务分析报告》。上行公文文种。

财务工作计划

财务工作计划，是指企业、事业单位根据实现其职能的需要和市场客观经济规律，依据国家的方针政策及法律法规，对本单位一定时期内即将开展的财务工作，而预先提出关于资金的取得与运用和各项经营收支原则，及任务、指标、采取措施和方法步骤等的设想和安排的公文。适用于作为企业、事业单位财务管理工作实行经济责任制的考核、监督和审计或企业各部门经营管理工作业绩的依据。上行、下行公文文种。

财政工作计划

财政工作计划，又称"要点""方案""安排""意见"等，是指国家和地方各级财政机关根据实现其职能的需要，依据客观经济规律、国家的方针政策及宏观调控目标及一定时期的国民经济和社会经济发展规划，对本级财政进行的预计和规划，而编制的财政收支规模、速度、结构、平衡状态，反映政府财政分配状况、组织财政分配活动、控制财政分配的发展趋势、调控宏观经济运行的方向及结构，按照法定程序进行报批后，逐级下达执行的具有法律效力的指令性计划公文。如：陕西省财政厅《2013年陕西省财政预算安排》（2013年2月7日）。上行、下行公文文种。

财政决算报告

财政决算报告，是指由国家或地方各级财政部门的负责人，代表同级人民政府向同级人民代表大会报告年度财政预算的执行情况，详细阐述收支任务完成情况、惠民政策的落实情况、税收征管情况、财政改革情况、队伍建设情况，以及一些法律法规的贯彻情况和最终结果的总结性公文。适用于提请同级人民代表大会审议。如：《2010年中央决算报告》（2011年7月1日，第十一届全国人民代表大会第四次会议通过，中华人民共和国财政部）。上行公文文种。

财政预算报告

财政预算报告，也称为公共财政预算，是指由中央或地方政府的财政部门编制的预测年度或未来一定时期财政收支目标任务和方法措施的安排，反映政府的财政收支状况，使人们了解政府活动的范围和方向，按照法定程序已经审查批准执行的计划性公文。如：衡东县《2012年财政预算草案的报告》（2012年1月12日在衡东县第十三届人民代表大会第五次会议上，财政局）。上行公文文种。

财政收支分析报告

财政收支分析报告，是由国家各级财政部门对年度或一定时期的财政收支执行情况，分析说明的公文。适用于各级财政部门向上级财政部门和同级人民政府报告。如：《关于扬州市2008年财政收支执行情况分析报告》（扬州市财政局）。上行公文文种。

财政预算草案报告

财政预算草案报告，是中央或地方政府财政部门，按照法定程序，受同级人民政府的委托，向同级权力机关报告当年本级财政预算收支目标，阐述完成财政目标任务的方法措施，并体现政府政策意图和施政目标，提请法定权力机关审议批准的公文。适用于国家各级财政部门的负责人代表同级人民政府向同级人民代表大会报告上年预算执行情况和本年预算草案的编制情况,提请同级人大审查批准。如:2014年1月7日,宜宾市财政局局长张家园,在宜宾市第四届人民代表大会第四次会议上所作的《关于宜宾市2013年财政预算执行情况和2014年财政预算草案的报告》。上行公文文种。

财政预算执行情况报告

财政预算执行情况报告,是指中央或地方政府财政部门受同级人民政府的委托,对经法定程序审查和批准的预算,向同级权利机关报告具体实施过程和结果,总结执行工作的经验教训,提出加强和改进预算管理措施的公文。如:丹凤县财政局局长杨家英在丹凤县第十七届人大常委会第十二次会议上所作的《关于2013年上半年财政预算执行情况的报告》。上行公文文种。

招股说明书

招股说明书,是指在境内公开发行股票的发行人,按照法律法规和准则,编制的向社会公众介绍发起人和将要设立公司的情况,说明公司股份发行相关事宜,以便社会公众知晓或购买公司股份时参考的专门性经济公文。适于股份有限公司发起人首次申请公开发行股票,经政府授权部门批准,通过新闻媒介予以公告时使用。如:《中国工商银行股份有限公司首次公开发行股票(A股)招股说明书》(2006年9月22日)。平行、下行公文文种。

经济意向书

经济意向书,是指当事人双方或多方之间,在对某项经济活动正式签订条约、达成协议之前,向外界表达自己投资、贷款、融资合作等意愿,并说明自己所具备的相应条件和提出的相关要求的经济公文。多用于经济技术的合作领域,表达初步设想的意向。如:《乌鲁木齐海关机关服务中心数据中心设备采购意向书》(2009年4月30日)。平行公文文种。

经济统计报告

经济统计报告,是指运用统计资料和统计方法,采取数据、图表与文字相结合的表现形式,以大量翔实的统计数据描述和分析经济发展趋势,并结合当前经济发展中的热点以及社会关注的焦点问题,从不同的视野进行深入的专题分析和对比研究,而形成的表现对客观经济形态进行统计、分析、研究和得出结果的公文。适用于为行政机关决策管理及社会各界提供统计咨询和分析服务的参考使用,以期从中获取有益的启示。如:中华人民共和国国家统计局发布《中华人民共和国2009年国民经济和社会发展统计报告》(2010年2月25日)。上行、平行或下行公文文种。

经济仲裁申请书

经济仲裁申请书,是指经济合同纠纷的一方当事人启动仲裁程序,向仲裁机关提出的书面申请，陈述与他方当事人（即被申请人或被申诉人）的经济纠纷事实、申述理由，说明请求给予仲裁审理的具体事项、要求达到的最终目的的公文。适于在经济合同出现当事人无法解决的纠纷时使用。如：《中国国际经济贸易仲裁委员会华南分会仲裁申请书》（2008年4月18日）。上行公文文种。

经济仲裁调解书

经济仲裁调解书，是指经济仲裁机关在处理经济纠纷案件时采用调解的方式，使双方当事人在平等自愿、共同协商、达成共识的基础上，所制作的载明纠纷事实、争议焦点及当事人达成调解协议的内容，双方各自应当承担的责任，约定履行协议的方式与期限等情况的公文。如：《运城市贡山行政管理局运城仲裁委员会调解书》（运市工商合字〔2010〕第189号）。平行公文文种。

经济仲裁裁定书

经济仲裁裁定书，是指仲裁机关在认定证据、查明事实的基础上，依法对当事人提出的仲裁请求或反请求及其相关事项作出决定的具有法律效力的公文。如：《中国国际经济贸易仲裁委员会裁决书》（中国贸仲京裁字〔2007〕第337号）。下行公文文种。

经济活动分析报告

经济活动分析报告，是指企业主管部门或其他社会组织，根据会计报表、计划指标、会计核算、统计资料等数据信息材料，对经济、金融某一业务领域、某一经营单位的经济活动状况有重点、有针对性地逐一加以分析和考察，对企业的财务状况、理财过程和经营成果作出客观、正确的评价，预测未来的发展趋势的一种公文。适于评价过去的经营业绩，衡量目前的财务状况，为决策者提供依据时使用。如：2009年7月28日，中国人民银行调查统计司发布《2009年二季度宏观经济形势分析》。上行、平行或下行公文文种。

国民经济和社会发展计划

国民经济和社会发展计划，是指我国中央和地方各级政府履行经济调节、市场监管、社会管理和公共服务的职责，依据党和国家的经济工作方针政策，社会主义经济规律的客观要求，在实事求是和综合平衡的基础上，对未来一定时期内国民经济和社会发展的各个方面，编制的统筹安排和指导全国或某一地区的经济和社会发展方向、规模、速度、比例关系和效益，体现未来一定时期内的政治经济任务的一种计划性公文。它分为中期和年度计划。如：2014年3月5日，国家发展和改革委员会提请第十二届全国人民代表大会第二次会议上审议的《2013年国民经济和社会发展计划执行情况与2014年国民经济和社会发展计划（草案）》。上行、下行公文文种。

（二）审计类

审计，是国家审计机关或接受委托的专职机构和人员，依法独立检查被审计单位的会计凭证、会计账簿、会计报表，以及其他与财政收支、财务收支有关的资料和资产，监督财政收支、财务收支的真实性、合法性和效益情况，评价经济责任，鉴证经济业务，用以维护财经法纪、改善经营管理、提高经济效益的行为。从主体角度分析，审计包括国家审计、内部审计和独立审计；从内容角度分析，审计包括财务审计、法纪审计、经济效益审计和经济责任审计等。无论何种主体、何种内容的审计，在审计活动和工作中，都涉及诸多公文问题。审计公文是各级审计机关依法行政、履行审计监督职责的主要载体。高质量的审计公文，不仅能够真实完整反映审计工作情况，也容易引起相关领导的重视，使其成为地方党委、政府进行决策的重要依据，促进审计成果的转化。

审计专用公文，是指国家审计机关、单位内部审计机构、社会审计组织的审计人员在审计工作中，依照必要的程序和手续，因业务需要而制作的并经领导签发的各类公文的总称。它是审计工作的记录和文字凭证。审计专用公文的种类有：审计计划、审计业务约定书、审计证据、审计工作底稿、审计报告、审计行政复议、审计行政诉讼、审计文告、验资与资产清查等公文。1997年1月，审计署印发了《关于在全国实行统一审计文书格式的通知》（2002年1月废止）。该统一格式模板是依据"审计法规及准则的修订"简单修改而成的，2002年1月，审计署废止。2011年3月2日，审计署发布了《审计署关于印发主要审计文书种类和参考格式的通知》（审法发〔2011〕24号）。本节择要介绍部分拟制式审计专用公文。

审计工作报告

审计工作报告，是指审计机关代政府草拟的向同级人大常委会提交的关于预算执行和其他财政收支审计的工作报告。如：《关于2010年度中央预算执行和其他财政收支的审计工作报告》（2011年6月27日，在第十一届全国人民代表大会常务委员会第二十一次会议上，审计署审计长刘家义）。上行公文文种。

审计工作年度计划

审计工作年度计划，是指各级审计机关对下个年度的审计工作任务及其实施措施步骤的事先安排。如：《深圳市审计局2011年工作总结及2012年工作计划》（2012年4月24日，深圳市审计局发布）。上行、下行公文文种。

审计工作综合报告

审计工作综合报告，是指审计机关向本级人民政府和上一级审计机关报告工作、反映情况、答复询问而形成的综合性正式公文。如：《2013年度关于审计整改工作情况的报告》（2014年7月23日，上海市审计局）。上行公文文种。

审计报告

审计报告，是指审计机关根据有关规范的要求，在对被审计约定事项实施必要的实际审计程序，并对重要事项进行了必要的延伸和追溯的基础上，向被审计单位提交的全面反映被审计内容和范围的情况、发表审计意见时制作和出具的，写明被审计单位基本情况、审计评价意见、审计发现的主要问题和处理（处罚）意见、审计建议的公文。上行、平行或下行公文文种。

审计决定书

审计决定书，是指审计机关在审定审计报告后，依据《审计报告》中所列的被审计单位违反国家规定的财政收支、财务收支的事实，依法决定对被审计单位依法给予处理、处罚时制作和使用的，对审计事项作出评价，写明审计机关认定的事实，作出审计处理、处罚决定的内容，法律法规依据，审计处理、处罚决定执行的期限，被审计单位申请复议的权力及申请复议的期限等内容的公文。平行、下行公文文种。

审计建议书

审计建议书，是审计机关实施审计后，对被审计单位的财政财务管理等发表审计建议时制作和使用的，说明对被审计单位审计的范围及主要内容，被审计单位违反国家规定的财政、财务收支行为及法规依据，审计建议事项及依据，落实期限，要求书面回复落实结果等内容的书面文书。平行、下行公文文种。

审计通知书

审计通知书，是指审计机构在实施内部审计、授权审计、委托审计之前，或在特殊审计业务实施审计时，通知被审计单位或个人接受审计时制作和送达的，说明被审计单位及审计项目名称，审计目的、内容、范围、方式、时间，要求被审计单位应提供的具体资料和其他必要的协助，审计小组名单等事项的公文。平行、下行公文文种。

审计处罚决定书

审计处罚决定书，是指审计机关在送达审计通知书后，针对被审计单位、个人违反《审计法》，拒绝或拖延提供与审计事项有关的资料，或者拒绝、阻碍审计执法检查的行为，为审计执法顺利进行创造条件，而依法决定采取处罚措施时制作的，并向被审计单位和有关责任人员送达的，说明作出审计处罚的事实、理由和依据，并告知被审计单位和有关责任人员依法享有的申请审计复议的权利等内容的公文。下行公文文种。

审计复核意见书

审计复核意见书，是指审计机关内部的复核机构或者专职复核人员，依法对审计意见书、审计决定书、审计建议书、移送处理书代拟稿，以及所附审计报告等审计业务案卷材料进行全面复核或抽样复核完结时制作和使用的，对审计项目执行审计实施方案所确定的审计范围和内容、法定程序、运用法律法规和规章的适当性、审计定性及处理处罚意见等作出复核审计评价结果，并提出复核意见的内部专用公文。

审计移送处理书

审计移送处理书，是审计机关对被审计单位审计后，认为按照职责范围，依法应当由其他有关部门纠正、处理、处罚的审计事项，或者追究有关人员行政责任、刑事责任，需要移送其他有关部门、有关机关进行处理时制作和使用的，说明审计或专项审计调查中发现的具体情况，认为应当依法追究的责任、党纪、政纪或法律依据等内容的法律公文。上行、平行公文文种。

审计报告征求意见书

审计报告征求意见书，是指审计机关在审计或专项审计调查实施结束前，为使按法定程序实施审计出具的审计报告事实清楚、证据确凿、定性准确，处理处罚适当，而依法将审计组提出的《审计报告》（征求意见稿）中有关事实、问题定性、处理处罚意见，向审计对象进行反馈、征求意见时制作和使用的，载明法律依据、送达文件、目的要求，并附送审计报告或专项审计调查报告（征求意见稿）的行政执法公文。平行公文文种。

协助查询个人存款通知书

协助查询个人存款通知书，是指审计机关在进行审计（专项审计调查）实施过程中，根据相关证据，认定被审计单位以个人名义在银行或其他金融机构存储公款，请求银行或其他金融机构给予协助配合查询时制作并出具的，载明事由、法律依据、请求协助事项，并提供存款人的姓名、账号或者身份证件号码等内容的公文。平行公文文种。

协助查询单位账户通知书

协助查询单位账户通知书，是指审计机关在进行审计（专项审计调查）实施过程中，发现被审计单位或个人在银行或其他金融机构设有账户，请求银行或其他金融机构给予协助配合，对该账户进行查询时制作并出具的，载明事由、法律依据、请求协助事项，并提供账户名称或账号的公文。平行公文文种。

封存通知书

封存通知书，是指审计机关依法对被审计单位的有关资料和违反国家规定取得的资产，采取封存措施时制作并向被审计单位送达的，载明被审计单位名称、封存依据，封存资料或者资产的名称、数量，封存期限，并告知被审计单位申请行政复议或者提起行政诉讼的途径和期限等内容的公文。平行或下行公文文种。

专项审计调查报告

专项审计调查报告，是指审计机关主要采用审计的方法，对与财政收支、财务收支有关或者本级人民政府交办的特定事项，向有关地方政府、部门、单位和个人进行的专门调查工作结束后,专项审计调查组向审计机关提出的,反映问题、分析原因和提出意见建议时制作的,说明被审计调查事项的基本情况、评价意见、发现的主要问题、审计调查建议等调查成果的报告性公文。上行、平行或下行公文文种。

财政财务收支审计报告

财政财务收支审计报告,是指审计人员在完成以审查被审查单位的会计账目、凭证和报表的真实性、合法性、合规性为主要目的财政财务收支审计项目后,向主管审计的领导机关或人大常委会提交的工作报告。如:2009年7月29日,甘肃省审计厅厅长何振中,在省第十一届人大常委会第十次会议上所作的《关于2008年度省级预算执行和其他财政收支情况的审计工作报告》。上行公文文种。

三、税务、工商专用公文

(一)税务类

税务专用公文,是指国家税务机关与纳税人之间发生涉税事项,依照法定职权和规定程序所制作并使用的,涉及纳税人、扣缴义务人及其他税务行政管理相对人(以下简称税务行政管理相对人)权利、义务,在本辖区内对征纳双方具有约束力的专用公文文种。2005年11月1日,根据《中华人民共和国税收征收管理法》及其实施细则的有关规定,《国家税务总局关于印发全国统一税收执法文书式样的通知》(国税发〔2005〕179号),其中就规定了67种税收执法公文,并与其他部门联合发文制定了许多税收执法公文;地方各级税务机关根据实际工作需要,在工作实践中也制作、使用了一些税收执法公文。税收专用公文种类繁多,多为固定表单式,本节择要介绍部分拟制式税收专用公文。

税收计划

税收计划,是指税务机关根据国家的税收政策和税务工作规律,在可靠、科学的调查研究基础上编制的,对本辖区一定时期的税收收入状况进行预测分析、整理而确定的收入指标及应采取的措施及对策的计划性公文。如:《深圳市地方税务局2012年工作计划》(2012年4月10日,深圳市地方税务局发布)。上行、下行公文文种。

税务稽查结论

税务稽查结论,是指由税务稽查实施环节人员或审理环节人员对未经立案查处又未发现问题的或经立案查处又未发现问题的税收案件填写的一种结论性公文。适于税务机关对纳税人、扣缴义务人进行查处,未发现税收违法问题,报税务机关、送达纳税人或者扣缴义务人时使用。上行、下行公文文种。

税务处理决定书

税务处理决定书，是指由税务机关对税收违法行为进行查实后，依法作出处理决定时，所形成的载明被处理对象名称、查结的主要违法事实及违法所属期间、处理依据、处理结论，告知申请行政复议的时限、途径的公文。仅限于对从事生产、经营的纳税人和扣缴义务人适用，对非从事生产、经营的纳税人和扣缴义务人不能适用。上行、下行公文文种。

税务事项通知书

税务事项通知书，是指由税务机关书面告知纳税人、扣缴义务人办理有关涉税事项时所制作并送达的，载明事由、依据、办理的时限、资料、地点、税款及滞纳金的数额、所属期等具体内容，及需要告知被通知人享有申请行政复议或者提起行政诉讼权利的公文。适于税务机关对纳税人、扣缴义务人通知有关税务事项时使用。除法定的专用通知书外，税务机关在通知纳税人缴纳税款、滞纳金，要求当事人提供有关资料，办理有关涉税事项时均可使用。下行公文文种。

税务检查通知书

税务检查通知书，是指由税务机关书面告知有配合调查义务的单位或个人，说明检查依据、事由，并使其依法配合接受检查，如实反映情况，提供有关资料及证明材料的公文。适于税务检查人员在依法对纳税人、扣缴义务人实施税务检查时，或向涉案有关单位和个人，对当事人与纳税、代扣代缴、代收代缴税款有关的情况进行调查取证，或者需要协查案件时使用。下行、平行公文文种。

税务文书送达回证

税务文书送达回证，是指由税务机关制定的，载明送达文书名称、受送达人、送达地点、受送达人签名或盖章、代收人代收理由及签名或盖章、受送达人拒收理由、见证人签名或盖章的一种凭证性公文。适于向当事人送达税务文书时使用。上行、下行公文文种。

税务认定年审审批表

税务认定年审审批表，是指税务机关制定的，载明纳税人申请理由、参检年审事项、年审年度及结果、税务机关年审具体意见的表格式公文。适于对税务认定审批确认表已经确认的有关"税务认定、确认事项"年审时使用。下行公文文种。

税务认定审批确认表

税务认定审批确认表，是指税务机关制定的，载明纳税人申请意见、税务认定或确认事项、纳税人取得其他部门的业务许可和认定证件情况、税务机关（初审、复审、审批）意见的一种公文。适用于税务机关认定纳税人与纳税有关的资格；或者纳税人已经民政、科委等有关部门认定为具有一定资格，需要税务机关确认是否符合税收优惠条件等有关税收认定、确认时使用。下行公文文种。

税务证件挂失报告表

税务证件挂失报告表，是指纳税人所持有的税务证件遗失或被盗后，向税务机关提交的书面报告，载有遗失或被盗证件的种类、名称与号码，阐明遗失或被盗情况，记录纳税人根据有关规定和要求在媒体上发布的遗失声明及提供的资料、主管税务机关意见等事项的公文。适于纳税人遗失税务登记证正本、税务登记证副本、发票领购簿等税务证件后向税务机关报告挂失时使用。上行公文文种。

税收保全措施决定书

税收保全措施决定书，是指税务机关依法决定冻结纳税人、扣缴义务人在银行或者其他金融机构的存款账户，或扣押、查封纳税人、扣缴义务人的商品、货物或者其他财产时而制作的，载明事由、税收保全措施的内容、依据、理由、开始冻结（扣押、查封的商品、货物或者其他财产）的日期、银行或者其他金融机构的存款账户及金额，要求缴纳应纳税款的期限，或说明纳税限期期满仍未缴纳税款，将依法拍卖或者变卖所扣押、查封的商品、货物或者其他财产抵缴税款，以及告知纳税人享有申诉权或诉讼权等内容的一种法律公文。适于税务机关采取税收保全措施，依法冻结纳税人、扣缴义务人在银行或者其他金融机构的存款账户，或依法查封、扣押纳税人、扣缴义务人的价值相当于应纳税款的商品、货物或者其他财产时使用。下行公文文种。

税收强制执行决定书

税收强制执行决定书，是指税务机关根据做出税收强制执行决定前的实际情况，依法决定对纳税人已采取税收保全措施的财产或物品强制执行为税款时，而制作的载明决定的事项、依据、理由，及纳税人享有申诉权或诉讼权等内容的一种法律公文。适用于税务机关依法对纳税人已采取税收保全措施，但纳税人逾期未缴纳税款；未按规定的期限缴纳或者解缴税款；纳税人有逃避纳税义务行为，并有明显的转移、隐匿其应纳税的商品、货物以及其他财产或者应纳税的收入的迹象时，税务机关依法从纳税人存款账户中扣缴税收款项，拍卖或者变卖纳税人的价值相当于应纳税款的商品、货物或者其他财产，以拍卖或者变卖所得抵缴税收款项等情形。下行公文文种。

扣缴税收款项通知书

扣缴税收款项通知书，是指税务机关依法对纳税人、扣缴义务人或者纳税担保人采取扣缴税收款项措施时，书面通知从被执行人开户银行或者其他金融机构的存款中扣缴税款、滞纳金、罚款入国库的金额和执行期限等事项，送达被执行人及其开户银行或者其他金融机构的公文。适于采取从被执行人开户银行或者其他金融机构的存款中扣缴税款、滞纳金、罚款措施时使用。平行、下行公文文种。

延期申报申请核准表

延期申报申请核准表,是指载明纳税人、扣缴义务人申请延期申报的税种、税款所属时期、规定申报期限、申请延期申报的期限及理由,由税务机关核准的延期申报期限、预缴税款核定方式、应纳税种、预缴税额等项目的公文。适于纳税人、扣缴义务人不能按期办理纳税申报、报送代扣代缴、代收代缴税款报告表,在规定的申报期限届满之前申请延期申报时使用。上行、下行公文文种。

延期缴纳税款申请审批表

延期缴纳税款申请审批表,是指纳税人向税务机关填报的载明申请延期缴纳税款情况、税种、所属时期、应纳税额、申请延期缴纳税额及期限、申请延期缴纳税款的理由,经税务机关按程序审核后,签署批准意见的公文。适于纳税人因有特殊困难,不能按期缴纳税款,申请延期缴纳税款时使用。下行公文文种。

外出经营活动情况申报表

外出经营活动情况申报表,是指纳税人外出经营活动结束,向经营地税务机关填报的,载明外出经营活动证明号及有效期、实际经营期间、到达和报验时间、经营地点、货物存放地点、应税劳务、缴纳税款、使用发票名称等事项的公文。适于外出经营活动的纳税人在经营活动结束后,向外出经营地税务机关申报时使用。上行公文文种。

外出经营活动税收管理证明

外出经营活动税收管理证明,是指纳税人临时外出从事生产经营活动之前,在税务登记地办取的,载明纳税人基本信息、外出经营地、经营方式、外出经营活动情况、税务登记地税务机关意见等,到外出经营地税务机关报验登记并签署意见的公文。适于纳税人需要临时到外埠从事生产经营活动时使用。平行公文文种。

纳税人合并分立情况报告书

纳税人合并分立情况报告书,是指纳税人向税务机关报告发生合并、分立情况时,填写的载明原因、文件和决议、前后基本情况、合并(分立)时欠缴税款情况的公文。适于纳税人发生合并、分立情形的,向税务机关报告有关情况时使用。上行公文文种。

阻止出境决定书

阻止出境决定书,是指税务机关对准备离境的纳税人或者其法定代表人,决定采取阻止出境措施而制作的,载明事由、原因、依据、阻止出境期限,以及享有申请行政复议或提起诉讼权利的公文。适于申请布控税务机关在决定对未按规定结清应纳税款、滞纳金，又不提供纳税担保，且准备离境的纳税人或者其法定代表人，采取阻止出境措施时使用。下行公文文种。

阻止欠税人出境布控申请表

阻止欠税人出境布控申请表，是指基层税务机关对准备离境的纳税人或者其法定代表人决定采取阻止出境措施，向上级税务机关申请需部署边控的口岸，而填制的载明欠税人完整的基本信息、出境口岸、出境后到达地点、阻止出境理由及欠税额等内容的公文。适于欠税人所在地县级以上（含县级）税务机关申请阻止欠税人出境，连同有关书面材料报省、自治区、直辖市税务机关审批时使用。上行公文文种。

阻止欠税人出境撤控申请表

阻止欠税人出境撤控申请表，是指基层税务机关向上级税务机关申请撤销欠税人被阻止出境的措施，而填写的载明撤控理由、出境口岸、交控和撤控时间及有关事项等内容的公文。适于被阻止出境的欠税人结清所欠税款或提供纳税担保后，欠税人所在地县级以上（含县级）税务机关申请撤销阻止欠税人出境，报省、自治区、直辖市税务机关审批时使用。上行公文文种。

阻止欠税人出境撤控通知书

阻止欠税人出境撤控通知书，是指税务审批机关函请同级公安机关办理撤控手续，而出具的载明解除阻止出境的所列项目、撤控理由、出境口岸、交控和撤控时间及有关事项等内容的公文。适于纳税人或者其法定代表人、主要负责人符合撤控理由的，按程序申报，经省级税务机关审核批准，审批机关填写本通知书，函请同级公安机关办理撤控手续，解除阻止出境时使用。平行公文文种。

协助执行通知书

协助执行通知书，是指税务机关依法对纳税人有产权证书的动产或不动产实施查封、扣押的税收保全措施时，书面通知有关机关予以协助，在查封、扣押期间，不再办理该动产或不动产的过户手续，或解除对该动产或不动产的过户限制；或对有产权证书的动产或不动产拍卖后，请协助办理该动产或不动产的过户手续等事项的公文。适于税务机关在通知有关机关协助执行税收保全措施，或协助买受人办理拍卖的动产或不动产的过户手续时使用。平行公文文种。

边控对象通知书

边控对象通知书，是指税务机关函请同级公安机关或出境管理机关，阻止未结清税款、滞纳金，又不提供担保的欠缴税款的纳税人或者他的法定代表人出境，交控单位填清所列项目，载明阻止欠税人出境的理由及事实依据、法律依据、需部署边控的口岸、控制期限等内容的公文。适于欠税人所在地县级以上（含县级）税务机关申请阻止欠税人出境，报省级税务机关审核批准，审批机关填写本通知书，函请同级公安机关办理边控手续，阻止其出境时使用。平行公文文种。

涉税案件移送书

涉税案件移送书，是指经税务机关调查核实，认为纳税人、扣缴义务人的行为已涉嫌触犯法律的，依法移交司法机关追究刑事责任而形成并送达司法机关的，载明案由、依据、理由及主要相关证据材料的公文。适于税务机关在移送涉嫌犯罪的税收违法案件时使用。平行公文文种。

责令限期改正通知书

责令限期改正通知书，是指税务机关针对纳税人、扣缴义务人违反税收法律、法规规定的行为而形成的，载明具体违法行为、法律法规依据、责令改正的期限、责令改正等具体内容的公文。适用范围：纳税人、扣缴义务人违反税收法律、法规的规定，税务机关责令其限期改正时使用。下行公文文种。

委托代征税款协议书

委托代征税款协议书，是指税务机关依照法律、行政法规委托有关单位和人员代征税款时，经与受托方协商，共同签订的明确双方权利义务、代征范围、代征税种、计税标准、代征期限、税款解缴方式、结报期限和结报方法、违约责任、协议的变更和终止、纠纷的解决机制、代征手续费标准及支付方式等约定事项的公文。适于税务机关委托有关单位和人员代征税款时使用。平行公文文种。

调取账簿资料通知书

调取账簿资料通知书，是指税务机关行使税收征管职权，依法在进行税务稽查、检查的过程中，根据案情需要调取账簿资料的，依照规定的审批程序和权限经批准后，书面告知纳税人、扣缴义务人依据、理由、调取账簿资料的时段及相关事宜的程序公文。适于税务机关经内部审批后，检查人员在调取纳税人、扣缴义务人的账簿凭证等资料时使用。下行公文文种。

检查存款账户许可证明

检查存款账户许可证明，是指税务机关向银行或者其他金融机构出具的，载明查询的依据，被查询纳税人或扣缴义务人及案件涉嫌人员的储蓄存款账户情况，前往检查人员的姓名与税务检查证号码的证明性公文。适于检查人员在对纳税人、扣缴义务人及案件涉嫌人员在银行或者其他金融机构的储蓄存款账户进行查询时使用。平行公文文种。

核定（调整）定额通知书

核定（调整）定额通知书，是指税务机关经依法审核，对纳税人出具的载明应纳税经营额、应纳税额、税种、税率、执行时间，并要求其按规定的期限申报缴纳应纳税款，以及告知在定额执行期间内，如月应纳税经营额发生变化，需按有关规定如实向主管税务机关申报等有关事项的公文。适于税务机关对纳税人的应纳税经营额与应纳税额，予以核定或调整并告知纳税人时使用。下行公文文种。

收缴、停止发售发票决定书

收缴、停止发售发票决定书，是指税务机关针对纳税人、扣缴义务人存在的税收违法行为，且拒不接受税务机关处理的情况，决定停止向其出售发票并收缴空白发票，而形成的载明法律法规依据、停止出售发票的时间，并告知如对本决定不服，享有依法申请行政复议和提起诉讼权利的公文。适于税务机关对有税收违法行为，且拒不接受税务机关处理的纳税人、扣缴义务人，收缴其发票或者停止向其发售发票时使用。下行公文文种。

解除冻结存款通知书

解除冻结存款通知书，是指税务机关依法对纳税人解除冻结存款决定时，书面通知银行或者其他金融机构，说明对纳税人、扣缴义务人、纳税担保人已经被冻结的存款予以解除的原因、依据、决定从何时起解除其被冻结存款的公文。适于税务机关对纳税人采取税收保全措施后，纳税人自行缴纳了应纳税款，或者税务机关依法强制执行了纳税人的应纳税款，税务机关通知银行或者其他金融机构时使用。平行公文文种。

解除阻止出境决定书

解除阻止出境决定书，是指税务机关依法对纳税人解除阻止出境决定时而作出的，载明对被阻止出境的欠缴税款纳税人予以解除的原因、依据，决定并通知出入境管理机关从何时起给予解除的公文。适于在欠缴税款的纳税人已结清税款、滞纳金或提供相应纳税担保时使用。下行公文文种。

解除税收保全措施决定书

解除税收保全措施决定书，是指税务机关依法对纳税人解除税收保全措施决定而作出的，载明决定予以解除的内容、理由、依据、从何时起解除，并告知当事人限期办理解除手续等事宜的公文。适用范围：税务机关已对纳税人采取税收保全措施，纳税人缴纳了应纳税款、滞纳金，或者税务机关已依法采取强制执行措施追缴税款入库后使用。下行公文文种。

解除收缴、停止发售发票决定书

解除收缴、停止发售发票决定书，是指税务机关认为纳税人依法接受了税务机关的处理，决定解除收缴、停止发售发票决定而制发的，载明事由、依据、解除时间等内容，并告知可依法使用和领购发票的公文。适于在纳税人依法接受税务机关处理，改正了税收违法行为，履行了收缴、停止发售发票决定规定的义务时使用。下行公文文种。

（二）工商行政管理类

工商行政管理专用公文，主要是指国家工商管理部门依据国家法律和行政法规，对各类企业提出的开业、变更、歇业、注销等请求予以审查核准并依法进行登记的各种专用文书的总称。这类公文的职能主要在于依法行使政府职能，维护社会经济秩序，建立市场行为规范，加强对市场的管理与监督，从而有效地实现保护国家、企业和消费者及社会公共利益的目的。

工商行政管理专用公文，按照内容划分，可分为开业登记公文、歇业（注销）登记公文、变更登记公文和筹建登记公文等四类；按照企业性质来划分，可分为：一般企业公文、股份制企业公文、外商投资企业公文、私营企业公文、个体工商户公文等五类。作为系列化的专用公文，工商行政管理公文具有其鲜明的特点，这主要表现在内容的规定性和格式的表格化两个方面：一是内容的规定性。这类公文均体现了国家对企业法人资格及生产经营事项的规定审查程序，是企业开业、歇业、筹建、变更登记、取得法律认可的基础和前提，也是企业具有生产经营活动权利的依据和凭证。因此，它的内容要素必须依据国家有关法律法规来确定，写什么不写什么一定要依据有关规定，严格照章办事，不得随意增添或减少。二是格式的表格化。为了使工商行政管理公文规范化、标准化，便于企业填写，便于审查机关审核，国家工商管理局专门制作了样式统一的文本。这些文本都设计为表格化的，其项目及填写要求均有明确规定，各个企业只需对号入座，逐项填写即可。本节择要介绍部分拟制式工商行政管理专用公文。

行政告诫书

行政告诫书，是指工商行政管理机关对市场主体违反市场经济秩序但法律法规无明确规定，或轻微违法但无相应罚则的行为且不能即时改正的事项，为督促指导其尽快改正时而制发的公文。如：××市工商局《行政告诫书》（×指告〔201×〕×号）。下行公文文种。

行政约见书

行政约见书，是指工商行政管理机关书面约见法定代表人或相关负责人进行谈话，督促指导其完善制度，整改自身存在的问题，守法经营，避免违法违规行为再次发生时制发的公文。专用于对市场主体内部制度缺失，两次及以上出现违法违规行为，或在巡查过程中发现市场主体存在具有普遍性的问题，可能影响其合法经营时。如：××市工商局稽查大队《行政约见书》（×指约〔201×〕×号）。下行公文文种。

行政建议书

行政建议书，是指工商行政管理机关在日常监督管理工作中，对市场主体的违法行为，在依法处理的同时，向该主体或其上级部门制发的，提出与工商执法职能相关的建议和意见，促使其合法经营，并抄告相关行业行政管理部门的公文。如：成都市工商局直属一分局向成都春雨轩图书有限公司送达的《行政建议书》(成工商企建议字〔2014〕第 1 号)。平行、下行公文文种。

招商说明书

招商说明书，是指通过大众媒介向社会说明提供一定范围的经营业务或经营场所、优惠条件来吸引社会投资，以达到获得丰富的资金来源的目的而形成的，主要说明招商的目的、依据、招商地点、招商对象、经营业务范围和经营方式、优惠条件等情况的说明性公文。适于政府或企业对外开展商务活动或有关业务项目，寻求商务项目、业务客户、合作对象、社会资金、业务人才时使用。如：商务项目招商、商务项目的转让、业务客户招商、合作对象招商、经营场所招商等说明书。上行、平行或下行公文文种。

分公司登记申请书

分公司登记申请书，是指申请人向公司登记机关申请设立、变更、注销分公司而提交的，载明公司和分公司基本信息、申请设立或变更的内容或注销原因等情况的公文。适用于有限责任公司、股份有限公司的分公司向登记机关申请设立、变更、注销登记。上行公文文种。

营业单位登记申请书

营业单位登记申请书，是指营业单位或非法人分支机构申请开业登记，向登记机关提交的，载明营业单位或非法人分支机构基本信息、申请开业（变更、注销）登记等内容的公文。适用于营业单位、非法人分支机构向企业登记机关申请开业、变更、注销登记。上行公文文种。

公司注销登记申请书

公司注销登记申请书，是指申请人向公司登记机关申请公司注销而提交的，载明公司基本信息、申请注销原因、对外投资清理、债权债务清理、分公司注销登记、公告等情况的公文。适于有限责任公司、股份有限公司向公司登记机关申请注销登记时使用。上行公文文种。

公司登记（备案）申请书

公司登记（备案）申请书，是指申请人在办理公司设立、变更登记或备案时，向登记机关提交的，载明公司基本信息、申请设立或变更事项及相关材料的公文。适用于有限责任公司、股份有限公司向公司登记机关申请设立、变更登记及有关事项备案。上行公文文种。

企业名称预先核准申请书

企业名称预先核准申请书，是指申请人在企业申请登记前，依法向工商行政管理机关或企业名称登记主管机关提交的，载明申请企业名称、备选企业字号、企业住所地、注册资本（金）、企业类型、经营范围、投资人基本信息等需预先核准的事项及相关材料的公文。适用于所有内资企业的名称预先核准申请、名称项目调整（投资人除外）、名称延期申请等。上行公文文种。

企业名称预先核准通知书

企业名称预先核准通知书，是指工商行政管理机关或企业名称登记主管机关对企业名称预先核准申请书审查后，认为符合有关规定，书面通知申请人同意企业名称预先核准申请事项，并告知预先核准的企业名称保留期限和使用要求等事项的公文。如：××市工商行政管理局《企业名称预先核准通知书》（××预核字〔201×〕第××号）。下行公文文种。

非公司企业法人改制登记申请书

非公司企业法人改制登记申请书，是指非公司企业法人改制为公司而申请登记时，向工商登记机关提交的，载明非公司企业法人基本信息、改制后公司登记事项等，并附相关材料，且由企业原法定代表人或公司拟任法定代表人签署的公文。适用于非公司企业法人申请改制为公司，向公司登记机关申请登记。上行公文文种。

非公司企业法人注销登记申请书

非公司企业法人注销登记申请书，是指非公司企业法人向工商登记机关申请注销时提交的，载明企业基本信息、主管部门（出资人）、经济性质、申请注销原因、债权债务清理情况、缴回公章情况等内容的公文。适用于非公司企业法人向登记机关申请注销登记。上行公文文种。

非公司企业法人登记（备案）申请书

非公司企业法人登记（备案）申请书，是指非公司企业法人向工商登记机关申请开业、变更、备案时提交的，载明企业基本信息、申请开业或变更的内容、或备案的内容等的公文。适用于非公司企业法人向登记机关申请开业、变更登记及有关事项备案。上行公文文种。

指定代表或者共同委托代理人授权委托书

指定代表或者共同委托代理人授权委托书，是指申请人指定代表或者委托代理人办理申请登记、备案等业务时，向工商行政管理机关出具的，载明申请人、指定代表或委托代理人或经办人及信息、委托事项及权限、指定或委托的有效期限等内容的公文。适用于公司及其分公司、非公司企业法人及其分支机构、营业单位，在工商行政管理部门办理登记、备案，公司办理股权出质登记等业务。上行、平行公文文种。

外商投资企业备案申请书

外商投资企业备案申请书，是指申请人办理外商投资企业备案申请时，向工商行政管理机关提交的，载明原有和申请更换董事、监事、经理/委员的姓名和职务，章程修改、分支机构、清算组（人）和外国投资者法律文件送达接受人的基本信息等，并提交相关材料的公文。上行公文文种。

外商投资企业设立登记申请书

外商投资企业设立登记申请书，是指申请人办理外商投资企业设立登记申请时，向工商行政管理机关提交的，载明拟设立企业名称和法定代表人基本信息、投资总额、注册资本、企业类型、经营范围、营业期限、投资者（股东、发起人）出资情况、联合管理委员会成员（董事、监事、经理）情况等，并提交相关材料、证件的公文。上行公文文种。

外商投资企业注销登记申请书

外商投资企业注销登记申请书，是指申请人办理外商投资企业注销登记申请时，向工商行政管理机关提交的，载明企业名称、注销原因、清算组成员备案确认文书编号、债权债务及其他清理情况、批准（决定）机关、公告情况、营业执照缴销情况等，并提交相关材料的公文。上行公文文种。

外商投资企业变更登记申请书

外商投资企业变更登记申请书，是指申请人办理外商投资企业变更登记申请时，向工商行政管理机关提交的，载明原登记的企业名称、住所、法定代表人、投资总额、注册资本、企业类型、经营范围、营业期限、投资者名称或姓名等事项及其申请变更登记的事项，并提交相关材料、证件的公文。上行公文文种。

外商投资公司撤销登记申请书

外商投资公司撤销登记申请书，是指申请人办理外商投资公司撤销登记申请时，向工商行政管理机关提交的，载明公司基本信息、登记事项、撤销事项、撤销原因等，并提交相关材料的公文。上行公文文种。

外商投资合伙企业备案申请书

外商投资合伙企业备案申请书，是指申请人办理外商投资合伙企业备案登记申请时，向工商行政管理机关提交的，载明协议修改、分支机构、清算人和外国投资者法律文件送达接受人基本信息等事项，并提交相关材料的公文。上行公文文种。

外商投资合伙企业设立登记申请书

外商投资合伙企业设立登记申请书，是指申请人办理外商投资合伙企业设立登记申请时，向工商行政管理机关提交的，载明拟设立企业名称及执行事务合伙人或委派代表的基本信息，认缴出资额、企业类型、经营范围、合伙期限、合伙人出资情况等，并提交相关材料的公文。上行公文文种。

外商投资合伙企业变更登记申请书

外商投资合伙企业变更登记申请书，是指申请人办理外商投资合伙企业变更登记申请时，向工商行政管理机关提交的，载明原登记事项、申请变更登记事项等，并提交相关材料的公文。上行公文文种。

外商投资企业名称预先核准申请书

外商投资企业名称预先核准申请书，是指申请人办理外商投资企业名称预先核准申请时，向工商行政管理机关提交的，载明拟设立企业名称和备用名称，拟定的企业住所、投资总额、注册资本、企业类型、经营范围、经营期限，投资人及出资情况等，并提交相关材料的公文。上行公文文种。

外商投资企业名称已核调整申请书

外商投资企业名称已核调整申请书，是指申请人办理外商投资企业名称已核调整申请时，向工商行政管理机关提交的，载明已核准企业名称，原核准和申请调整的企业名称、注册资本、投资人出资额及比例、经营范围、延长保留期等事项，并提交相关材料的公文。上行公文文种。

外商投资企业分支机构设立登记申请书

外商投资企业分支机构设立登记申请书，是指申请人办理外商投资企业分支机构设立登记申请时，向工商行政管理机关提交的，载明拟设立分支机构名称、营业场所、负责人、隶属企业及营业期限、经营范围等基本信息，并提交相关材料的公文。上行公文文种。

外商投资企业分支机构注销登记申请书

外商投资企业分支机构注销登记申请书，是指申请人办理外商投资企业分支机构注销登记申请时，向工商行政管理机关提交的，载明分支机构名称、注销原因、营业执照缴销情况等，并提交相关材料的公文。上行公文文种。

外商投资企业分支机构变更登记申请书

外商投资企业分支机构变更登记申请书，是指申请人办理外商投资企业分支机构变更登记申请时，向工商行政管理机关提交的，载明原登记事项、申请变更登记事项等，并提交相关材料的公文。上行公文文种。

外商投资企业（企业集团）名称变更核准意见书

外商投资企业（企业集团）名称变更核准意见书，是指申请人办理外商投资企业（企业集团）名称变更核准申请时，向工商行政管理机关提交的，载明原企业和拟变更企业、备选变更企业（企业集团）名称，注册资本、企业住所、企业类型、经营范围、投资人及出资情况等，并提交相关材料的公文。上行公文文种。

外国（地区）企业常驻代表机构设立登记申请书

外国（地区）企业常驻代表机构设立登记申请书，是指申请人办理外国（地区）企业常驻代表机构设立登记申请时，向工商行政管理机关提交的，载明拟设立代表机构及外国（地区）企业名称，申请登记事项，填写首席代表登记表、代表备案表、领取登记证和代表证清单及相关材料等形成的公文。上行公文文种。

外国（地区）企业常驻代表机构注销登记申请书

外国（地区）企业常驻代表机构注销登记申请书，是指申请人办理外国（地区）企业常驻代表机构注销登记申请时，向工商行政管理机关提交的，载明代表机构名称、外国（地区）企业名称、注销登记事项、注销原因，并提交注销登记所需的有效文件、证件，填写领取注销通知书清单等形成的公文。上行公文文种。

外国（地区）企业常驻代表机构变更登记（备案）申请书

外国（地区）企业常驻代表机构变更登记（备案）申请书，是指申请人办理外国（地区）企业常驻代表机构变更登记申请时，向工商行政管理机关提交的，载明变更代表机构及外国（地区）企业名称，原备案事项及申请变更的备案事项，填写代表备案表、领取登记证和代表证清单及相关材料等形成的公文。上行公文文种。

消费者投诉登记表

消费者投诉登记表，是指工商行政管理机关对消费者的投诉予以登记而形成的，载明投诉人、被投诉人、投诉事实（消费者接受商品或服务的名称、消费日期、消费涉及金额等具体情况）、理由及请求等事项的公文。适用于工商行政管理部门或者其派出机构对消费者通过电话、短信、邮件、传真、信函等方式提起投诉的登记，以及工商行政管理部门或者其派出机构现场受理消费者投诉的登记。上行公文文种。

受理消费者投诉告知书

受理消费者投诉告知书，是指工商行政管理部门或者其派出机构对消费者的投诉材料进行审查，认为符合规定的受理条件，决定予以受理后，向消费者书面送达或通过其他方式告知投诉人，说明决定受理的事项和依据的公文。适于有管辖权的工商行政管理部门或者其派出机构决定受理消费者投诉后，告知投诉人受理情况时使用。如：××市工商行政管理局《受理消费者投诉告知书》（××受消投字〔201×〕第××号）。下行公文文种。

消费者权益争议调解书

消费者权益争议调解书，是指工商行政管理机关组织投诉人、被投诉人进行调解，双方自愿共同协商，而达成的载明投诉内容及投诉请求，约定的解决办法、履行方式，并由双方和调解人签字的公文。适于工商行政管理部门或者其派出机构组织消费者权益争议当事人进行调解并达成协议，需要制作调解书时使用。平行公文文种。

消费者投诉转办通知书

消费者投诉转办通知书，是指上级工商行政管理机关及其设立的消费者投诉举报机构对收到的消费者投诉，书面通知并转送有管辖权的工商行政管理部门或者其派出机构处理时，说明消费者投诉的事项和时间，要求其对投诉反映问题调查核实，依法予以处理，并限时报告（回复）处理情况的公文。适于市（地、州）级以上工商行政管理部门及其设立的12315消费者投诉举报中心，将收到的消费者投诉转送有管辖权的工商行政管理部门或者其派出机构处理时使用。如：××市工商行政管理局《消费者投诉转办通知书》（××消投转字〔201×〕第××号）。下行公文文种。

消费者权益争议调解通知书

消费者权益争议调解通知书，是指工商行政管理机关组织调解，书面告知双方当事人调解的时间、地点、调解人员等事项的公文。适于工商行政管理机关受理消费者投诉后，当事人同意调解时使用。下行公文文种。

消费者投诉分送情况告知书

消费者投诉分送情况告知书，是指工商行政管理机关将收到的消费者投诉，分送有管辖权的工商行政管理机关或者其派出机构处理后，书面告知投诉人已将该投诉分送至经营者所在地（经营行为发生地）的工商行政管理局（所）对其进行调查处理等情况的公文。适于市（地、州）级以上工商行政管理部门及其设立的12315消费者投诉举报中心收到消费者投诉，告知投诉人分送情况时使用。下行公文文种。

处理消费者投诉情况报告书

处理消费者投诉情况报告书，是指有管辖权的工商行政管理机关或者其派出机构将收到的转办消费者投诉处理后，向转来机关报告处理情况和结果的公文。适于收到《处理消费者投诉转办通知书》的工商行政管理部门或者其派出机构向发出转办通知的机关报告处理结果时使用。上行公文文种。

终止消费者权益争议调解告知书

终止消费者权益争议调解告知书，是指有管辖权的工商行政管理部门或者其派出机构，书面告知当事人决定终止消费者权益争议调解的事项、依据及原因的公文。适于有管辖权的工商行政管理部门或者其派出机构，告知消费者权益争议当事人终止调解时使用。下行公文文种。

不予受理（终止受理）消费者投诉告知书

不予受理（终止受理）消费者投诉告知书，是指有管辖权的工商行政管理部门或者其派出机构，对收到的消费者投诉材料审查后，书面告知投诉人决定不予受理（终止受理）的事项、依据、原因的公文。适于有管辖权的工商行政管理部门或者其派出机构决定不予受理或者终止受理消费者投诉后，告知投诉人时使用。下行公文文种。

股权出质设立登记申请书

股权出质设立登记申请书，是指由出质人和质权人共同向工商行政管理机关书面提出的，载明出质人和质权人的姓名或名称、出质股权所在公司的名称、出质股权的数额、被担保债权数额、股权类型、出质人类型、质权人类型等登记事项和申报事项及相关材料，并对申请材料的真实性、质权合同的合法性、有效性承诺负责的公文。适于申请出质登记的股权应当是依法可以转让和出质的股权。对于已经被人民法院冻结的股权，在解除冻结之前，不得申请办理股权出质登记。以外商投资公司的股权出质的，应当经原公司设立审批机关批准后方可办理出质登记。上行公文文种。

股权出质变更登记申请书

股权出质变更登记申请书，是指由出质人和质权人共同向工商行政管理机关书面提出的，载明变更事项、原登记内容和申请变更登记内容及相关材料，并对申请材料的真实性、质权合同的合法性、有效性承诺负责的公文。适于出质股权数额变更，以及出质人、质权人姓名（名称）或者出质股权所在公司（名称）更改时使用。上行公文文种。

股权出质注销登记申请书

股权出质注销登记申请书，是指由出质人和质权人共同向工商行政管理机关书面提出的，载明出质人和质权人的姓名或名称、出质股权所在公司的名称、出质股权的数额、注销原因，并对申请材料的真实性、质权合同的合法性、有效性承诺负责的公文。适于出现主债权消灭、质权实现、质权人放弃质权或法律规定的其他情形导致质权消灭时使用。上行公文文种。

股权出质撤销登记申请书

股权出质撤销登记申请书，是指由出质人或者质权人单方向工商行政管理机关书面提出的，载明出质人和质权人的姓名或名称、股权所在公司的名称、出质股权的数额，并声明对提交的材料实质内容违反法律规定而产生的经济纠纷和法律责任的公文。适于质权合同被依法确认无效或者被撤销时使用。上行公文文种。

股权出质设立登记通知书

股权出质设立登记通知书，是指登记机关对登记申请人，当场办理登记手续并出具的载明登记时间、登记事项的公文。适于登记机关对登记申请当场办理登记手续，送达申请人时使用。下行公文文种。

商标注册申请书

商标注册申请书，是指商品生产者或经营者为取得商标专用权，将其使用的商标，依照法律规定的注册条件、原则和程序，向商标局提出注册时，按照商标局统一制定的申请书格式，载明申请人基本信息、商标种类、商标说明、商品/服务项目、商标图样，以及其他申请人认为需要说明的事项的法律公文。上行公文文种。

商标注销申请书

商标注销申请书，是指商标注册人因某种原因终止其注册商标专用权，而向商标局申请办理注销手续时提交的，按照商标局统一制定的申请书式，载明申请人基本信息、商标注册号、商标名称、使用商品或服务国际项目分类，并说明注销原因和理由，并附送《商标注册证》和其他有关文件、资料的公文。适用于商标所有人自愿申请放弃其商标。上行公文文种。

商标异议申请书

商标异议申请书，是指注册在先的商标权利人及其他利害关系人，认为商标局初步审定予以公告的商标不具有合法性，或与已注册正使用于相同或类似商品的商标相同或近似，在公告期内向商标局提出的，载明被异议商标的名称、商品类别、初步审定号、初步审定公告期号、异议的内容、提出异议的理由，有明确的事实依据和异议请求的公文。上行公文文种。

商标注册行政建议书

商标注册行政建议书，是指有管辖权的工商行政管理机关或者其派出机构书面向企业提出的，对其尚未申请国内（或国际）注册商标的商品（或服务），建议及时申请商标注册，说明依据、理由，并告知其办理申请商标注册机构及需提供相关材料的指导性公文。适于有管辖权的工商行政管理机关或者其派出机构，建议企业对尚未申请国内（或国际）注册商标的商品（或服务），申请商标注册、证明商标注册或商标国际注册时使用。如：2013年度，宜宾市高县工商局针对企业未使用商标或使用未注册商标状况，实施商标注册行政建议策略，发放《商标注册行政建议书》25份（宜宾市政府网，2014年2月18日）。平行或下行公文文种。

商标转让行政指导书

商标转让行政指导书，是指有管辖权的工商行政管理机关或者其派出机构书面向企业提出的，对企业尚未办理商标转让申请的商品（或服务），建议及时办理商标转让申请，说明依据、理由，并告知其办理商标转让申请及需提供相关材料的公文。适于商标所有人因合并、注销等未办理商标转让申请，有管辖权的工商行政管理机关或者其派出机构建议该企业办理变更商标时使用。如：2014年度，藤县工商局向陶瓷行业发出《商标转让行政指导书》6份（广西梧州市政府网，2014年12月26日）。下行公文文种。

商标续展注册申请书

商标续展注册申请书，是指注册商标所有人向商标局申请办理延长注册商标专用权有效期限时提交的，根据商标局统一制定的申请书式，载明使用商标商品国际分类和跨国际分类、商标注册号（选择保留原注册号或另编注册号）、有效期或截止期，贴送商标图样，作出商标中不专用部分放弃说明，填写续展使用商品名称、商品用途和主要原料的公文。适用于国内申请人申请商标续展注册。上行公文文种。

商标许可备案行政指导书

商标许可备案行政指导书，是指有管辖权的工商行政管理机关或者其派出机构书面向企业提出的，对企业尚未办理许可备案申请的商品（或服务），建议企业及时办理商标许可备案，说明依据、理由，并告知办理许可备案申请及提供相关材料的公文。适于有管辖权的工商行政管理机关或者其派出机构建议商标许可人，自商标许可合同签订之日起在法定期限内，将合同副本报送商标局备案时使用。下行公文文种。

商标使用许可合同备案申请书

商标使用许可合同备案申请书，是指商标注册人向商标局办理商标使用许可合同备案事宜时，提交的载明许可使用的商标及其注册证号、商品范围、使用期限、商标的标识提供方式、许可人对被许可人使用其注册商标的商品质量进行监督的条款、在使用许可人注册商标的商品上标明被许可人的名称和商品产地的条款等内容的公文。适于商标注册人许可他人使用其注册商标，签订商标使用许可合同后，在法定期限内向商标局备案时使用。上行公文文种。

商标注册人死亡／终止注销商标申请书

商标注册人死亡／终止注销商标申请书，是指申请人向商标局申请办理终止注销商标手续时提交的，按照商标局统一制定的申请书式，载明申请人基本信息、商标注册号、商标名称、使用商品或服务国际项目分类，并说明死亡或终止注销原因和理由，并提交有关该商标注册人死亡或者终止注销商标的证据和其他有关文件、资料的公文。适于商标注册人死亡或者终止注销商标，在法律规定的时间内无人要求继承其注册商标时使用。上行公文文种。

转让注册商标申请书

转让注册商标申请书，是指转让人和受让人共同向商标局申请办理转让手续时提交的，按照商标局统一制定的申请书格式，载明转让人和受让人基本信息、商标名称及图样、是否共有商标、转让原因的公文。适于注册商标所有人在法律允许的范围和注册商标的有效期内，根据自己的意志和按一定的条件，依法定程序，将其注册商标转移给他人所有并由其专用时使用。上行公文文种。

变更商标行政指导书

变更商标行政指导书，是指有管辖权的工商行政管理机关或者其派出机构书面向企业提出的，对其尚未办理变更申请的商品（或服务），建议及时办理申请变更商标，说明依据、理由，并告知其办理变更商标及需提供相关材料的公文。适于商标申请人在企业名称或地址改变后，尚未办理变更申请，有管辖权的工商行政管理机关或者其派出机构建议该企业办理变更商标时使用。如：××工商局《变更商标行政指导书》（编号：〔201×〕×号）。下行公文文种。

驳回/不予注销的决定

驳回/不予注销的决定，即商标继续有效的决定，是指商标局对商标注册人死亡或终止注销商标申请审查后，认为不符合注销的条件和要求，决定驳回或不予注销并告知申请人时而形成的，载明驳回或不予注销的依据、理由，商标继续有效的决定性公文。下行公文文种。

注册商标争议裁定申请书

注册商标争议裁定申请书，是指商标注册在先权利人或者利害关系人，在规定的期限内，对已经注册而有争议的商标，向商标评审委员会提出请求裁定时，提交的载明事实与理由、法律依据、提出主张及相关证据的公文。适用于依法提出的对已注册商标的所有权争议进行裁定申请时。上行公文文种。

撤销注册商标复审申请书

撤销注册商标复审申请书，是指原商标注册人对商标局撤销其注册商标不服，向商标评审委员会请求复审时提交的，载明商标局撤销注册商标通知书的文号、原注册商标的注册号、使用商品或服务国际分类及商标名称，并根据我国《商标法》的规定，针对撤销原因，详述提起复审和认为不应撤销注册的理由，附送有关证明文件、资料的一种公文。上行公文文种。

撤销注册不当商标复审申请书

撤销注册不当商标复审申请书，是指原商标注册人对商标局撤销其注册商标不服，向商标评审委员会申请复审时，填写并提交的由商标局统一制定的，载明商标局撤销注册商标裁定通知的文号、原注册商标名称、注册号、使用商品或服务国际分类，根据我国《商标法》有关条款、规定，依据事实，针对裁定通知中的撤销原因，陈述提起复审和认为撤销不当的理由，并附送有关文件、资料的一种公文。上行公文文种。

广告业务招标书

广告业务招标书，是指广告业务招标单位或机构对外公布的，载明有关广告业务概况、招标内容、具体条件和要求等，一般以公告、通告、启事或邀请书的形式表现的公文。适于广告业务招标单位或机构向社会招揽资质好、实力强、水平高、发布广、价格优的广告制作人和广告经营发布机构时使用。如：天津塘沽海洋高新技术开发区《蓝山国际项目广告招标书》（天津滨海××开发有限公司，2007年2月）。平行、下行公文文种。

广告经营许可证

广告经营许可证，是指工商行政管理机关依法对申请从事广告业务的材料进行审核，向具备条件的广告经营单位颁发的，载明证号、广告经营单位（机构）名称、经营场所、法定代表人（负责人）、广告经营范围等项目，准予其从事广告经营活动的合法凭证性公文。分正本、副本，具有同样法律效力。适于对广告经营申请符合条件的单位使用。下行公文文种。

图12-3-16 《广告经营许可证》

广告经营登记申请表

广告经营登记申请表，是指申请人向所在地工商行政管理机关提交的，载明申请人基本信息、经营场所、广告经营范围、经营期限、广告审查员与广告专业人员情况、请求事项等，并提供相关材料的公文。适于社会法人向工商行政管理机关申请广告经营登记时使用。上行公文文种。

广告经营申请登记审核表

广告经营申请登记审核表，是指工商行政管理机关或广告监督管理机关对广告经营登记申请审查后，而依法形成的载明受理情况、拟核准情况、审核意见、是否符合广告经营条件、可否同意向申请人核发《广告经营许可证》等事项的决定性公文。适于对广告经营登记申请审查后，在核发《广告经营许可证》前使用。下行公文文种。

广告经营变更登记申请表

广告经营变更登记申请表，是指申请人向所在地工商行政管理机关提交的，载明申请人基本信息、原登记事项、申请变更事项等内容，并提供相关材料的公文。适于《广告经营许可证》登记的任何项目确需变更，向所在地工商行政管理机关提出变更登记时使用。上行公文文种。

广告经营变更登记审核表

广告经营变更登记审核表，是指工商行政管理机关或广告监督管理机关对广告经营变更登记申请审查后，而形成的载明受理情况、拟核准情况、审核意见、是否符合广告经营变更条件、可否同意向申请人核发《广告经营许可证》等事项的决定性公文。适于对广告经营变更登记申请审查后，在核发《广告经营许可证》前使用。下行公文文种。

广告经营注销登记申请表

广告经营注销登记申请表，是指申请人向所在地工商行政管理机关提交的，载明申请人基本情况、申请注销登记的原因等内容，并提供相关材料的公文。适于向所在地工商行政管理机关提出广告经营注销登记时使用。上行公文文种。

广告经营注销登记审核表

广告经营注销登记审核表，是指工商行政管理机关或广告监督管理机关对广告经营注销申请登记审查后，而形成的载明拟核准情况、审查受理意见、核准意见等事项的决定性公文。适于对广告经营注销申请登记审查时使用。下行公文文种。

广告经营单位年检注册书

广告经营单位年检注册书，是指广告管理机关依照国家广告管理的法律、法规和政策规定，对广告经营单位的原登记情况、年末实际状况、一年来的经营状况进行检查验收的一种公文。适于广告经营单位经过年检注册，并取得《广告经营单位年检注册证》时使用。下行公文文种。

户外广告登记申请表

户外广告登记申请表，是指户外广告发布单位向工商行政管理机关申请登记发布户外广告而提交的，载明发布单位情况、广告发布地点及具体位置、广告发布期限、广告形式、广告数量及规格、广告名称及户外广告样件等申请登记事项的公文。适于办理发布户外广告登记申请，开始履行相关审批手续时使用。上行公文文种。

户外广告登记（变更登记）审核表

户外广告登记（变更登记）审核表，是指工商行政管理机关对申请材料进行审核后，认为申请登记（变更登记）的户外广告发布符合法定形式，向申请人核发的载明决定予以核准的项目的凭证式公文。适于对户外广告登记（变更登记）申请材料齐全、符合法定形式、决定予以核准的广告登记申请时使用。下行公文文种。

图 12-3-17 《固定形式印刷品广告登记证》

固定形式印刷品广告登记证

固定形式印刷品广告登记证，是指工商行政管理机关对申请材料进行审核后，认为符合法定形式，向申请人核发的载明决定予以核准的项目的凭证式公文。适于对申请材料齐全、符合法定形式、决定予以核准的广告登记申请时使用。下行公文文种。

固定形式印刷品广告登记申请表

固定形式印刷品广告登记申请表，是指法人、社会组织向工商行政管理机关申请固定形式印刷品广告登记时使用的，载明申请的固定形式印刷品广告名称、规格、印刷单位名称、广告规格、广告介绍的商品与服务的类别、发送对象、广告经营期限等内容的格式公文。适于广告主自行或者委托具有广告代理、发布经营业务的广告经营者承办的，利用有固定名称、固定规格、明确的发送对象，在一定范围内连续发布全部内容为印刷品广告等形式，依法发布介绍他人所推销的商品或者服务的一般形式印刷品广告申请登记时使用。上行公文文种。

固定形式印刷品广告登记审核表

固定形式印刷品广告登记审核表，是指工商行政管理机关或广告监督管理机关对固定形式印刷品广告登记申请审查后，而形成的载明受理情况、拟核准情况、审核意见、是否符合广告经营变更条件、可否同意向申请人核发《固定形式印刷品广告登记证》等事项的决定性公文。适于对固定形式印刷品广告登记申请审查后，据此向申请人出具受理通知书或不予核准通知书并说明理由时使用。下行公文文种。

四、人力资源与社会保障管理专用公文

（一）劳动管理类

劳动管理，是指对本单位内劳动者的领导、计划、组织、协调和控制等一系列管理工作的总称。它包括对员工的录用、考核、调配、组织、安排、使用、工资、奖金和福利、工作绩效评价等事宜的管理活动。劳动管理的主要内容，一般包括职位分类、岗位责任制、录用选拔和任用工作、劳动组织工作、建立健全各项劳动管理制度、建立健全劳动力流动、辞退制度等。本节择要介绍部分常用的拟制式劳动管理专用公文。

工伤认定申请书

工伤认定申请书，是指职业病危害、工伤职工所在单位或个人，向劳动保障行政机关申请工伤认定时，提交的书面载明工伤职工基本信息、所在单位名称、职业工种、工作岗位、事故原因、受伤经过、伤害部位及受伤或职业病危害程度等情况与请求事项，并提供相关证据材料的公文。上行公文文种。

工伤认定决定书

工伤认定决定书，或工伤证，是指劳动保障行政机关依据法律的授权，在规定的受理工伤认定申请时间内，按程序对职工工伤认定申请进行审理后，给予定性的行政确认，而出具的载明认定职工因事故伤害（或者患职业病）是属于工伤或者视同工伤的证明性公文。适于送达受伤害职工（或者其近亲属）和用人单位，并抄送社会保险经办机构使用。如：石家庄市人力资源和社会保障局《工伤认定决定书》（石人社伤险认决字〔2011〕763号，2011年6月10日）。下行公文文种。

工伤认定申请受理决定书

工伤认定申请受理决定书，是指劳动保障行政机关对提出的工伤鉴定申请材料经过审查后，依法认为符合工伤认定条件，决定予以受理而出具的公文。适用于依法符合工伤认定条件的申请。如：××市人力资源和社会保障局《工伤认定申请受理决定书》（×人社工申理字〔201×〕×号）。下行公文文种。

工伤认定申请不予受理通知书

工伤认定申请不予受理通知书，是指经劳动保障行政机关对提出的工伤鉴定申请材料审查后，依法认为不符合工伤认定条件或工伤认定超过申请时效，决定不予受理的，并告知享有申请行政复议和提起诉讼权利的事项，而向当事者发出的书面公文。如：××市人力资源和社会保障局《工伤认定申请不予受理通知书》（×人社工不理字〔201×〕×号）。下行公文文种。

不予认定工伤决定书

不予认定工伤决定书，是指劳动保障行政机关按程序对职工工伤认定申请依法进行审理后，认为不符合工伤或者视同工伤的认定条件，而出具的决定不予认定工伤，并告知可以依法申请行政复议或者提起行政诉讼事项的公文。适于送达受伤害职工（或者其近亲属）和用人单位时使用。如：××市人力资源和社会保障局《不予认定工伤决定书》（×人社工不认字〔201×〕×号）。下行公文文种。

劳动合同

劳动合同，是指用人单位与劳动者之间为确立劳动关系，在双方平等自愿、协商一致的基础上，依法订立的明确双方权利和义务及约定事项，须共同履行的协议性法律公文。按照用人方式不同划分，劳动合同可以分为录用合同、聘用合同和借调合同。适用于依法须与用工单位签订劳动合同的劳动者。平行公文文种。

集体劳动合同

集体劳动合同，是指为维护劳动者整体的合法权益，调整、改善和建立规范的劳动关系，由职工代表与用人单位先行协商合同草案，经全体职工或者职工代表大会讨论同意后，由工会或者职工委托的代表代表职工一方，与用人单位通过平等协商达成的，以维护全体职工劳动报酬与调整机制、保险福利、劳动条件和生活条件等权益保护为主要内容的协议性公文。依法订立的集体合同对用人单位和劳动者具有法律约束力。适用于依法须与用工单位签订劳动合同的全体职工。平行公文文种。

劳务派遣协议

劳务派遣协议，是指劳务派遣公司与用工单位依法签订的合同、劳务派遣公司与劳动者依法签订的合同两种，一般适于派遣劳动者到临时性、辅助性或者替代性的工作岗位时使用。平行公文文种。

劳务派遣协议（单位与单位），是指劳务派遣单位派遣劳动者与接受以劳务派遣形式用工的单位，双方平等协商一致，订立的载明约定派遣岗位和人员数量、派遣期限、劳动报酬和社会保险费的数额与支付方式等内容，明确双方权利和义务及履行事项的合同性公文。

劳务派遣协议（单位与个人），是指劳务派遣单位与被派遣劳动者双方平等协商一致订立的，载明约定被派遣劳动者的用工单位，明确双方的权利和义务，以及派遣期限、工作岗位等情况及履行事项的合同性公文。

劳动能力鉴定结论

劳动能力鉴定结论，是指劳动保障行政部门或劳动能力鉴定委员会严格按照规范程序，依据国家鉴定标准，运用有关政策和借助于医学科学技术的方法、手段，确定劳动者的劳动功能障碍程度和生活自理障碍程度等级评定的一种结论性公文。适于据此制作《工伤职工劳动能力鉴定（确认）结论通知书》，分别送达被鉴定人、用人单位和工伤保险经办机构时使用。如：××市劳动能力鉴定委员会《劳动能力鉴定结论》（×人劳鉴〔201×〕第××号，2013年2月28日）。下行公文文种。

劳动能力鉴定申请书

劳动能力鉴定申请书，是指认定工伤或非因工负伤以及患病，经治疗伤情相对稳定后存在残疾、影响劳动能力的劳动者及其亲属或用人单位，以书面形式向劳动保障行政部门或劳动能力鉴定委员会申请劳动能力鉴定而提出的，载明职工基本信息、请求事项、事实与理由，并附相关证明材料的公文。上行公文文种。

劳动能力复查鉴定结论

劳动能力复查鉴定结论，是指已经劳动能力鉴定过的工伤职工或者其直系亲属、所在单位或者经办机构，在劳动能力鉴定结论作出一年后认为残情发生变化，或在法定期限内对此前劳动能力鉴定结论不服，向劳动能力鉴定委员会提出复查鉴定申请，劳动能力鉴定委员会依据有关规定和标准对其进行鉴定后，作出的劳动能力鉴定结论的公文。适于对提出复查鉴定申请的工伤职工或者其直系亲属、所在单位或者经办机构送达时使用。下行公文文种。

劳动能力鉴定结论通知书

劳动能力鉴定结论通知书，是指劳动保障行政部门或劳动能力鉴定委员会向被鉴定人和用人单位发出的，说明鉴定过程、鉴定（确认）结论、依据，并告知如对鉴定结论不服的，可在一定期限内向上级劳动能力鉴定委员会提出再次鉴定申请的公文。如：大庆市劳动能力鉴定委员会《市级劳动能力鉴定结论通知书》

（庆劳鉴字〔2009〕第×期×号）。下行公文文种。

劳动能力复查鉴定申请书

劳动能力复查鉴定申请书，是指工伤职工或者直系亲属、所在单位或者经办机构认为伤残情况发生变化时，向劳动保障行政部门或劳动能力鉴定委员会申请劳动能力复查鉴定，而提交的载明请求事项、事实与理由的公文。适于对作出的鉴定结论不服的，或自劳动能力鉴定结论作出之日起一年后，伤残情况发生变化时使用。下行公文文种。

劳动仲裁申请书

劳动仲裁申请书，是指劳动争议一方或双方当事人向劳动仲裁机关，就劳动争议事项请求给予仲裁而提出的，说明被诉人、请求事项、事实与理由等情况的法律文书。该公文是劳动仲裁机关立案的依据和凭证，适用于劳动争议当事人认为自己的权利受到侵害，需要向仲裁机关提出申诉，要求劳动仲裁机关予以维护时使用。上行公文文种。

劳动仲裁受理通知书

劳动仲裁受理通知书，是指劳动行政部门或劳动仲裁机关对仲裁申请进行审查后，认为依法符合受理条件，决定予以受理的案件，而制作的告知当事人决定立案处理及有关事宜的公文。适于对符合《劳动争议调解仲裁法》等规定的受理条件的仲裁申请使用。如：××市劳动仲裁委员会《劳动仲裁受理通知书》（×劳仲受字〔201×〕第×号）。下行公文文种。

劳动争议仲裁调解书

劳动争议仲裁调解书，是指仲裁机关根据劳动争议仲裁申请，在查明事实和当事人自愿的基础上，对当事人的劳动争议经过调解，依法达成调解协议后而制作的，记载仲裁委员会受理案件的依据、仲裁庭产生和组成及仲裁庭对案件的审理情况，双方当事人之间发生的争议事项，仲裁请求和当事人协议的调解结果，并约定履行期限和方式等内容的具有约束力的法律公文。适于仲裁庭在作出裁决前，当事人自愿接受调解并达成协议时使用。平行公文文种。

劳动争议仲裁答辩书

劳动争议仲裁答辩书，是指在劳动争议仲裁过程中，被诉人针对申诉人所提出的仲裁请求及其依据的事实和理由，进行答对、辩解和反驳，阐述意见、观点和主张的公文。适于被申请人收到仲裁申请书副本后，针对提出的仲裁请求及其依据的事实和理由，向劳动争议仲裁委员会书面阐述意见时使用。上行、平行公文文种。

劳动争议仲裁裁决书

劳动争议仲裁裁决书，是指劳动争议仲裁委员会根据劳动关系当事人双方提出的仲裁请求或反请求及其相关事项，在认定证据、查明事实的基础上，经过庭审调查、双方辩论和陈述等过程，依法对劳动争议在事实上作出判断、在权利义务上作出裁决，而制作的载明仲裁请求、争议事实、裁决理由、裁决结果的一种具有法律效力的公文。适于经仲裁庭调解无效或仲裁调解书送达前当事人反悔，调解失败，对劳动争议的处理作出裁决时使用。如：郑州市金水区劳动人事争议仲裁委员会《劳动争议仲裁裁决书》（金劳人仲裁字〔2011〕第264号）。下行公文文种。

劳动争议调解协议书

劳动争议调解协议书，是指企业依法设立的基层人民调解组织接到调解申请后，对属于劳动争议受理范围且双方当事人同意调解的，在充分听取双方当事人对事实和理由的陈述，耐心疏导，帮助其平等协商、自愿达成的，写明双方当事人基本情况、调解请求事项、调解的结果和协议履行期限、履行方式等内容的书面协议。适于企业由劳动者代表和企业代表组成的调解委员会对本企业发生的劳动争议进行协商、调解时使用。平行公文文种。

劳动仲裁不予受理通知书

劳动仲裁不予受理通知书，是指劳动行政部门或劳动仲裁机关对仲裁申请材料经审查后，认为依法不符合受理条件，决定不予受理的案件，而制作的告知当事人决定内容及不予受理的理由和依据，并告知可依法申请行政复议和提起诉讼的公文。适于对不符合《劳动争议调解仲裁法》等规定的受理条件的仲裁申请使用。下行公文文种。

（二）社会保障管理类

社会保障，是指国家通过立法，积极动员社会各方面资源，保证无收入、低收入以及遭受各种意外灾害的公民能够维持生存，保障劳动者在年老、失业、患病、工伤、生育时的基本生活不受影响，同时根据经济和社会发展状况，逐步增进公共福利水平，提高国民生活质量。一般来说，我国现行的城乡社会保障主要由社会保险（城乡养老、城乡医疗、失业保险、工伤保险、生育保险等）、社会救济（自然灾害、失业、孤寡病残、城乡困难户等救济）、社会福利（老人、儿童、残疾人等福利）、优抚安置（军人安置）、社会互助（社会捐赠、互助基金、团体互助和慈善事业等）等组成。

本节择要介绍现实常用的部分拟制式社会保障专用公文。

救济申请书

救济申请书，是指行政相对人书面向行政机关请求予以救济，说明求助事由、经济收入现状或基本情况、申请事项等的公文。根据救济项目和种类的不同要求，必要时，提交申请一并提交相关证件、证明材料。适用于行政给付规定的事项和符合条件者。上行公文文种。

不予救济告知书

不予救济告知书,是指行政部门对申请人提出的救济申请事项进行审查后,依法决定不予救济时,而书面通知其不予救助的理由及依据的公文。如:××民政局《不予救济告知书》(×民不救字〔201×〕第×号)。下行公文文种。

批准救济通知书

批准救济通知书,是指行政部门对申请人提出的救济申请事项,经审查后依法决定批准予以救济时使用的,书面通知其给予批准救助项目及实施救济相关事项的公文。如:××民政局《批准救济通知书》(×民救字〔201×〕第×号)。下行公文文种。

出证机构诚信承诺书

出证机构诚信承诺书,是指出具证明机构向行政主体或社会救助机构签署的,以明确守法、守信、自律等方面的自我约束内容和应承担的行政及法律责任,并承诺其提供的申请人或享受社会救助待遇人员的经济收入、财产、就业等情况及证明材料都是真实、准确的,表示主动配合行政主体或社会救助机构核实申请人的经济收入、财产和就业变化等情况,并及时提供相关的证明材料的公文。上行、平行公文文种。

农村五保供养待遇申请书

农村五保供养待遇申请书,是指农村村民(居民)本人或委托他人代为向基层行政组织(机构)书面提出的享受农村五保供养待遇的请求,说明事实、原因、理由、生活来源、身体状况、扶养义务人等情况并提供相关证明材料的公文。上行公文文种。

农村五保供养待遇批准书

农村五保供养待遇批准书,是指行政主体按照法定程序,经对享受农村五保供养待遇申请进行审核后,制作的依法批准给予符合救济条件的申请人实施行政救济的公文。下行公文文种。

不予批准享受农村五保供养待遇告知书

不予批准享受农村五保供养待遇告知书,是指行政主体按照法定程序,经对享受农村五保供养待遇申请进行审核或调查核实后,对不符合条件不予批准的,制作的书面告知申请人不予批准、说明理由的公文。下行公文文种。

孤儿基本生活费申请书

社会散居孤儿基本生活费申请书,是指孤儿或其监护人(抚养人)向孤儿户籍所在地的街道办事处或乡镇人民政府提交的,申请社会散居孤儿基本生活费时所制作和使用的,说明孤儿失去或查找不到亲生父母的情况及生存现状等,并提交证明材料的书面公文。上行公文文种。

孤儿基本生活费使用监管协议书

孤儿基本生活费使用监管协议书，是指县级民政部门与社会散居孤儿的监护人共同签订的，载明对领取、使用孤儿基本生活费以及孤儿养育状况提出相应的要求，明确监护人应依法履行的监护职责和抚养义务的合同性公文。下行公文文种。

孤儿基本生活费批准（不予批准）书

孤儿基本生活费批准（不予批准）书，是指街道办事处或乡（镇）人民政府对申请人和孤儿基本生活情况进行核实并提出初步意见，报县级民政部门审核申请材料或核实了解情况后，提出核定、审批意见，决定予以批准或不予批准救助，而形成的载有审核意见、决定内容或不予批准救助的理由及依据的公文。下行公文文种。

城乡医疗医前救助告知书

城乡医疗医前救助告知书，是指行政主体对申请救助的对象的身份和申请材料进行审核后，认定救助对象，告知按照有关规定对其予以实施医疗救助有关事项的公文。下行公文文种。

城乡困难群众医疗救助申请书

城乡困难群众医疗救助申请书，是指城乡困难居民通过基层行政组织向民政部门书面申请补充医疗救助，说明病种、病情、治疗费用、家庭经济收入、请求事项及理由等情况，并附相关证件、证明材料的公文。上行公文文种。

城乡居民最低生活保障申请书

城乡居民最低生活保障申请书，是指符合城乡居民最低生活保障条件的城乡居民向户籍所在地基层行政主体或社会救助机构，书面提出享受最低生活保障待遇的申请，并根据告知事项，如实填报个人或者家庭有关情况，出具有关证明材料的公文。上行公文文种。

城乡困难群众临时救助申请书

城乡困难群众临时救助申请书，是指遇到临时困难的城乡群众向行政机关提出的说明家庭基本情况，包括家庭人口、家庭收入情况、赡养（抚养）人情况及申请临时救助的事由等情况，并附相关有效证件或证明材料的公文。适用于在日常生活中由于大病治疗、意外伤害、自然灾害、助学等临时性、突发性等各种特殊情况导致难以继续维持基本生活，经自身努力和相关政策救助后，还暂时无法摆脱困境的城乡困难群众，向有关部门申请临时救助时使用。上行公文文种。

城乡困难群众临时救助批准（不予批准）书

城乡困难群众临时救助批准（不予批准）书，是指行政机关对临时救助申请进行审查，按照有关规定，认定是否符合临时救助条件后，制作的载明决定予以批准或不予批准实施临时救济的事由、依据及相关事项的公文。下行公文文种。

城市流浪乞讨人员求助申请书

城市流浪乞讨人员求助申请书，是指城市生活无着落的流浪乞讨人员向行政机关或行政救助机构提出的书面救助请求，如实说明是否享受城市最低生活保障或者农村五保供养，流浪乞讨的原因、时间、经过，近亲属或密切亲戚的姓名、地址、联系方式等情况，并附本人的居民身份证信息或证明身份的其他有效证件的公文。适用于自愿受助的城市流浪乞讨人员。上行公文文种。

城市流浪乞讨人员求助批准（不予批准）书

城市流浪乞讨人员求助批准书，是指行政机关或行政救助机构依法对城市流浪乞讨人员的求助申请及其身份进行核实甄别，认定是否符合救助条件后，所形成的载明决定予以批准或不予批准实施救济的事由、依据及相关事项的公文。下行公文文种。

城镇"三无"人员申请认定书

城镇"三无"人员申请认定书，是指符合"三无"人员认定条件的居民书面向行政机关提出对其进行"三无"人员申请的认定时使用的，如实说明本人具有城镇户籍，无劳动能力、无经济来源、无法定赡养人的情况及申请理由，并提交相关证明材料的公文。上行公文文种。

精减退职职工救济申请书

精减退职职工救济申请书，是指精减退职职工依据有关规定，向行政主体提交的书面救济申请，说明本人所在原精简机关或企事业单位、参加工作时间、退职时间、原标准工资数额和现在基本情况，并提供相关有效证明材料的公文。上行公文文种。

精减退职职工救济批准书

精减退职职工救济批准书，是指行政主体对精减退职职工救济申请进行审查后，制作的依法批准向符合救济条件的精减退职职工实施行政救济，并载明一次性或按月给以救济等相关事项的公文。下行公文文种。

申请城乡低保待遇诚信承诺书

申请城乡低保待遇诚信承诺书，是指申请或享受城乡低保待遇人员向行政主体或社会救助机构签署的，以明确诚实、守法、守信、自律等方面的自我约束内容和应承担的行政及法律责任，并承诺如实提供家庭住址、家庭成员就业和家庭收入等真实情况，积极配合社会救助工作人员做好调查核实工作，一旦家庭住址、人员、收入等与享受社会救助相关事宜发生变化，主动及时报告时使用的公文。上行公文文种。

资助农村困难群众建房（新建、改建、维修）申请书

资助农村困难群众建房（新建、改建、维修）申请书，是指农村住房困难群众书面向行政机关或社会工作机构提出请求给予资助建房的申请，说明现有住房情况、申请理由、申请事项等内容的公文。适用于农村低保户对象属无房户、危房户或住房处于自然灾害严重地段而不适合居住的，因灾倒房户无自救能力的，可申请房屋新建、重建改造补助；属住房破损，影响正常居住的，申请房屋维修补助。分散供养五保户对象住房破损，不具备基本居住条件，影响正常居住的，可申请房屋维修补助。上行公文文种。

资助农村困难群众建房（新建、改建、维修）批准（不予批准）书

资助农村困难群众建房（新建、改建、维修）批准（不予批准）书，是指行政机关或社会工作机构对资助农村困难群众建房的求助申请进行审核、对其身份进行核实甄别，在认定是否符合救助条件的基础上，所形成的载明决定予以批准或不予批准实施救济的事由、依据及相关事项的公文。下行公文文种。

（三）人力资源管理类

人力资源管理，是指社会组织、团体或法人单位在经济学与人本思想指导下，通过招聘、甄选、培训、使用、考核、激励、报酬、调整等管理过程，有计划地对组织内外相关人力资源进行有效运用，满足组织当前及未来发展的需要，保证组织目标实现与成员发展的最大化的一系列管理活动的总称。这些活动主要包括预测组织内部人力资源需求情况，并作出人力资源需求与配置计划，招聘员工的招募与选拔、有效组织、培训与开发、绩效管理、薪酬管理、员工流动管理、员工关系管理、员工安全与健康管理等。即：社会组织、团体或法人单位运用现代管理方法，对人力资源的获取（选人）、开发（育人）、保持（留人）和利用（用人）等方面所进行的计划、组织、指挥、控制和协调等一系列活动，最终达到实现发展目标的一种管理行为。学术界一般把人力资源管理分八大模块或者六大模块：（1）人力资源规划；（2）招聘与配置；（3）培训与开发；（4）绩效管理；（5）薪酬福利管理；（6）劳动关系管理。

人力资源管理类专用公文很多，本节择要介绍部分常用的拟制式人力资源专用公文。

人事调令

人事调令，又称"调动介绍信"，是指国家机关、企业、事业单位根据工作需要，调动工作人员的工作单位或岗位，书面通知被调动人所在单位时所制作和使用的，载明被调动人姓名、报到期限的公文。如：××市人力资源和社会保障局《人事调令》（××调〔201×〕第×号）。平行、下行公文文种。

人事调动通知

人事调动通知，又称"人事安排通知"，是指机关、企业、事业单位根据上级核定的人事编制计划，结合本单位工作需要，对内部普通工作人员、员工进行岗位调整，或经协商从所属单位或其他单位调入工作人员，书面告知被调动人员本人及所在单位时制作和出具的，写清被调动人员姓名、调入单位名称、从业岗位、报到时间的公文。如：2013年8月26日，上海市卫生和计划生育委员会印发的《上海卫计委人事安排通知》（沪卫计委人事〔2013〕30号）。平行、下行公文文种。

干部商调函

干部商调函，是指用人单位拟从无直接隶属关系的地区、部门或国有单位之间调入干部身份的普通职工，在向其发送调动通知之前，与其所在单位协商并征求意见时制作和使用的，载明受函单位名称、商调理由、商调事项、发函日期等内容的公文。平行公文文种。

工资转移证明

工资转移证明，又称"工资转移介绍信"，是指被调动人所在单位向被调入单位说明被调动人工资结构和工资额情况时制作和使用的，载明当事人的基本情况、工资级别、岗位工资、薪级工资、职务工资、工龄工资、其他工资、工资总额、工资已发情况，以及社会养老保险和医疗保险情况等内容的公文。平行公文文种。

外国人就业证

外国人就业证，是指被聘用的没有取得定居权的外国人须已在我国境内，且与取得外国人就业许可的用人单位签订劳动合同后，人力资源和社会保障行政部门经审核，依法向其签发的，用中英两种文字载明被聘用的外国人姓名和国籍、护照号、职业或身份、工作单位、有效期限等内容的凭证性公文。下行公文文种。

外国人就业许可证书

外国人就业许可证书，是指人力资源和社会保障行政部门根据用人单位提交的申请、行业主管部门的意见和劳动力市场的需求状况进行核准后，依法向符合申请条件的用人单位签发的，载明被聘用的外国人国籍和姓名、就业地区和单位、从事的工作等内容的凭证性公文。下行公文文种。

申论

申论，是指在国家机关公务员录用考试中，书面考查学生分析问题、解决问题的实际能力，测试考生处理公务员日常事务的潜能时，要求考生根据试卷给定的材料或者特定的题目，进行分析而引申开来，提出见解，并加以论证的一种公文文种。是随着公务员录用考试制度而出现、推行的一种新兴文体。

应征信

应征信，是指求职人员直接向某一企业、事业单位求取一份工作时制作和使用的，表达对该单位的向往之情和请求到该单位工作的愿望，详细介绍本人所受教育、专业、工作履历、婚姻等方面的情况，求取工作种类、工资级别、特殊要求，以及本人的联系方式等内容的信函式公文。上行公文文种。

求职信

求职信，是指求职人针对所谋求职位的特点和能力要求，简要概述本人的自然情况，接受教育和工作经历情况，突出自己的实绩、专长、技能等优势特点，说明求职的原因和应聘的有利条件，对自己的能力作出客观公允的评价，向受信者表明意愿和提出请求的信函式公文。适于向用人单位谋求职务时制作并使用。上行公文文种。

履历表

履历表，是指由本人向工作单位提交的全面反映基本面貌，记载个人基本情况、政治面貌、学习简历、工作经历、家庭主要成员情况、奖惩情况等内容的书表式公文，如：职工履历表、工作人员履历表、专业技术人员履历表等。常用于求职或单位人力资源管理部门存档。上行公文文种。

员工守则

员工守则，是指企业、事业单位根据法律法规，结合行业特点和本单位工作实际，按照规定的程序制定的，内部员工在日常工作和生活中必须遵守的道德规范、考勤制度、加班值班制度、休假请假制度等方面的行为规则性公文。下行公文文种。

招聘广告

招聘广告，是指企事业单位根据自身发展的需要，依照市场规则和本组织人力资源规划的要求，通过媒介向社会发布招聘信息，并按照一定的标准来招募、聘用、组织所需人力资源，弥补企业人力资源的不足时制作和使用的，载明本单位的基本情况，招聘职位和数量，招聘人员的基本条件，报名的方式，报名的时间、地点，报名需带的证件、材料，及相关事项的公告性公文。下行公文文种。

招聘启事

招聘启事，是指用人单位通过媒介面向目标公众公开声明，招聘在职和非在职劳动者中有特定技术业务专长者，为专职或兼职的技术专业人员或管理人员，完成某项任务或担任某种职务时制作和使用的，写明单位名称、性质和基本情况，招聘人才的专业与人数，应聘资格与条件，招募人员受聘后的待遇，应聘方式、报名期限等相关信息的公文。下行公文文种。

录用合同

录用合同，是指用人单位按照规定的条件和程序，采用面向社会公开考试、严格面试考察和审核材料的办法，择优录取选拔劳动者时，录用单位与被录用劳动者之间为确立劳动关系，双方依法平等协商、自愿签订的，约定一般性的劳动权利和义务，明确劳动合同期限、试用期限、工作内容、劳动保护和条件、劳动报酬、社会保险和福利、劳动纪律、教育与培训、劳动合同的变更与解除及终止和续订、经济补偿与赔偿等相关事项的契约性公文，是劳动合同中的基本类型。平行公文文种。

录用通知书

录用通知书，是指用人单位经择优选拔，确定录用应聘者后，书面告知被录用人时制作并送达的，载明被录用人姓名、录用职位、填写通知回执与报到时间、携带资料、通知有效日期及相关承诺事项的要约性公文。平行公文文种。

岗位责任书

岗位责任书，是指单位、组织根据工作任务及分工的需要，设置的由工种、职务、职称和等级内容组成岗位，确定其职责目标时制作和使用的，使从业者明确其岗位必须履行的职责，在授权范围内应遵循的工作规范、工作程序与标准要求，应完成的工作内容以及应当承担的责任范围等内容的公文。下行公文文种。

培训计划书

培训计划书，是指企业、事业单位或行政机关的人力资源管理部门，根据形势发展的需要，结合行业特点和本单位人员的基本构成状况，对本单位或本系统的工作人员、员工，分门别类按期进行业务培训，提高其素质和能力时制作的，明确培训目的、培训对象、培训内容、培训方式、培训经费来源与使用、培训的实施及培训时间地点等内容的公文。上行、下行公文文种。

绩效考核方案

绩效考核方案，是指企业、事业单位在开展工作分析、建设绩效指标库的基础上，本着公正、公平、公开的原则，根据对员工的工作业绩和行为的正当要求和标准规范，定期或年度实行量化考核，并与利益、晋升挂钩时，制作的具有掌控性、可实现性的，明确考核目的、范围、内容、指标、依据、方法、步骤及实施等要素的计划性公文。下行公文文种。

职业资格证书

职业资格证书，是指按照国家制定的特定职业的职业技能标准或任职资格条件，通过政府认定的考核鉴定机构，对劳动者的技能水平或职业资格进行客观公正、科学规范的考试、评价和鉴定，对合格者授予相应的表明劳动者具有从事某一职业所必备的学识和技能的，载明劳动者基本情况、文化程度、职业或工种等级、理论考试和操作考核成绩、综合评审和评定成绩等内容的公文。如：教师资格证书、高级技师职业资格证书、电工职业资格证书等。它是劳动者求职、任职、开业的资格凭证,是用人单位招聘、录用劳动者的主要依据,也是境外就业、对外劳务合作人员办理技能水平公证的有效证件。下行公文文种。

竞聘上岗实施方案

竞聘上岗实施方案,是指事业单位在推进人事制度改革,规范用人制度,激发职工的工作积极性和创造性,促进职工队伍提高素质,公开拓宽选人用人渠道,建立以"全员聘用、分层聘任"为主要内容的能进能出、能上能下的用人机制时制定和使用的,明确指导思想、竞聘原则、竞聘职位、任职条件、竞聘范围、竞聘程序、遴选方式、时间安排、组织领导和纪律要求等内容的计划性公文。下行公文文种。

聘任书

聘任书,又称"聘请书",简称"聘书"。是指企业、事业单位出于某个职位对人才的需求,通过向社会公开选聘,按照规定的程序,经选拔和挑选,决定聘用有专业特长或名望权威、成绩较为突出、能胜任所安排工作的劳动者,完成某项任务或担任某种职务时制作和使用的,载明被聘者的姓名、聘任原因、聘任职位、聘任职务、聘任期限等内容的凭证性公文。下行公文文种。

聘用合同

聘用合同,亦称"聘任合同"。是指事业单位招聘或聘请在职和非在职劳动者中有特定技术业务专长者,为专职或兼职的技术专业人员或管理人员,与被聘者依法在平等自愿、协商一致的基础上,确立聘用制劳动关系时订立的,明确双方的权利义务和责任、聘任职位和职责、聘期、工资报酬、违约责任及相关约定事项的契约性公文。聘用合同是劳动合同的一种,一般适用于招聘有技术业务专长的特定劳动者。平行公文文种。

聘用意向书

聘用意向书,是指用人单位根据业务与发展的需要,有意向聘用另一方,而另一方又有求职意向,双方在正式签订聘用之前,本着平等自愿、协商一致的原则,初步达成的表达聘用、求职意识和行为倾向时制作和使用的,简要载明双方基本情况、工作内容、拟聘用期限、工资待遇及相关约定事项等内容的公文。平行公文文种。

聘任专业技术职务公示

聘任专业技术职务公示,是指企业事业单位按照公正、公平、公开的原则和规定的程序,经聘任委员会审核,在正式聘任之前,对决定拟聘任的专业技术人员事先公开预告群众周知,用以征询意见、改善工作时制作和使用的,载明拟聘任人员基本情况、拟聘任技术职务、公示期限、接待时间和联系方式等要素的告示性公文。下行公文文种。

聘用外国人就业申请表

聘用外国人就业申请表，是指用人单位因有特殊岗位需要，且不是违反国家有关规定的岗位，国内暂缺适当人选，确需要聘用外国人从事的，向人力资源和社会保障行政部门申请聘用外国人时而提交的，写明聘用单位基本情况、聘用外国人原因、外国人在中国从事的职业、外国人基本情况、拟被聘用的外国人是否有在中国就业的经历、外国人来中国前原从事的职业、聘用单位意见等内容的公文。上行公文文种。

辞职信

辞职信，又称"辞职书"或"辞呈"，是指在职工作者主动向所在工作单位提出辞去职务，自愿终结与所在单位之间的劳动关系时制作并提交的，表明辞职的意愿和态度，写清原因和理由，表达辞职需要承担的责任及请求事项的公文。上行公文文种。

辞职报告

辞职报告，也称"辞职申请书""辞职信""辞职书""辞呈"等，是指个人主动要求离开原来的工作岗位，向所在单位领导或上级组织提请批准解除劳动合同关系时制作和使用的，说明请辞的内容、申述理由、请求事项的一种申请公文。上行公文文种。

辞退通知书

辞退通知书，是指当员工违反劳动合同约定，或者严重违法违纪，或者公司根据业务重组的需要，依法决定辞退员工，与员工解除劳动合同、终止劳动关系时所签发使用的，写清辞退的理由、法律依据、离开时间、需办理事项的公文。下行公文文种。

离职通知书

离职通知书，是指工作人员、员工因解除劳动合同、退休、辞职、停职、免职、死亡等原因，被动或主动离开、脱离其所担任的职位时，人事管理部门书面告知其所在单位或部门时制作和使用的，说明其离职的原因、时间，法律依据及相关事项的公文。下行公文文种。

解聘通知书

解聘通知书，是指公司与员工解除聘用合同、终止劳动关系时制作和使用的，说明对被解聘者在奉职期间所做的工作或表现情况，作出实事求是的评估，并注明解聘的原因、依据、日期，要求被解聘者做好工作的移交，所借公款和公物的退还等内容的公文。下行公文文种。

博士后科研工作站申报表

博士后科研工作站申报表，是指具备基本条件的企业、从事科学研究和技术开发的事业单位、省级以上高新技术开发区、经济技术开发区和留学人员创业园区，按照通知要求的条件、范围、组织程序向国家或省级博士后主管部门提出申请设立工作站时制作和使用的，说明申报单位研究开发能力情况、拟提出的博士后研究项目情况、确定招收研究人员等内容的公文。上行公文文种。

设立博士后科研流动站申报表

设立博士后科研流动站申报表，是指具备基本条件的高等院校和科研院所，按照通知要求的条件、范围、组织程序向国家人力资源和社会保障部、全国博士后管委会提出申请设立博士后科研流动站时制作和使用的，说明申报学科的学术水平、科研实力，同时说明提供博士后研究人员的科研经费和住房等后勤保障条件等内容的公文。上行公文文种。

五、国土资源、水利、海域管理专用公文

（一）国土资源管理类

土地储备计划

土地储备计划，是指国土资源管理部门为实现调控土地市场、促进土地资源合理利用目标，根据当地经济和社会发展计划、土地利用总体规划、城市总体规划、土地利用年度计划和土地市场供需状况等，对依法可以纳入土地储备范围的土地，会同有关部门对本辖区的土地情况进行预测，共同编制的一定时期的储备土地规模、储备土地前期开发规模、储备土地供应规模、储备土地临时利用计划、期末储备土地规模的计划性公文。适于报同级人民政府批准，并报上级国土资源管理部门备案，以及在实施土地储备管理中作为办理相关审批手续的依据时使用。上行、下行公文文种。

土地登记申请书

土地登记申请书，是指由使用国有土地的单位及法定代表人或者使用国有土地的个人，向土地行政主管部门提交的，载明申请人基本信息、需役地坐落、宗地地图及面积、界址点坐标及四至、土地等级与现状及抵押情况、申请用途及其他登记的内容等，并附送土地权属来源证明文件等相关材料的公文。适于使用国有土地的单位及法定代表人或者使用国有土地的个人申请国有土地使用权、集体土地所有权或使用权，办理初始土地登记、颁发或者更换土地证书时使用。上行公文文种。

土地登记审批表

土地登记审批表，是指土地行政主管部门对土地登记申请审核，而依法填写的载明申请人情况、土地情况、附着物情况、需役地情况、抵押情况、土地权属来源证明文件、初审和审核意见、人民政府批准意见的公文。适于根据申请宗地的地籍调查和土地定级估价成果，对土地权属、面积、用途、等级、价格等逐宗

进行全面审核，决定是否批准申请时使用。上行、下行公文文种。

土地使用权出租合同

土地使用权出租合同，是指原拥有土地使用权的一方（出租人），承担土地使用权的一方（承租人），双方本着平等、自愿、有偿、诚实、信用的原则，依法订立的载明被出租土地的位置、面积、用途和其他地上物、附着物，双方的权利和义务，约定的出租期限，出租收益支配及方式，违约责任及其他事项等的公文。适于土地使用者发生将土地使用权单独或者随同地上建筑物、其他附着物租赁给他人使用，由他人向其支付租金的行为时使用。平行公文文种。

土地使用权抵押合同

土地使用权抵押合同，是指抵押人自愿以其有权处分的土地全部（部分）抵押给抵押权人，抵押权人经现场勘验和认真调查，查明该抵押土地权属清楚，无限制该抵押土地权利情况，自愿接受土地使用权为抵押物，经双方平等、自愿协商一致，而达成的载明抵押宗地地籍基本情况、担保债权情况、担保金额、担保范围、抵押登记、权利和义务、抵押权的实现、违约责任、争议的解决等内容的公文。适于土地使用者（抵押人）发生以其合法取得的土地使用权，以不转移占有的方式作为抵押财产，自愿向债权人（抵押权人）履行债务作出的担保行为时使用。平行公文文种。

土地使用权转让合同

土地使用权转让合同，是指作为独立财产权的土地使用权在公民或法人之间的转移，转让方和受让方自愿共同依法订立的，载明当事人双方的基本信息，转让人取得土地使用权的依据与方式，转让土地使用权的依据与方式，被转让土地的位置、面积、用途和其他地上物、附着物，地上物及其他附着物是否转让的规定，转让期限，转让金数额及支付的币种、方式、时间，违约责任，及其他事项等约定履行的权利和义务的公文。土地使用权出让合同和登记文件中所载明的权利、义务随之转移，其地上建筑物、其他附着物的所有权转让，依照规定办理过户登记。土地使用权转让，一般经公证机关进行公证证明。适于土地使用者将土地使用权再转移的行为，包括出售、交换、合建、赠与、继承、作价入股等方式。上行、平行公文文种。

不动产权证书

不动产权证书，是指新时期（2015年3月1日）实施不动产统一登记后，为保护不动产权利人的合法权益，不动产登记机构对受理的不动产权利人申请登记的不动产权利，经依法审查核实，准予登记时向权利人颁发的，载明证件号、权利人、共有情况、坐落、不动产单元号、权利类型、权利性质、用途、面积、使用期限及权利其他状况等项内容的证明性公文。下行公文文种。

不动产登记证明

不动产登记证明，是指新时期（2015年3月1日）实施不动产统一登记后，为保护不动产权利人的合法权益，不动产登记机构对申请人申请登记的不动产权利或登记事项，经依法审查核实，准予登记时向权利人颁发的，写明证件号、证明权利或事项、权利人（申请人）、义务人、坐落、不动产单元号等内容的证明性公文。下行公文文种。

国有土地使用权证

国有土地使用权证，又称土地使用权证，是指由城市各级人民政府经对土地使用人的申请审核，依法决定批准申请人有权使用该宗国有土地并向其颁发的，载明土地使用者名称、土地坐落、用途、土地使用权面积、使用年限和四至范围的法律凭证性公文。该证主要是证明土地使用者（单位或个人）使用国有土地的合法性。下行公文文种。

国有建设用地交地确认书

国有建设用地交地确认书，是指国土资源管理部门在办理供地审批手续后实际交付土地时，同国有建设用地使用权受让方或划拨建设用地使用权方共同签署的，明确宗地编号、合同号、交接依据和理由、供地过程中当事人行使权利和履行义务、双方交接的时间等内容的公文。适于在国有建设用地使用权有偿使用合同或者划拨决定书应当就项目动工开发、竣工时间和违约责任等作出明确约定、规定后使用。上行、平行公文文种。

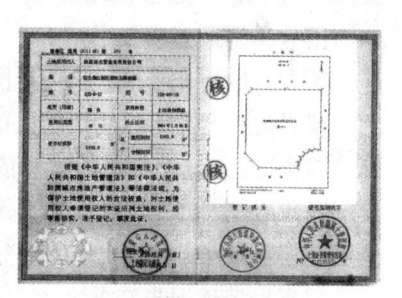

图12-3-18 《国有土地使用权证（内页）》

国有建设用地使用权出让合同

国有建设用地使用权出让合同，是指国土资源行政主管部门代表国家以出让人的身份与受让人（土地使用者），本着平等、自愿、有偿、诚实、信用的原则，就出让国有建设用地使用权的事项而依法订立的，载明出让土地的位置和面积、交付与出让价款的缴纳、土地的开发建设与利用、使用权的转让、出租和抵押、出让期限届满、不可抗力、违约责任、适用法律及争议的解决等约定事项的一种契约性法律公文。适用于将国有土地使用权在一定期限内出让于土地使用者，双方按该合同的约定、规定履行权利和义务，由土地使用者向国家支付土地使用权出让价款，开发利用国有土地。平行公文文种。

收回国有建设用地使用权决定书

收回国有建设用地使用权决定书，是指国土资源主管部门依法决定收回国有建设用地使用权而形成的，载明国有建设用地使用权人的姓名或者名称和地址、国有建设用地使用权出让合同基本信息、违反法律法规或者规章的事实和证据、决定的种类和依据、决定的履行方式和期限、申请行政复议或者提起行政诉讼的途径和期限及其他需要说明事项的公文。适用于未动工开发满两年的国有建设用地，报经有批准权的人民政府批准后，向国有建设用地使用权人下达，无偿收回国有建设用地使用权。闲置土地设有抵押权的，同时抄送相关土地抵押权人。下行公文文种。

闲置土地认定书

闲置土地认定书，是指国土资源主管部门依法向国有建设用地使用权人下达的，载明国有建设用地使用权人的姓名或者名称和地址、闲置土地的基本情况、认定土地闲置的事实和依据、闲置原因及认定结论及其他需要说明事项的公文。适于经调查核实，国有建设用地使用权人确实存在未能履行或执行有偿使用合同或者划拨决定书约定、规定的事实，而依法认定为构成闲置土地时使用。下行公文文种。

闲置土地调查通知书

闲置土地调查通知书，是指国土资源主管部门向国有建设用地使用权人下达的，载明国有建设用地使用权人的姓名或者名称和地址、涉嫌闲置土地的基本情况、涉嫌认定土地闲置的事实和依据、调查的主要内容及提交材料的期限、国有建设用地使用权人的权利和义务及其他需要调查事项的公文。适于发现国有建设用地使用权人涉嫌构成闲置土地的情况，决定对其进行调查时使用。下行公文文种。

闲置土地情况告知书

闲置土地情况告知书，是指国土资源主管部门通过门户网站等形式向社会公开发布的，载明闲置土地的位置、国有建设用地使用权人名称、出让合同及闲置时间等信息的公文。属于政府或者政府有关部门的行为导致土地闲置的，应当同时公开闲置原因，并书面告知有关政府或者政府部门。适用于在《闲置土地认定书》下达后，闲置土地在没有处置完毕前长期公开闲置土地信息。平行或下行公文文种。

闲置土地处置听证权利告知书

闲置土地处置听证权利告知书，是指国土资源主管部门书面通知国有建设用地使用权人，将对闲置土地采取的处置措施，并告知国有建设用地使用权人有申请听证权利的公文。适于在依法认定宗地为闲置土地，对国有建设用地使用权人作出征缴土地闲置费、收回国有建设用地使用权决定前，可与《闲置土地认定书》一并送达时使用。下行公文文种。

征缴土地闲置费决定书

征缴土地闲置费决定书，是指国土资源主管部门对宗地依法决定征缴土地闲置费而形成的，载明国有建设用地使用权人的姓名或者名称和地址、国有建设用地使用权出让合同基本信息、违反法律法规或者规章的事实和证据、决定的种类和依据、决定征缴的闲置费数额及履行方式和期限、申请行政复议或者提起行政诉讼的途径和期限及其他需要说明事项的公文。适用于未动工开发满一年的国有建设用地，报经有批准权的人民政府批准后，向国有建设用地使用权人下达。下行公文文种。

宗地登记公告

宗地登记公告，是指土地行政主管部门向社会发布的，载明土地使用者、所有者和土地他项权利者的名称和地址，准予登记的土地权属性质、面积、位置、用途、规划指标要求、出让年限，土地使用者、所有者和土地他项权利者及其他土地权益有关者提出异议的期限、方式和受理机关等其他事项的公文。适于经土地管理部门对土地登记申请审核，对认为符合登记要求的宗地向社会发布时使用。下行公文文种。

建设用地批准书

建设用地批准书，是指由县级以上人民政府的国土管理部门对建设单位或者个人的用地申请，按照法定程序经批准后，向申报单位发放的，载明用地单位、用地单位主管机关、土地位置、批准用地面积、建设性质、建（构）筑物占地面积、用地批准文号、批准书有效期等内容，依法准予使用建设用地的法律公文。适于以有偿使用的方式向建设单位或者个人提供国有土地使用权，由县级人民政府土地行政主管部门与土地使用者签订土地有偿使用合同，颁发给准予使用建设用地的建设单位，作为项目的选址、性质、用途等证明时使用。下行公文文种。

建设项目竣工申报书

建设项目竣工申报书，是指国有建设用地使用权人向国土资源主管部门提报的，载明国有建设用地使用权人的姓名或者名称和地址、国有建设用地使用权出让合同基本信息和约定内容、宗地建设项目及进展情况、已竣工的时间及请予检查复核的公文。适于满足国有建设用地使用权出让合同（划拨决定书）规定的规划建设条件，建设项目竣工时使用。上行公文文种。

建设项目动工开发申报书

建设项目动工开发申报书，是指国有建设用地使用权人向国土资源主管部门提报的，载明国有建设用地使用权人的姓名或者名称和地址、国有建设用地使用权出让合同基本信息和约定开工时间、宗地建设项目是否取得建筑施工许可证、已开工及开发情况、达到《闲置土地处置办法》规定的动工标准情况，以及请予检查复核的公文。适于国有建设用地使用权人在项目开发建设期间申报动工、进度情况时使用。上行公文文种。

（二）水利管理类

水土保持监测资格证书申请表

水土保持监测资格证书申请表，又称水土保持生态环境监测资质认定申请书，是指水土保持监测单位向水利行政管理机关申请水土保持监测资格证书而提交的，载明单位基本情况、单位资历、技术力量、工作业绩、技术装备等内容，并提交相关材料、证明的公文。适于具备条件的水土保持监测单位向水利行政管理机关申请资格证书时使用。上行公文文种。

水文、水资源调查评价资质申请表

水文、水资源调查评价资质申请表，是指从事水文、水资源调查评价的单位向水利行政管理机关提交的，载明单位基本情况、单位简介、法定代表人简历、单位主要技术负责人简历、单位技术人员统计表、单位业务成果概况、技术装备、申请事项等内容的专用表格式公文。适于申请水文水资源监测、水文水资源情报预报、水文测报系统设计与实施、水文分析与计算、水资源调查评价等全部或单项资质时使用。上行公文文种。

水利工程建设监理单位资质等级申请表

水利工程建设监理单位资质等级申请表，是指水利工程建设监理单位申请资质等级，而向水利行政管理机关提交的，载明单位基本情况、法定代表人基本情况、技术负责人基本情况、单位简介、注册监理工程师和造价工程师汇总表、总监理工程师汇总表、监理员汇总表、工程监理业绩、技术装备、申请事项等内容的专用表格式公文。适于水利工程建设监理企业法人首次申请或者申请增加、晋升专业资质等级或者延续资质等级证书时使用。上行公文文种。

开发建设项目水土保持方案审批申请表

开发建设项目水土保持方案审批申请表，是指项目建设单位向水土保持管理机关提交的，载明申请审批机关、开发建设项目水土保持方案名称、方案编制单位、项目规模、建设地点、总投资及土建工程投资、技术评审日期及单位、申报单位等情况的公文。适于对可能造成水土流失的生产建设、资源开发项目，项目建设单位编制水土保持方案并向水土保持管理机关申请审批时使用。上行公文文种。

开发建设项目水土保持设施验收申请表

开发建设项目水土保持设施验收申请表，是指建设单位向水利行政管理机关提交的，载明申请验收机关、开发建设项目名称、水土保持设施技术评估单位及评估时间、监测单位、监理单位、开发建设单位等情况的公文。适于在开发建设项目竣工阶段，建设单位认为已经符合验收合格条件，向审批该水土保持方案的机关提出水土保持设施验收申请时使用。上行公文文种。

建设项目水资源论证资质申请表

建设项目水资源论证资质申请表，是指从事建设项目水资源论证的单位向水利行政管理机关申请建设项目水资源论证资质而提交的，载明单位基本情况、单位简介、法定代表人简历、单位主要技术负责人简历、单位技术人员统计表、单位业务成果概况、技术装备、申请事项等内容的专用表格式公文。适于申请单位在申请建设项目水资源论证甲、乙级资质时使用。上行公文文种。

(三) 海域管理类

无居民海岛使用权证书

无居民海岛使用权证书，是指沿海县级以上海洋行政主管部门负责填写和向海域使用权人颁发的，载明证书注册号及编号、使用权人、海岛名称、海岛面积、用岛类型、终止日期等内容，由无居民海岛使用权人持有且享有无居民海岛使用权的证明性法律公文。适于按法定程序而取得无居民海岛使用权的单位或个人使用。下行公文文种。

图 12-3-19　无居民海岛使用权证书

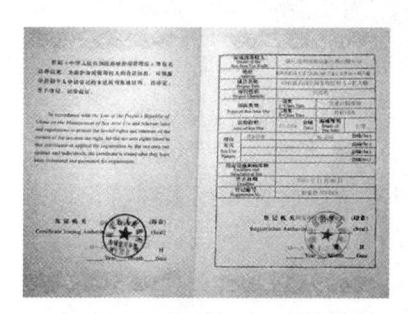

图 12-3-20　海域使用权证书

海域使用权证书

海域使用权证书，是指沿海县级以上海洋行政主管部门负责填写和向海域使用权人颁发的，载明海域使用权证书注册号及编号、海域使用权人、用海类型、宗海面积、用海方式、终止日期等内容，由海域使用权人持有并享有海域使用权的证明性法律公文。适于依法符合条件，按法定程序而取得海域使用权的单位或个人使用。下行公文文种。

海域使用申请书

海域使用申请书，是指单位或个人向海洋行政主管部门申请使用海域而提交的，载明申请人、法定代表人、项目名称、项目性质、投资额、用海年限、用海总面积、用海类型、使用方式、用海位置说明、顶点坐标等内容，并提供海域使用论证、相关的资信证明材料的公文。适于单位和个人向县级以上人民政府海洋行政主管部门申请使用海域时使用。上行公文文种。

海域使用权登记申请表

海域使用权登记申请表，是指海域使用权申请人、中标人或者买受人依法向海洋行政主管部门提出登记申请而提交的，载明对海域的权属、面积、用途、位置、使用期限等情况以及海域使用权派生的他项权利（出租、抵押海域使用权所形成的承租权和抵押权）所做的登记的公文。适于海域使用权初始登记、变更登记和注销登记申请时使用。上行公文文种。

海域使用权注销登记申请表

海域使用权注销登记申请表，是指海域使用权单位或个人向海洋行政主管部门提交的，载明海域使用权登记的内容，申请注销登记原因，并提交相关材料、证明的公文。适于海域使用权及他项权利的终止时使用。上行公文文种。

海域使用权（续期、变更、转让）申请书

海域使用权（续期、变更、转让）申请书，是指海域使用权单位或个人向海洋行政主管部门提交的，载明海域使用权证书编号、海域使用权批准文件或出让合同、海域使用权人及项目情况、海域使用权申请事项、用海面积、占用岸线、用海类型、使用方式及具体用途、用海位置说明及有关证明材料的公文。适于海域使用权期限届满，海域使用权人需要继续使用海域的，或变更海域使用权人的，或依法转让海域使用权的，向县级以上人民政府海洋行政主管部门申请时使用。上行公文文种。

六、规划、建设、交通、环保专用公文

（一）规划建设类

工程设计任务书

工程设计任务书，又称工程设计说明书，是指由各方面设计人员和工程技术人员根据经济发展规划和建设需要，在工程项目可行性研究和技术经济论证以后，在对客观条件进行全面考察了解、科学分析的基础上，共同按照委托方的要求编制的，有关工程项目的具体任务、设计目标、设计原则及有关技术指标的技术公文。工程设计任务书一般由工程设计说明书、设计图纸、概算书等三份文件组成，适于作为施工单位进行生产、施工的依据；也作为工程项目完成后质量管理部门验收的标准时使用。平行、下行公文文种。

工程地质勘察报告

工程地质勘察报告，是指勘察单位根据建设工程的要求，在查明建设场地的地质地理环境特征和岩土工程条件的基础上，经过充分论证而形成的，论述勘察的工程地质条件，对发现的工程地质问题进行科学的分析和确切的评价，做出工程地质的结论，提出具体的措施和建议，并附带图表的总结性公文。适于由建设工程的业主提供给设计、施工、监理单位作为重要资料和依据，向住建、质量监督、安全监督管理行政管理部门备案时使用。上行、平行公文文种。

住宅使用说明书

住宅使用说明书，是指住宅开发商在交付新建住宅时制作并向用户提供的，告知住宅安全、合理、方便使用及相关事项，载明房屋开发、设计、施工、委托监理等单位，房屋面积、平面布局、结构、附属设备和配套设施，标明详细的结构图（注明承重结构的位置），说明不能占有、损坏和移装的住宅共有部位，告知住宅的安全、合理、方便使用及相关事项，明确共用设备以及住宅使用规定和

禁止行为的公文。适于住宅开发商出售、交付商品住宅时提供给业主使用。平行公文文种。

住宅质量保证书

住宅质量保证书，是指房地产开发单位将新建成的商品住宅出售时，书面向购买人承诺保证房屋建设质量标准时制作并使用的，载明工程质量监督部门核验的质量等级、保修范围、保修期和保修单位等内容，约定对地基基础和主体结构在合理使用寿命年限内，承担保修、补修的责任，标明用户报修的单位、答复和处理等相关事项，且具有法律效力的公文。平行公文文种。

建设工程设计合同

建设工程设计合同，是指建设单位与建筑设计单位平等协商、共同自愿依法订立的，载明发包人与承包人、工程名称、工程地点、设计依据，约定设计费用、支付方式及双方权利和义务等事项的公文。平行公文文种。

建设工程施工合同

建设工程施工合同，是指发包方（建设单位）和承包方（施工人）为完成商定的施工工程，平等协商、共同自愿依法订立的，载明工程范围、建设工期、工程的开工和竣工时间、工程质量、工程造价、支付方式、竣工验收，明确双方权利和义务等约定事项的协议性公文。适于在建设工程施工过程中，作为双方对工程建设质量控制、进度控制、投资控制的主要依据使用。平行公文文种。

建设工程监理合同

建设工程监理合同，又称"建设工程委托监理合同"，简称"监理合同"，是指工程建设单位为委托人聘请监理单位为受托人，代其对建设工程项目实施监督管理，经双方平等协商，而自愿依法订立的明确双方权利和义务，以及双方当事人认为需要约定事项的协议，并由其他相关文件组合而成的公文。适于对建设工程项目的施工实施全过程监督管理时使用。平行公文文种。

图 12-3-21　建设工程施工合同示范文本

建设工程勘察合同

建设工程勘察合同，是指建设单位为委托方与勘察单位为承包方，为完成建设工程特定的勘察任务，经双方平等协商，而自愿依法订立的，明确委托任务的工作范围、合同工期、勘察费用、违约责任、双方的权利和义务等，以及双方当事人认为需要约定事项的协议性公文。适于为建设工程的设计工作提供勘察资料的委托任务，或为取得岩土工程的勘察资料，对项目的岩土工程进行设计、治理和监测工作的委托任务时使用。平行公文文种。

建设工程规划许可证

建设工程规划许可证，是指城市规划行政主管部门依法确认建设工程项目符合城市规划要求而核发的，载明用地单位、用地项目名称、位置、宗地号以及子项目名称、建筑性质、栋数、层数、结构类型、计容积率面积及各分类面积，并附有相关规划图纸的法律凭证。适于对建设工程符合城市规划要求的新建、改建、扩建、翻建项目，建设单位实施建设工程活动中接受监督检查时使用。下行公文文种。

建设工程施工许可证

建设工程施工许可证，是指县级以上建设行政主管部门经对建设单位提交的领取施工许可证申请材料进行审核或现场踏勘，依法确认建设工程的各种手续齐全，施工场地已经基本具备施工条件，已经确定施工企业，有满足施工需要的合法施工图纸及技术资料，有保证工程质量和安全的具体措施，已按照规定委托监理，建设资金已经落实，符合施工要求，决定准予开工，而向申请单位颁发的凭证式法律公文。适于从事各类房屋建筑及其附属设施的建造、装修装饰和与其配套的线路、管道、设备的安装，以及城镇市政基础设施工程的开工和房屋权属登记时使用。下行公文文种。

图12-3-22 西安市城乡建设委员会颁发的《建设工程规划许可证》

建设用地规划许可证

建设用地规划许可证，是指经城乡规划行政主管部门依法审核，确认建设项目的用地符合城乡规划要求时颁发的，载明建设项目的用地单位名称、用地项目名称、用地位置和范围、用地性质、用地面积、建设规模等内容的法律凭证式公文。适于建设单位向土地管理部门申请征用、划拨土地前使用，也是建设单位用地的法律凭证。下行公文文种。

建设工程质量评价报告

建设工程质量评价报告，是指监理机构（监理单位）按照工程监理规范、监理合同、监理规划及监理实施细则的要求，采取旁站、巡视和平行检验等形式，在建设工程实施全程跟踪监理和施工单位自检的基础上，依据建筑工程施工质量评价标准所作出的，

图12-3-23 《建设用地规划许可证》

对该工程监理情况的总结和对工程施工质量的评价性公文。适用于工程竣工时向建设单位、施工单位提交。平行公文文种。

建设工程质量监督注册登记表

建设工程质量监督注册登记表，是指建设单位向建设工程质量监督机关提交的，载明工程概况的内容、各参建主体的单位名称、资质及证书号、主要负责人的姓名、资格条件及资料的公文。适于在领取《施工许可证》前办理质量监督手续时使用。上行公文文种。

建设工程竣工报告

建设工程竣工报告，是指由施工单位或建筑承包商对工程进行自验后，按有关文件要求，说明工程概况、施工主要依据、工程施工情况，对工程质量总体评价、工程是否达到设计要求，是否符合国家《工程施工质量验收规范》，是否达到了施工合同的质量目标，是否具备竣工验收条件等的总结性公文。适于在单位工程完工之后、监理预验收之前，提交项目监理单位、建设单位时使用。上行公文文种。

建设工程竣工验收报告

建设工程竣工验收报告，是指工程项目竣工之后，经过相关部门成立的专门验收机构，组织专家进行质量评估验收以后，由验收小组或建设单位形成的，说明建设依据、工程概况、建设工程竣工验收条件、竣工项目审查、竣工工程质量验收实施情况，总结工程建设的经验、教训，以及对尾工程及使用提出意见和建议的总结性公文。适于向建设单位、城建档案管理部门、备案机关和监督机构提交使用。上行公文文种。

建设工程竣工规划验收合格证

建设工程竣工规划验收合格证，是指经城市规划行政主管部门依法按照建设工程规划的要求，审查提交的资料，对建设工程进行现场勘察、规划验收，确认符合建设工程主体竣工规划验收条件，验收合格后核发的，载明建设工程规划验收内容的凭证式法律公文。适于工程已竣工，符合规划要求，办理房地产确权登记时使用。下行公文文种。

建设项目建议书

建设项目建议书，又称项目立项申请书或立项申请报告，是指项目筹建法人单位或

图 12-3-24 深圳市规划局核发的《建设工程规划验收合格证》

行政主管部门，向发改委申请新建、扩建项目时所提交的，载明项目名称，论证项目设立的必要性和可行性，说明建设规模及理由、投资估算及资金筹措，对拟建项目提出框架性的总体设想和具体建议结论的公文。适于项目设立单位在报批

之前，聘请具有资质的建筑设计机构协助完成，报送请示公文时一并提交行政机关作为立项审批决策的依据时使用。上行公文文种。

建设项目投资估算

建设项目投资估算，是指在建设项目可行性研究阶段和投资决策过程中，根据建筑体量、建筑类型和结构特点，依据现行的国家建筑定额标准，结合市场建材行情、人工和机械费等，采用一定的方法，对建设项目从筹建、施工直至竣工投入使用的全部投资额或工程造价进行的大致概算的公文。适于作为建设项目的投资决策、报批、工程设计概算控制、施工和监理招标标的依据时使用。上行、下行公文文种。

建设项目选址申请书

建设项目选址申请书，是指建设单位向城乡规划行政主管部门提交的，载明建设项目的基本情况、建设项目规划选址的主要依据、申请建设项目选址、用地范围等具体规划事项的公文。适于实行审批制或核准制的项目，建设单位在报送有关部门批准或者核准前，向城乡规划主管部门申请核发选址意见书时使用。上行公文文种。

建设项目选址意见书

建设项目选址意见书，是指城乡规划行政主管部门对申报材料进行审核，认为合格后，再由项目经办人进行现场勘查，依法确认符合选址要求的项目，由规划部门依法核发的载明建设项目的基本情况、有关建设项目的选址和布局的凭证类法律公文。适于对实行审批制或核准制的项目，由规划部门核发，办理土地手续时使用。下行公文文种。

建设项目可行性研究报告

建设项目可行性研究报告，是指拟建设项目单位在报送建设项目建议书之前，委托有资质的建筑设计单位或专业咨询机构，通过调查研究，对筹建项目选址和规模、项目建设条件和建设内容、项目建设的必要性和可行性、市场预测分析进行科学论证，及对项目外部配套建设、环境保护、劳动保护与卫生防疫、消防、节能、节水、项目总投资及资金来源、投资效益、项目风险分析及风险防控影响因素等，进行全面具体的分析和评估，确定有利和不利的因素，从而得出项目可行性研究结论与建议的公文。适用于报送建设项目建议书时，一并为项目投资主体提供决策支持意见或申请项目主管部门批复。上行公文文种。

建设项目可行性研究报告的批复

建设项目可行性研究报告的批复，是指发改委对筹建单位申报的建设项目可行性研究报告进行审核后，决定予以批准，并就批准的项目名称、建设规模及内容、建设地点、建设性质、项目总投资及资金来源、建设年限等事项，对申报单位给予答复的公文。适于实行审批制或核准制的项目时使用。下行公文文种。

房屋所有权证

房屋所有权证，又称房产证。是指国家物权登记或房地产管理行政机关依法向房屋所有者或共有权人核发的，载有房地产权力人、特定房屋共有状况、房地位置、房屋性质、房屋和土地状况，以及是否设定担保物权等状况，并附登记表和平面图，用以保护房屋合法所有权归属的凭证性公文。适用于购房者取得房屋的合法所有权，该证的持有

图 12-3-25　新版《房屋所有权证》（内页）

者可依法对所购房屋行使占有、管理、使用、收益和处分的权利的法律证件。下行公文文种。

房屋拆迁许可证

房屋拆迁许可证，是指房屋所在地的县级人民政府房屋拆迁管理部门对拆迁人提出的拆迁申请依法进行审查后，对确认符合城市规划和有利于城市旧区改建条件的拆迁人颁发的，载明被拆除房屋及其附属物的所有人、拆迁范围、拆迁期限等事项，并据以实施拆迁行为的凭证性公文。适用于在城市规划区内的国有土地上，对被拆迁人给予补偿和安置后，实施的符合城市规划和有利于城市旧区改建条件的房屋拆迁行为。下行公文文种。

房屋拆迁补偿协议书

房屋拆迁补偿协议书，是指房屋拆迁人与被拆迁房屋权益人或房屋承租人，经双方平等协商而依法订立的，载明双方在房屋拆迁补偿中的权利和义务，约定拆迁补偿的项目、补偿方式、补偿标准、补偿金额和支付方式及其支付期限、搬迁期限、搬迁过渡方式和过渡期限等相关事项，同时说明违约责任和争议解决的方式的公文。适于集体土地和国有土地的拆迁补偿时使用，具有法律效力。平行公文文种。

房屋拆迁补偿安置协议

房屋拆迁补偿安置协议，是指房屋拆迁人与被拆迁房屋权益人或房屋承租人，经双方平等协商而依法订立的，载明双方在房屋拆迁补偿安置中的权利和义务，约定拆迁补偿、安置方式或实行产权调换的方式，补偿金额、搬迁补助费和临时安置补助费或停产停业损失费的发放标准和支付方式及其支付期限、搬迁期限、搬迁过渡方式和过渡期限等相关事项，同时说明违约责任和争议解决的方式的公文。适用于集体土地和国有土地的拆迁补偿安置，具有法律效力。平行公文文种。

（二）交通运输类

道路运输证

道路运输证，是指道路运输管理部门经对被许可人投入的车辆或者已有的车

辆进行审验，向符合从业条件的车辆配发的，载明业户名称与地址、车辆号牌、经营许可证号、车辆类型、吨（座）位、车辆尺寸、经营范围等内容，证明营运车辆合法经营的有效证件，也是记录营运车辆审验和对经营者奖惩等情况的凭证性公文。道路运输证中的营运证，分为主证和副页，二者必须齐全，编号必须相同，骑缝章必须相合，填写的内容必须一致。道路运输证适于随车携带，在有效期内全国通行时使用。下行公文文种。

图12-3-26 上海市交通运输管理处核发的《道路运输经营许可证》

道路运输经营许可证

道路运输经营许可证，是指道路运输管理部门向有权利从事道路运输经营活动，并具备从事道路运输经营条件的单位、团体和个人配发的，载明业户基本信息、道路旅客运输经营范围、证件有效期、经济性质、分支机构及地址、变更记录等内容的合法证明性公文。该证的正副本具有同等合法效力，是从事物流和货运站场企业经营时必须取得的前置许可，适于道路运输管理部门受理道路普通货运、道路货物专用运输、道路大型物件运输经营许可申请，审查申请人具备条件时使用。下行公文文种。

道路客运站经营申请书

道路客运站经营申请书，是指法人从事道路客运站经营业务之前，向道路运输管理机构提出申请时所制作和使用的，载明业户概况、申请事项、经营级别、经营范围、经济性质、经营场所面积、从业人员情况、车站设备等内容的公文。上行公文文种。

道路货物运输经营申请书

道路货物运输经营申请书，是指法人从事道路货物运输经营业务之前，向县级以上道路运输管理机构提出申请时所制作和使用的，载明申请人基本信息、申请许可内容、货物运输车辆信息、拟聘用营运货车驾驶员等情况，并提交相关材料的公文。适于具备资格和条件的从业者申请从事道路货物运输经营许可时使用。上行公文文种。

道路危险货物运输申请书

道路危险货物运输申请书，是指法人从事道路危险货物运输经营之前，向县级以上道路运输管理机构提出申请时所制作和使用的，载明申请人基本信息、申请拟运输的危险货物运输经营范围、货物运输车辆信息、拟聘用营运货车驾驶员等情况，并提交相关材料的公文。适于具备资格和条件的从业者申请从事道路货物运输经营许可时使用。上行公文文种。

道路客运班线经营可行性报告

道路客运班线经营可行性报告，是指申请人从事道路旅客运输班线经营，对申请道路客运班线经营的现状进行科学的分析和预测所形成的，写明拟经营班线营运客流状况调查、运营方案、效益分析，以及可能对其他相关经营者产生的影响与关系的处理、结论和建议等的公文。适于向道路运输管理机构提出从事道路旅客运输班线经营申请时使用。上行公文文种。

道路旅客运输班线经营申请书

道路旅客运输班线经营申请书，是指申请人从事道路旅客运输班线经营之前，向道路运输管理机构提出的，载明申请人基本信息、现有营运客车情况、拟投入营运客车情况、申请许可客运班线情况，并提供相关材料的公文。适用于道路旅客运输班线经营申请。上行公文文种。

道路危险货物运输行政许可决定书

道路危险货物运输行政许可决定书，是指道路运输管理机构对受理的道路危险货物运输申请材料，依法进行审查和实地核查后，决定准予具备条件的业户的申请，而形成的注明许可的运输危险货物的类别和项别、专用车辆数量及要求、运输性质等事项的公文。下行公文文种。

道路货物运输站（场）经营申请书

道路货物运输站（场）经营申请书，是指申请人从事道路货物运输站（场）经营之前，向县级道路运输管理机构提交的，载明基本事项、经营范围及种类、设备设施情况等内容的公文。上行公文文种。

公路交通安全设施整改通知书

公路交通安全设施整改通知书，是指县级以上交通行政管理部门对辖区内存在交通安全隐患，需要整改的问题，而向公路管理部门或辖区有关管理机构下达的，载明管辖路段及位置、存在的问题、需要整改的措施、提出整改意见和要求的公文。下行公文文种。

超限运输车辆行驶公路申请书

超限运输车辆行驶公路申请书，是指承运人向公路管理机构申请超限运输车辆行驶公路时使用的，载明承运单位、货主单位、通行时间、起讫点、行驶路线、车辆状况、货物状况、载运状况、超限状况等，并提交相关材料的公文。上行公文文种。

光船租船合同

光船租船合同，又称船壳租船、净船期租船，或者简称光租。这种租船不具有承揽运输性质，可相当于一种财产租赁。是指船舶所有人与承租人共同协商而订立的，载明船舶的规范、租期、租金、双方的权利和义务及约定事项等的协议性公文。适于船舶出租人只将船舶及船上的机器和设备租与承租人使用一定期限，而不配备船员，由承租人按双方约定支付租金、任命船长、配备船员，负责船员的给养和船舶经营管理时使用。平行公文文种。

定期租船合同

定期租船合同，是指船舶出租人与承租人共同协商而订立的，明确承运船舶的规范、租期、航行区域、双方的权利和义务及约定事项等的协议性公文。适于由出租人提供配备船员的船舶，由承租人在约定的期限内遵守约定的事项和用途使用，并支付租金时使用。平行公文文种。

海难救助合同

海难救助合同，是指救助人和被救助人以书面或口头形式，达成的约定由救助人对遇险的船舶或其他财产进行救助，由被救助人依救助人所付出的人力及设备等支付一定救助费或劳务费用，旨在明确双方权利义务的协议性公文。适于纯救助以外的海难救助或雇用救助，在海上或者与海相通的可航水域，救助方与被救助方对遇险的船舶和其他财产实施救助之前或进行中时使用。平行公文文种。

航次租船合同

航次租船合同，又称"承租合同"，是指船东作为出租人与货主作为承租人，就约定港口之间的航程提供船舶或部分舱位，经平等协商或谈判洽定的，载明承运约定的货物、起运港、到达港、航次、装卸、运费及特约事项和违约责任的协议性公文。航次租船合同属于海上货物运输合同，一般是在海上运输大宗货物，或者是因为班轮航线无法满足货物运输的需要，抑或是承租人转租时使用。平行公文文种。

港口作业合同

港口作业合同，是指港口经营人与作业委托人之间进行平等协商，共同订立的，载明货物名称、装船或卸船、起运港、换装港、到达港、货名、作业方式与期限、双方的权力与义务和责任界限、特约事项和违约责任等内容的协议公文。适于港口经营人收取港口费用，负责将作业委托人委托的运输货物在港口进行装卸、储存、驳运等作业时使用。平行公文文种。

水路货物运输合同

水路货物运输合同，是指国内水路货物运输托运方与承运方之间，为了实现特定的水路货物运输任务，经平等协商而依法订立的，载明货物名称和重量或体积、起运港和到达港、联运货物换装港、明确双方的权利和义务、特约事项和违约责任的公文。适于托运人托运的大宗物资或零星货物需国内水路运输，托交承运人负责经由水路送达目的港，并向承运人支付运输费时使用。平行公文文种。

海上货物运输合同

海上货物运输合同，是指收取运费，负责将托运人托运的货物交由承运人，经平等协商或谈判洽定的，明确双方的权利和义务、特约事项和违约责任，负责经海路起运港运至目的到达港，托运人向承运人支付运输费的公文。根据不同的情形和标准，海上货物运输合同可以分成不同的种类：1. 国际海上货物运输合同和国内海上货物运输合同。2. 班轮运输合同和租船运输合同。3. 散货运输合同、件杂货运输合同和集装箱货运输合同。平行公文文种。

船舶国籍证书

船舶国籍证书，是指船舶登记机关对船舶国籍登记申请依法进行审核，向符合规定的船舶签发的，用以证明船舶的国籍、船籍港、船舶所有权，并受该国法律的管辖和保护的一种凭证式法律公文。适于在办理完船舶所有权登记手续后，发给船舶所有人，按其国籍在船尾悬挂国旗，作为船舶航行、停泊和作业的法定必要证件之一。下行公文文种。

船舶营业运输证

船舶营业运输证，是指水路运输管理部门对依法批准符合条件的申办国内水路运输业经营服务的船舶配发的，载明船名、船籍港、船籍所有人和经营人、船舶管理人、经营许可证号和使用期限等事项的证明性公文。一般在办理国内水路运输经营许可证时随船配发。下行公文文种。

船舶所有权登记证书

船舶所有权登记证书，是指由海事局公布的具体实施船舶登记的海事管理机构，对船舶所有权登记申请依法进行审查核实后，向符合规定的船舶所有人颁发的，证明船舶的所有权归属的凭证式公文。适于海事主管部门对辖区内船舶登记机关和船舶登记人员进行管理时使用。下行公文文种。

图 12-3-27 交通部监制的《船舶营业运输证》

国际船舶运输经营许可证

国际船舶运输经营许可证，是指交通主管部门的航务管理机构经审核，对依法批准符合条件的申办国际船舶运输业经营服务的单位和个人颁发的，用中英文字载明公司名称和注册地，准予从事国际船舶运输业务的法律凭证。下行公文文种。

图 12-3-28 2009 年 10 月 29 日，交通运输部颁发给南京泛洲船务有限公司的《国际船舶运输经营许可证》

国内水路运输经营许可证

国内水路运输经营许可证，是指交通主管

图12-3-29 2009年11月，江苏省交通厅发放的《国内水路运输经营许可证》

部门的航务管理机构经审核，对依法批准符合条件的申办国内水路运输业经营服务的单位和个人颁发的，准予从事营业性水路运输服务事项的法律凭证。下行公文文种。

国内沿海集装箱货运代理协议

国内沿海集装箱货运代理协议，是指托运人与承运人依法经平等友好协商达成的，承运人收取运费，负责将托运人托运的货物用集装箱运输的方式，经水路由起运港运输至目的港，明确双方权利和义务，载明约定事项的协议性公文。适用于受托方作为代理人代理委托方进行货物的配舱、装船等一系列货运代理工作。平行公文文种。

包机运输合同

包机运输合同，是指包机人为包用飞机与中国民用航空售票服务处（以下简称承运人）平等协商而自愿签订的，明确包机原因、包用机型、飞行日期、航程及起止站场、经停站场、双方的义务与责任，以及约定相关事项的协议性公文。适于航空公司批准托运人包用整架飞机运送旅客或运输货物时使用。平行公文文种。

包机运输申请书

包机运输申请书，是指托运人要求包用承运人整架飞机运输货物或旅客，向航空公司提交的，书面载明包机单位名称、包机事宜、飞行日期、包机航程、起止地点、旅客团体名称或货物品名、旅客人数或货物总件数或总重量、包机其他有关事项的公文。上行公文文种。

场址预选报告书

场址预选报告书，又称"机场选址报告"，是指由机场所在地的省级民航局会同地方政府有关部门，委托和组织经民航总局认可资质的设计单位或咨询单位，按照机场场址的基本条件，对预选机场的场址而编制的，说明机场场址概况、技术经济分析、提出结论和建议等内容的建议性公文。适于在民用机场选址的预选阶段，机场所在地的省级民航局和地方政府，报机场所在地民航地区管理局时使用。如：2014年10月13日至15日，中国民用航空局委托中国民用航空工程咨询公司组织由机场建设专家、民航设计专家及中国民用航空中南地区管理局、民航湖南监管局等，就《湖南郴州机场选址报告》进行评审。上行公文文种。

民用机场使用许可证申请书

民用机场使用许可证申请书，是指由机场管理机构依法按照规定的条件和程序向民航总局或者民航地区管理局提出申请，写明机场场址简况、机场管理机构简况、机场权属简况、申请民用机场使用许可事项等内容，并随附相关文件的公文。适用于申请准许民用机场（含军民合用机场的民用部分）开放使用的许可文件。上行公文文种。

民用机场工程环境影响报告书

民用机场工程环境影响报告书，是指机场所在地的省级民航局会同地方政府，委托和组织经民航总局认可资质的环境技术单位或咨询单位，对预选机场场址建成后的环境影响进行分析、预测而编制的，阐述项目概况、建设项目周围环境现状、环境影响预测及拟采取的主要措施与效果、公众参与情况、环境影响评价结论与建议等的公文。适于民用机场选址的预选阶段，机场所在地的省级民航局和地方政府，报机场所在地民航地区管理局时使用。上行公文文种。

民用航空货运代理合同

民用航空货运代理合同，是指托运人在承运人的航线上承运货物，为更好地维护各方当事人的权益，经双方当事人协商确定，托运人或者委托承运人对示范合同文本的条款内容（包括选择内容、填写空格部位的内容），进行选择、修改、增补或删减，明确约定的条款而签订的协议性公文。适于办理部分或全部国内或国际航线的航空货物运输业务使用。平行公文文种。

民用航空器国籍登记证

民用航空器国籍登记证，是指民航总局对申请书及有关证明文件经审查，向符合规定的申请人颁发的，记载民用航空器国籍标志和登记标志、制造人名称、型号、所有人和占有人名称及其地址等事项的证明性公文。适于发放给依法在民用航空器国籍登记簿上登记的民用航空器申请人使用。下行公文文种。

图 12-3-30 《民用航空器国籍登记证》（2013年3月18日）

民用航空器国籍登记证申请书

民用航空器国籍登记证申请书，是指民用航空器的所有人或者占有人向民用航空总局申请民用航空器国籍登记而提交的，载明航空器型号、制造者、出厂序号及时间、所有人和使用人、航空器情况、申请国籍标志和登记号码等事项的公文。适于民用航空器所有人或者占有人申请《民用航空器国籍登记证》时使用。上行公文文种。

非经营性通用航空登记证

非经营性通用航空登记证，是指民航地区管理局经核准，对符合非经营性通用航空登记条件的申请，做出核准登记的决定，并向申请人颁发的，载明单位名称、使用的基地机场、使用的航空器类别、依据、批准从事的范围和项目活动、活动期限的公文。适用于具备条件的申请人依法使用民用航空器开展的不以营利为目的通用航空飞行活动，有关部门依法检查时予以提供。下行公文文种。

经营性通用航空企业筹建认可通知书

经营性通用航空企业筹建认可通知书，是指民航地区管理局经对申请材料审核，认为符合规定要求，同意申请人的申请，而书面告知申请人认可的筹建单位名称、拟从事的经营项目及类别、筹建期限等事项及相关事宜和提出要求的公文。下行公文文种。

图12-3-31 《非经营性通用航空登记证》

铁路运输合同

铁路运输合同，是指铁路运输企业与旅客、托运人为维护双方的权益，在平等自愿的基础上订立的，明确双方之间的权利和义务关系及违约责任，在约定期限内，由承运人负责将旅客、货物、包裹、行李运到目的站的协议性公文。适于旅客或托运人委托铁路运输企业办理运输业务时使用。平行公文文种。

国铁接轨许可证

国铁接轨许可证，是指铁路管理部门对申请人提报的专用线与国铁接轨的申请材料进行审查，作出准予接轨的许可决定后，向申请人颁发、送达的准予专用线与国铁接轨的证明性公文。适于对确认符合专用线与国铁接轨条件的申请人使用。下行公文文种。

专用线接轨合同

专用线接轨合同，是指铁路局与专用线接轨人经协商而依法签订的，明确双方的责任、权利和义务，注明接轨线路、车站、接轨点、设计近期到发货物品类、运量和流向，专用线技术标准、设计接轨方案和主要装卸方式，专用线建设有效期，合同有效期，合同的履行、变更、转让、解除和违约责任，以及解决争议的方法等内容的协议性公文。适用于专用线与国铁接轨的管理。平行公文文种。

图12-3-32 《铁路专用线与国铁接轨许可证》（原中华人民共和国铁道部，2012年5月29日）

专用线可行性研究报告

专用线可行性研究报告,是指铁路专用线接轨人委托具备资质的勘察设计单位,通过对拟与既有国铁或新建国铁有接轨意向的专用线运输径路进行实地勘察,就与专用线接轨的必要性和可行性、铁路专用线运量、铁路专用线主要技术标准、接轨方案、运输组织和铁路专用线作业方式、接轨站配套工程内容、接轨站及相关运输通道能力及运输组织概况、其他相关技术设备配置的主要原则及内容、工程投资等,进行分析研究和科学论证,从而得出可行性研究结论与建议的公文。适用于提交铁路管理机构立项、审批、备案、申请资金和节能评估等。如:2013 年 1 月 9 日,湖南省发展和改革和改革委员会文批复《关于新建瓦松铁路专用线工程(一期)的可行性研究报告》(湘发改铁建〔2013〕57 号)。上行公文文种。

专用线与国铁接轨意向书

专用线与国铁接轨意向书,是指由铁路专用线拟投资人或所有权人向铁路管理机构提出书面申请的,请求与既有国铁或新建国铁接轨时使用的公文。适于办理新建、改扩建专用线(含专用铁路,不含段管线)与国铁接轨事项时使用。上行公文文种。

专用线可行性研究报告审查意见

专用线可行性研究报告审查意见,是指铁路局专用线管理部门组织专家对《专用线可行性研究报告》全面进行技术审查后,向专用线拟接轨人出具的,载明专家审查意见,并提出要求据此修改报告及按规定程序办理许可等事项的公文。如:《关于河北钢铁集团沧州黄骅港钢铁物流有限公司铁路专用线工程可行性研究审查意见》(2014 年 4 月 23 日)。下行公文文种。

(三)环境保护类

环境监测快报

环境监测快报,是指由地方各级环境保护行政机关或环境监测站采用一事一报的文本方式,报告重大污染事故、突发性污染事故和对环境造成重大影响的自然灾害等事件的应急监测情况,以及在环境质量监测、污染源监测过程中发现的异常情况,及其原因分析和提出对策或建议的公文。适用于报送上级环境保护局、同级人民政府。如:甘肃省环境监测中心站应急监测指挥中心发布的《甘肃定西地震灾害环境应急监测快报》(第六期,2013 年 7 月 24 日)。上行公文文种。

环境质量报告书

环境质量报告书,是指由地方各级环境保护行政机关编制的,本辖区年度和五年环境质量报告书两种公文。按其形式分为公众版、简本和详本三类。适用于报送上级环境保护局、同级人民政府。如:河南省环境保护厅发布的《2013 年河南省环境质量年报(公众版)》(索引号:005185040/2014 – 01212,2014 年 9

月19日）。上行公文文种。

污染源监测报告

污染源监测报告，是指由地方各级环境监测站对本辖区污染源监测结果和各排污单位申报的排污状况数据，在负责核实、认可、做出适当分析后所形成的公文。适用于报告当地同级环境保护局和上级环境监测站审核，或直接用于各项环境管理工作。如：《2014年8月份济南市重点污染源监督性监测报告》（济南市环保局网站，2014年9月10日）。上行公文文种。

污染源监督监测季报

污染源监督监测季报，是指地方各级环境监测站每季度及时反映当地实施污染物总量核实、抽检、治理设施验收与运行效果检查等各类污染源监督监测基本情况的公文。适于报同级环境保护局及省级环境监测站，并向有关排污单位展示其监督监测数据时使用。如：浙江省环境保护厅监测与信息处发布的《2014年第4季度浙江重点污染源监督性监测报告》（2014年12月31日）。上行、下行公文文种。

专项规划环境影响报告书

专项规划环境影响报告书，是指由开发单位在规划项目的可行性研究阶段，委托具备资质的评价单位编写完成的，阐明实施该规划对环境可能造成影响的分析、预测和评估，论证预防或者减轻不良环境影响的对策和措施，提出环境影响评价的结论等内容的公文。适用于与工程建设项目、生产性工业项目或区域开发项目有关的专项规划。如：《泰州市电网发展"十二五"专项规划环境影响报告书（简本）》（委托单位：江苏省电力公司，评价单位：江苏省辐射环境保护咨询中心，2012年7月）。上行公文文种。

建设项目环境影响报告书

建设项目环境影响报告书，又称环评报告书，是指由建设项目单位在该项目的可行性研究阶段，委托环境保护部门或具备资质的环境评价机构，针对该项目的建设和将来生产过程中，对环境可能造成的影响、经济损益进行分析与测评，论证其环境保护措施是否可行，提出环境影响评价、建议和结论等的公文。适用于审批制的新建、扩建、改建项目，作为报批或备案制项目的根据和以后有据可查。如：四川美华新材料有限公司10000吨锦纶6差异长丝项目的《建设项目环境影响报告书（简本）》（国环评证甲字第3213号，评价单位：中国轻工业成都设计工程有限公司，2013年12月编制）。上行公文文种。

建设项目竣工环境保护验收申请

建设项目竣工环境保护验收申请，是指建设单位向有审批权的环境保护行政主管部门申请该建设项目竣工环境保护验收而提交的，载明建设项目概况、工程内容及建设规模、主要环境问题及污染治理情况、申请验收事项等内容，并提交相关验收材料而形成的公文。适于市政工程、水利工程、建筑项目、区域开发项目或建设项目竣工后，或生产性工业项目、可能产生污染的服务业在建设项目试生产前使用。如：南京××有限公司年产10万吨树脂项目的《建设项目竣工环境保护验收申请》（×建竣环申〔201×〕×号）。上行公文文种。

七、科技、教育、知识产权、文化、文物管理专用公文

（一）科技类

科技类专用公文，是政府机关、社会团体、企事业单位以及个人，在科学技术工作和科技管理工作等实际事务中，为了一定目的所形成的内容比较系统又具有一定程式性的公文。本节择要介绍部分常用的拟制式科技类专用公文。

设计任务书

设计任务书，又称"开发任务书""计划任务书"，分为工程设计任务书、产品设计任务书等。是指预先对整个设计项目或新产品统筹规划之后编制的，阐明对有关项目或新产品的设计进行选型的理由和依据，确定最佳设计方案，合理选择工程项目或新产品的类型、结构，明确具体设计任务、原则，以及用途、技术指标和要求等内容的基础性技术公文。适用于报批并据此指导开展工程项目设计或新产品设计工作。上行、平行或下行公文文种。

设计说明书

设计说明书，是指对工程或产品的设计进行说明和解释的一种科技公文，包括工程设计说明书和产品设计说明书。适于对工程的施工管理或产品的生产制作时作为依据使用。如：《红旗 Linux Asianux Workstation3 Sparkle-Live CD 设计说明书》（重庆大学软件学院）。平行公文文种。

技术任务书

技术任务书，是指产品在初步设计阶段内，由设计部门向上级对计划任务书提出的，体现产品合理设计方案的改进性和推荐性意见的公文。适用于上级批准后，作为产品技术设计的依据。上行、下行公文文种。

国家科技奖励推荐书

国家科技奖励推荐书，是指国家自然科学奖、技术发明奖、科学技术进步奖三大奖的申报、审批材料。1995年开始，国家科委将分开填写的三个奖项的申报书合为《国家科技奖励推荐书》，主要内容包括项目基本情况、项目简介、项目详细内容、本项目曾获科技奖励情况、申请和获得专利情况表、主要完成人情况表、主要完成单位情况表、推荐单位意见、专家推荐意见、推荐部门意见和附件。如：《国家科学技术奖励推荐书》（国科奖字〔2013〕60号，2013年11月13日）。上行公文文种。

国家最高科学技术奖推荐书

国家最高科学技术奖推荐书，是指各省市自治区人民政府根据当年的推荐通

知,按照推荐书规定的格式、栏目及所列标题的要求,向国家科学技术奖励工作办公室提交的,载明候选人基本情况及其主要科学技术成就和贡献、论文或专著发表情况、论文或专著被引用情况、曾获奖励情况、主要知识产权证明目录,候选人工作单位意见、推荐单位意见、专家推荐意见等的公文。适用于国家最高科学技术奖评审的基础文件和主要评审依据。如:2014年度《国家最高科学技术奖推荐书》(国科奖字〔2013〕60号,2013年11月13日)。上行公文文种。

科技建议书

科技建议书,是指科技工作者向领导或有关部门提出的有关科技工作的书面意见。主要用于分析科技工作现状和存在问题,预测科学技术和生产发展的趋势,结合我国的实际情况,提出引进技术、设备的建议性公文。适用于供各级主管部门进行科学决策时参考。如:《交通部科技项目建议书》(中华人民共和国交通部制,交科教发〔2004〕548号)。上行公文文种。

科技鉴定书

科技鉴定书,又称"技术鉴定书""科技成果鉴定书"或"评审意见书",是指在科研工作完成后,科技行政管理机关聘请有关同行专家,按照规定的形式和程序,对某项科研或科技成果、论文或著作的科学价值、学术水平、技术成熟性、经济合理性和效益性等,进行认真的审查和评价,提出肯定性意见,指出问题所在或者提出改进性的意见,作出相应的结论,而形成的具有权威性、科学性、公正性的公文。适用于专家对某项科研成果、科技成果、学术论文或著作的鉴定。上行、平行或下行公文文种。

图12-3-33 《科技鉴定书》(部分)

科技试验报告

科技试验报告,是指科技人员为了验证某一科学定理、定律、公式或某一科学结论而进行的科技试验后,客观、真实地描述、记录科技试验的仪器设备、方法、过程和结果并加以分析研究的报告性公文。用于反映试验的情况和结果,传播试验信息,保留科技资料,包括定性试验报告和定量试验报告。上行公文文种。

图12-3-34 《国家强制性产品认证(CCC)试验报告》

科技统计报告

科技统计报告，是指运用统计资料和统计分析方法，以独特的表达方式和结构特点，表现出关于科技及相关事物本质和规律性的一种公文文种。如科学技术部发展计划司发布的《科技统计报告》（2010年第四期，总第470期）。上行、下行公文文种。

科技成果鉴定证书

科技成果鉴定证书，是指针对取得的应用技术成果，就其完成合同或计划任务书要求的指标、技术资料是否齐全完整并符合规定、应用技术成果的创造性、先进性和成熟程度、应用技术成果的应用价值及推广的条件和前景等方面，由专家组成的鉴定委员会或者检测机构进行评价而形成鉴定结论，经组织鉴定单位和主持鉴定单位对鉴定结论进行审核，认可验收合格之后颁发的证明性公文。适用于列入国家和省级科技计划内的科技应用技术成果或计划外重大科技应用技术成果的鉴定验收。下行公文文种。

科技成果鉴定申请书

科技成果鉴定申请书，是指项目承担单位或个人向主管部门申请鉴定科技成果而提出的，载明成果名称、任务来源，简述成果的主要技术内容、计划任务书提出的研制期限和技术指标，已达到的技术经济指标，应用情况效益情况，说明申请鉴定的理由、鉴定工作准备情况及申请事项等的公文。适用于在科技项目完成后，向主管部门申请鉴定科技应用技术成果。上行公文文种。

图12-3-35 《住房和城乡建设部科技计划项目验收证书》（建科验字〔2012〕第96号）

科技产品技术说明书

科技产品技术说明书，是指科技产品研发者依据国家行业执行标准，以应用文体的方式，对科技产品的基本的原理和构造及技术性能、规格、参数等进行表述，使公众认识、了解某项科技产品的技术性公文。适于产品的宣传、推广，用户日常进行保养和维修时使用。如：《方正科技笔记本电脑产品说明书》。平行、下行公文文种。

科技产品使用说明书

科技产品使用说明书，是指科技产品制造商详细告知用户产品的特性、型号、规格，操作使用方法和步骤，应注意的问题及保修等事项的说明性公文。适用于制作用户手册并随产品发送。平行、下行公文文种。

科技项目申请书编写提纲

科技项目申请书编写提纲，是指一种概括地叙述项目所针对的重大科学问题、主要研究内容和目标、课题设置、经费概算，以及申请书的立项依据、国内外研究现状和发展趋势、拟解决的关键科学问题和主要研究内容、总体预期目标、总体研究方案、课题设置、现有工作基础和条件等纲目、要点的公文。适于申请国家或省级重大科学研究计划项目时使用。上行公文文种。

科研立项报告

科研立项报告，又称"科研开题报告"，是指科技工作者向国家有关部门和委托研究单位，陈述其拟开辟的新研究课题的理由和意义，对计划进行的科研项目在一定期间内的程序安排和整体规划的公文。适于在科研课题或项目正式开展之前编制，向国家有关部门和委托研究单位提报时使用。上行公文文种。

科研立项申请书

科研立项申请书，是指科技工作者向科研项目以及经费的主管部门陈述研究课题类型，申请立项依据、研究内容和研究理由，表达研究目的、目标，拟采取的研究方法和技术路线，需要达到的主要技术指标，预期研究效果等内容，以及申请科研课题立项或资助经费的书面报告公文。适于省级以下基础研究、应用研究、开发研究的资助项目或自筹项目的立项时使用。如：《国家软科学研究计划申请书》（中华人民共和国科学技术部2011年制）。上行公文文种。

科研计划任务书

科研计划任务书，是指由科研项目承担单位对科研项目的目的、意义进行介绍，对完成该科研项目的具体措施、方法和研究进度作出计划安排的一种报告体科技专用公文。适于科研项目承担单位向上级主管部门申报省部级以上重点科技项目立项时使用。如：《太原市科技项目计划任务书》（太原市科学技术局制，2007年6月）。上行公文文种。

科研项目申请书

科研项目申请书，是指科研人员向科研项目主管部门提交的，说明研究目的、研究意义和立论依据、研究方案、研究基础和条件优势、经费预算、前期准备工作情况及申请事项的公文文种。适于申请人文社科领域的基础研究、应用研究、开发研究等科研项目立项时使用。如：《国家语委科研项目申请书》（国家语言文字工作委员会科研规划领导小组办公室，2005年10月27日）。上行公文文种。

科研项目可行性报告

科研项目可行性报告，又称项目可行性研究报告，是指简要阐明立项的背景和意义，国内外研究现状和发展趋势及市场分析，项目主要研究开发内容与技术可行性分析，该项目的主要创新点，项目预期目标，项目实施方案、技术路线、组织方式与课题分解，经费预算来源和使用计划分析，现有工作基础条件和优势及主要研究人员情况，预期成果和考核目标，推广及应用前景等内容的公文。适用于申报重大科研专项课题、自然科学基金项目、社会发展科学研究基金项目、国家科技支撑计划项目、科技研发项目、新产品开发项目等的前期工作，为项目决策提供公正、可靠、科学的投资咨询意见。如：《山东省高温材料工程研究中心项目可行性研究报告》（依托单位：淄博市鲁中耐火材料有限公司、北京科技大学、山东理工大学、山东农业大学，2006年5月20日）。上行公文文种。

科研项目结项鉴定申请书

科研项目结项鉴定申请书，是指在科研项目应该进行结项的规定时间之前，由课题组向科研项目主管部门提交的，说明项目起止时间，简要总结计划执行情况和最终完成情况，项目研究的主要内容和实际达到的研究目标，简要介绍最终成果，阐明成果的创新点、先进性，成果的突出特色、主要建树及创新，学术价值和应用价值等，及申请鉴定事项的公文。适于人文社科项目，科研项目基本具备鉴定和结项的条件时使用。如：《国家语委科研项目结项鉴定申请书》（国家语委科研规划领导小组办公室，2005年10月26日）。上行公文文种。

课题申报指南

课题申报指南，是指阐述课题申报工作业务规范，帮助课题申报者理解申报的要求，掌握申报的方法，熟悉申报的规定和程序，了解申报过程中的相关注意事项，使课题申报者据此完成该领域课题申报的指导性公文文种。适于科技工作者申报国家或省级重大科学研究计划项目时使用。如：科技部发布的《国家科技支撑计划2015年度项目申报指南》（2014年2月20日）。平行公文文种。

课题结题验收证书

课题结题验收证书，是指科学研究计划项目完成后，承担单位向科研计划管理部门提出结题书面申请，经形式审查符合要求，由科学研究计划管理部门负责组织、安排验收专家组，根据《任务书》对课题进行结题验收，并提出是否可以结题的建议，经科学研究计划管理部门审查合格后而颁发的通过结题验收的证明性公文。如：科技部办公厅调研室（组织验收单位）向辽宁大学（课题完成单位）颁发的《国家软科学研究计划项目结题验收证书》（软评字〔2008〕013号）。下行公文文种。

（二）教育类

教育类专用公文，主要指在学校教育管理、教学科研过程中使用的公文。主要特点是：一是政策性。学校公文是学校行使管理职能的一种重要工具，是根据党和国家的方针、政策、法律、法规以及上级机关的指示，结合本学校的具体情况制定的。二是实用性。学校公文是根据学校实际工作需要制发的，以解决实际工作中的问题为目的。三是真实性。学校制定的公文真实准确地反映学校的工作情况、记载工作过程，并实事求是地作出计划。四是规范性。学校公文通常具有特定的格式，本节择要介绍部分常用的拟制式教育类专用公文。

学校章程

学校章程，是指学校按照规定程序依法制定，报请教育行政主管部门核准的，明确学校的办学方向与发展原则，反映学校的教育思想、办学理念、办学特色，落实举办者权利义务，完善法人治理结构，健全和规范学校内部管理体制，使学校形成自主发展、自我约束、依法办学的运行机制，保障学校的办学自主权，实施管理和履行公共职能的准则性公文。适用于学校以章程为依据，制定内部管理制度及规范性文件、实施办学和管理活动、开展社会合作。接受举办者、教育主管部门以及教师、学生、社会公众依据章程实施的监督、评估。如：2014年4月24日，教育部第13次部务会议审议通过并核准的《上海交通大学章程》（教育部高等学校章程核准书第8号）。上行、下行公文文种。

学校发展规划

学校发展规划，是指学校通过对现状的调查分析及社会发展对教育的需求预测情况，明确学校发展的优势和劣势，遵循学校章程而制定的，体现学校在未来一定时期内的办学定位及发展规划思路、原则、目标、任务及保障措施，依法实施教育管理和履行公共职能的计划性公文。如：《上海交通大学2010～2020年中长期发展暨"十二五"规划》（2013年3月29日）。下行公文文种。

学校章程核准书

学校章程核准书，是指教育行政主管部门对各级各类学校申请核准的学校章程，按照规定的程序依法进行审核后，向予以核准的学校章程申请学校发出的，告知核准的决定事项、依据及提出有关依章办学要求的确认性公文。如：2013年10月8日，教育部第33次部务会议审议通过并核准的《中国人民大学章程》（教育部高等学校章程核准书第1号）。下行公文文种。

招生广告

招生广告，是指经教育行政管理部门审核批准和备案后，进行非学历教育的各类培训类学校、业余辅导班等专项培训机构，简明扼要地在各类媒体向公众发布的、具有较强宣传作用的招收新生或学员的告知性公文。一般适于张贴、登报及杂志，或用广播、电视等形式广泛向公众进行宣传时使用。下行公文文种。

招生计划

招生计划，是指教育行政管理部门根据国家社会经济发展的需要及生源情况，结合各级学校的办学条件，制定的关于高等教育、职业教育、中等教育、基础教育等招生规模及具体人数，并分别安排下达给各级政府或各类学校的年度具体招生计划。各学校的招生计划，是在国家核定的年度招生规模内，结合近几年毕业生就业情况和各省（直辖市、自治区）的生源情况，调整招生专业结构、层次结构、区域结构，自主合理地安排分学科、专业、跨省（直辖市、自治区）招收学生的具体计划。如：《2012年教育部直属高校普通高等教育招生计划》（教发〔2012〕8号）。上行、下行公文文种。

招生简章

招生简章，是指由各级政府举办设立、教育行政管理部门批准进行学历教育的全日制普通大中专院校和职业教育院校，按照审批机关审批的内容而编制的，载有学校的基本情况、办学形式、招生专业、类别、层次、所开设的课程、招生对象、招生范围、招生人数、颁发何种学历和学位证书、收费标准、报考条件、报考日程、录取原则、地址、联系方式等内容，使考生了解该校基本情况和报考参阅的依据性公文。适于招收新生前采用纸质印刷或网络向社会发布时使用。如：《鲁东大学2012年硕士学位研究生招生简章》（鲁东大学研究生处2011年9月1日发布）。下行公文文种。

入学通知书

入学通知书，又称录取通知书，是指录取学校对考生的考试成绩和相关证明材料进行审核后，向符合录取要求的学生发送的，书面告知其录取学科或专业、接受教育的层次、报到时间和地点及入学注意事项等内容的一种专用公文。适于各级政府举办设立、教育行政管理部门批准进行全日制教育的普通大中专院校、成人教育院校、职业教育院校和中小学录取学生时使用。下行公文文种。

复学申请书

复学申请书，是指学生在校期间曾因患有疾病或者意外伤残等情形，经学校批准休学治疗的休学期满且康复后，申请人向学校请求复学时使用的，书面说明学生学籍号、原所在年级、休学原因、期限，学生经过休学后是否可以重新继续在校学习及请求批准事项，并提供相关证明材料的公文。适于学校学籍管理和教学管理等部门进行审批时使用。上行公文文种。

学籍登记表

学籍登记表，是指学校从学生入学注册开始，为每一位学生专门制作的，记载学生基本信息、在校学习成绩和表现情况的表格式公文。适用于作为对接受普通高等教育、职业高等教育、成人高等教育、中等职业教育和高中教育等的学生进行学籍管理和建立学籍档案的主要材料之一。平行或下行公文文种。

学生体检表

学生体检表，又称"学生健康状况体检表"，是指学生入学时或在校学习期间，由规定的医院或学校指定的医院，按照规定的体检项目作相应的医学检查后，由值检医生当场填写的，如实记录学生体格检查指标和身体健康状况的表格式公文。适于为所有在校学生建立健康档案或大中专学校录取时使用。上行、平行或下行公文文种。

学生干部登记表

学生干部登记表，是指学校对在学生群体中担任某些职务，负责某些特定职责，协助学校进行管理工作的学生，所制作的记载其任职情况、工作及表现情况等内容的一种表格式公文。适用于在校期间担任班级、学生会、社团、党组织等干部职务的学生。上行公文文种。

毕业生登记表

毕业生登记表，是指记载各类接受过学历教育的毕业生基本信息、简历和在校期间的综合表现情况、受到的奖励或处分及所在班级和辅导员或班主任老师的评语等，全面、客观地记录、评价毕业生在校学习及行为表现，认定其是否合格的依据性公文。适用于校方认定其毕业资格，归入毕业生个人档案。上行、平行公文文种。

图12-3-36 《毕业生登记表》

毕业生跟踪调查报告

毕业生跟踪调查报告，是指学校为分析本校毕业生去向和毕业生质量等情况，通过问卷调查、走访座谈和征求意见等形式，在对往届毕业生进行跟踪调查分析后写成的，反映毕业生情况的报告性公文。如：《南京邮电大学毕业生质量跟踪调查分析报告》（南京邮电大学，蒋琴雅、祁保华，2008年1月23日）。上行公文文种。

助学金申请表（书）

助学金申请表（书），是指全日制大、中、小学在校特殊困难的学生向学校提交的，简述本人基本情况、学习和表现情况、家庭经济等情况及申请理由和申请助学金类别的公文。适于有必要且符合资助条件的家庭经济困难学生申请某项助学金，学校对其评审时使用。如：《国家助学金申请表》（财政部、教育部，财教〔2007〕84号）。上行公文文种。

奖学金申请表（书）

奖学金申请表（书），是指普通高等院校在校学生，认为本人具备享受奖学金条件时向学校提交的，简述本人基本情况、学习与表现情况、获奖情况以及申请理由和申请奖学金类别的公文。适于全日制高等院校在校品学兼优或学有专长的本专科生、研究生、留学生申请某项奖学金，学校对其评审时使用。如：《国家奖学金申请审批表》《中国政府奖学金申请表》《国家励志奖学金申请表》（财教〔2007〕91号、教财厅函〔2008〕49号）。上行公文文种。

实验报告

实验报告，是指在科学研究实践活动中，人们为验证某一种科学理论或进行科技创新、设计、发明时，通过实验中的观察、分析、综合、判断，如实地记录实验过程和实验结果的公文。适用于情报交流和保留资料。如：《清华大学微生物实验报告》（2009年10月28日）。上行公文文种。

考试规则

考试规则，是指考试管理机构或学校对所有考生统一制定的，在进入考场前后必须遵守的行为规范及提出要求和注意事项的公文。如：《2012年高等学校招生全国统一考试规则》（教考试〔2012〕1号）。下行公文文种。

试卷分析报告

试卷分析报告，是指学校或教师为了解教学效果和学生掌握知识的水平，根据对试卷的整卷难度、知识结构、题型得分、命题质量等卷面结果所反馈的大量信息，通过数据收集与科学处理，进行知识掌握、能力培养等一系列教学效果的分析评价，得出定量或定性结果，从而根据发现的问题，寻找产生的原因、寻求解决的办法，由此提出调整教学策略，改进教学措施和方法，提高教学质量的报告性公文。适用于检查了解试题设计和教与学的情况。如《山东理工大学试卷分析报告》（课程名称《自动控制原理A》，课程编码042111）。上行公文文种。

教学大纲

教学大纲，是指根据学科或专业内容及其体系和教学计划的要求编写的教学纲要，规定课程的教学目的、任务，知识、技能的范围、深度与体系结构，教学进度和教学法的基本要求的指导性公文。适用于作为编写教材和进行教学工作的主要依据，也是检查学生学业成绩和评估教师教学质量的重要准则。如：《中等职业学校土木工程力学基础教学大纲》（教职成〔2009〕8号）。下行公文文种。

教学计划

教学计划（课程计划），是指学校教学管理部门根据不同的教学对象和培养层次，按照教学要求和培养目标分门别类编制的，明确课程结构、课程类型、课程设置、教学任务、教学管理、学习方式，具体规定课程开设的顺序和课时分配及教学要求等方面的具体实施方案。又或是一门课程教学的目的要求、教学内容、教学重点、教学难点、所需课时、教学方法和步骤等方面的具体实施方案。一般适用于作为大中专学校的专业或年级、中小学的学期或学年，进行日常教学管理和总结检查的依据。上行、下行公文文种。

教学任务书

教学任务书,是指学校教学管理部门为保证完成教学任务并落实到专任教师,书面告知教学人员教学对象、课程及性质、授课或实验课的学时分配等事项的公文。一般适用于学校教学管理部门根据教学任务向教师安排教学任务时使用。下行公文文种。

教学质量报告

教学质量报告,是指通过对教学情况、教学管理和教学质量等方面进行定性和定量的科学分析,从而总结出成功教学与管理工作的经验,找出存在的主要问题与成因,并提出详实具体、切实可行、具有可操作性的加强和改进教学工作的措施与方法的公文。一般适于对一门课程、专业、学科或一个年级、某一层次(小学、中学、中专、专科、本科、研究生)的教学质量进行评估作出评价,或对教学质量进行常态督导、监控时使用。如:《南京大学2010年度本科教学质量分析报告》(2011年9月)。上行公文文种。

教学成果鉴定书

教学成果鉴定书,是指教学成果鉴定专家组受教育行政机关的委托,对从事教育教学研究人员取得的某项教学研究成果,根据确凿的数据或证据、相应的经验和科学的鉴别、判断,进行分析论证和综合审核,就其在反映教育教学规律、是否具有独创性、新颖性、实用性,对提高教学水平和教育质量、实现培养目标是否产生明显效果的教育教学方案,提出客观、公正和具有权威性的评价意见的书面公文。下行公文文种。

图12-3-37 《教学成果鉴定书》(部分)

教学改革方案

教学改革方案,是指教育行政机关或学校根据教学计划及培养目标的要求,结合社会发展对教育的需求,对以往的教学管理或教学内容、教学方法、教学手段、教学模式等方面进行改革或重新设计,提出改革目标、原则、内容、任务、措施和相关要求,并作出安排的一种计划性公文。如:《河南师范大学大学英语课程教学改革方案》(2003年12月16日)。下行公文文种。

教学改革论证报告

教学改革论证报告,是指论证教学改革的背景与意义、目标与内容、方法和可行性,并进行客观的分析与评价的公文。适用于为决策提供可靠的依据。如:《安徽医科大学大学英语教学改革论证报告》(安徽医科大学"大学英语课程教学要求"项目组，2003年4月）。上行公文文种。

教学改革实验分析报告

教学改革实验分析报告，是指对教学改革试验点的全部或阶段性实验情况进行总结、分析研究、综合评价，找出成功的经验和存在的问题，提出改进的建议及措施的公文。适用于指导全局或局部的实验工作正常开展，为是否全面推广提供科学的依据。如：《成绩、问题与前景——课程改革实验区教学改革工作进度调研分析报告》（《福建教育》2003年第10A期）。上行公文文种。

（三）知识产权类

知识产权，是指人们在社会实践中就其智力创造的劳动成果所依法享有的专有权利，通常是国家赋予创造者对其智力成果在一定时期内享有的专有权或独占权。各种智力创造比如发明、文学和艺术作品，以及在商业中使用的标志、名称、图像以及外观设计，都可被认为是某一个人或组织所拥有的知识产权。随着科技的发展，我国为了更好保护产权人的利益，知识产权制度应运而生并不断完善。改革开放以来，我国先后相继颁布了《中华人民共和国专利法》《中华人民共和国商标法》《中华人民共和国著作权法》及其相应的实施细则（条例）、《计算机软件保护条例》《集成电路布图设计保护条例》等知识产权法律法规。知识产权类公文也应运而生，且在实践中迅速发展并得以规范。知识产权类专用公文多为固定表格式公文，本节择要介绍部分常用的知识产权类专用公文。

权利要求书

权利要求书，是指申请人为获得专利保护，向国家专利机关申请发明专利或者实用新型专利时制作和提交的，说明要求保护的发明或者实用新型专利主题名称和该项发明或实用新型专利与现有技术共有的技术特征，清楚和简要地表述请求专利行政部门予以专利保护的内容范围等权利要求的法律公文。如：发明专利《权利要求书》（发明人：江苏大学；发明名称：一种移栽机地面仿形机构；2014年7月14日，《国家知识产权局，第3044期专利公告》）。上行公文文种。

专利转让合同

专利转让合同，是指专利权人作为转让方将其发明创造专利的所有权移交受让方，经协商一致，自愿共同订立的，载明转让人和受让人的基本情况、发明创造的名称和内容、专利申请的情形及状态、专利实施和实施许可情况、技术情报和资料的清单，约定价款及其支付方式、违约金或者损失赔偿额的计算方法、争议的解决办法及相关事项的协议性公文。平行公文文种。

专利权评价报告

专利权评价报告，是指国家知识产权局根据专利权人或者利害关系人的请求，对相关实用新型或外观设计专利进行检索，并就该专利是否符合专利法及其实施细则规定的授权条件进行分析，而作出的专利权质量评价的证明性公文。主要用于在实用新型或者外观设计被授予专利权后，人民法院或者专利管理工作部门确定是否需要中止相关程序；也适用于在专利权的效力受到质疑时，专利权评价报告可以作为证明专利权具有新颖性和创造性的证据。下行、平行公文文种。

专利权质押合同

专利权质押合同，是指合同当事人中的出质人（债务人）或者第三人，为了担保合同的履行，而以自己依法享有的或者持有的专利权作为出质标的，经与合同质权人（债权人）协商一致，依法自愿订立的，明确被担保的主债权种类、质押期限、专利名称、质押担保的范围、质押的金额与支付方式等，约定在质押期间双方的权利和责任及相关事项的法律公文。适于向中国专利局申请办理专利权质押合同登记时使用。上行、平行公文文种。

专利权无效宣告请求书

专利权无效宣告请求书，是指当事人向专利复审委员会或有权机关提出的，请求宣告专利权无效的事项，具体说明理由，依据的法律规定，并提供必要的证据的法律公文。适用于自国务院专利行政部门公告授予专利权之日起，任何单位或者个人认为该专利权的授予不符合专利法有关规定的，可以请求专利复审委员会宣告该专利无效。上行公文文种。

专利权评价报告请求书

专利权评价报告请求书，是指专利权人或者利害关系人请求国务院专利行政部门，对授予实用新型或外观设计专利权的专利，作出专利权评价报告的程序公文。适于在授予实用新型或外观设计专利权的决定公告后使用，包括已经终止或者放弃的实用新型专利或者外观设计专利。上行公文文种。

发明专利请求书

发明专利请求书，是指申请人为获得专利保护，向国家专利机关申请发明和实用新型专利而提交的，写明发明或者实用新型专利的名称，发明人或者设计人的姓名，申请人姓名或者名称、地址，以及其他事项，并提交相关材料的公文。一般用于申请在进行技术开发、新产品研制过程中取得的具有新颖性、创造性和实用性的发明专利。上行公文文种。

发明专利请求提前公布声明

发明专利请求提前公布声明，是指申请人为使发明专利申请尽早获得专利法所规定的临时性保护，向国家专利机关提交的，要求发明专利自申请日起，有优先权的自优先权日起，提前公开其专利申请的公文。提前公开声明仅适用于发明专利申请，避免出现抵触申请，对同样的发明创造申请授予专利权。上行公文文种。

发明专利申请优先审查请求书

发明专利申请优先审查请求书,是指申请人认为发明专利符合优先审查的相关规定,需要优先审查时,向国家专利机关提交的,写明请求优先审查的发明专利申请进展情况、请求优先审查的理由的公文。该申请适用于已经公开、已经提出实质审查请求并缴纳实质审查请求费,且尚未开始进行实质审查的申请。上行公文文种。

外观设计专利请求书

外观设计专利请求书,是指申请人向国家专利机关提交的,请求对其发明的涉及产品的形状、图案或者其结合以及色彩与形状、图案的结合,富有美感,并应用于工业产品,具备新颖性、创造性和实用性等特征组成的新设计技术方案,准予外观设计专利,并附有说明书和附图的公文。上行公文文种。

实用新型专利请求书

实用新型专利请求书,是指申请人向国家专利机关提交的,请求对其发明的产品的形状、构造或者其结合所提出的适于实用的新的技术方案,准予实用新型专利,并附带说明书、权利要求、摘要及附图的公文。上行公文文种。

实用新型专利检索报告请求书

实用新型专利检索报告请求书,是指从授予实用新型专利权的决定公告之日起,实用新型专利的权利人请求国家专利局出具实用新型专利检索报告,写明实用新型专利的法律状态,并附送有关证明文件的公文。上行公文文种。

商标转让合同

商标转让合同,是指注册商标的所有人依法定程序,将其注册商标转移给他人,并由受让人享有该注册商标的专用权而订立的,载明转让人和受让人的基本情况、被转让注册商标的注册号、商标图样、名称、注册日期、下一次应续展的日期、该商标取得注册所包括的商品或服务,约定转让费用及支付方式、合同生效方式和生效时间及违约责任等事项的协议性公文。平行公文文种。

中外技术转让合同

中外技术转让合同,是指境内出让人与境外的受让人之间,经平等协商,自愿达成的,就某项技术的使用权,或得到国家行政机关批准的专利申请权、专利实施许可、技术秘密的权属在当事人之间转移,及约定转让方式、双方的权利义务等事项而签订的契约性法律公文。适于中方技术转让给外方,报国家专利局登记时使用。平行公文文种。

知识产权转让合同

知识产权转让合同,是指知识产权权利人(转让方)将知识产权相关的全部或部分权利转让(包括专利转让、商标转让以及著作权转让)给他人(受让方),实现知识产权的转移而自愿协商依法订立的,明确双方权利和义务及约定相关事项的协议性公文。适用于当事双方向著作权行政管理部门备案和双方共同履行。上行、平行公文文种。

著作权转让合同

著作权转让合同，是指著作权人和受让人共同协商，就著作财产权的全部或部分权能转移给他人所有而签订的，载明转让人、受让人双方的基本情况，转让作品的名称、转让的权利种类、地域、范围，约定转让价金、交付转让价金的日期和方式，双方的权利和义务、违约责任及双方认为需要约定的其他内容的书面协议性公文。著作权转让合同是诺成合同、要式合同、双务合同、有偿合同。适用于自愿向著作权行政管理部门备案登记。上行、平行公文文种。

著作权质押合同

著作权质押合同，是指享有作者财产权的债务人或第三人（出质人）与债权人（质权人），在作者财产权质押达成合约的基础上，自愿共同依法订立的，明确被担保的债权种类与数额，债务人履行债务的期限，出质著作权的种类、范围和保护期，质押担保的范围，质押担保的期限，及当事人约定的质押的金额及支付方式等其他事项的法定性公文。适于由出质人和质权人共同在国家版权局指定的登记机构申请办理登记时使用；以担保债务的履行，并用于在债务人不履行债务的情况下，债权人有权将该作者财产权折价或者以拍卖、变卖该作者财产权的价款优先受偿。上行、平行公文文种。

著作权质押合同申请表

著作权质押合同申请表，是指当事人向国家版权局指定的专门登记机构提交的，载明质押基本信息、涉及著作权人、质押合同内容、出质人信息、质权人信息、申请人信息、附页、并提交材料清单的公文。适于由出质人与质权人共同到国家版权局登记管理机关申请办理著作权质押合同登记时使用。上行公文文种。

著作权质押合同登记证

著作权质押合同登记证，是指国家版权局指定的专门登记机构经审查，对符合规定的质押合同予以登记并向出质人与质权人颁发的，载明出质人、版权人、质押原因、质押担保主债权种类与数额、质押著作权注册号、质评价值、质押期限等事项的证明性公文。下行公文文种。

作品著作权登记申请表

作品著作权登记申请表，也称版权登记申请，是指创作作品的自然人、法人或其他组织、著作权人，自愿向著作权（版权）登记部门提交的，请求依法对其作品著作权予以登记保护，以避免或为解决著作权纠纷提供初步证据，维护其合法权益的公文。适用于符合法律、行政法规规定受版权保护的作品著作权登记时。上行公文文种。

软件著作权登记申请表

软件著作权登记申请表，是指享有软件著作权的软件开发者或者其他权利人，自愿向著作权（版权）登记部门提交的，请求依法对其独立开发的计算机软件作品予以登记保护，专门享有发表权、开发者身份权、使用权、使用许可权和获得报酬权，维护其合法权益的公文。适用于独立开发软件的著作权人自软件开发完成之日起，或通过合同约定、受让、继承、承受取得软件著作权的自然人、法人或其他组织，申请著作权登记时使用。上行公文文种。

放弃专利权声明

放弃专利权声明，是指专利权人向国家专利机关提交的，明确表示主动放弃其某项发明创造的全部专利权或专利请求，自愿将其发明创造贡献给全社会的公文。适于向国家专利机关提交的发明专利请求书在审查期间或授予专利权后使用。上行公文文种。

撤回专利申请声明

撤回专利申请声明，是指专利权人向国家专利机关提交的，写明请求撤回的申请的申请号、申请时间、发明创造名称和申请人，并应有全体申请人签章，明确表示主动撤回该专利申请的公文。适于申请人在提出专利权申请以后，由于情况的变化，在办理专利权授权登记手续以前主动提出撤回专利申请时使用。上行公文文种。

（四）文化管理类

网吧经营许可证

网吧经营许可证，是指文化行政机关申办对受理的申办网吧经营、开展互联网上网服务营业的材料依法进行审核，向符合条件的申请人发放的，载明网吧经营单位名称、地址、法定代表人、经济类型、注册资本、经营业务范围等内容的合法凭证性公文。下行公文文种。

网络文化经营许可证

网络文化经营许可证，又称"文网文""网文证""网络许可证""文化经营许可证""网络经营许可证"等，是指文化行政机关对受理的以营利为目的，通过向上网用户收费或者电子商务、广告、赞助等方式获取利益的申办网络文化经营性活动的立项登记材料依法进行审核，向符合条件的申请人发放的，载明网络文化经营单位名称、地址、法定代表人、经济类型、注册资本、经营业务范围等内容的公文。下行公文文种。

图12-3-38 《网络文化经营许可证》

网吧经营管理安全责任书

网吧经营管理安全责任书,是指文化行政执行机关与网吧经营法人共同依法签订的,明确网吧的经营管理和安全工作的目标责任、权利义务、具体要求、责任追究等内容的公文。平行公文文种。

网络文化经营活动立项登记申请

网络文化经营活动立项登记申请,是指在开展互联网经营业务之前,申请人向文化行政机关申请网络文化经营行政许可立项登记时制作和使用的,写明申请人基本情况、场所名称及地址、请求事项、经营性质、经营条件、经营业务范围等内容的公文。适用于对以营利为目的而设立的经营性互联网文化经营单位或个人,通过向上网用户收费或者电子商务、广告、赞助等方式获取利益,提供互联网文化产品及其服务的活动。上行公文文种。

营业性演出许可证

营业性演出许可证,是指文化行政执行机关依法对受理的从事以营利为目的,通过售票或者接受赞助的,支付演出单位或者个人报酬的,或以演出为媒介进行广告宣传或者产品促销的,或以其他方式组织营利性演出的,为公众举办的现场文艺表演活动等的申请材料,依法进行审核,向符合条件的营业性演出申请单位或个人发放的,载明演出单位名称、地址、法定代表人、经济类型、注册资本、单位类别、经营业务范围、有效期限等内容的合法凭证性公文。下行公文文种。

音像制品经营许可证

音像制品经营许可证,是指文化行政执行机关依法对受理的从事音像制品零售、出租业务的申请材料进行审核,向符合条件的音像制品经营申请人发放的,载明音像制品经营单位名称、地址、法定代表人、经济类型、注册资本、经营业务范围等内容的合法凭证性公文。下行公文文种。

(五)文物管理类

文物保护责任书

文物保护责任书,是指文物保护单位的产权所有单位或使用单位与文物行政管理部门,为加强对文物的安全保护管理,落实相关责任制时制作并签订的,明确对文物安全保护管理的目标、工作任务、相关责任、具体措施、考核等内容的公文。上行、平行或下行公文文种。

文物勘探协议书

文物勘探协议书,是指经批准对地下、水域的文物进行勘探工作开始之前,勘探施工单位或机构与文物行政管理部门充分协商,就文物调查勘探、考古发掘项目中的事宜依法签订的,明确双方业务和权利、考古勘探范围、勘探费用与付款方式、违约责任及相关约定事项的契约性公文。平行公文文种。

文物保护管理协议

文物保护管理协议，是指经批准使用文物保护单位的部门与文物行政管理部门，就文物保护管理工作，协商而达成一致后依法签订的，明确双方业务和权利，负责文物的安全、保养和维修，约定事项及违约责任等内容的契约性公文。平行公文文种。

文物考古发掘许可申请书

文物考古发掘许可申请书，是指考古发掘单位在进行勘探、发掘地下和水域中的文物工作前，须向所在省级文物行政管理部门提出申请时制作和使用的，写明文物考古名称、请求事项、勘探发掘事由、理由和依据、文物的安全保护和管理等内容的公文。上行公文文种。

迁移拆除文物申请书

迁移拆除文物申请书，是指因特殊情况，需要迁移、拆除文物保护单位的申请人，向文物行政管理部门申请迁移、拆除文物保护单位时制作和提交的，载明申请单位名称，拟迁移、拆除市级以下文物保护的不可移动文物的名称、级别，迁移、拆除的原因，迁移拆除文物的方案，请求事项及相关事项等内容的公文。上行公文文种。

八、卫生医疗、食药安全专用公文

（一）卫生医疗类

卫生医疗，是公共管理中的一部分，是政府为履行公共事务管理职能，开展卫生服务活动，为社会及人群提供卫生服务，在防治疾病、保护和增进人们健康方面所采取的措施的综合，包括制定卫生政策、筹集和分配资源、建立卫生服务组织、健全卫生保障制度、提供基本医疗和预防保健服务、协调社会各方在内的一系列管理活动。1997年颁布的《中共中央、国务院关于卫生改革与发展的决定》对我国的卫生事业做了明确的定性："我国卫生事业是政府实行一定福利政策的社会公益事业。"卫生医疗类专用公文繁多，且有独特的规范，如《病历书写基本规范》（卫医政发〔2010〕11号）等。本节择要介绍部分常用的拟制式公文。

卫生许可证

卫生许可证，是指卫生行政管理部门对单位或个人办理卫生许可证的申请依法进行审查、实地勘验后，确认符合卫生管理规定的，颁发的卫生许可项目或范围的凭证性公文。如卫生许可证、食品卫生许可证、公共场所卫生许可证等。适用于单位和个人从事药食生产、商品流通、餐饮服务、工业产品及与人身健康相关的生产经营项目、公共活动场所和范围等。下

图12-3-39 《食品卫生许可证》

行公文文种。

执业医师资格证

执业医师资格证，又称"医师资格证书""医师执业证书"，是指具备报考执业医师资格证考试的医务人员，通过参加定期举行的全国执业医师资格证考试和执业助理医师资格考试后，由国家卫生计生委发放的，证明持证人具有独立从事医疗活动的技术和能力的公文。适用于对医疗技术资质的认可，据此向所在地县级以上人民政府卫生行政部门申请注册从事医师执业活动。下行公文文种。

图12-3-40 《执业医师资格证书》

入院记录

入院记录，是指患者入院后，由经治医师通过问诊、查体、辅助检查获得有关资料，并对这些资料归纳分析书写而成的记录性公文。适于入院、再次或多次入院时使用。

手术记录

手术记录，是指由手术实施者或其第一助手书写的，反映患者基本信息、手术日期、术前诊断、术中诊断、手术名称、手术者及助手姓名、麻醉方法等手术一般情况，手术经过、术中出现的情况及处理情况等内容的特殊医学公文。

手术同意书

手术同意书，是指对患者实施手术前，经治医师向患者书面告知术前诊断、病人的病征以及是否有基础病及是否有过敏史等详细信息，列举包括手术和保守治疗在内的各种可行的治疗方案，未实施手术的后果预测，拟施手术名称、术中或术后可能出现的并发症、手术风险，实施手术的利与弊，手术后要注意的事项等相关情况，征询患方意见，并由患方签署明确意见的医学公文。平行公文文种。

手术清点记录

手术清点记录，是指巡回护士在手术结束后即时完成的，对手术患者的姓名、住院病历号（或病案号）、手术日期和手术名称、在术中所用血液、各种医疗器械和敷料的数量等进行清点核对的医学记录。

手术安全核查记录

手术安全核查记录，是指由手术医师、麻醉医师和巡回护士三方，在麻醉实施前、手术开始前和病人离室前，共同对病人身份、手术部位、手术方式、麻醉及手术风险、手术使用物品清点等内容进行核对，及对需要输血的病人还应对血型、用血量进行核对的记录性医学公文。

上级医师查房记录

上级医师查房记录，是指上级医师查房时，对患者病情、诊断、鉴别诊断、当前治疗措施、疗效的分析，及下一步诊疗意见等所做的记录，而形成的医学公文。

术前小结

术前小结，是指在患者手术前，由经治医师书面简要对患者的病情、术前诊断、手术指征、拟施手术名称和方式、拟施麻醉方式、注意事项及相关情况等所做的总结性医学公文。

术前讨论记录

术前讨论记录，是指因患者病情较重或手术难度较大，手术前在上级医师主持下，对拟实施手术方式、术前准备情况、手术指征、手术方案、术中可能出现的问题，以及防范和应对措施等内容，进行讨论所做的记录性医学公文。

术后首次病程记录

术后首次病程记录，是指参加手术的医师在患者术后即时书写完成的，载明手术时间、术中诊断、麻醉方式、手术方式、手术简要经过、术后处理措施、术后应当特别注意观察的事项等内容的记录性公文。

出院记录

出院记录，是指经治医师在患者出院后规定时间内书写完成的，对患者此次入院日期、出院日期、入院情况、入院诊断、住院期间的诊疗经过、出院诊断、体质状态、出院情况、出院医嘱等情况所做的医学总结性公文。

会诊记录

会诊记录（含会诊意见），是指分别由申请医师书写的，简要载明患者病情及诊疗情况、申请会诊的理由和目的的申请会诊记录，会诊医师在会诊结束时即刻书写完成的会诊意见记录，而共同形成的医学公文。适于患者在住院期间，需要其他科室或者其他医疗机构协助诊疗时使用。

日常病程记录

日常病程记录，是指在入院记录之后，由经治医师或实习医务人员对病患者住院期间的病情变化、诊疗过程所做的经常性、连续性医学记录，而形成的医学公文。适于对住院的危重者、病重患者和病情稳定的患者使用。

交（接）班记录

交（接）班记录，是指患者经治医师发生变更之际，交班医师和接班医师在规定时间内书写完成的，分别对患者病情及诊疗情况、交班注意事项或接班诊疗计划进行简要总结的记录而形成的医学公文。

有创诊疗操作记录

有创诊疗操作记录，是指在临床诊疗活动过程中，进行的具有一定创伤和风险的各种诊断、治疗性操作，包括介入治疗、临床常用诊疗技术（如胸腔穿刺、腹腔穿刺等）完成后即刻书写的，反映诊疗过程、操作步骤、结果、患者反应等情况及向患者说明术后注意事项的记录性医学公文。

有创诊疗操作同意书

有创诊疗操作同意书，是指医务人员在进行有创诊疗操作前，将检查的原因、目的、可能出现的损伤、不良后果等告知患者或家属，征得其同意并签署特殊检查同意书的医学公文。平行公文文种。

死亡记录

死亡记录，是指经治医师在患者死亡后规定时间内书写完成的，记录死亡患者入院日期、入院情况、入院诊断，重点写明住院期间诊疗、病情演变和抢救经过、死亡原因、具体死亡时间、死亡诊断等的医学公文。

死亡病例讨论记录

死亡病例讨论记录，是指在患者死亡后，由科主任或具有副主任医师以上专业技术职务任职资格的医师主持，对死亡病例进行讨论、分析时形成的，记录讨论情况、具体讨论意见及主持人小结意见的医学公文。

医嘱单

医嘱单，是指经治医师在医疗活动中，根据病情和治疗的需要，对病人在护理常规、护理级别，病情危重情况，是否需要隔离及种类，饮食种类、体位、各种检查和治疗，用药的药物名称及剂量和用法等方面，书面下达的医学指令性公文。医嘱单分为长期医嘱单和临时医嘱单。

住院志

住院志，是指患者入院后，由经治医师通过问诊，查体，辅助检查获得有关资料，并对这些资料归纳分析，即时或在规定的时间内书写而成的入院记录、再次或多次入院纪录等医学公文。

住院病历

住院病历，是指客观、真实、完整地记叙反映病人病史和体征、诊断依据，鉴别诊断的分析和诊疗计划，住院期间的临床症状、病情演变和诊治经过，以及其他特殊情况，并附贴有各项原始医学检查项目和治疗方式记录等资料的医学公文。适于住院病人在首次、再次或多次入院时使用。

阶段小结

阶段小结，是指由经治医师对住院时间较长的患者，每月所做的病情及诊疗情况的总结性医学公文。一般适于对住院时间在一个月以上的患者使用。

抢救记录

抢救记录，是指患者病情危重，需对其采取抢救措施时，医务人员即时所做的记录，或因抢救急危患者未能及时书写病历，抢救结束后在规定的时间内据实补记的，写明患者病情变化情况、抢救的具体时间及措施、参加抢救的医务人员等的医学公文。

转科记录

转科记录，是指患者住院期间需要转科时，经转入科室医师会诊并同意接收后，由转出科室和转入科室医师在规定时间内，分别对患者病情及诊疗情况、转科目的及注意事项或转入诊疗计划，而书写的转出记录或转入记录，所形成的医学公文。

知情同意书

知情同意书，是指对病人实施医学检查或治疗方式之前，为使患方了解医疗的原委情状和相关的情况，经治医师书面告知患者或其亲属，此前的病情诊断情况与体征，拟采取检查或治疗的方式、理由及目的，可能产生的不良后果等相关情况，让患者知情、理解后，取得患方同意并签署书面意见，方可进行医疗活动的医学证明性公文。如：病危通知书、手术同意书等。适于有必要征得患方同意，并需患方签署意见，方可进行医学检查或治疗方式时使用。平行公文文种。

急诊留观记录

急诊留观记录，是指急诊患者留住医院观察期间，由医务人员对其临床症状和体征、检查或治疗、病情演变、诊疗措施和诊治经过，及其他特殊情况所做的记录，并附原始检验检查单、入观察室记录、病程记录、护理记录单和医嘱单等的公文。

首次病程记录

首次病程记录，是指患者入院后，由经治医师或值班医师在规定时间内，写明患者姓名及住院号，记叙患者第一次病程的病例特点、入院初步诊断、诊断依据及鉴别诊断、诊疗计划等，而形成的医学公文。

特殊病例记录

特殊病例记录，是指记载医务人员对患者中特殊病例的分析讨论结果、特殊检查或特殊诊治情况的公文。适于进行会诊、药师查房、麻醉、术前讲座、手术、疑难病症和死亡等医疗行为的记录。

特殊检查治疗同意书

特殊检查治疗同意书，是指为了尊重患方的知情权和选择权，书面告知患者特殊检查或治疗项目名称、目的、必要性、可能出现的并发症、检查或治疗的风险、估计所需的费用，让患方知情、理解后作出判断，取得患方同意和配合，并签署书面意见，方可进行医疗活动的医学公文。适于在实施特殊检查、特殊治疗前使用。平行公文文种。

病历

病历，是指医务人员在医疗活动过程中，通过问诊、查体、辅助检查、诊断、治疗、护理等医疗活动，获取的文字、影像、图表等有关资料，并在此基础上进行归纳、分析、整理，而形成的真实反映患者疾病的发生、发展、转归，对其进行的检查、诊断、治疗等医疗活动过程的医学公文。适于医院对门（急）诊病人和住院病人临床、复诊或探索预防、医疗疾病规律，以及作为处理医疗纠纷的法律依据时使用。平行公文文种。

病程记录

病程记录，是指继入院记录之后，对患者的病情变化情况、重要的辅助检查结果及临床意义、上级医师查房意见、会诊意见、医师分析讨论意见、所采取的诊疗措施及效果、医嘱更改及理由、向患者及其近亲属告知的重要事项等诊疗过程所进行的连续性记录的医学公文。

病情告知书

病情告知书，是指医生履行告知义务，使患者充分了解病情及诊疗方案，书面将患者的病情危害和预后病情变化或病人搬动可能出现的危险，提出建议医疗方案及措施，医疗风险和影响病情转归，拒绝检查或治疗可能出现的风险等，如实告知患者及其家属的医学公文。一般用于危重病人、病危病人，使患方及时了解有关的诊断、治疗、预后等方面的信息。平行公文文种。

病危（重）通知书

病危（重）通知书，是指因患者病情危、重时，由经治医师或值班医师向患者家属告知目前诊断结果及病情危重情况，征求患方意见，并由患方签署意见方可进行医疗活动的医学公文。用于交患方和归病历中保存。平行公文文种。

病重（病危）患者护理记录

病重（病危）患者护理记录，是指护士根据医嘱和病情和相应专科的护理特点书写而成的，客观记录病重（病危）患者住院期间的出入液量、体温、脉搏、呼吸、血压等病情观察、护理措施和效果等具体护理过程的医学公文。

麻醉记录

麻醉记录，是指麻醉医师在麻醉实施前记录患者一般情况、术前特殊情况、麻醉前用药、术前诊断情况，麻醉实施中记载的术中诊断、手术方式及日期、麻醉方式、麻醉诱导及各项操作开始与结束时间，麻醉期间用药名称、方式及剂量，麻醉期间特殊或突发情况及处理措施、手术起止时间等麻醉过程的医学公文。

麻醉同意书

麻醉同意书，是指对患者实施麻醉前，麻醉医师书面告知患者术前诊断、拟行手术方式、拟施行麻醉的方式，患者基础疾病及可能对麻醉产生影响的特殊情况，麻醉中拟行的有创操作和监测，麻醉风险、可能发生的并发症及意外情况等，并由患者签署是否同意麻醉意见的医学公文。平行公文文种。

麻醉术前访视记录

麻醉术前访视记录，是指在麻醉实施前，由麻醉医师对患者的一般情况、简要病史、与麻醉相关的辅助检查结果、拟行手术方式、拟施麻醉方式、麻醉适应症等进行风险评估，以及对麻醉中需注意的问题、术前麻醉医嘱等访视情况所作的记录性医学公文。

输血治疗知情同意书

输血治疗知情同意书，是指对病患者输血前，经治医师告知患者输血指征、拟输血成分、输血前有关检查结果、输血风险及可能产生的不良后果等相关情况，并由患者签署意见方可进行医疗活动的医学公文。平行公文文种。

疑难病例讨论记录

疑难病例讨论记录，是指由科主任或具有副主任医师以上专业技术任职资格的医师主持、召集有关医务人员，对确诊困难或疗效不确切病例讨论的记录，而形成的医学公文。

（二）食品药品安全类

封条

封条，是食品药品监督管理部门为调查取证、保存证据，或者防止危害进一步扩大等，在实施查封扣押物品、查封场所等时，对涉案场所、证物采取临时停止使用、禁止销售、转移、损毁、隐匿等保全措施，或者行政强制措施时使用的，注明日期，加盖食品药品监督管理部门公章标识性公文。下行公文文种。

药品说明书

药品说明书，是指药品生产企业印制并提供的，载明药品名称、规格、生产企业、药品批准文号、产品批号、结构式及分子式（制剂应当附主要成分）、作用与用途、适应症或功能主治、用法与用量（剧毒药品应有极量）、不良反应、禁忌、注意事项、包装（规格、含量）、贮藏有效期、注册商标等项内容的说明性药学公文。用以宣传介绍药品特性，指导临床正确、合理、安全使用药品，是医务人员和患者了解药品及治疗用药时的科学依据。适于药品生产企业向药品监督管理部门报审，并在生产供市场销售的最小包装时使用。上行、平行或下行公文文种。

食品说明书

食品说明书，是指标明食品产品注册、主要成分、原辅料及含量、规格等相关信息，告知消费者食用方法、保质期、贮藏方法及注意事项、生产企业名称及联系方式等的说明性公文。适于在食品类、饮用品类商品上使用。平行公文文种。

中药制剂说明书

中药制剂说明书，是指中药、天然药物处方药生产企业，根据药品药学、药理毒理、临床试验的结果、结论和其他相关信息起草和撰写的，载明药品名称、成分、性状、功能主治或适应症、规格、用法用量、不良反应、禁忌、注意事项、孕妇及哺乳期妇女用药、儿童用药、老年用药、药物相互作用、临床试验、药理毒理、药代动力学、贮藏、包装、有效期、执行标准、批准文号、生产企业名称及通讯方式等内容的说明性药学公文。用以宣传介绍中药制剂特性，指导临床正确、合理、安全使用药品，是医务人员和患者了解药品及治疗用药时的科学依据。适于中药、天然药物处方药向药品监督管理部门报审，并在生产供市场销售的最小包装时使用。上行、平行或下行公文文种。

技术鉴定委托书

技术鉴定委托书，是指食品药品监督管理部门根据行政执法案件调查的需要，依法委托技术机构对有关问题进行专门鉴定检验时使用的，写清委托事项（需要检验鉴定的项目）的合同性公文。如：××食品药品监督管理局《技术鉴定委托书》。平行公文文种。

责令召回通知书

责令召回通知书，是指食品药品监督管理部门责令生产者（包括产品批准证明文件持有人）或者进口代理单位对其组织生产、代理销售的产品进行强制召回处理时制作和使用的，写明当事人全称、召回的法律依据、召回报告的递交日期以及食品药品监督管理部门的名称等内容的公文。如：屏山县食品药品监督管理局《责令召回通知书》（屏食药监字〔201×〕×号）。下行公文文种。

保健食品说明书

保健食品说明书，是指标明保健食品的产品名称、规格、引言、原辅料、功效成分或者标志性成分及含量、生产许可证编号（进口保健食品除外）等相关信息，向消费者介绍其保健功能，并告知适宜人群、不适宜人群、食用方法及食用量、保质期、贮藏方法、注意事项、生产企业名称及联系方式等的说明性公文。专用于适宜于特定人群食用，具有调节机体功能，不以治疗疾病为目的的食品。平行公文文种。

检验结果告知书

检验结果告知书，是指食品药品监督管理部门根据有关规定，将检验结果告知当事人时制作和使用的，写明被检验的产品或者其他物质的名称、法律依据及提出复检或复核申请的期限等内容的公文。如：××市食品药品监督管理局《检验结果告知书》(×监检告字〔201×〕×号)。下行公文文种。

产品样品确认告知书

产品样品确认告知书，是指食品药品监督管理部门在餐饮服务提供者处或流通环节抽取样品后，为确认样品的真实性，向标签标示的生产者（包括产品批准证明文件持有人）或者进口代理单位发出的，写明样品的采样日期、被采样单位（人）名称或姓名、样品标注的生产或进口代理单位、生产日期或者批号、地址、样品名称、商标、规格、有关依据及告知事项等内容的书面确认性公文。如：××市食品药品监督管理局《产品样品确认告知书》(××产样确告〔201×〕×号)。下行公文文种。

九、涉外专用公文

涉外专用公文，是国家与联合国、其他国家或地区，在政治、经济、军事、科技、教育、文化、法律等各领域，进行交际往来中所产生的公文。作为国家各级外交机构处理外交事务的工具，它担负着传达国家外交方针政策，以及对整个国家外交事务实行有效管理的职能。目前，对涉外公文尚无统一分类的标准。涉外公文通常是指涉外相互往来的官方文件，它主要包括外交类公文和对外贸易类公文两大部分。

外交类公文，又称外交文件。通常是指国家及其外交机关、派出机构、外交代表和外交人员，与他国及其外交主管机关之间，或国家与联合国等国际组织之间，进行国际联络和外事活动中使用的专用公文，主要包括：外交声明、公报、宣言、照会、备忘录、外交信函、电报、国书、颂词、答词、全权证书、批准书、委托书、领事任命书、领事证书、换文、外交护照与签证等。

国际法公文，一般指的是在国际关系中，各国公认的并具有一定法律约束力的，各种调整国家间相互关系的准则、行为规范的公文。主要包括条约、公约、协议、宪章、盟约、规约、议定书等。

各种涉外公文一般没有严格遵守的格式，但随着国际关系的发展，相当一部分涉外公文逐渐形成了一定的国际惯例形式。有的公文经过各种专门委员会起草，有的通过外交途径或全权代表相互谈判达成协议、共同起草。各种涉外公文都有其明确的受文对象，办什么公务，用什么文种，讲究文如其事，辑拟准确。

本章择要介绍部分常见的外交、海关、对外贸易类涉外专用公文。

（一）外交类

公约

公约，是国际性公文条约的一种，通常是指许多国家基于共同的意愿，为关于政治、经济、军事、科技、文化、法律等重大国际问题而举行国际会议，经共同协商，最后缔结的共同遵守的多边条约。如：联合国通过的《公民权利和政治权利国际公约》、《南太平洋公海渔业资源养护和管理公约》（2009年11月14日）。适用于维护国际正常秩序和国与国之间的正常关系。平行公文文种。

专约

专约，是指国与国之间解决国际关系中的专门问题或补充现有条约所达成的协议性国际公文。专约通常是双边的，但也有多边的。如1952年5月26日，美国、英国、法国同德意志联邦共和国签订的《波恩专约》，1839年英法签订的《渔业专约》。平行公文文种。

条约

条约，是指维护国际正常秩序和国与国之间的正常关系，国家之间或政府之间缔结的，据以确定其相互权利和义务的协议性国际法律公文。条约有广义和狭义之分。在广义上是指由两个或两个以上国家之间，或国家组成的国际组织之间，或国家与国际组织之间，共同议定并签署的相互间权利和义务关系的专约、公约、协定、议定书、联合宣言、宪章、规约等。多用于重大政治、经济、科技、文化、军事等方面的协议。在狭义上是指具体名称定为条约的国际法律公文，往往是国家间议定的政治性的、最重要的、规定根本关系的公文，其缔结和生效的形式及程序比较隆重，一般需经批准和交换或交存批准书，签字人级别比较高，有效期比较长。条约一般具有时间性，如果期满不再续签即失效。如：《中华人民共和国和蒙古国政府关于边界管理制度的条约》（2010年6月1日）。平行公文文种。

规约

规约，是指创建国际组织或机构而制定的基本法或组织法，主要明确该组织的宗旨、目的、管辖、程序和修订等内容的国际性公文。适于建立一个国际组织或机构，并规定其章程时使用。如：《国际刑事法院罗马规约》（1998年7月17日）。平行公文文种。

协定

协定，是指国家之间、国际组织间或国家与国际组织间缔结的，对签署方都具有共同的约束力，并要求其履行协定所规定的义务，充分保证其享受的权利的契约性国际公文。包括文化交流协定、贸易协定、停战协定等。适用于解决专门和临时性问题、重要事件或局部利益的权利和义务等具体事项。如：《中华人民共和国政府和哈萨克斯坦共和国政府关于中哈边境口岸及其管理制度的协定》（2012年6月6日）。平行公文文种。

声明

声明，是指国家、政府、政党、团体等对某些问题或事件的立场、观点和主张,通过外交途径或新闻媒体公开表态或说明真相;或为维护国家主权,引起国际组织关注,公开表明立场、观点和态度,并表示严正警告,要求侵权方停止侵害行为的正式外交公文。如:1984年12月19日,中华人民共和国与大不列颠及北爱尔兰联合王国于北京签订《中华人民共和国政府和大不列颠及北爱尔兰联合王国政府关于香港问题的联合声明》,简称《中英联合声明》(新华社电)。平行公文文种。

护照

护照,是指公安机关的出入境管理部门对公民的出入境申请进行审核,确认符合条件后,向其颁发的,证明该公民国籍和身份的证件性公文。适于公民出入本国国境、到国外旅行通过各国国际口岸或居留时使用。下行、平行公文文种。

国书

国书,是指由派遣国和召回国国家元首或国王签发的,由大使或公使亲自向接受国元首递交的信任状,载明派遣外交代表的任命及其等级,对该使节的信任,请驻在国国家元首予以接待和信任,或在召回国书中表明大使已经

图 12-3-41 新中国成立以来的各版护照

完成使命,现予召回,并向驻在国元首表示感谢等内容的正式公文。适于已经正式建立外交关系的国家之间,在派遣或召回外交大使、公使时使用。如:2014年3月20日,国家主席习近平在人民大会堂接受十四国新任驻华大使递交的国书(新华社3月20日电)。平行公文文种。

宣言

宣言,是指一国或多国政府单独或共同宣布在某些重大问题上,为表明意愿、主旨、主张,所采取的方针、政策、原则和态度,向社会公开发布的外交公文。如:《中非合作论坛第五届部长级会议北京宣言》(2012年7月20日)。或国家之间为阐明自己的政治纲领、政治主张,或对重大的政治问题表明基本立场和态度而发表的声明性公文。如:《中华人民共和国与阿富汗伊斯兰共和国关于建立战略合作伙伴关系的联合宣言》(2012年6月8日)。平行公文文种。

宪章

宪章,是指规定国家间关于某一重要国际组织的宗旨、原则、组织机构、职权范围、议事程序以及成员国的权利义务等方面的内容,具有国际条约性质的公文。属于多边条约的一种。如:2002年6月,上海合作组织成员国在圣彼得堡举行第二次峰会,六国元首签署了《上海合作组织宪章》。平行公文文种。

换文

换文，是指两国或多国之间，就已议定并达成协议的事项，在事先约定的日期所交换的内容相互一致的照会式外交公文。一般用于补充正式条约，或确定关于处理某一特殊问题已达成的共同意愿，或单独用来确认就某项具体问题达成的协议。如：《中国和密克罗尼西亚沼气培训项目换文》（2011年6月10日）。平行公文文种。

致辞

致辞，亦作"致词"，是指在国际交往的活动中，主宾双方分别或活动承办国政府首脑发表的，旨在表达思想感情、推动外交活动、增进双方友谊、发展交流合作愿望的礼仪性外交公文。适于在国际交往活动正式开始讲话时使用。如：《共同推动非洲发展迈上新台阶——在第24届世界经济论坛非洲峰会上的致辞》（中华人民共和国国务院总理李克强，2014年5月8日，尼日利亚阿布贾）。上行、平行或下行公文文种。

颂词

颂词，是指派遣国大使向接使国元首及政府所致的友好祝愿，表述被任命大使的心情，转达派遣国元首及其他领导人对驻在国元首及其他领导人、政府和人民的问候，赞颂与评价两国的关系，赞颂驻在国所取得的成就，表示自己将努力完成所负使命的愿望，并希望驻在国予以协助和支持等内容的一种外交公文。颂词正本，用于由派遣国大使递交国书时面对驻在国元首诵读后递交；颂词副本，用于派遣国大使抵达驻在国后，连同国书副本一起呈送驻在国外交部部长。如：2006年2月15日，中国驻新西兰大使张援远向新西兰总督递交的国书并致颂词（中国新闻，2006年2月17日）。平行公文文种。

答词

答词，是指接使国元首对派遣国大使所致颂词的回答，表示接受和欢迎派遣国大使，感谢派遣国元首及其他领导人的问候，对国际形势及所关心的问题的议论，对两国关系的评价与颂扬，赞颂派遣国的成就及表示愿意协助和支持派遣国大使的工作等内容的公文。答词由接使国元首诵读后面交派遣国大使。在近代的外交实践中，不断改革外交礼仪与外交文书，有些国家免去互致颂、答词，采取较简便自由的觐见谈话方式。平行公文文种。

照会

照会，是指在外事交涉过程中表明立场、观点、态度、意见、做法或通知事项等内容的公文。照会形式分正式照会与普通照会两种。正式照会是由国家元首、政府首脑、外交部部长、大使代办签发，行文用第一人称，一般不加盖机关印章，应用于国家间重要通知或交涉等；普通照会是由外交部及外交代表机关发出，行文用第三人称，加盖机关印章，一般不需签名，应用于外交代表机关之间的行政性、事务性通知，或交际往来等。如：《关于各使馆机构及时足额缴纳个人所得税的照会（中、英文）》（2013年1月20日）。平行公文文种。

签证

签证，是指一个国家的出入境管理机构或其驻外使领馆，对外国公民所签发的，准予其出入本国国境或者经过国境的一种签注式证明性公文。下行、平行公文文种。

签证申请表

签证申请表，是指公民本人或委托代理机构，向目的国驻申请人所在国的大使馆或领事馆递交的，载明申请人信息，申请出入境事由及次数、单次停留时间等旅行信息，及其他相关事项的表格式公文。适于申办出入境或移民签证时，须与护照、相关证件和材料一并同时使用。上行公文文种。

开场白

开场白，是指在国际会议或与国际友好使者见面开场时，发布的简要介绍活动背景、内容、目的等引入本题的宣讲性外交公文。应用于传统外交和公众外交活动。如：《驻英国大使刘晓明就温家宝总理访英举行中外记者会开场白》（2011年6月22日）。平行公文文种。

议定书

议定书，是指缔约国对条约的解释、补充、修订或延长有效期，以及关于某些技术性问题，所议定并缔结的国际法律公文。议定书有的附在原条约或协定之后，有的作为独立的条约式公文使用，有时国际会议对某项问题议定并经签字的条约也叫议定书。如：2012年4月28日，外交部副部长程国平和俄罗斯交通部副部长阿里斯托夫代表两国政府在莫斯科正式签署《同江铁路界河桥建桥协定修订议定书》（外交部）。平行公文文种。

批准书

批准书，是指国家元首根据国家最高权力机关的决定，签署批准其全权代表同他国或国际组织签订条约或认可、并加入条约等事项的证明性外交公文。如：第十二届全国人大常委会第八次会议表决通过，批准《视听表演北京条约》。2014年7月10日，中国国家新闻出版广电总局（国家版权局）局长蔡赴朝，在北京向世界知识产权组织（WIPO）总干事弗朗西斯·高锐递交了《中国政府〈视听表演北京条约〉批准书》。下行公文文种。

抗议书

抗议书，是指国家、政府、社会团体组织为维护国家主权和尊严，书面公开发布对他国的官方言论、行径或措施，明确表示极其不满，提出强烈反对意见和严厉谴责，强调指出可能导致的后果，给予严正警告并表明态度和合理要求的外交公文。一般适于涉及国家主权和尊严或政治、军事等方面的重大原则问题时使用，由本国外交部指示其驻他国大使馆大使向他国外交部提出或转交。如：2014年1月6日，美南加州上百侨团联合向日本首相安倍发出《抗议书》，对日本侵犯中国钓鱼岛主权、安倍晋三参拜靖国神社等敌视中国的行径表示强烈抗议。（新华社）平行公文文种。

备忘录

备忘录，是指国家间或外交代表机关之间在外交活动与事务交涉中，经口头通知、谈话、事实叙述之后，为便于对方记忆，避免发生误解，将所谈内容以书面形式送交对方的一种外交公文。主要用于叙述问题的事实经过，阐明立场、观点和法律等方面的细节，或陈述与补充本方的观点、意见，或驳复对方；或举行会谈时写明本方提出的观点；或提醒某件事时作为一种客气的催询等。如：《中华人民共和国外交部和菲律宾共和国外交部关于加强合作的谅解备忘录》（2011年8月31日）。平行公文文种。

邀请函

邀请函，是指在国际交往活动中，根据活动、工作需要，国家及政府机关或人民团体、企事业单位，或经批准以个人的名义，邀请外国首脑、友人、知名人士、专家或合作者等来访、参加某项活动时所发送的请约性外交公文。适于地市级人民政府外事部门、副部级及以上人民团体和大型国有企业，以及教育部备案的全日制高等院校使用。如：《第三届世界闽商大会采访邀请函》（福建省人民政府外事办公室，2010年5月7日）。平行公文文种。

工作文件

工作文件，是指联合国大会或国家之间组织的会议，分别由同地域、同民族或是追求同种利益的国家所形成的若干个集团的代表们，在进行游说和结盟之后，在各自立场文件的基础上，综合他国立场和要求，草拟出的概述该集团针对某一问题的统一立场、观点、看法和希望，以及解决方案的公文。适于会议讨论成熟，或就一个议题的某一部分讨论成熟，由一个成员提交给主席团时使用。如：《中国代表团在〈不扩散核武器条约〉第八次审议大会上提交的关于无核武器区问题的工作文件》（2011年4月7日）。上行公文文种。

框架文件

框架文件，是指国与国之间或者地区之间在业已存在的友好关系基础上，为进一步发展两国长期稳定的友好合作关系，友好协商，自愿在之前的某项条约或规则约定下，形成的明确合作领域、长期目标及合作方式等，作为未来两国关系、合作的框架和指导方针的外交公文。如：《中华人民共和国和瑞典王国关于在可持续发展方面加强战略合作的框架文件》（2012年4月24日）。平行公文文种。

框架协议

框架协议，是指两国之间或缔约机构之间，友好协商，自愿达成的表示双方长期合作意向、原则性约定条款的公文，也指国家之间缔结的有关条约，就某些系列问题达成的原则性约定条款的外交公文。适于缔约双方已经或正在进行的多项交流与合作建立了长期关系，需要一个特殊的合作机制涵盖这种关系和单项合作的需求时使用。如：2002年11月，朱镕基总理和东盟十国领导人共同签署了《中国——东盟全面经济合作框架协议》。平行公文文种。

战略合作框架协议

战略合作框架协议，是指两国之间友好协商，秉承共同发展、诚信合作的宗旨，双方同意将对方作为各自事业发展的战略合作伙伴，在相关领域开展广泛、深入的合作，互邀参与有关合作领域的技术科研开发、建设和技改等工作，双方互相提供技术支撑和服务，双方高层建立不定期会晤和沟通机制，并就战略合作关系、合作方式、双方的权利和义务及约定的事宜等自愿达成的协议性外交公文。平行公文文种。

双边条约

双边条约，是指缔约方只有两国或两个国际组织之间，按照国际法的规定，共同议定并签订的政治性的、最重要的和规定根本关系的，以及双方相互的权利和义务关系的国际法律公文。如：《中华人民共和国和柬埔寨王国领事条约》（2010年2月25日）。平行公文文种。

多边条约

多边条约，是指缔约国为多国之间，或国家组成的国际组织之间，或国家与国际组织之间，依据国际法的规定，共同议定并签定的在政治、经济、科技、贸易、法律、文化、军事等诸方面，其缔约国相互间权利和义务关系的国际法律文件。如：《上海合作组织成员国长期睦邻友好合作条约》（2007年8月16日）。平行公文文种。

国际条约

国际条约，是指国际法主体之间以国际法为准则，对涉及世界性的政治、经济、贸易、法律、文化、军事等方面的问题，为确立其相互权利和义务而缔结的协议性法律公文。国际条约包括一般性的条约和特别条约。一般性的国际条约，通常是大多数或多数国家参加的，主题事项涉及世界性问题，起着创立一般适用的国际法原则和规则的作用。特别条约一般由两个或几个国家为特定事项缔结的。如：WTO规则，对WTO成员的组织和公民都具有约束力。国际条约有多种名称，有条约（如《里斯本条约》）、公约（如《北大西洋公约》）、协定（如《卡塔赫纳协定》）、协定书（如《蒙特利尔协定书》）、宪章（如《大西洋宪章》）、签约和宣言（如《联合国家宣言》）等。一般情况下，国际条约只对缔约国有约束力，而对非缔约国并无拘束力，这是公认的国际法原则。平行公文文种。

国际公法

国际公法，也称"国际法"，是指在国际交往中形成的被各国公认和具有普遍意义的，具有法律约束力的原则、准则、规则和制度的国际法律公文。用以调整各主权国家以及其他具有国际人格的实体国之间的政治、军事、文化等各种国际关系（主要是国家间关系）。如：《联合国海洋法公约》、《国际民用航空公约》。平行公文文种。

国际协议

国际协议，是指国家、政府、政党、团体之间，就相互有关的政治、经济、文化等方面的问题经过谈判、协商，达成一致意见之后形成的明确彼此间的权利义务关系的契约性外交公文。如：《关于指导解决中华人民共和国和越南社会主义共和国海上问题基本原则协议》（2011年10月11日）。平行公文文种。

外交公报

外交公报，是指两个或两个以上的国家就会谈或者会议内容以新闻的形式向国内外公布的公文。分为单发公报和联合公报。单发公报主要用于以一国或其政府的名义，正式向外报道关于国家领导人出访、来访的消息等。如：《上海合作组织成员国元首理事会会议新闻公报》（2012年6月6日至7日，北京）。平行公文文种。

外交电报

外交电报，是指一国的领导人、外交机关及其派出机构或代表发给他国或国际组织和代表的公务电报，是一种常用的快速通讯的外交公文。多用于邀请、祝贺、答谢、慰问、吊唁及各种事务性联系。如：《胡锦涛主席向梅德韦杰夫总统致慰问电》（2011年6月22日）。下行、平行或上行公文文种。

外交声明

外交声明，是指由一国政府、外交部门或以国家、政府、政党、团体或其领导人名义，就某一问题或事件说明其真相，并阐明本国政府的立场、观点、态度或主张的外交公文。适用于在报刊上公开发表，或向对方宣读后交给对方。如：《中华人民共和国与南方共同市场关于进一步加强经济、贸易合作的联合声明》（2012年6月29日）。平行公文文种。

外交函件

外交函件，是指国家领导人、外交机关及其派出机构或外交代表之间进行外事交涉的来往信函公文。根据通信者双方的身份及通信内容的重要程度，分正式函件和便函。正式函件用于国家领导人、外交部部长、大使、代办等有全权代表身份者交涉重要事项；便函用于事务性内容。外交函件多用于交流双方的观点、意见，协商与联系解决问题。有时也用于国家机关、团体、企事业单位和地方政府领导人致他国相应机构和人士交涉事务。如：2014年5月22日，国家主席习近平致函雅各布·祖马，祝贺他再次当选南非共和国总统。平行公文文种。

全权证书

全权证书，是指由国家元首或政府首脑签署和颁发的，载有授权者、被授权者的职务、姓名，委派其行使的权力与执行的全权同外国进行有关谈判、签订条约，或出席国际会议等任务的证明性外交公文。按照国际惯例，除国家元首、政府首脑、外交部部长外，其他官员和代表在谈判并签订条约或出席国际会议时，均应具备《全权证书》。如：2012年2月28日，中国新任常驻联合国日内瓦办事处和瑞士其他国际组织代表刘振民大使向联合国递交全权证书。下行公文文种。

共同展望

共同展望，是指在外交活动中，国家之间就某项关乎切身利益的事项，共同对其未来的发展前景进行分析、预测和商讨之后形成一致的意见，并公开对外发布的外交公文。如：《中华人民共和国和印度共和国关于二十一世纪的共同展望》（2008年1月15日）。平行公文文种。

涉外公证

涉外公证，是指国家公证机关行使国家公证权，依照法定程序，根据外国人和中国血统的外籍人申请公证的事项，以及中国人申请公证并需要拿到中国领域以外使用的公文或其他证件的事项，所制作的一种作为证件或凭证的非规范性涉外公证的法律公文。下行公文文种。

情况说明

情况说明，是指在涉外交往活动中，就某项事务或某些方面，对涉事方的认识、态度、措施、意向等进行阐述、深入解释的外交公文。如：按照习近平主席和奥巴马总统达成的建设中美新型大国关系的共识，为推进中美经济关系的发展，中美双方按商定发布《关于加强中美经济关系的联合情况说明》（2013年12月5日）。平行公文文种。

答记者问

答记者问，是指国家领导人或官方发言人就读者亟须了解和关心的问题，或有关领导机构需要向广大群众宣传、解释的问题，直接回答记者提问的一种新闻发布形式。如：2014年3月13日上午，第十二届全国人大二次会议闭幕后，国务院总理李克强在人民大会堂答中外记者问。

联合公报

联合公报，是指两个或两个以上国家、政府、政党的代表，就有关重大国际问题、事件的会谈中或者会谈后，共同发表的关于会谈进展、过程以及达成的协议等情况所发表的报道性外交公文。用以表明双方或多方对同一问题的共同看法，或是经过谈判达成的具有共同承担权利和义务，经过各自全权代表签署，以昭信守的条约或协议性外交公文。如：《中俄印外长第十一次会晤联合公报》（2012年4月13日）。平行公文文种。

联合声明

联合声明，又称"共同声明"，是指由两个以上国家、政府、政党、团体或其领导人在举行会议或会谈中，就共同关心的问题表明立场，或说明各方就双边或多边问题所达成的协议以及各自享有的权利和义务，而联名发表的声明性外交公文。其中，由两国、两党或团体发表的，具有共同宣言性质，或具有双方共同承担某些权利、义务的条约性质；由两国领导人共同发表的，一般是在一方访问另一方时经协商、谈判之后，就某些问题发表的共同立场、观点，或就某些问题表明共同承担的权利与义务；会议声明多属政治性宣言，表达到会各国对某些问题的共同意愿、态度、主张或应共同遵守的原则等。如：2014年12月23日，习近平会见埃及总统塞西签署中埃联合声明。平行公文文种。

领事证书

领事证书，是指接受国当局承认派遣国任命的领事官员职务，并由接受国外交机关颁发准予其在领事区域内执行领事职务的官方凭证类公文。如：2012年1月10日，外交部驻港公署特派员吕新华向土耳其和菲律宾驻港总领事颁发《领事证书》。下行公文文种。

领事任命书

领事任命书，亦称为"委任领事官文凭"，或称"特许证"，是指派遣国政府任命并颁发给其总领事或领事前往驻在国赴任的，载明被任命者的职务、姓名、任务、赴任地点，以及希望接领国承认，给予他应享受的优遇和权利，对其工作给予协助和支持等内容的任命性外交公文。如：2013年2月17日，新任中国驻亚丁总领事潘志南向也门外交部部长科尔比递交了《总领事任命书》。下行公文文种。

书面讲话

书面讲话，是指主讲人不必临场即兴发挥，而照本宣读事先已经准备好的，有主题、有重点、有层次、有中心内容的发言稿，表示友好态度、阐明面临的形势或问题，表明正式官方看法和立场，强调主要观点，表达愿望和谢意等的外交公文。书面讲话是备案的，讲话的内容有法律效力。一般适于在正式的、重要的、严肃的场合发表时使用。一般情况下，领导人发表书面讲话，并现场分发演讲稿，主要是为了节省时间。如：2013年3月22日，习近平抵达莫斯科，在机场发表书面讲话。平行公文文种。

专题发言

专题发言，是指联合国会员国或者各个主权国家在外交活动中，对某项议题所做的针对性较强的话题，进行阐明立场、发表观点和交换意见的发言。属于外交公文的一个种类。如：《中国代表团在第66届联大一委关于〈禁止化学武器公约〉、〈禁止生物武器公约〉问题的专题发言》（2011年10月17日）。平行公文文种。

主旨演讲

主旨演讲，是指国际会议或论坛的中心人物或主要发言人，对中心议题进行的全面、客观的权威阐述，其演讲的具体内容以及中心指导思想，都是围绕着议题的核心而展开的外交公文。属于外交公文的一个种类。如：《唐家璇在慕尼黑安全政策会议核心小组会议欢迎晚宴上的主旨演讲》（2011年11月20日，北京）。平行公文文种。

主体发言

主体发言，是指在国际会议和处理国际事务中，作为会议的主办方和主要参加者，所做的关于某个议题的重要发言。属于外交公文的一个种类。如：《温家宝总理在中国与东盟领导人特别会议上的主体发言》（2003年4月29日）。平行公文文种。

一般性发言

一般性发言，是指联合国会员国代表或驻外使节，在平等的基础上进行展示自己，表达自身关心和关切的问题，阐明立场和观点，发出呼吁和倡议的外交公文。如：《驻维也纳代表团成竞业大使在第55届联合国外空委大会上的一般性发言》（2012年6月6日）。平行公文文种。

一般性辩论发言

一般性辩论发言，是指联合国会员国针对某一项议题而进行的，表达自身关心和关切的问题，阐明立场和观点，发出呼吁和倡议的外交专用公文。如：2013年9月27日，外交部部长王毅在第68届联大一般性辩论上的发言《站在新起点上的中国》。平行公文文种。

介绍性发言

介绍性发言，是指在国际性会议或外交活动中，一国代表就他国普遍存在，且共同关心的某一问题进行商讨研究，草拟出的针对此问题的看法和观点、解决方法，以及本国或本地区在此问题上所取得的一系列成果进行分享和介绍的外交公文。如：2014年3月20日，人权理事会通过了关于中国的普遍定期审议结果，中国代表团团长吴海龙作了介绍性发言。平行公文文种。

解释性发言

解释性发言，是指发言人向国际组织侧重于交代背景、说明事理，通过解说某个道理或某一问题来达到树立观点的目的，或阐明态度和观点，阐释选择结果的原因和理由，表明立场和看法，预示发展趋势的一种外交专用公文。多用于常驻联合国代表就联合国提出的议题进行投票表决后，投票国对本国在投票表决中所作出的选择（赞成、反对或弃权）结果予以解释时使用。如：2014年7月21日，中国常驻联合国代表刘结一大使，在安理会通过马航MH17航班在乌克兰东部坠机事件决议后的解释性发言（常驻联合国代表团供稿）。平行公文文种。

谅解备忘录

谅解备忘录，又称协议备忘录，是国际协议的一种通称。它是指两个或两个以上国家的政府或政府部门，经过协商、谈判达成共识后，记载缔约各方在谈判中各自所持立场及缔约各方已达成的，规定在某一具体问题上彼此间权利和义务关系、合作机会、保密、协议期限、法律适用、费用分摊、排他性谈判、争议解决、协议终止等项内容的条款，并由缔约各方代表签字后生效的条约性外交公文。备忘录既可以独立使用，也可以作为其他条约性文件的附件使用。如：《驻尼泊尔大使杨厚兰代表中国政府与尼方签署在尼设立中国文化中心谅解备忘录》（2012年11月1日）。平行公文文种。

（二）海关类

托运单

托运单，俗称"下货纸"，是托运人根据贸易合同和信用证条款内容，向承运人或其代理办理货物托运而填制的，记载货物名称、目的港、双方的权利和义务及约定事项的合约性单证公文。适于货物运输出口货物报关、装运、交接时使用。平行公文文种。

清关文件

清关文件，又称为单证，是指外贸进出口过程中，货物出入海关时需要由出口商同时提供的证明业务合规性的托运单（即下货纸）、发票、贸易合同、出口收汇核销单及海关监管条件所涉及的各类作证公文。适于向海关申报进口货物、出口货物或转运货物进入或出口一国海关关境或国境，办理海关规定的各项手续时使用。上行公文文种。

报检委托书

报检委托书，是指货主在进出口货物时，委托报

图12-3-42 《报检委托书》

检公司向检验检疫局申报商检时，与箱单发票、报检委托书、外贸合同等一并提交的证明性公文。适于生产企业或公司对海关强制规定需要出入境通关单的进出口货物（比如，机电、汽车等），无自主报检权时使用。上行、平行公文文种。

代理报关委托书

代理报关委托书，是指托运人委托承运人或其代理人为办理报关等通关事宜，根据《海关法》和相关法律法规要求而签署的，明确双方责任和义务等委托报关协议内容，并提供海关备案的具有法律效力的授权证明性公文。适于办理货物、物品、运输工具进出境及相关海关事务的手续和步骤时使用。上行、平行公文文种。

报关员年审报告书

报关员年审报告书，是指从业报关员在每年规定的期间参加海关年审，书面报告本人基本情况，说明本年内办理报关业务和遵守海关法规等情况的公文。适用于海关结合日常报关记录，对报关员的

图12-3-43 《代理报关委托书》

业务水平、遵纪守法情况进行考核，以重新确认报关员继续从业的资质。上行公文文种。

进出口货物报关单

进出口货物报关单，又称"报关单"，是指进出口货物收发货人或其代理人，按照海关规定的格式对进出口货物的实际情况做出书面申明，以此要求海关对其货物按适用的海关制度办理通关手续的法律公文。它既用作海关监管、征税、统计以及开展稽查和调查的依据，又作为加工贸易进出口货物核销，以及出口退税和外汇管理的凭证，也用作海关处理走私、违规案件，以及税务、外汇管理部门查处骗税和套汇犯罪活动的证明。上行公文文种。

进出口货物征免税证明

进出口货物征免税证明，即征免税证明，是指海关对受理的减免税申请人的进出口货物相关情况

图12-3-44 《中华人民共和国海关进口货物报关单》

依法进行审核后，经审核符合相关规定的，作出进出口货物征税、减税或者免税的决定，并签发的载明备案、审批内容、主管海关审批征免意见及相关要求事项等的公文。适于对海关审批特定减免税项目的备案、审批、货物进口时向海关交

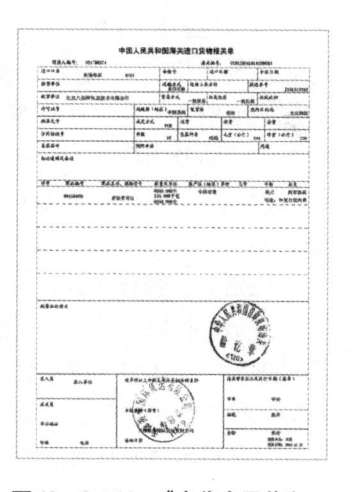

验和后续管理时使用。下行公文文种。

出口货物退税专用报关单

出口货物退税专用报关单，是指海关经审核，向受理的符合退税条件的出口货物退税企业的申请，根据实际出口货物的数量、价值等签发的，出口货物退税报关专用的凭单式公文。适于在该出口货物装载的运输工具办结海关监管手续，海关放行货物实际离境之日起的规定时间内，或企业到税务机关办理退税手续时使用。出口货物在内地海关报关后转关至出境地口岸海关出口的，内地海关在收到口岸海关的转关通知单回执后，才予以办理出口货物退税专用报关单。上行、下行公文文种。

知识产权海关备案申请书

知识产权海关备案申请书，是指知识产权权利人向海关申请需要保护的知识产权备案手续而提交的，将已录入的备案申请数据打印，并加盖申请人或代理人印章，连同备案费缴款凭据复印件和其他相关材料共同形成的书面公文。此申请适于知识产权权利人为取得海关知识产权（包含商标权、专利权、著作权等）保护，而事先就自己需要保护的知识产权向海关进行申请备案的手续时使用。上行公文文种。

（三）对外贸易类

进口检验申请单

进口检验申请单，又称进口评议申请单，是指进口商品的报验人（订货单位、用货单位或其代理），根据国家有关法律、行政法规的规定或业务需要，在商检机构规定的地点和期限内，所填写的载明各项内容的一种表单式公文。适于向指定的商检机构或检验机构申请办理进口检验或检疫时使用。上行公文文种。

进出口货物许可证

进出口货物许可证，是指由国家商务机关或对外经贸行政管理部门及其派驻在主要口岸的特派员办事处，代表国家向国家批准特定企业、单位进出口特定货物而签发的，批准某项商品进出口的具有法律效力的证明性公文。适于凡实行进出口配额许可证管理和进出口许可证管理的商品，各类进出口企业在进出口前按规定向指定的发证机构申领，作为海关查验接受和办理通关手续、放行进出口货物和银行办理结汇的依据使用。上行、平行或下行公文文种。

图 12-3-45 《进口检验申请单》

对外贸易谈判方案

对外贸易谈判方案，是指为使谈判按照既定的目标与程序顺利进行，提高谈判质量，在对外贸易谈判前，对谈判事项的具体安排而制定的，详细说明谈判的目的、对象、主题、目标、步骤、进度等内容的计划性公文。适于商品进出口、技术进出口、对外投资和招商引资等谈判时使用。上行、平行或下行公文文种。

反倾销调查申请书

反倾销调查申请书，是指符合申请反倾销调查的主体资格的国内产业的自然人、法人或者有关组织依法向国家商务部反倾销调查机关提交的，书面请求针对原产于某一个或多个国家、地区的进口商品进行反倾销立案调查，说明国内产业发展情况和现状，概述国内产业因申请调查产品向中国倾销所受到损害的情况，以及明确提出申请调查事项并附具相关证据的法律公文。适于利害关系人依法认为进口的相同产品或者类似产品的倾销行为，对国内产业造成损害提出反倾销时使用。如：2014年6月18日，中国石油天然气股份有限公司吉林石化分公司、黑龙江中盟龙新化工有限公司，委托北京市天路律师事务所向商务部提交的《中华人民共和国甲基丙烯酸甲酯产业反倾销调查申请书》（公开文本）。上行公文文种。

反倾销调查最终裁定

反倾销调查最终裁定，是指国家反倾销调查机关在对倾销及倾销幅度、损害及损害类型与程度，做进一步的调查终结后，基于现有事实和证据，而形成的最终调查结论，确认其进口产品是否倾销并是否构成损害，并且确认倾销和损害之间是否存在因果关系，并对是否征收反倾销税作出最终裁决的公文。适于反倾销调查机关在肯定初裁倾销和损害成立的基础上，继续对申请人提出的反倾销指控作进一步调查后使用。如：《关于原产于日本和美国的进口间苯二酚反倾销调查的最终裁定》（中华人民共和国商务部公告2013年第13号，2013年3月22日）。下行公文文种。

出口商品检验申请单

出口商品检验申请单，是指具有该商品出口经营权的企业或对外贸易关系人根据国家法律或货物买卖合同规定，向商检机构提出的，要求其对出口商品作出检验、鉴定，随附相关单据或证件的公文。适于《中华人民共和国进出口商品检验法》规定的商品在出口前办理检验时使用。上行公文文种。

涉外合同

涉外合同，主要是具有对外贸易性质的涉外合同，或称"对外贸易合同"，是指我国法人或者其他组织同外国的法人、其他组织或者个人之

图12-3-46 《出口商品检验申请单》

间，依据平等互利、协商一致的原则，为实现一定的经济目的而订立的契约性公文。如：《中外合资经营企业合同》《中外合作经营企业合同》《中外合作勘探开发自然资源合同》等。该公文适于具有涉外因素时使用，即合同的当事人、合同的客体或者产生、变更、终止合同关系的法律事实中任何一个具有涉外因素。在涉外合同中，最主要的是具有对外贸易性质的涉外合同（或称为对外贸易合同）。平行公文文种。

涉外投标书

涉外投标书，是指投标者在涉外工程投标中接到资格审核合格通知后，按招标文件的规定和要求，为了达到中标的目的而编制的，介绍本单位的机构组成、技术力量、管理水平、报价等内容的公文。应用于涉外工程项目或进出口贸易等项目的投标活动，供开标、评标、决标时使用的公文。上行公文文种。

涉外招标书

涉外招标书，是指在国内的国际工程、国际贸易或国际技术等合作项目的招标活动中，为引进竞争机制，争取最佳效益而编制的，载明招标项目内容及其要求标准和条件、投标的方法和步骤、投标时限和地点、开标时间和地点等事项，以期择优选择承包对象的涉外性公文。多用于国际承包工程、政府机构或大企业营建工程项目、购买成套设备和大宗商品等，是其后签订合同的依据。如：复旦大学附属眼耳鼻喉科医院眼科光相干断层扫描仪国际招标公告（中国国际招标网，2014年12月29日）。平行公文文种。

涉外招标通告

涉外招标通告，是指招标人向国际市场的承包商、供应商等承包人公开发布的，说明招标项目名称和项目所在地点，招标的具体内容，招标的范围和方法，招标的时限、地点、资金来源和项目要求，以及购买资格预审文件和招标文件的日期、地点、截止时间和价格等事项的告知性公文。适于将招标的一些情况、信息告诉或邀请国外的承包商、供应商，以期择优选择投标对象时使用。如：《上海市轨道交通18号线工程设计18标项目招标公告》（中国采购与招标网，2014年7月26日）。下行公文文种。

涉外仲裁协议

涉外仲裁协议，是指在涉外经济贸易、运输和海事中的中外双方当事人在自愿、平等的基础之上，经协商一致，将可能发生的争议纠纷或已经发生的争议纠纷事项，共同达成书面约定，提交约定选择的仲裁机构予以裁决的契约性公文。该公文适于仲裁协议当事人的国籍、住所、契约订立地、仲裁程序进行地、仲裁准据法中，有一个或几个以上含有涉外因素时使用。双方当事人一般在合同中规定仲裁条款；双方当事人也可以在争议发生之前，就仲裁事项而专门签订协议书，或在争议发生之后才达成的专门协议，这种协议独立于合同。没有仲裁协议，一方申请仲裁的，仲裁机构不予受理。平行公文文种。

涉外公证申请表

涉外公证申请表，是指当事人为适应在国（境）外的需要，依法向国家公证机关书面提出的，写明发生在国内的法律行为和具有法律意义的文本或事实，请求对其真实性、合法性予以公证，向国（境）外出具具有法律效力证明的公文。适用于公证事项的当事人、证明对象或公证公文使用地等因素中，至少有一个以上的涉外因素的公证事项，公证公文在域外使用的。上行公文文种。

涉外投标申请书

涉外投标申请书，是指投标人根据投标文件的规定和要求，为取得投标资格，申请参加某项投标活动而制作的，主要申明参加投标活动的意向，着重介绍投标单位的资质、简历、业绩等工程项目施工或进出口贸易项目等投标应具备的条件和能力的书面公文。适于参加涉外工程项目或进出口贸易等项目的招、投标活动，供招标单位对投标单位进行资格审查时使用。如：《建筑安装工程投标申请书》、《技术引进或转让投标申请书》等。上行公文文种。

涉外仲裁申请书

涉外仲裁申请书，是指涉外商事、海事发生争议的一方当事人，根据当事人之间达成的仲裁协议，向涉外仲裁机构提交的，写明双方当事人的名称和住所，申请所依据的仲裁协议、案情和争议要点，以及申请人的请求及所依据的事实和理由的公文。适用于请求仲裁裁决所处理的民商事法律关系中的主体，至少有一方当事人为外国公民、组织或法人的仲裁申请。上行公文文种。

补偿贸易合同

补偿贸易合同，又称"补偿贸易协议书"，是指不同国籍的双方当事人经平等协商，自愿就补偿贸易方式、方法、基本权利义务等问题签订的协议性公文。数额大、内容复杂的补偿贸易合同可有多个合同，即规定双方当事人基本权利义务与一般事项的总协议书和设备买卖合同、产品返销合同、贷款协议、培训协议等契约性公文。一般适于业主以直接或间接产品偿还方式，延期支付承包商的工程款或承包商方银行的贷款时使用。如：山东省畜产进出口公司、青岛大西洋水产食品有限公司（甲方）与日本兵库县贸易株式会社、日鲁通商株式会社（乙方）签订《烤花生补偿贸易协议书》，并约定：甲方以补偿贸易方式自乙方引进花生烤果、炸米设备两条生产线（青岛财经日报，2007年3月6日）。平行公文文种。

国际技术转让合同

国际技术转让合同，是指不同国家的当事人之间，经平等协商，意愿一致，出让方将拥有的与生产管理相关的关于制造产品、应用某种制作方法或提供服务的系统知识等技术使用权，跨越国境转移给技术受让方，而自愿达成并签订的，载明定义、合同内容或范围、合同价格、支付条件、技术资料或软件的交付、技术改进或修改的归属和分享、技术服务和人员培训、技术达标考核验收等内容，明确当事人之间权利义务及相关约定事项的协议性法律公文。适于既具有技术转让交易的特点，又含有一般货物贸易内容的经济技术合作的方式，是在发生转移技术的行为之前使用。如：2004年5月18日，陕西汽车集团有限责任公司与德国MAN公司在北京钓鱼台国宾馆签订《重卡技术转让协议》。平行公文文种。

国际贸易代理合同

国际贸易代理合同，是委托方委托国外代理商经平等协商，在规定的地区和期限内，将指定商品交由代理商代为销售，委托代理相关业务，并支付代理佣金而签订的协议性公文。如《国际贸易代理合同》。平行公文文种。

十、行政合同、国有资产、企业管理专用公文

（一）行政合同类

行政合同，也称行政契约，是指行政主体为达到维护与增进公共利益，实现行政管理目标之目的，与相对人之间经过协商一致达成的协议性公文。行政合同具有以下特征：（1）行政合同的当事人必有一方是行政主体，享有行政权力。（2）行政合同的目的是实施行政管理。（3）行政主体对于行政合同的履行享有行政优益权。（4）行政合同双方当事人因为履行行政合同发生争议时，受行政法调整，根据行政法的相关原则，通过行政救济方式解决。

行政合同是行政权力和契约关系的结合，是现代行政法上较为新型且重要的一种行政管理方式。行政合同引进了公民参与国家行政的新途径，通过行政合同，普通公民不仅仅是负担义务，而且可以以积极的权利方式，直接参与实施行政职能，特别是经济职能。行政合同的广泛使用，将会减少行政机关对个人进行单方命令的行政安排，以协商的方式提出要求和义务，便于公民理解、接受和赞同，从而减少因双方利益和目的的差异而带来的对立性，有利于化解矛盾，创造和谐社会。

随着从计划经济向社会主义市场经济的转化，国家所有权和经营权的分离，我国行政机关的行政管理方式发生了很大变化，行政合同的运用日益广泛。本章择要介绍我国现行的部分行政合同。

计划生育合同

计划生育合同，包括计划生育协议、责任书，又称计划生育行政契约，是指法律法规授权的组织或计划生育管理部门等行政主体作为一方，与相对人即育龄

公民之间就按国家计划生育政策规定生育的问题，经过协商，取得共识，为达到人口与计划生育的行政管理目标的合一，而签订的明确双方权利与义务及相关事项的行政约定性公文。适于负有管理义务的机关、企事业单位更好地履行其义务，育龄公民自觉、自愿地实行计划生育时使用。如：××县××镇《计划生育协议书》(201×年×月×日)。平行公文文种。

国家订购合同

国家订购合同，是指政府及行政主管部门基于国防和国民经济的需要，与相对人或生产者之间签订的订购有关军工物资或农业产品所达成的，表明物资或产品的数量、质量、价格，约定交售时间、地点等，明确双方权利义务及相关事项的行政协议性公文。我国从1992年开始试行国家订货，目前，我国军用物资和其他有关国防物资的订购，一般都采用订货合同的形式。农业及副产品订购合同，是以国家提供奖励、补助、政策优惠等条件并保证收购，农民向国家缴纳粮、棉、油、烟草等取得报酬为内容，由各级人民政府及主管部门和农民之间签订的协议。适于承担国家因国防军工、重点建设、应急救灾以及国家战略储备的需要而订货时使用。平行公文文种。

国家科研合同

国家科研合同，或称"国家科技合同"，是指国家行政机关或国家科研管理部门与科学研究机构、高等院校或项目负责人之间，就完成国家科技计划的某项与国计民生有关的重大科研项目，由国家提供资助，科研项目承担机构提供科研成果而签订的，明确双方权利义务及约定事项的行政协议性公文。适用于承担列入国家科学研究计划的项目任务，与国家科研项目管理部门签订科研合同时使用。如：《2012年度国家软科学研究计划项目任务合同书》(国科发计〔2012〕611号)。平行公文文种。

矿山承包合同

矿山承包合同，或称"采矿承包合同"，是指国家行政机关代表国家或具有采矿权的法人与相对人之间，就将国有矿产资源采矿权在一定期限内发包给相对人，经协商一致，自愿达成并依法签订的，载明承包矿区位置和范围，采掘工程内容和期限，验收、结算和付款方式等，明确双方的权利义务和责任及约定事项的行政契约性法律公文。如：《××煤矿开采承包合同》(201×年×月×日)。平行公文文种。

采矿权转让合同

采矿权转让合同，是指经地质矿产主管部门同意后，已经取得采矿权的国有矿山企业作为转让方与受让方，本着合法、平等、自愿、有偿的原则，通过友好协商而订立的，将属于国家所有的矿产资源探矿权、采矿权转让予受让方，明确双方的权利义务及约定事项，受让方支付转让金，并按合同的规定开采利用国有矿产资源的行政契约性法律公文。本合同适用于已经取得采矿权的矿山企业，因企业合并、分立，与他人合资、合作经营，或者因企业资产出售以及有其他变更企业资产产权的情形，需要变更采矿权主体的，经依法批准，可以将采矿权转让他人采矿。适于向地质矿产主管部门申请探矿权、采矿权转让登记审批时使用。上行、平行公文文种。

公用征收补偿合同

公用征收补偿合同，或称"行政征收补偿协议"，是指国家行政主体为了社会公共利益的需要，征用相对人的财产并给予适当、相应或合理的损失补偿，经公开公告、协商谈判或听证质询、调查咨询，达成意愿而依法签订的，明确补偿决定机关、补偿原则或标准、征收补偿范围，以及双方权利义务关系等相关约定事项的行政协议性公文。这类合同目前广泛运用于城市建设、高速公路、铁路、机场、水利设施等基础建设领域。如：2014年6月23日，磁悬浮铁路项目正式签订《征收补偿协议》（长沙市政府门户网站）。平行公文文种。

公共工程承包合同

公共工程承包合同，是指国家为了社会公共利益的需要，行政机关主体与项目中标承包企业就建设某项公共设施，经协商达成并依法签订的，载明工程范围、建设工期、开工和单项、全部工程竣工交付日期、工程质量、技术标准、工程造价、约定技术资料交付时间、款项结算办法、交工验收及相互协作等内容，明确双方的权利义务关系及相关事项的行政协议性公文。适于承接列入国家建设投资计划的国道、铁路、机场、港口、大型桥梁、隧道、水利等重点基础设施工程中的勘察、设计、建筑、安装等任务时使用。如：《南水北调中线一期引江济汉工程房屋建筑工程第一标段施工总价承包合同》（2014年4月9日）。平行公文文种。

农村土地承包合同

农村土地承包合同，或称"农村土地承包协议书"，是指农村集体经济组织与其集体经济组织的成员或农村集体经济组织以外的人之间，就承包农村土地事宜，在民主协商、公平合理、平等自愿的基础上，依法按程序签订的，写清发包土地的基本属性、种类、用途、地块面积、位置与田界、承包地附着物、承包期限，明确双方的权利义务及约定事项的行政契约性法律公文。该合同是我国出现最早的行政合同。适于依法发包农民集体所有和国家所有，由农村集体使用的耕地、林地、草地、草原、荒山、荒滩、水面等，以及其他依法是农村使用权的土地时使用，且用于农、林、牧、渔业的土地。平行公文文种。

海域租赁承包合同

海域租赁承包合同，是指海洋行政主管部门代表国家或有海域使用权的集体经济组织与相对人之间，就租赁承包海域、滩涂使用权事宜，在平等自愿、协商一致的基础上，依法按程序签订的，写清租赁海域基本情况、海域用途、租赁期限，约定租赁期限、租金及税费、双方的权利和义务及相关事项的行政契约性法律公文。平行公文文种。

国有土地使用权出让合同

国有土地使用权出让合同，是国家行政机关代表国家与相对人之间，经协商一致而依法签订的，将国有土地使用权在一定期限内出让给相对人，载明宗地位置，出让土地的交付与出让金的缴纳，土地开发建设与利用，土地使用权转让、出租、抵押、期限届满等内容，明确双方的权利义务及约定事项，相对人支付出让金，并按合同的规定开发利用国有土地的行政契约性法律公文。国有土地出让合同是一种比较典型的行政合同，适用于向国土管理机关申请办理土地登记，领取《国有土地使用证》，取得出让土地使用权。如：《天津市国有土地使用权出让合同》（编号：××，天津市国土资源和房屋管理局监制）。平行公文文种。

全民所有制工业企业承包合同

全民所有制工业企业承包合同，又称"全民所有制工业企业承包经营合同"，是指在坚持企业的社会主义全民所有制的基础上，按照所有权与经营权分离的原则，由人民政府指定的有关部门为行政主体，代表国家作为发包方，实行承包经营的企业作为行政相对人，双方协商一致而签订的，确定以承包经营合同形式，国家与企业的责权利关系，载明承包形式、承包期限，约定上缴利润或减亏数额、国家指令性供应计划和产品生产计划、产品质量及其他主要经济技术指标、技术改造任务、国家资产维护和增殖、留利使用、贷款归还、承包前的债权债务处理，双方权利和义务，以及不同企业根据实际情况确定其他承包内容的行政契约性法律公文。平行公文文种。

（二）国有资产管理类

事业单位产权登记证

事业单位产权登记证，是指按财务隶属关系和行政隶属关系或按属地原则，由各级财政部门代表国家，对行政事业单位申报的占用国有资产进行审核、登记，依法确认其产权归属关系，授权管理、使用国有资产而核发的凭证性法律公文。适于各级各类占有、使用国有资产的行政事业单位、党派、社会团体、集体性质的事业单位，及事业单位所办企业等单位的国有资产设立产权登记、变动产权登记、撤销产权登记时使用。下行公文文种。

资产评估立项申请书

资产评估立项申请书，是国有资产占有单位向国有资产监督管理机关提交的，申请对本单位所占、使用的国有资产进行评估，载明评估目的、评估范围、负债情况、净资产额等内容，并提交相关申报材料，请求予以立项的公文。上行公文文种。

资产评估确认申请书

资产评估确认申请书，是国有资产占有单位向国有资产监督管理机关提交的，申请对本单位所占、使用的国有资产进行评估，载明评估目的、评估范围、评估机构及其资格和证书等内容，并附报资产评估报告书和有关材料，经国有资产占有单位的上级主管部门签署意见，请求国资部门对资产评估结果予以确认的公文。上行公文文种。

资产评估项目核准申请

资产评估项目核准申请，是指国有资产占有单位在委托评估机构之前，向财政部门提出的，载明申请评估经济行为、评估目的、评估范围、主要评估方法、评估基准日，评估机构的条件、资质及专业特长情况等内容，请求对资产评估项目予以核准的公文。上行公文文种。

企业国有资产评估报告

企业国有资产评估报告，是指被委托的评估机构根据有关法律、法规和资产评估准则、资产评估原则，对被评估企业的国有资产进行评估后所形成的，主要反映经济行为、评估目的、评估对象和评估范围、价值类型、评估基准日、评估方法、评估程序实施过程和情况、评估结论及其使用有效期、对评估结论产生影响的特别事项等内容，提供的信息能够使企业国有资产监督管理机构和相关机构能够全面了解资产情况，使评估报告使用者能够合理理解评估结论的公文。适于《企业国有资产评估管理暂行办法》规定的有十三种行为之一的企业，向国有资产监督管理机关提出资产评估项目核准申请时使用。上行公文文种。

企业国有资产产权登记证

企业国有资产产权登记证，又称"企业产权登记证"，是指国有资产管理部门代表国家，对企业单位申报的占有、使用的国有资产进行审核、登记，依法确认企业产权归属关系而核发的法律凭证和政府对企业授权经营、使用国有资本的依据性法律公文。适用于占有、使用国有资产的新开办企业，或企业名称、地址、法定代表人、经济性质、主管单位发生变化，以及国有资产总额发生增减变化的企业。下行公文文种。

（三）企业管理类

企业章程

企业章程，又称"公司章程"，是指企业、公司依法制定的，规定公司的名称和住所、经济性质、宗旨、注册资金数额及其来源、经营范围和经营方式、组织机构及其职权、法定代表人产生的程序和职权范围、议事规则、权利义务关系、财务管理制度和利润分配形式，经营管理和劳动用工制度、章程修改和终止程序等重大事项的法律公文。适用于公司的设立报公司登记机关核准或办理变更登记、备案，并作为国家对公司进行监督管理，公司的自治、对外进行经营交往的法律依据。上行、平行或下行公文文种。

中外合作企业协议

中外合作企业协议，是指合作各方对设立合作企业的原则和主要事项，经共同协商，达成一致意见后而签订的，载明合作各方的基本情况，合作企业的名称、住所、经营范围，合作企业的投资总额和注册资本，合作各方投资或者提供合作条件的方式、期限、转让，合作各方收益或者产品的分配，风险或者亏损的分担，董事会或者联合管理委员会的组成，采用的主要生产设备、生产技术及其来源，产品在境内外销售和外汇收支的安排，合作各方的权利义务以及违反合同的责任，财务、会计、审计的处理原则等内容的公文。适于设立合作企业时向审查批准机关报批，合作企业在批准的合作企业协议范围内，依法自主地开展业务、进行经营管理活动。平行公文文种。

中外合作企业合同

中外合作企业合同，是指合作各方为设立合作企业，经共同协商，达成一致意见后而签订的，约定合作的相关事项，明确相互之间的权利、义务关系的公文。适于设立合作企业时向审查批准机关报批，合作企业在批准的合作企业合同范围内，依法自主地开展业务、进行经营管理活动。上行、平行或下行公文文种。

中外合作企业章程

中外合作企业章程，是指按照合作企业合同的约定，经合作各方一致同意依法制定的，明确合作企业的基本规范和准则、宗旨、经营范围、组织原则、经营管理方法、董事会或者联合管理委员会的组成、职权和议事规则、任期，经营管理机构的设置、职权、办事规则，总经理及其他高级管理人员的职责和聘任、解聘办法，有关职工招聘和权益等劳动管理事项，利润分配、财务、会计和审计制度等规定的公文。适于设立合作企业时向审查批准机关报批，合作企业在批准的合作企业章程范围内，依法自主地开展业务、进行经营管理活动。上行、平行或下行公文文种。

中外合资企业章程

中外合资企业章程，依照我国有关法律、法规和条例，以及中外合资企业合同所规定的原则，经合资双方同意，所制定的规定合资企业宗旨、机构设置、组织原则和经营管理规则等行为规范的规章性公文。上行、平行或下行公文文种。

有限责任公司章程

有限责任公司章程，是指经全体股东一致同意，由公司设立人依法订立的规定公司组织及活动的基本规则，载明公司名称和住所，公司经营范围，公司注册资本，股东的姓名和名称，股东的权利和义务，股东的出资方式和出资额，股东转让出资的条件，公司机构的产生办法、职权、议事规则，公司的法定代表人，公司的解散事由与清算办法，股东认为需要规定的其他事项的法律公文。适于有限责任公司的设立，依法对公司内部活动的约束。如：《哈尔滨九州电气股份有限责任公司章程》（2012年7月16日修订）。上行、平行或下行公文文种。

股份有限公司章程

股份有限公司章程，是指经全体股东一致同意，并由股东共同依法制定的规定公司组织及活动的基本原则，体现对股份有限公司的严格控制，载明公司名称和住所，公司经营范围，公司设立方式，公司股份总数、每股金额和注册资本，发起人的姓名或名称和认购的股份数，股东的权利和义务，董事会的组成、职权、任期和议事规则，公司法定代表人，监事会的组成、职权、任期和议事规则，公司利润分配办法，公司的解散事由与清算办法，公司的通知和公告办法，股东大会认为需要记载的其他重大事项的公文。如：《上海汽车集团股份有限公司章程》（2008年2月22日公司2008年第一次临时股东大会审议通过）。上行、平行或下行公文文种。

联营企业法人章程

联营企业法人章程，是指经全体联营企业法人一致同意，并共同依法制定的规定公司组织及活动的基本原则，体现对股份有限公司的严格控制，载明企业法人章程的内容，还应明确联合各方出资方式、数额和投资期限，联合各方成员的权利和义务，参加和退出的条件、程序，组织管理机构的产生、形式、职权及其决策程序，主要负责人任期等重大事项的法律公文。适用于公司的设立报公司登记机关核准或办理变更登记、备案，并作为国家对公司进行监督管理，公司的自治、对外进行经营交往的法律依据。上行、平行或下行公文文种。

企业集团组建方案

企业集团组建方案，是指根据一个或多个有意联合经营的企业，共同就组建企业集团而编制的，明确其宗旨、目的和意义、组建原则、整体权益、产权关系以及拟建企业集团的名称、性质，并对各级管理机构、人员安排的实施步骤和工作进程等做出初步规划和具体实施计划的公文。适于报批备案和指导实施。如：《中国五矿集团公司以五矿稀土集团有限公司为平台组建大型稀土企业集团的实施方案》（2014年12月4日）。上行、下行公文文种。

工业企业承包经营合同

工业企业承包经营合同，又称"承包合同"，是指发包方与承包方为承包经营企事业财产，双方当事人经协商，意思表示趋于一致，自愿采取要约和承诺的方式依法签订的，明确承包经营的形式、承包的各项指标及必要的措施、双方的权利义务、违约责任及奖罚办法、合同的有效期限、合同的变更、合同争议的处理及相关内容的协议性法律公文。适于实行公开招标、或采取招聘、推荐等方式选用经营者承包经营非国有工业企业时使用。下行、平行公文文种。

质量管理手册

质量管理手册，是指由企业发布的，对质量体系作概括表述、阐述及指导质量体系实践，实施各项质量管理活动的基本法规和行动准则的公文，也是企业质量管理和质量保证活动应长期遵循的纲领性文件。用于对内部指导、协调质量体系的有效运行；对外部实行质量保证，为质量体系的评价和审核提供依据。如：《北京××食品有限公司质量管理手册》（2014年×月×日）。下行、平行公文文种。

质量分析报告

质量分析报告，是指为审查产品是否达到了规定的质量标准，把对质量体系的定期和日常检查情况进行汇总分析，指出质量体系在运行过程中存在的普遍问题和造成产品质量不合标准的原因，并明确提出改进质量的课题或方向，以及值得注意、加强的对策、建议与措施的公文。如：××有限责任公司《2013年度产品质量分析报告》（2014年1月×日）。上行、下行公文文种。

市场定位报告

市场定位报告，是指反映企业根据竞争者现有产品在市场上所处的位置，针对目标消费群体或目标消费群体市场，对该类产品某些特征或属性的重视程度和选择进行可行性分析，提出本企业产品塑造给顾客与众不同、特色鲜明的印象，从而确定使该产品与竞争者在市场适当的位置，明确建议定位内容、影响因素、形式、依据、步骤、原则、策略、方法等内容的公文。如：《深圳××房地产市场定位报告》（2013年×月×日）。上行、下行公文文种。

市场调查报告

市场调查报告，是指市场调查人员根据深入细致的市场调查、收集、记录的资料整理而成的，用市场经济规律，以科学的方法对市场的供求关系、购销状况以及消费情况等进行分析研究，透过市场现状，揭示市场运行的规律、本质，分析市场对商品的需求状况，并提供调查结论和建议的公文。适用于帮助企业了解掌握市场的现状和趋势，增强企业在市场经济大潮中的应变能力和竞争能力，从而有效地促进经营管理水平的提高。如：《2014中国手机市场发展及消费趋势调查报告》。上行、下行公文文种。

市场预测报告

市场预测报告，是指在市场调查的基础上，依据已掌握的有关市场的信息和资料，用科学的方法进行综合、分析、研究，从而估计和预测未来市场发展趋势的一种预见性公文。适于为有关部门和企业提供信息，以改善经营管理，促使产销对路，提高经济效益。市场预测报告实际上是调查报告的一种特殊形式。如：《2012～2016年中国食盐行业市场调查及趋势预测报告》。上行、下行公文文种。

产品分析报告

产品分析报告，是指按分析对象的性质，利用比较分析法与同类产品的基本参数、技术参数、产品性能、产品质量、产品价格、产品采购、产品工艺等方面进行分析比较，并对产品的产量、品种、质量、成本间的因果平衡关系等方面进行分析，重点指出为什么不同或相同的原因并作出解释的公文。如：《2011年电子及通讯产品制造行业风险分析报告》。上行、下行公文文种。

产品定位报告

产品定位报告，是指反映企业在市场定位的基础上，对目标市场的选择与企业产品结合的过程，用什么样的产品来满足目标消费者或目标消费市场的需求进行可行性分析，阐明产品的功能属性定位、产品线定位、外观及包装定位、产品卖点定位、基本营销策略定位、品牌属性定位等内容的公文。如：《××文化产业园项目市场分析与产品定位报告》。上行、下行公文文种。

企业定位报告

企业定位报告，是指反映企业经营思想和方向定位、客户群定位、价值定位、业务范围定位，指导企业通过其产品及其品牌，基于顾客需求，将其企业独特的个性、文化和良好形象，塑造于消费者心目中，并占据一定位置的综合性公文。如：《杭州市城市建设发展公司战略定位设计报告》。上行、下行公文文种。

品牌定位报告

品牌定位报告，是指企业在市场定位和产品定位的基础上，经过可行性分析，对特定的品牌产品在文化取向及个性差异上的商业性决策而提出的，为其确定一个适当的市场位置，使商品在消费者的心中占有特殊的位置，明确在质量、价格、技术、包装、售后服务等方面，有别于同类的其他产品，对该目标市场内大多数消费者有吸引力的竞争优势，形成稳定的消费群体，并具有决定投资行为的公文。如：《××汽车品牌定位报告》。上行、下行公文文种。

项目管理目标责任书

项目管理目标责任书，是指在项目实施之前，由企业法定代表人或其授权人，根据施工合同和经营管理目标要求，与项目经理协商制定的，明确各方权利和义务关系，规定项目经理部应达到的成本、质量、进度和安全等控制目标，及企业对项目经理部人员进行奖惩的依据、标准、办法及应承担的风险，项目经理解职和项目经理部解体的条件及方法等事项的公文。如：中国铁路工程总公司二局《乌鲁木齐轨道交通 1 号线 05 标段项目管理目标责任书》（2014 年 4 月 29 日）。上行、下行公文文种。

第四节 法律专用公文

法律专用公文，是指我国司法机关（含公安机关、国家安全机关、海关缉私机关、检察院、法院及监狱等机关）、公证机构、仲裁组织依法制作的处理诉讼案件和非诉讼案件的法律公文，以及案件当事人、律师和律师组织自用或代书的法律公文的总称。

法律公文的类别可依不同的分类标准而划分为各种不同的类别：（1）依制作主体的不同，可以分为公安机关的刑事法律公文，人民检察院的检察公文，人民法院的诉讼公文、公证公文、仲裁公文和律师实务公文。（2）依写作和表达方式的不同，可以分为文字叙述式公文、填空式公文、表格式公文和笔录式公文。（3）依文种的不同，可以分为报告类公文、通知类公文、判决类公文、裁定类公文、决定类公文等。

一、公安机关专用公文

公安专用公文，即公安法律公文，是公安机关在执法公务活动中，按照特定程序依法制作并使用的，具有特定内容和特定体式，并具有法律效力或法律意义的公文，是公安机关开展各项公务活动的重要工具。根据《中华人民共和国刑事诉讼法》的规定，公安机关肩负着"对刑事案件的侦查、拘留、执行逮捕、预审"的任务。在这一执法活动中制作的公文，称为公安刑事法律公文；作为国家行政机关，公安机关又承担着管理社会治安的职责，在这一活动中制作的公文，称为公安行政法律公文。

公安专用公文的制作者是公安机关，公安专用公文是指公安民警在行政管理和执法活动中，代表公安机关制作的法律公文。有些公安专用公文的作者是当事人和诉讼参与人，但他们所制作的公文，是按照公安机关要求的文种格式和法律程序形成的，也属于公安专用公文的范畴。

公安专用公文的特点，除了具有法律文书的共性外，其个性还明显地表现为：1. 初创性。公安公文是对刑诉活动最初阶段的记录，没有公安公文就难以产生检察公文、审判公文。因而公安公文处于诉讼程序上的起步期，必须慎重对待。2. 非公开性。绝大多数公安公文是供司法机关内部使用的，不对外公开，具有较强的保密性。这一点和检察公文、审判公文相比尤其突出。检察公文中的起诉书、抗诉书皆可当庭宣读，审判公文中的判决书、调解书、裁定书具有很大程度的公开性。

随着我国法制建设的不断完善，法律程序的正当性也越来越受到重视，公安机关各业务部门为了更好地履行各自的职责，全面、正确、及时地实施法律，在实际工作中对原有的法律文书做了很好的充实和完善。2002年12月18日，公安部对1996年11月14日颁布的《公安机关刑事法律文书格式》进行了重大修改。2003年9月19日，公安部制定印发了《公安行政法律文书（式样）》，自2004年1月1日起开始使用。为了规范公安机关刑事执法活动，确保严格依法办案，提高办案质量，根据修改后《刑事诉讼法》、《公安机关办理刑事案件程序规定》的规定，公安部对2002年12月18日印发的《公安机关刑事法律文书格式（2002版）》（公通字〔2002〕69号）又进行了一次修改和补充。2012年12月19日，公安部印发了《公安机关刑事法律文书式样（2012版）》（公通字〔2012〕62号），从2013年1月1日起启用。

根据2012年12月19日公安部印发的《公安机关刑事法律文书式样（2012版）》，共计97种。依据办案程序，公安专用公文的文种类别主要有：

（1）立案、管辖、回避公文。有《受案登记表》《立案决定书》《不予立案通知书》《不立案理由说明书》《指定管辖决定书》《移送案件通知书》《回避/驳回申请回避决定书》等8种。

（2）律师参与刑事诉讼公文。有《提供法律援助通知书》《会见犯罪嫌疑人申请表》《准予会见犯罪嫌疑人决定书》《不准予会见犯罪嫌疑人决定书》等4种。

（3）强制措施公文。有《传讯通知书》《取保候审决定书、执行通知书》《收取保证金通知书》《责令具结悔过决定书》《监视居住决定书、执行通知书》《指定居所监视居住通知书》《拘留证》《提请批准逮捕书》《逮捕证》《逮捕通知书》等30种。

（4）侦查取证（含搜查、扣押类）公文。有《传唤证》《未成年人法定代理人到场通知书》《询问通知书》《解剖尸体通知书》《搜查证》《查封决定书》《扣押决定书》《冻结/解除冻结财产通知书》《鉴定聘请书》《终止侦查决定书》《起诉意见书》等共37种。

（5）技术侦查公文。有《采取技术侦查措施决定书》《执行技术侦查措施通知书》《延长技术侦查措施期限决定书》《解除技术侦查措施决定书》等共4种。

（6）执行公文。有《减刑/假释建议书》《假释证明书》《暂予监外执行决定书》《收监执行通知书》《准许拘役罪犯回家决定书》《刑满释放证明书》等共6种。

（7）刑事通用公文。有《呈请××报告书》《复议决定书》《要求复议意见书》《提请复核意见书》《死亡通知书》等共5种。

(8) 规范性公文。有《刑事侦查卷宗（封面）》《卷内文书目录》《××告知书》等共3种。

本章择要介绍部分常用的填充式和拟制式公安公文。

（一）立案、管辖、回避类

立案报告

立案报告，是公安机关对符合立案条件、需要进行侦查的案件，报请领导审查决定立案侦查时制作的请示性公文。此报告适于侦查人员在对接到报案、控告、举报、自首的材料进行审查后，认为符合立案条件的案件需要立案时使用。上行公文文种。

立案决定书

立案决定书，是公安机关发现犯罪事实或犯罪嫌疑人，决定立案侦查时制作使用的，载明案件来源、案件名称、犯罪嫌疑人基本情况、法律依据等情况的法律公文。适于公安机关对某一犯罪事实进行立案，据此可以采取有关强制措施和侦察措施。如：××公安局《立案决定书》（×公刑立字〔201×〕×号）。下行公文文种。

受案登记表

受案登记表，又称"受理刑事案件登记表"，是指公安机关在接受公民扭送、报案、控告、举报、犯罪嫌疑人自首或有关单位移送案件等情况时制作和使用的，载明案件来源、报案人基本情况、报案方式、发案时间、发案地点、犯罪嫌疑人基本情况、简要案情、犯罪行为造成的损害结果等内容的行政刑事通用法律公文。它既是公安机关接受刑事案件的最基础的原始材料和法定证明性公文，又是公安机关采取相应侦查措施的依据，也是报案人等相关人员以及相关单位了解、监督办案工作进展情况的重要依据性公文。上行、平行公文文种。

不予立案通知书

不予立案通知书，是指公安机关对于有控告人的案件，经审查认为不符合立案条件，依法决定不予立案，通知控告人或移送单位时制作的，载明控告人或移送单位、控告事由、不予立案的原因、决定不予立案的法律依据，并告知申请复议的机关和时限的告知性法律公文。适于公安机关认为没有犯罪事实，或者犯罪情节显著轻微不需要追究刑事责任，或者具有其他依法不追究刑事责任情形的，经县级以上公安机关负责人批准，不予立案时使用。如：××公安局《不予立案通知书》（×公×不立字〔201×〕×号）。下行公文文种。

不立案理由说明书

不立案理由说明书，是指公安机关在收到人民检察院要求说明不立案理由的通知后，向人民检察院说明不立案理由时制作并送达的，说明要求立案事由、不立案的理由和原因、决定不立案的法律依据等内容的公文。适于人民检察院认为公安机关对应当立案侦查的案件而不立案侦查的，或被害人认为公安机关对应当立案侦查的案件而不立案侦查而向人民检察院提出的案件，人民检察院认为需要公安机关说明不立案理由时使用。如：××公安局《不立案理由说明书》（×公×不立说字〔201×〕×号）。平行公文文种。

指定管辖决定书

指定管辖决定书，是指上级公安机关经对有争议的某一案件管辖问题进行审查，依法决定对该案件进行指定管辖时，向被指定管辖的公安机关和其他有关的公安机关送达的，载明原受理案件公安机关、案件名称、被指定管辖公安机关、原受理案件公安机关移送与案件有关证据材料的时限等内容的公文。适于对管辖不明确或者有争议的刑事案件而有关公安机关协商不成的案件或情况特殊的刑事案件。如：××公安局《指定管辖决定书》（×公×指管字〔201×〕×号）。下行公文文种。

移送案件通知书

移送案件通知书，是指公安机关对于接受的案件或者发现的犯罪线索，经过审查，认为有犯罪事实，但不属于自己管辖的案件，移送有管辖权的机关处理并告知报案人（控告人、举报人）、送往单位、看守所时制作和使用的，载明犯罪嫌疑人情况、涉嫌的案件、移送案件的原因、法律依据、移送至有管辖权的机关名称等内容的公文。如：××公安局《移送案件通知书》（×公×字〔201×〕×号）。下行公文文种。

回避/驳回申请回避决定书

回避/驳回申请回避决定书，是指由县级以上公安机关经对侦查人员的回避或收到当事人及其法定代理人对案件侦查人员提出的回避申请进行审查，依法作出回避或驳回申请回避的决定，并通知申请人、被申请人时制作和使用的，载明申请人、被申请人、案件名称、决定理由、法律依据、决定内容、决定人，并告知申请人可以申请复议的时限和机关等内容的公文。如：××公安局《回避/驳回申请回避决定书》（×公×回/驳回字〔201×〕×号）。下行公文文种。

（二）律师参与刑事诉讼类

提供法律援助通知书

提供法律援助通知书，是指公安机关在办理案件过程中，发现犯罪嫌疑人符合法律援助的情形，通知法律援助机构为犯罪嫌疑人指派辩护律师时制作和使用的，载明案件名称、犯罪嫌疑人情况、提供法律援助的理由或原因、法律依据、要求提供法律援助事项及犯罪嫌疑人羁押处所/住所等内容的公文。如：××公安局《提供法律援助通知书》（×公×法援字〔201×〕×号）。平行或下行公文文种。

涉密案件聘请律师申请表

涉密案件聘请律师申请表，是公安机关在办理涉及国家秘密的案件过程中，对犯罪嫌疑人或其家属要求聘请律师的申请进行审查时所使用的审批性公文。适于涉密案件使用，非涉密案件中犯罪嫌疑人聘请律师不需要公安机关批准。上行公文文种。

涉密案件聘请律师决定书

涉密案件聘请律师决定书，是公安机关在侦查涉及国家秘密案件过程中，对于犯罪嫌疑人要求聘请律师的，经审查依法批准其聘请律师时所使用的决定性公文。如：××公安局《涉密案件聘请律师决定书》（×公刑密聘字〔201×〕3号）。下行公文文种。

会见犯罪嫌疑人申请表

会见犯罪嫌疑人申请表，是公安机关在办理案件过程中，对犯罪嫌疑人聘请的辩护律师要求会见在押犯罪嫌疑人的申请进行审查时所使用的，载明申请人基本情况、犯罪嫌疑人基本情况、申请事项、法律依据、侦查机关意见的审批性公文。上行公文文种。

不准予会见犯罪嫌疑人决定书

不准予会见犯罪嫌疑人决定书，是指公安机关在侦查属于危害国家安全犯罪或恐怖活动犯罪的案件期间，会见有碍侦查或者可能泄露国家秘密的情形消失前，对接受委托的辩护律师提出要求会见犯罪嫌疑人的申请进行审查后，依法作出不准予的决定，并书面通知申请人时所使用的，说明理由、法律依据和决定不准予接受委托的辩护律师会见在押犯罪嫌疑人等内容的公文。如：××公安局《不准予会见犯罪嫌疑人决定书》（×公刑不准见字〔201×〕16号）。上行公文文种。

准予会见犯罪嫌疑人决定书

准予会见犯罪嫌疑人决定书，是指公安机关在侦查案件期间，对接受委托的辩护律师提出要求会见犯罪嫌疑人的申请进行审查后，依法作出同意申请人会见在押犯罪嫌疑人的决定，并由申请律师持该决定书与看守所或者执行监视居住单位联系会见事宜时所使用的，载明申请律师基本情况、法律依据、被会见犯罪嫌疑人姓名、看守所或者执行监视居住单位等内容的公文。如：××公安局《准予会见犯罪嫌疑人决定书（通知书）》（×公刑准见决字〔201×〕10号）。下行公文文种。

准予会见犯罪嫌疑人通知书

准予会见犯罪嫌疑人通知书，是指公安机关在侦查案件期间，对接受委托的辩护律师提出要求会见犯罪嫌疑人的申请进行审查后，依法作出同意申请人会见在押犯罪嫌疑人的决定，并书面告知看守所或者执行监视居住单位时所使用的，载明决定事项、法律依据、申请律师基本情况、被会见犯罪嫌疑人基本情况及相关要求事项等内容的公文。如：××公安局《准予会见犯罪嫌疑人决定书（通知书）》（×公刑准见通字〔201×〕10号）。下行公文文种。

（三）强制措施类

拘传证

拘传证，是公安机关在侦查过程中，对未被逮捕、拘留的犯罪嫌疑人，经县级以上公安机关负责人批准，需要依法强制其到指定地点接受讯问时制作和使用的，主要载明案件名称、被拘传犯罪嫌疑人基本情况、拘传的法律依据、拘传原因，以及犯罪嫌疑人到案后，责令其在拘传证上填写到案时间；拘传结束后，应当由其在拘传证上填写拘传结束时间等内容的凭证性公文。如：××公安局《拘传证》（×公刑拘传字〔201×〕28号）。下行公文文种。

拘留证

拘留证，是公安机关在办理刑事案件过程中依法对犯罪嫌疑人执行刑事拘留措施时制作和使用的，载明执行拘留的侦查员姓名、被拘留人的基本情况、拟送达羁押的看守所名称等内容的凭证性法律公文。该证是公安机关侦查人员代表国家行使拘留权的合法凭证，也是对拘留对象执行羁押的依据。如：××公安局《拘留证》（×公刑拘字〔201×〕××号）。下行公文文种。

换押证

换押证，是指对在押的犯罪嫌疑人、被告人依法变更刑事诉讼程序中，在递次移送交接案件，办理换押手续，告知看守所、犯罪嫌疑人、被告人现在所处的诉讼阶段时而制作的，载明犯罪嫌疑人（被告人）、案件名称、诉讼阶段、移送时间、移往机关、羁押看守所、办案起止期限、依法变动情况等内容的凭证性法律公文。适用于公安机关、国家安全机关侦查终结后人民检察院决定受理的，人民检察院审查或者侦查终结后人民法院决定受理的，以及人民检察院退回补充侦查的在押的犯罪嫌疑人、被告人。看守所凭《换押证》办理换押手续。如：《换押证》（×换字〔201×〕×号）。下行公文文种。

逮捕证

逮捕证，是公安机关根据人民检察院的批准、决定或人民法院的决定，依法对犯罪嫌疑人执行逮捕时签发并使用的，载明案件名称、被逮捕犯罪嫌疑人基本情况、涉嫌的罪名、逮捕原因、逮捕的法律依据、批准或决定机关、执行人姓名、拟送达羁押的看守所等内容的凭证性法律公文。适于侦查人员在执行逮捕时向被逮捕人出示的凭证，看守所也作为收押被逮捕人的依据。如：××公安局

《逮捕证》(×公刑逮字〔201×〕×号)。下行公文文种。

传讯通知书

传讯通知书,是指公安机关对需要传唤的犯罪嫌疑人,经县级以上公安机关负责人批准,传唤到犯罪嫌疑人所在市、县内的指定地点或者到他的住处进行讯问时,向被传讯人或其家属出示的,载明被传讯人姓名、法律依据、在指定时间和指定地点接受讯问事项的告知性公文。如:××公安局《传讯通知书》(×公×传讯字〔201×〕×号)。下行公文文种。

拘留通知书

拘留通知书,是公安机关对被拘留人执行拘留后,书面形式告知拘留人家属或单位时而制作和使用的,载明被拘留人的姓名、法律依据、拘留时间、拘留的原因和羁押的处所等情况的法律公文。下行公文文种。

图 12-4-1 弋阳县公安局《拘留通知书》(弋公刑拘通字〔2013〕0193号)

逮捕通知书

逮捕通知书,是公安机关对被逮捕人执行逮捕后,书面将批准或决定逮捕的机关名称、逮捕的时间、逮捕的原因和羁押的处所等情况,告知被逮捕人家属或单位时制作和使用的法律公文。下行公文文种。

释放证明书

释放证明书,是指看守所根据公安机关对犯罪嫌疑人取保候审的决定,释放犯罪嫌疑人时向其出具的,载明犯罪嫌疑人的基本情况、被拘留(逮捕)的原因和日期、释放的原因和时间、法律依据和决定或批准机关等内容的证明性法律公文。如:××看守所《释放证明书》(×看释字〔201×〕×号)。下行公文文种。

图 12-4-2 平度市公安局《逮捕通知书》(平公(城)捕通字〔2013〕07号)

释放通知书

释放通知书,是公安机关依法决定释放被刑事拘留或逮捕的犯罪嫌疑人,告知看守所和原批准逮捕的人民检察院时制作和使用的,写明案件名称、犯罪嫌疑人的基本情况、涉嫌罪名、被拘留(逮捕)的日期、被拘留(逮捕)原因、释放原因、释放时间和法律依据的法律公文。如:××公安局《释放通知书》(×公×释字

〔201×〕×号)。下行、平行公文文种。

入所健康检查表

入所健康检查表,是指看守所收押犯罪嫌疑人、被告人和罪犯,对其进行健康和体表检查时所制作的,载明被收押人基本情况、体表特殊标记、既往病史、吸毒史、有无急性传染病、自述症状、检查状况、送押单位和检查日期等情况的记录性公文。上行、下行或平行公文文种。

取保候审决定书

取保候审决定书,是指公安机关在侦查过程中,依法决定对犯罪嫌疑人采取保候审措施,并告知被取保候审人时制作和使用的,载明案件名称、被取保候审人的基本情况,取保候审的原因、法律依据、起算时间、保证人基本情况、保证金数额等内容的决定性法律公文。如:××公安局《取保候审决定书》(×公×取决字〔201×〕52号)。下行公文文种。

取保候审保证书

取保候审保证书,是指保证人以书面形式向公安机关提交的,承诺保证履行监督犯罪嫌疑人在取保候审期间的义务,自愿承担法律责任时使用的,说明保证人基本情况、与犯罪嫌疑人之间的关系、监督被取保候审人在取保候审期间必须遵守的有关规定等内容的公文。上行公文文种。

取保候审执行通知书

取保候审执行通知书,是指公安执行机关根据取保候审的决定,告知被取保候审人居住地派出所或执行单位,对被取保候审的犯罪嫌疑人实行监管时制作和使用的,写明监管执行单位、取保候审的原因,被取保候审人的基本情况,取保候审的起算时间等内容的公文。如:××公安分局《取保候审执行决定书》(×公×取执字〔201×〕52号)。下行公文文种。

被取保候审人义务告知书

被取保候审人义务告知书,是指公安机关在侦查过程中,根据案件情况,依法以书面形式责令被取保候审人在取保候审期间,应当遵守的规定、法律依据及违反规定的处罚等有关事项时使用的告知性公文。下行公文文种。

收取保证金通知书

收取保证金通知书,是指公安机关在侦查过程中,决定对犯罪嫌疑人采取保证金担保方式取保候审时,书面告知被取保候审的犯罪嫌疑人法律依据、交纳保证金数额、代收银行名称、收取截止时间等事项,并将决定通知银行协助办理时使用的公文。如:××公安局《收取保证金通知书》(×公×收保字〔201×〕78号)。下行公文文种。

没收保证金决定书/通知书

没收保证金决定书/通知书,是公安机关根据被取保候审人在取保候审期间的表现情况，依法决定没收其全部或者部分保证金，并告知当事人、银行时所制作的，载明被取保候审人基本情况、没收的原因、法律依据、保证金数额和没收的数额、办理银行的名称及申请复议等事项的法律公文。适于对被采取取保候审措施并交纳了保证金的犯罪嫌疑人，在取保候审期间违反法律规定时使用。如：××公安局《没收保证金决定书/通知书》（×公×没保字〔201×〕12号）。下行公文文种。

退还保证金决定书/通知书

退还保证金决定书/通知书，是公安机关根据被取保候审人在取保候审期间的表现情况，依法决定退还其保证金，并予以告知当事人时而制作的，写明被取保候审人的基本情况、退还保证金的法律依据、退还保证金数额、领取保证金的银行名称及相关事项，并通知银行予以办理的法律公文。适于被取保候审人在取保候审期间未违反规定，在取保候审结束时使用。如：××公安局《退还保证金决定书/通知书》（×公×退保字〔201×〕126号）。下行公文文种。

对保证人罚款决定书/通知书

对保证人罚款决定书/通知书，是公安机关依法决定对保证人处以罚款，并予以告知当事人时所制作的，载明保证人（即被罚款人）和被取保候审人的基本情况、对保证人罚款的原因与数额、法律依据及申请复议事项等内容，并通知取保候审决定机关的公文。适于被取保候审人在取保候审期间违反了有关规定，保证人未及时向公安机关报告时使用。如：××公安局《对保证人罚款决定书/通知书》（×公×保罚字〔201×〕121号）。下行公文文种。

责令具结悔过决定书

责令具结悔过决定书，是公安机关对在取保候审期间违反取保候审规定的犯罪嫌疑人、被告人，决定责令其具结悔过时所制作并送达当事人的，主要载明案件名称、被取保候审人的基本情况、责令其具结悔过原因、法律依据、提交悔过书的期限等内容的法律公文。如：××公安局《责令具结悔过决定书》（×公×责具字〔201×〕121号）。下行公文文种。

指定居所监视居住通知书

指定居所监视居住通知书，是公安机关在侦查过程中，依法决定对犯罪嫌疑人采取监视居住措施，在指定的居所执行，告知被监视居住人的家属时制作和使用的，载明案件名称、被监视居住人基本情况、法律依据、被监视居住日期、被监视居住原因、执行监视居住措施的指定居所地点等内容的法律公文。适于对无固定住处的犯罪嫌疑人，或对于涉嫌危害国家安全犯罪、恐怖活动犯罪、特别重大贿赂犯罪，在住处执行可能有碍侦查的，经上一级人民检察院或者公安机关批准，在指定的居所执行监视居住措施时使用。如：××公安局《指定居所监视居住通知书》（×公×指监通字〔201×〕×号）。下行公文文种。

监视居住决定书/执行通知书

监视居住决定书/执行通知书，是公安机关在侦查过程中，依法决定对犯罪嫌疑人采取监视居住措施并通知被监视居住人和执行机关时制作和使用的，载明案件名称、犯罪嫌疑人的基本情况、被监视居住的原因、监视居住的地点、执行监视居住的机关、监视居住起算日期，以及犯罪嫌疑人在监视居住期间应当遵守的具体规定等内容的决定性、告知性法律公文。如：××公安局《监视居住决定执行通知书》（×公×监居字〔201×〕9号）。下行公文文种。

解除取保候审决定书/通知书

解除取保候审决定书/通知书，是公安机关依法决定解除对犯罪嫌疑人取保候审，书面告知并送达负责执行的派出所、被取保候审人、保证人时制作和使用的，载明被取保候审人的基本情况、原取保候审决定的日期、现决定解除取保候审的原因、法律依据等内容的法律公文。如：××公安局《解除取保候审决定书》（×公××解保字〔201×〕××号）。下行公文文种。

解除监视居住决定书/通知书

解除监视居住决定书/通知书，是指公安机关依法决定解除对犯罪嫌疑人监视居住措施，书面通知并送达负责执行机关、被监视居住人时制作和使用的，载明被监视居住人基本情况、被监视居住决定时间、解除监视居住原因、法律依据等内容的告知性法律公文。如：××公安局《解除监视居住决定书/通知书》（×公×解监字〔201×〕×号）。下行公文文种。

变更逮捕措施通知书

变更逮捕措施通知书，是公安机关依法需要对犯罪嫌疑人、被告人变更逮捕措施，通知批准逮捕犯罪嫌疑人、被告人的人民检察院时使用的，载明犯罪嫌疑人基本情况、逮捕时间、羁押处所、变更原因、变更后的强制措施、法律依据等主要内容的公文。如：××公安局《变更逮捕措施通知书》（×公×变通字〔201×〕×号）。平行、下行公文文种。

延长拘留期限通知书

延长拘留期限通知书，是公安机关依法决定对被拘留的犯罪嫌疑人延长拘留期限，通知看守所时使用的，载明犯罪嫌疑人基本情况、羁押处所、执行拘留时间、延长拘留期限、延长拘留期限原因、法律依据等内容的公文。适用于依法认为对被拘留的人需要逮捕的，提请人民检察院审查批准；流窜作案、多次作案、结伙作案的重大嫌疑分子，经县级以上公安机关负责人批准。如：××公安局《延长拘留期限通知书》（×公×延拘字〔204×〕×号）。上行、平行、下行公文文种。

延长侦查羁押期限通知书

延长侦查羁押期限通知书,是指公安机关对羁押期限届满不能侦查终结的犯罪嫌疑人,经人民检察院批准对被羁押的犯罪嫌疑人延长侦查羁押期限后,通知看守所向被延长侦查羁押期限的犯罪嫌疑人宣布时使用的,载明犯罪嫌疑人基本情况、逮捕时间、延长原因、延长时间、法律依据等内容的公文。如:××公安局《延长侦查羁押期限通知书》(×公×延押字〔201×〕×号)。下行公文文种。

不予释放/变更强制措施通知书

不予释放/变更强制措施通知书,是指公安机关对人民检察院提出的释放或变更强制措施建议,或犯罪嫌疑人、被告人及其法定代理人、近亲属或者辩护人提出的释放或变更强制措施申请进行审查后,依法作出决定,不同意释放或变更强制措施,告知人民检察院或申请人时制作和使用的,载明犯罪嫌疑人基本情况、羁押处所、不予释放/变更理由、法律依据等内容的公文。如:××公安局《不予释放/变更强制措施通知书》(×公×不释/不变字〔201×〕×号)。平行公文文种。

计算/重新计算侦查羁押期限通知书

计算/重新计算侦查羁押期限通知书,是指公安机关在侦查期间,发现犯罪嫌疑人另有重要罪行,报县级以上公安机关负责人批准后,依法重新计算侦查羁押期限后,送达看守所,并报原批准逮捕的人民检察院备案时制作和使用的,载明案件名称、犯罪嫌疑人基本情况、拘留/逮捕时间、重新计算原因、重新计算时间、法律依据等内容的公文。如:××公安局《计算/重新计算侦查羁押期限通知书》(×公×计押/重计押字〔201×〕×号)。平行、下行公文文种。

提请批准逮捕书

提请批准逮捕书,是指公安机关对有证据证明罪嫌疑人有犯罪事实,且可能判处徒刑以上刑罚,有逮捕必要的犯罪嫌疑人采取逮捕措施,提请同级人民检察院审查批准逮捕时所制作和使用的,载明犯罪嫌疑人的基本情况、辩护律师、案件来源、犯罪事实、相关证据、逮捕理由、法律依据、提请批准事项等内容的公文。如:沈阳××区公安分局《提请批准逮捕书》(×公×提捕字〔2012〕19号)。平行公文文种。

提请批准延长侦查羁押期限意见书

提请批准延长侦查羁押期限意见书,是指对侦查案情复杂、羁押期限内而不能终结的案件,公安机关依法向人民检察院提请批准延长犯罪嫌疑人在侦查中的羁押期限时所制作的,载明受文机关、原批准逮捕的情况、提请批准延长侦查羁押期限的原因或理由、提请批准延期的法律根据、延期的具体延期意见和要求等内容的公文。如：××公安局《提请批准延长侦查羁押期限意见书》(×公×提延字〔201×〕146号)。平行公文文种。

提请批准重新计算侦查羁押期限意见书

提请批准重新计算侦查羁押期限意见书，是指公安机关在侦查期间，发现已被逮捕羁押的犯罪嫌疑人另有重要罪行，依法提请人民检察院批准重新计算侦查羁押期限时而制作的，载明犯罪嫌疑人的基本情况、被逮捕的原因、时间、发现犯罪嫌疑人新罪的情况、重新计算侦查羁押期限的理由、重新计算侦查羁押期限的依据和意见的公文。如：××公安局《提请批准重新计算侦查羁押期限意见书》(×公提重计字〔201×〕14号)。平行公文文种。

收容教育/延长收容教育决定书

收容教育/延长收容教育决定书，是公安机关依法决定对卖淫、嫖娼人员决定收容教育，或延长收容教育时制作和使用的，写明被收容教育人、简要案情和相关证据，或延长收容教育的原因，决定收容教育或延长收容教育的法律依据、期限及起止时间，收容教育场所名称和地址，并告知被收容教育对象申请行政复议或提起行政诉讼的受理机关等事项的公文。如：××公安局××分局《收容教育/延长收容教育决定书》(×公〔治〕收教决字〔201×〕第21号)。下行公文文种。

强制戒毒/延长强制戒毒决定书

强制戒毒/延长强制戒毒决定书，是公安机关依法决定对吸食、注射毒品成瘾人员予以强制戒毒或者延长强制戒毒时制作使用的，载明被强制戒毒人的基本情况、强制戒毒或延长强制戒毒期限、强制戒毒地点等内容的公文。如：××市公安局××分局《强制戒毒/延长强制戒毒决定书》(×公〔治〕强戒决字〔201×〕第19号)。下行公文文种。

(四) 侦查取证类

传唤证

传唤证，又称"传唤通知书"，是公安机关为查明案情，对于涉嫌犯罪暂不需要逮捕、拘留的犯罪嫌疑人，依法传唤其在指定时间到指定地点接受讯问，并送达被传唤犯罪嫌疑人时所制作和使用的，载明法律依据、被传唤犯罪嫌疑人基本情况、接受讯问的时间和地点及相关要求等内容的证明性法定公文。如：××市公安局《传唤证》(×公×传唤字〔201×〕×号)。下行公文文种。

通缉令

通缉令，是公安机关依法通缉罪该逮捕而在逃的或者被拘留、逮捕后脱逃的犯罪嫌疑人，以及从监狱中逃跑的罪犯而制作的，除了必须保密的事项以外，主要写明发案的时间、地点和简要案情，被通缉人的基本情况、衣着和体貌特征、口音、行为习惯、携带物品，并附被通缉人近期照片，或附指纹及其他物证的照片，及提出工作要求和注意事项的法律公文。适于向社会公开发布通缉越狱逃跑的犯罪嫌疑人、被告人或者罪犯时使用。如：2009年4月29日，公安部发出《通缉令（A级）》（公缉〔2009〕26号，公安部网，公开通缉第一批十名重大拐卖儿童、妇女犯罪在逃人员）。平行、下行公文文种。

搜查证

搜查证，是公安机关侦查人员在办理刑事案件过程中，为了收集犯罪证据、查获犯罪嫌疑人，依法对犯罪嫌疑人以及可能隐藏罪犯或者犯罪证据的人的身体、物品、住所和其他有关地方进行搜查时，向被搜查人或其家属或其他见证人宣布的，载明案件名称、犯罪嫌疑人基本情况、搜查原因、法律依据、被搜查对象等内容的法律公文。如：××市公安局《搜查证》（×公×搜查字〔201×〕×号）。下行公文文种。

提讯提解证

提讯提解证，是公安机关办案人员提讯提解在押的犯罪嫌疑人时制作和使用的，载明犯罪嫌疑人基本情况、羁押期限、办案单位、发证日期、提讯提解证编号、每次提讯提解的时间、事由、收监或回所时间及侦查办案、看守人员签名等内容的凭证性公文。平行、下行公文文种。

协查通报

协查通报，是公安机关为及时堵截、查获犯罪嫌疑人，查找赃款、赃物下落，查明无名尸体等，要求配合协助调查时，根据不同的协查对象制作的，一般写明简要案情、协查对象简介、协查对象特征、协查工作要求、注意事项等内容，或协查犯罪嫌疑人，应写明基本情况、体貌特征与携带物品等，或协查无名尸体的身份，应写明其性别、身高、体型、衣着、随身携带物等，或协查赃物，则写清楚赃物名称、数量、形状、颜色、性能等情况的知照性公文。如：××公安局《协查通报》（×公刑协字〔201×〕××号）。平行、下行公文文种。

悬赏通告

悬赏通告，也称为"悬赏通缉"，是指公安机关广泛张贴或借助媒介向社会公开发布的，写明简要案情、刑事悬赏对象的基本情况、设定的赏金数额，征集有关线索并在核实线索的价值性后，承诺给付完成通告指定的行为的线索提供人以相应奖金及相关事项的一种告知性公文。适于通令缉拿应当逮捕而在逃的犯罪嫌疑人归案，发现重大犯罪线索，或追缴涉案赃物、证据，查获犯罪嫌疑人等侦查行为。如：公安部发出一张A级通缉令，四张B级通缉令，公开悬赏通缉七大毒贩（《北京青年报》，2014年6月24日）。下行公文文种。

讯问笔录

讯问笔录，是公安机关侦查人员、预审人员在办理刑事案件活动中，为了获取证据、证实犯罪、查明犯罪事实，全面分析研究案情，依法对犯罪嫌疑人进行讯问时，如实记载时间和地点、当事人、对象、见证人、事由和目的、过程和结果等讯问情况的法律公文。上行公文文种。

报案笔录

报案笔录，是公安机关的办案人员在接受公民或单位代表（口头或电话）报案、控告、举报犯罪事实（犯罪嫌疑人），或扭送犯罪嫌疑人以及犯罪嫌疑人自首时，当场制作的反映报案、控告、举报、扭送、自首活动过程和记录相关案情等内容的法律公文。上行公文文种。

搜查笔录

搜查笔录，是公安机关侦查人员对犯罪嫌疑人，以及可能隐藏罪犯或者犯罪证据的人的身体、物品、住处和其他有关地方依法进行搜查时，详细记载查获的犯罪证据和可疑物品等搜查情况，并由侦查人员、被搜查人或其家属、见证人、记录人分别签名的法律公文。上行公文文种。

辨认笔录

辨认笔录，是公安机关侦查人员为了查明案情，依法在组织辨认活动时制作的记载辨认活动经过和结果的法律公文。适于让被害人、犯罪嫌疑人或者证人对与犯罪有关的物品、文件、尸体、场所或者犯罪嫌疑人进行辨认时使用。上行公文文种。

询问笔录

询问笔录，是公安机关侦查人员在办理刑事案件过程中，为查明案情、制定侦破方案、获取和判定证据，依法向证人或被害人调查了解案件有关情况时制作的，用以记载询问时间和地点、当事人、对象、见证人、事由和目的、过程和结果等询问过程和调查取证的法律公文。上行公文文种。

询问通知书

询问通知书，是公安机关为了查明案情，通知证人或被害人到公安机关接受询问时制作和使用的，载明被询问人的姓名、案件名称、询问的目的、法律依据、接受询问的时间和地点等内容的公文。如：××市公安局《询问通知书》（×公×询通字〔201×〕20号）。下行公文文种。

继续盘问通知书

继续盘问通知书，是公安机关对有违法犯罪嫌疑的人员进行当场盘问、检查后，不能排除其违法犯罪嫌疑，需要继续盘问，经批准继续盘问，通知被盘问人及其家属、单位时使用的，载明被盘问人姓名、决定予以盘问时间、继续盘问的起止时间、申请国家赔偿的公安机关等事项的法律公文。如：××市公安局《继续盘问通知书》（×公×盘通字〔201×〕第×号）。下行公文文种。

办案协作函

办案协作函,是指县级以上公安机关办理刑事案件,经办案部门负责人批准,需要异地公安机关协作时制作和使用的,载明请求协作的单位名称、案件名称、前往侦查人员情况、执行的任务及请求协助的具体工作事项和要求等内容的法律公文。如:××公安局《办案协作函》(×公×协字〔201×〕×号)。平行公文文种。

扣押决定书

扣押决定书,是指公安机关在侦查活动中,对发现的可用以证明犯罪嫌疑人有罪或者无罪的各种财物、文件需要扣押,依法决定实施扣押时制作并交持有人的,载明案件名称、被扣押犯罪嫌疑人、被扣押单位、扣押原因、法律依据、决定扣押的财物、文件明细和特征等内容的法律公文。适于在侦查过程中,需要扣押财物、文件,或在现场勘查、搜查中,需要扣押的财物、文件价值较高,或者可能严重影响正常生产经营时使用。如:××公安局《扣押决定书》(×公×扣字〔201×〕×号)。下行公文文种。

查封决定书

查封决定书,是指公安机关在侦查过程中,对发现的可用以证明犯罪嫌疑人有罪或者无罪的各种财物、文件需要查封,依法决定实施查封时制作和使用的,载明案件名称、被查封犯罪嫌疑人、被查封单位、查封原因、法律依据并附决定查封的财物、文件明细和特征等内容的法律公文。适于需要查封土地、房屋等不动产,或者船舶、航空器以及其他不宜移动的大型机器、设备等特定动产时使用。如:××公安局《查封决定书》(×公×封字〔201×〕×号)。下行公文文种。

起诉意见书

起诉意见书,是公安机关对案件侦查终结的案件,认为犯罪事实清楚,证据确凿、充分,犯罪性质和罪名认定正确,应当依法追究犯罪嫌疑人刑事责任时制作的,载明犯罪嫌疑人的基本情况,违法犯罪经历及因本案被采取强制措施的情况,案件办理情况,涉嫌的犯罪事实及相关证据,案件有关情节,犯罪性质的认定及移送审查起诉的依据等内容的公文。适于案件侦查终结,向同级人民检察院移送审查起诉时使用。如:《信阳市浉河区公安分局起诉意见书》(浉公刑诉字〔2012〕86号)。平行公文文种。

鉴定聘请书

鉴定聘请书,是指公安机关为了查明案情,解决案件中某些专门性问题,需要聘请有专门知识的人进行鉴定时制作和使用的,载明被聘请人、聘请理由、案件名称、法律依据、鉴定事项及有关要求等内容的公文。如:××公安局《鉴定聘请书》（×公×鉴聘字〔201×〕×号）。平行公文文种。

侦查工作方案

侦查工作方案，也称"侦查计划"或"侦破方案"，是指公安机关对已决定立案侦查的重大、恶性刑事案件，为及时破案，在初步审查、分析判断案情的基础上，针对案件如何破获所拟定的，主要写明案由，对案情的分析和判断，侦查方向和侦查范围，侦查工作部署、措施和方法步骤，侦查中应遵守的制度和规定，制止破坏措施及请求领导批准的计划性公文。侦查工作方案是立案报告工作项目的进一步具体化，是指导破案工作的重要书面依据。如：××公安局《8·25枪支被盗案侦查工作方案》（×公侦字〔201×〕第×号）。下行公文文种。

现场勘验笔录

现场勘验笔录，又称"现场勘验检查笔录"，是公安机关侦查人员依法对犯罪有关的场所、物品、人身、尸体进行勘验检查时制作的，全面、真实、准确地记录勘验事由、现场勘验时间、现场勘验检查过程、现场勘验情况和结果及现场制图、音像资料等内容的证据性法律公文。适于查明犯罪现场的情况，发现和搜集证据，研究分析案情，判断案件性质，确定侦查方向和范围，为破案提供线索和证据。并作为证明案件真实情况、甄别犯罪嫌疑人口供和被害人陈述、证人证言的有力证据。

调取证据通知书

调取证据通知书，是公安机关在办案过程中，依法向有关单位或个人调取与案件有关的证据时制作和使用的，载明被调取证据持有人、法律依据、案件名称或案由、需要调取的证据及相关事项等内容的告知性法律公文。如：××公安局《调取证据通知书》（××调证通字〔201×年〕×号）。下行公文文种。

补充侦查报告书

补充侦查报告书，又称"补充侦查终结报告书"，是公安机关根据人民检察院的《补充侦查决定书》的要求，进行补充侦查后，将补充侦查的结果告知人民检察院时所制作的法律公文。如：《××公安局××补充侦查终结报告书》（×公刑补侦字〔201×〕××号）。上行公文文种。

终止侦查决定书

终止侦查决定书，是公安机关依法决定对有关犯罪嫌疑人终止侦查时制作的，载明原犯罪嫌疑人基本情况、案件名称、终止侦查原因、法律依据等内容的公文。适于对经过侦查，发现有犯罪事实需要追究刑事责任，但不是被立案侦查的犯罪嫌疑人实施的，或者共同犯罪案件中部分犯罪嫌疑人不够刑事处罚的，应当对有关犯罪嫌疑人终止侦查，并对该案件继续侦查的情形时使用。如：××公安局《终止侦查决定书》（×公刑补侦字〔201×〕×号）。下行公文文种。

强制医疗意见书

强制医疗意见书,是指公安机关发现对经法定程序鉴定依法不负刑事责任的精神病人,有继续危害社会的可能,符合强制医疗条件的,经县级以上公安机关负责人批准,连同相关证据材料和鉴定意见一并向同级人民检察院移送时制作和使用的,说明犯罪嫌疑人基本情况、涉嫌案件名称、案由和案件来源,简要写明案件侦查过程中的各个法律程序开始的时间,具体写明精神病人的归案情况,详细叙述经依法侦查查明实施暴力行为的事实,聘请医疗机构对精神病人进行精神病鉴定的意见,分列认定事实的相关证据,并说明证据与案件事实的关系,明确法律依据和提出强制医疗建议性意见的公文。如:××公安局《强制医疗意见书》(×公×强医字〔201×〕×号)。平行公文文种。

解剖尸体通知书

解剖尸体通知书,是指公安机关在案件侦查过程中,经县级以上公安机关负责人批准,为了确定死因,而对死因不明的尸体进行解剖检验,书面通知并送达死者家属到场时制作和使用的,载明案件名称、死者姓名、解剖目的、解剖时间、解剖地点、法律依据及相关事项等内容的法律公文。如:××公安局《解剖尸体通知书》(×字〔201×〕×号)。下行公文文种。

鉴定意见通知书

鉴定意见通知书,是指公安机关在案件侦查过程中,对经审查作为证据使用的鉴定意见,告知犯罪嫌疑人、被害人或者其法定代理人时制作和使用的,载明案件名称、犯罪嫌疑人基本情况、被害人基本情况、鉴定内容、鉴定结论、法律依据及相关事项等内容的法律公文。如:××公安局《鉴定意见通知书》(×公×鉴通字〔201×〕×号)。下行公文文种。

撤销案件决定书

撤销案件决定书,是公安机关对于已经立案侦查的案件,经过侦查发现不追究犯罪嫌疑人的刑事责任、犯罪嫌疑人不负刑事责任或已死亡的,决定需要撤销案件时制作和使用的,载明原犯罪嫌疑人的基本情况、案件名称、撤销案件的原因及撤销案件的法律依据的公文。适用于送达原案件犯罪嫌疑人或其家属,原案件被害人或其亲属、法定代理人,或原案件移送机关。如:××市公安局《撤销案件决定书》(×公×撤案字〔201×〕17号)。下行公文文种。

撤销通缉令的通知

撤销通缉令的通知,是指经公安机关核实,被通缉的犯罪嫌疑人已经自动投案、被击毙或者被抓获归案、死亡,以及发现有其他不需要采取通缉,或者通缉原因已经消失,而无通缉必要的,发布通缉令的公安机关在原发布范围内通知撤销通缉令时制作和使用的,载明发布范围、原通缉令文号、案件名称、被通缉人、通缉时间、撤销原因等内容的法律公文。如：××公安局《关于撤销×字〔×××〕×号通缉令的通知》（×公×撤缉字〔201×〕×号）。下行公文文种。

没收违法所得意见书

没收违法所得意见书，是指公安机关在对案件进行侦查期间，认为依照刑法规定应当追缴其违法所得及其他涉案财产的情形，经县级以上公安机关负责人批准，连同相关证据材料一并移送同级人民检察院时制作和使用的，写明犯罪嫌疑人的基本情况，犯罪事实和相关的证据材料，犯罪嫌疑人逃匿、被通缉或者死亡的情况，犯罪嫌疑人的违法所得及其他涉案财产的种类、数量、所在地，查封、扣押、冻结的情况，法律依据和提出建议性意见等内容，并附《违法所得清单》的法律公文。适用于恐怖活动犯罪等重大犯罪案件，犯罪嫌疑人逃匿，在通缉一年后不能到案的，或犯罪嫌疑人死亡，现有证据证明其存在违法所得及其他涉案财产依法应当予以没收的。如：××公安局《没收违法所得意见书》（×公×没字〔201×〕×号）。平行公文文种。

协助查询财产通知书

协助查询财产通知书，是指公安机关根据侦查犯罪的需要，经县级以上公安机关负责人批准，依法向金融机构等单位查询犯罪嫌疑人的存款、汇款、债券、股票、基金份额等财产，通知金融机构等单位执行，并要求有关单位和个人配合时制作和使用的，载明协助查询单位、查询原因和理由、法律依据、被查询人、查询线索、查询内容或财产种类等内容的公文。如：××公安局《协助查询财产通知书》（×公×查财字〔2014〕×号）。平行、下行公文文种。

协助查封/解除查封通知书

协助查封/解除查封通知书，是指公安机关根据侦查犯罪的需要，经县级以上公安机关负责人批准，依法决定查封或解除查封可用以证明犯罪嫌疑人有罪或者无罪的各种不动产、特定动产或不宜移动的财产等，通知协助查封或者协助解除查封等单位执行，并要求有关单位和个人配合时制作和使用的，载明协助查封单位，案件名称和犯罪嫌疑人，查封/解除查封的对象、原因和时间，法律依据，查封/解除查封的财物、文件清单，告知相关事项等内容的法律公文。如：××公安局《协助查封/解除查封通知书》（×公×封通/解封通字〔2014〕×号）。平行、下行公文文种。

协助冻结/解除冻结财产通知书

协助冻结/解除冻结财产通知书，是指公安机关根据侦查犯罪的需要，经县级以上公安机关负责人批准，依法冻结或解除冻结犯罪嫌疑人在金融机构等单位的存款、汇款、债券、股票、基金份额等财产，通知金融机构等单位执行，并要求有关单位和个人配合时制作和使用的，载明协助冻结单位，案件名称和犯罪嫌疑人，冻结/解除冻结原因、财产类型和时间，法律依据等内容的法律公文。如：××公安局《协助冻结/解除冻结财产通知书》（冻财/解冻财字〔2014〕×号）。平行、下行公文文种。

证人诉讼权利义务告知书

证人诉讼权利义务告知书，是指公安机关在对案件进行侦查期间，第一次询问证人时，依法书面告知证人享有的诉讼权利和义务时制作和使用的公文。下行公文文种。

被害人诉讼权利义务告知书

被害人诉讼权利义务告知书，是指公安机关在对案件进行侦查期间，第一次询问被害人时，依法书面告知被害人享有诉讼权利和义务时制作和使用的公文。下行公文文种。

扣押/解除扣押邮件/电报通知书

扣押/解除扣押邮件/电报通知书，是指公安机关根据侦查犯罪的需要，经县级以上公安机关负责人批准，依法决定扣押犯罪嫌疑人的邮件、电子邮件、电报，通知邮电部门或者网络服务单位执行检交扣押，并要求予以配合时制作和使用的，载明协助扣押/解除扣押单位、案件名称、犯罪嫌疑人、法律依据、扣押/解除扣押时间、扣押/解除扣押的邮件或电报特征等内容的法律公文。如：××公安局《扣押/解除扣押邮件/电报通知书》（×公×扣通/押通字〔2014〕×号）。平行、下行公文文种。

犯罪嫌疑人诉讼权利义务告知书

犯罪嫌疑人诉讼权利义务告知书，是指公安机关在对案件进行侦查期间，第一次询问犯罪嫌疑人或对其采取强制措施之日，依法书面告知犯罪嫌疑人享有的诉讼权利和义务时制作和使用的公文。下行公文文种。

未成年人法定代理人到场通知书

未成年人法定代理人到场通知书，是公安机关侦查人员在对未成年犯罪嫌疑人进行讯问时，通知并送达未成年人法定代理人到场时制作和使用的，写明法定代理人姓名、讯问的时间和地点、到场原因、未成年犯罪嫌疑人的姓名、法律依据等内容的公文。如：××公安局《未成年犯罪嫌疑人法定代理人到场通知书》（×公×未代通字〔201×〕49号）。下行公文文种。

未成年证人/被害人法定代理人到场通知书

未成年证人/被害人法定代理人到场通知书，是公安机关在办理刑事案件过程中，对未成年证人或被害人进行询问时，通知其法定代理人到场时制作和使用的，载明被通知到场的法定代理人姓名、询问的时间、地点、案件名称、被询问人姓名以及通知到场的法律依据等内容的法律公文。如：××市公安局《未成年证人/被害人法定代理人到场通知书》（×公×未证/被法代通字〔201×〕96号）。下行公文文种。

（五）技术侦查类

采取技术侦查措施决定书

采取技术侦查措施决定书，是指公安机关根据侦查犯罪案件的需要，依法报请设区的市一级以上公安机关负责人批准后，决定采取技术侦查措施时制作和使用的，载明执行技术侦查或办案部门、法律依据、起止时间、案件名称、适用对象、措施种类等内容的法律公文。如：××市公安局《采取技术侦查措施决定书》（×公×技决字〔201×〕×号）。下行公文文种。

执行技术侦查措施通知书

执行技术侦查措施通知书，是指公安机关根据人民检察院等机关决定采取技术侦查措施的委托，依法由设区的市一级以上公安机关按照规定办理相关手续后，交负责技术侦查的部门执行，并将执行情况书面告知人民检察院等单位时制作和使用的，载明委托单位、委托人、法律依据、起止时间、案件名称、适用对象、措施种类等内容的法律公文。如：××市公安局《执行技术侦查措施通知书》（×公×执技字〔201×〕×号）。下行公文文种。

解除技术侦查措施决定书

解除技术侦查措施决定书，是指公安机关负责技术侦查的部门认为需要解除技术侦查措施的，报批准机关负责人批准后制作的，并通知办案部门或委托单位时所使用的，载明办案部门、案件名称、解除原因、法律依据、解除措施种类、解除时间等内容的法律公文。如：××市公安局《解除技术侦查措施决定书》（×公×解技字〔201×〕×号）。下行公文文种。

延长技术侦查措施期限决定书

延长技术侦查措施期限决定书，是指公安机关对复杂、疑难案件，采取技术侦查措施的有效期限届满仍需要继续采取技术侦查措施的，经负责技术侦查的部门审核，报批准机关负责人批准后制作和使用的，载明办案部门、技术侦查部门、案件名称、原技术侦查措施及时间、延长措施原因、延长措施种类、法律依据、延长起止时间等内容的法律公文。如：××市公安局《延长技术侦查措施期限决定书》（×公×延技字〔201×〕×号）。下行公文文种。

（六）执行类

假释证明书

假释证明书，是指根据所在地中级以上人民法院审核的裁定，看守所依据公安机关的执行通知书，对被依法予以假释的罪犯开具的，载明被假释罪犯基本情况、原判法院及被判刑情况、假释裁定机关、假释考验期及告知被假释罪犯应当遵守的规定，并送达被假释罪犯所在社区矫正机构的证明性公文。如：××看守所《假释证明书》（×看假释字〔2014〕×号）。下行、平行公文文种。

刑满释放证明书

刑满释放证明书，是指对被判处有期徒刑由看守所代为执行和被判处拘役的罪犯，执行期间如果没有再犯新罪，执行期满，予以释放时，看守所向被释放人发放的，载明被释放人基本情况、判刑原因、罪名和刑种、原判法院、原判刑期起止时间、剥夺政治权利起止时间、刑种刑期变动情况、释放原因等内容的证明性法律公文。如：××看守所《刑满释放证明书》（×看释字〔201×〕×号）。下行、平行公文文种。

收监执行通知书

收监执行通知书，是指公安机关对罪犯暂予监外执行的原因消失，决定将罪犯收监执行，通知罪犯暂予监外执行地看守所、社区矫正机构时制作和使用的，载明罪犯基本情况、收监执行原因和时间、法律依据等内容的程序性法律公文。如：××公安局《收监执行通知书》（×公×收监字〔201×〕×号）。下行公文文种。

减刑/假释建议书

减刑/假释建议书，是指对依法留看守所执行刑罚的罪犯，符合减刑/假释条件的，由看守所依法制作的，写明罪犯基本情况、判刑原因、罪名和刑种、原判法院、原判刑期起止时间、现已执行情况、减刑/假释的理由和具体事实、法律依据、建议事项等内容的公文。适于按程序报请设区的市一级以上公安机关审查同意后，提请所在地中级以上检察院、人民法院审核裁定时使用。如：××执行机关《减刑/假释建议书》（×公减/假字〔201×〕×号）。上行公文文种。

暂予监外执行决定书

暂予监外执行决定书，是指经提请设区的市级公安机关批准，对在看守所服刑的符合暂予监外执行条件的罪犯，依法决定暂予监外执行时制作的，载明罪犯基本情况、暂予监外执行原因、法律依据、起止时间、执行机关等内容的公文。适于送交看守所、被暂予监外执行的罪犯和负责监外执行的社区矫正机构，同时抄送同级人民检察院使用。如：××公安局《暂予监外执行决定书》（×公×暂外字〔201×〕×号）。下行公文文种。

（七）刑事通用类

死亡通知书

死亡通知书，是指公安机关对犯罪嫌疑人在侦查或者执行刑罚期间死亡的，告知死者家属或单位、原判人民法院或人民法院时制作和使用的，载明案件名称、死亡人基本情况、死亡原因、死亡地点、死亡时间、送往单位等内容的法律公文。如：××公安局《死亡通知书》(×亡通字〔201×〕×号)。下行、平行公文文种。

要求复议意见书

要求复议意见书，是指公安机关在收到同级人民检察院的不批准逮捕或不起诉决定书后，认为决定有错误，依法要求原人民检察院对其决定进行重新审议时制作的，经县级以上公安机关负责人批准，移送同级人民检察院复议时使用的，载明同级人民检察院决定不批准逮捕决定书或不起诉决定书的文号、案件名称和犯罪嫌疑人姓名，要求复议的理由，提出复议的法律依据和要求等内容的法律公文。如：××公安局《要求复议意见书》(×公×要复字〔201×〕×号)。平行公文文种。

提请复核意见书

提请复核意见书，是指公安机关要求复议的意见不被同级人民检察院接受的，在收到人民检察院的复议决定书后，认为有必要再议时，依法提请上一级人民检察院复核时制作和使用的，说明要求同级人民检察院进行复议的有关情况、提请复核的原因和理由，明确提出对案件的处理意见，提请复核的法律根据和要求等内容的法律公文。如：××公安局《提请复核意见书》(×公×请核字〔201×〕×号)。上行公文文种。

呈请拘传报告书

呈请拘传报告书，是公安机关办案单位在侦查过程中，认为犯罪嫌疑人符合拘传条件，需要犯罪嫌疑人到案接受讯问时制作和使用的，写明犯罪嫌疑人基本情况、呈请事项、事实依据及法律依据，报请县级以上公安机关负责人审批的公文。如：《呈请拘传报告书》(×公刑拘报字〔201×〕×号)。上行公文文种。

呈请拘留报告书

呈请拘留报告书，指承办案件公安机关，在办理案件的过程中，依法对现行犯或重大嫌疑分子需要采取刑事拘留措施时所制作和使用的，说明犯罪嫌疑人基本情况、拘留的原因、事实依据及法律依据、呈请事项，报请县级以上公安机关负责人审批的公文。如：《呈请拘留报告书》(岳公邢拘字〔2008〕187号)。上行公文文种。

呈请结案报告书

呈请结案报告书，又称"预审终结报告""结案报告"，是指公安机关预审部门对所受理的案件，经过预审，认为符合结案条件可以结案，报请有关领导批准结案处理时制作和使用的，说明逮捕的理由和根据、犯罪事实、破案的简要经过和对案件的简要分析、对犯罪嫌疑人采取了何种强制措施及其理由和根据，办案结果，提出结案理由、对案件的结论和处理意见等内容的内部审批公文，也是为制作起诉意见书或撤销案件提供根据。上行公文文种。

呈请破案报告书

呈请破案报告书,又称"破案报告",是公安机关侦查人员通过侦查活动,对立案侦查的刑事案件,在查明了犯罪嫌疑人的犯罪事实、取得了确切的犯罪证据、抓获了犯罪嫌疑人,达到破案或部分破案条件的基础上,需移交预审部门审理前报请上级审批时制作的,说明案件概况、案情分析、侦查措施、破案经过和案件侦查的结果,破案的理由和根据,提出下一步破案的组织分工和方法步骤,其他破案措施和处理意见的审批性公文。如:《关于"3·4"抢劫银行案破案报告书》("3·4"抢劫银行案专案组,200×年7月5日)。上行公文文种。

呈请搜查报告书

呈请搜查报告书,是公安机关根据案件侦查情况的需要而依法制作的,书面简述正在侦查的案件名称、搜查目的、搜查对象,被搜查人的基本情况,搜查的理由,搜查的法律依据和审批请求,报请县级以上公安机关负责人审批的公文。适于为了收集犯罪证据,查获犯罪人,需要对犯罪嫌疑人以及可能隐藏罪犯或其他证据的人的身体、物品、住处和其他有关地方进行搜查时使用。上行公文文种。

呈请调取证据报告书

呈请调取证据报告书,是公安机关办案单位向有关机关、团体、企事业单位和公民个人调取与案件有关的证据时制作的,书面概括写明侦查的案件名称和案情,需要调取与案件有关的证据名称、特征、数量、现存放地点及持有人,调取证据的原因和理由,调取证据的法律依据等情况,报请县级以上公安机关负责人审批的文书。上行公文文种。

呈请撤销案件报告书

呈请撤销案件报告书,是公安机关对已经立案侦查的案件,在立案审查中,如发现有符合我国《刑事诉讼法》第十五条规定的六种情形之一的,或经过侦查应予以否定原立案根据,决定终止侦查活动时制作的,说明原立案的根据和来源、案件的侦查结果、撤销案件的理由和法律依据,报请县以上公安机关负责人审批的公文。如:《××县公安局撤销案件报告》(公撤报字〔201×〕8号)。上行公文文种。

呈请案件侦查终结报告书

呈请案件侦查终结报告书,是公安机关侦查人员对所受理的案件,进行一系列的侦查活动后,根据已经查明的事实、证据和有关的法律规定,认为具备结案条件时,报请县级以上公安机关负责人批准结案时所制作的,说明案件名称、案件来源、立案时间、破案时间、犯罪嫌疑人的基本情况、案件侦查起止时间、侦破经过、查实的案件事实和证据、需要说明的问题、法律依据和处理意见等内容的公文。如：《××公安局××侦查终结报告》（×公刑侦字〔201×〕×号）。上行公文文种。

(八) 外国人出入境类

限期离境决定书

限期离境决定书，是公安机关对违反出入境管理法律法规，非法入境、非法居留的外国人，或者有违法犯罪行为的我国台湾地区居民，依法决定其限期离境时使用的，载明违法行为人的基本情况、限期离境的案由、限期离境的法律依据和限期离境执行的截止日期等内容的公文。如：××市公安局××分局《限期离境决定书》（×公〔边〕限离字〔201×〕13号）。下行公文文种。

遣送出境决定书

遣送出境决定书，是公安机关对违反出入境管理法律法规，非法入境、非法居留的外国人，或者有违法犯罪行为的我国台湾地区居民，依法决定将其遣送出境时制作的，载明违法行为人的基本情况、案由、遣送出境的法律依据和遣送出境的执行日期等事项的公文。适用于责令违法行为人限期离境而无法保证其自动离境或者在规定期限内没有离境的情形。如：××市公安局××分局《遣送出境决定书》（×公〔边〕遣字〔201×〕7号）。下行公文文种。

取消居留资格决定书

取消居留资格决定书，是公安机关对不遵守中国法律的外国人，或者有违法犯罪行为的我国台湾地区居民，依法决定取消其居留资格时使用的，载明违法行为人的基本情况、取消居留资格案由、取消居留资格的法律依据和取消居留资格执行截止日期等事项的公文。如：××市公安局《取消居留资格决定书》（×公〔边〕取字〔201×〕5号）。下行公文文种。

缩短停留期限决定书

缩短停留期限决定书，是公安机关对不遵守中国法律的外国人或者有违法犯罪行为的我国台湾居民，依法决定缩短其停留期限时制作并使用的，载明违法行为人的基本情况、案由、缩短停留期限案由、缩短停留期限的法律依据和缩短停留期限执行日期等事项的公文。如：××市公安局《缩短停留期限决定书》（×公〔边〕缩字〔201×〕8号）。下行公文文种。

扣留/收缴护照、证件决定书

扣留/收缴护照、证件决定书，是公安机关依法决定扣留或者收缴当事人出境、入境护照、证件时制作并使用的，载明证件持有人的基本情况、案由、法律依据和证件种类及号码，告知当事人此《决定书》可作为临时身份证明的有效期限等事项的公文。如：××市公安局××分局《扣留/收缴护照、证件决定书》

(×公〔边〕缴字〔201×〕11号)。下行公文文种。

出入境管理拘留审查/延长拘留审查决定书

出入境管理拘留审查/延长拘留审查决定书,是县级以上公安机关对非法入境、非法居留的外国人,或者有违法犯罪行为的我国台湾地区居民,依法决定拘留审查或者延长拘留审查时使用的,载明违法嫌疑人的基本情况、案由、法律依据、拘留审查的原因的公文。如:××市公安局××分局《出入境管理拘留审查/延长拘留审查决定书》(×公〔治〕行拘审字〔201×〕6号)。下行公文文种。

(九) 公安国家赔偿类

国家赔偿决定书

国家赔偿决定书,是赔偿义务机关对赔偿请求人的赔偿请求作出赔偿或者不予赔偿决定,交赔偿请求人时使用的,载明赔偿请求人的基本情况、赔偿义务机关、请求人请求赔偿的具体要求、赔偿义务机关对赔偿请求针对事项所查明的事实、赔偿请求人提供的和赔偿义务机关调取的证据证明、赔偿义务机关对赔偿请求针对事项的简要认定、法律依据、决定内容等,并告知有权提起诉讼或申请复议事项的公文。如:《××赔偿义务机关国家赔偿决定书》(×公赔决字〔201×〕×号)。下行公文文种。

国家赔偿金支付申请书

国家赔偿金支付申请书,是赔偿义务机关收到赔偿请求人的支付赔偿金申请后,依照预算管理权限向财政部门申请支付赔偿金时使用的,说明赔偿请求事由、法律依据,并附赔偿请求人提交的国家赔偿金支付申请书和相关法律文件的公文。如:《××赔偿义务机关国家赔偿金支付申请书》(×公赔支字〔201×〕×号)。上行公文文种。

国家赔偿或刑事赔偿申请不予受理通知书

国家赔偿或刑事赔偿申请不予受理通知书,是赔偿义务机关或者刑事赔偿复议机关审查赔偿或者复议申请材料后,经审查认为不符合受理条件,决定不予受理并通知赔偿请求人时使用的,说明不予受理的理由、法律依据等内容的公文。如:《××赔偿义务机关/复议机关国家赔偿或刑事赔偿复议申请不予受理通知书》(×公赔/公赔复不受字〔201×〕×号)。下行公文文种。

国家赔偿或刑事赔偿复议申请补正通知书

国家赔偿或刑事赔偿复议申请补正通知书,是由赔偿义务机关或复议机关对赔偿请求人的申请材料审查后,认为材料不齐全或者表述不清楚的,依法告知需要补正全部内容时使用的,写明赔偿请求人、审查意见、法律依据,并告知相关事项及要求的公文。如:《××赔偿义务机关/复议机关国家赔偿或刑事赔偿复议申请补正通知书》（×公赔/公赔复补字〔201×〕×号）。下行公文文种。

国家赔偿或刑事赔偿复议申请驳回通知书

国家赔偿或刑事赔偿复议申请驳回通知书，是赔偿义务机关或者刑事赔偿复议机关受理赔偿或者复议申请后，发现有不予受理情形的，决定驳回申请并通知赔偿请求人时使用的，说明驳回申请的理由、法律依据等内容的公文。如：《××赔偿义务机关/复议机关国家赔偿或刑事赔偿复议申请驳回通知书》（×公赔/公赔复驳字〔201×〕×号）。下行公文文种。

国家赔偿或刑事赔偿复议申请受理通知书

国家赔偿或刑事赔偿复议申请受理通知书，是赔偿义务机关或者刑事赔偿复议机关审查赔偿或者复议申请材料后，经审查认为符合法定受理条件，依法决定受理并通知赔偿请求人时使用的公文。如：《××赔偿义务机关/复议机关国家赔偿或刑事赔偿复议申请受理通知书》（×公赔/公赔复受字〔201×〕×号）。下行公文文种。

国家赔偿或刑事赔偿复议申请中止审查通知书

国家赔偿或刑事赔偿复议申请中止审查通知书，是赔偿义务机关或者刑事赔偿复议机关对案件审查过程中出现的法定中止情形，决定中止审查，通知赔偿请求人时使用的，说明中止审查的事由、法律依据等内容的公文。如：《××赔偿义务机关/复议机关国家赔偿或刑事赔偿复议申请中止审查通知书》（×公赔/公赔复中止字〔201×〕×号）。下行公文文种。

国家赔偿或刑事赔偿复议申请终结审查决定书

国家赔偿或刑事赔偿复议申请终结审查决定书，是赔偿义务机关或者刑事赔偿复议机关对案件审查过程中出现的法定终结情形，决定终结审查，告知赔偿请求人或赔偿义务机关时使用的，说明终结审查的事由、法律依据的公文。如：《××赔偿义务机关/复议机关国家赔偿或刑事赔偿复议申请终结审查决定书》（×公赔/公赔复终结字〔201×〕×号）。下行公文文种。

国家赔偿或刑事赔偿复议申请恢复审查通知书

国家赔偿或刑事赔偿复议申请恢复审查通知书，是国家赔偿或者刑事赔偿复议案件中止情形消除后，赔偿义务机关或者刑事赔偿复议机关决定恢复案件审查，通知赔偿请求人或赔偿义务机关时使用的，说明国家赔偿或刑事赔偿复议申请恢复审查的理由、法律依据、时间等内容的公文。如：《××赔偿义务机关/复议机关国家赔偿或刑事赔偿复议申请恢复审查通知书》（×公赔/公赔复恢审字〔201×〕×号）。下行公文文种。

提交国家赔偿案件情况通知书

提交国家赔偿案件情况通知书，是受理国家赔偿申请或刑事赔偿复议申请后,通知案件所涉执法办案部门或者赔偿义务机关,提交办案情况、书面答复、相关证据和其他材料时使用的公文。如:《××赔偿义务机关/复议机关提交国家赔偿案件情况通知书》(×公赔/公赔复答字〔201×〕×号)。下行公文文种。

二、检察法律专用公文

检察法律专用公文,是各级人民检察机关为实现法律监督职能,依法制作的具有法律效力或法律意义的公文总称。

我国宪法和人民检察院组织法规定,检察机关是专门的法律监督机关。检察专用公文就是为实现和履行法律监督职能,对刑事、民事、行政诉讼实行检察监督的一种体现。

检察法律专用公文的主要特征有:(1)检察法律专用公文的制作主体是特定的、唯一的,是依法行使法律监督职能的各级人民检察院,其他机关、团体和个人均无权制作检察法律公文。(2)制作检察法律公文,是人民检察院为保证国家法律的统一正确实施,依法开展法律监督工作的具体体现,也是其行为合法、有效的保证。(3)检察法律公文是根据宪法和有关法律制作的,每一种公文均有相应的法律规定作为依据。(4)检察法律公文是依据有关法律的授权而制作的,是以国家强制力作为实施保障的,具有法律效力,具有普遍的约束力,任何单位和个人都必须遵守,否则要承担相应的法律责任。

2001年,最高人民检察院根据检察业务的需要,综合多年来的司法实践结果,重新修订了《人民检察院法律文书格式(样本)》。从参加诉讼的类型看,包括刑事检察公文和民事、行政诉讼监督检察公文。刑事检察公文是当前检察公文的主体。民事、行政诉讼监督检察公文是人民检察院对民事、行政判决进行监督而成的,目前这部分公文主要对生效民事、行政判决进行监督所制作的法律公文。

2012年12月27日,高检院印发了新的《人民检察院刑事诉讼法律文书格式样本》(以下简称新文书格式样本),列举了223种刑事诉讼法律文书。其中,自侦部门可能用到的除专门的侦查文书外,还包括关于立案、辩护权、强制措施、特别程序、回避等事项文书及通用文书,共计112种,占检察刑事诉讼全部公文的二分之一。

依照公文的性质和作用,刑事检察公文大体可分为七类,共计139种。

(1)立案类:《立案决定书》《不立案通知书》《补充立案决定书》等12种。

(2)侦查类:《提押证》《询问通知书》《解剖尸体通知书》《调取证据通知书》《调取证据清单》《搜查证》《扣押物品清单》《扣押邮件和电报通知书》《查询个人储蓄存款通知书》《停止支付储蓄存款通知书》《侦查终结报告》《拘

传证》《取保候审决定书》《逮捕决定书》《批准逮捕决定书》《起诉意见书》《不起诉意见书》等81种。

（3）公诉类：《起诉书》《撤回起诉决定书》《不起诉决定书》《撤销不起诉决定书》《提请抗诉报告书》《刑事抗诉书》等36种。

（4）执行类：《停止执行死刑意见书》《纠正不当假释裁定意见书》等5种。

（5）申诉类：《刑事申诉审查结果通知书》《纠正案件错误通知书》等4种。

（6）刑事赔偿类：《刑事确认书》《刑事赔偿立案决定书》等10种。

（7）其他类：《复议决定书》《复核决定书》《纠正案件决定错误通知书》等3种。

另外，还有通用类公文，如《检察意见书》《建议书》《调卷函》《送达回证》。

从以上诸公文形式上看，有的是拟制式，有的属填充式或笔录式，其中拟制式的制作难度较大，既要叙述案情，又要分析论证，因此，本章重点介绍部分常用的拟制式公文。

起诉书

起诉书，又称"公诉书"，是指人民检察院依照法定的诉讼程序，代表国家将被告人提起公诉，交付人民法院审判时制作的，载明案由和案件来源，犯罪事实，证据，起诉的理由、依据、结论及诉讼请求事项的法律公文。适于对公诉案件经过审查，确认犯罪嫌疑人的犯罪事实已经查清，认为其行为已经构成犯罪，证据确实充分，依法应当追究其刑事责任，决定将其交付审判，向人民法院提起公诉时使用。如：成都市高新技术产业开发区人民检察院《起诉书》（成高新检刑诉字〔2010〕39号）。平行公文文种。

法律解释

法律解释，是指一定的解释主体根据法定权限和程序，根据有关法律规定、政策、公平正义观念、法学理论和惯例，对现行的法律规范、法律条文的含义、内容、概念、术语等进行说明，进一步明确法律法规的具体含义和补充法律依据，以适用法律制定后出现的新情况的公文文种。我国凡属于检察院检察工作中具体运用法律、法令的问题，由最高人民检察院进行解释。如：最高人民法院、最高人民检察院《关于办理与盗窃、抢劫、诈骗、抢夺机动车相关刑事案件具体应用法律若干问题的解释》（法释〔2007〕11号）。下行公文文种。

立案决定书

立案决定书，是指检察院按照管辖范围，认为有犯罪事实发生，需要追究犯罪嫌疑人的刑事责任，符合立案条件，决定对案件行使侦查权时所制作的，载明法律依据、被立案人名称、涉嫌案件及罪名、决定事项的法律公文。如：江苏省人民检察院《立案决定书》（苏检民刑立〔2012〕31号）。下行公文文种。

公诉意见书

公诉意见书，是指受人民检察院指派出席法庭支持公诉的公诉人，在法庭辩论阶段就案件事实、证据和适用法律等，第一次系统的集中发表意见时使用的，书面说明案件基本情况，表明公诉人的身份、职责、出庭的法律根据，阐述公诉意见的法律公文。如：××县人民检察院《公诉意见书》（起诉书号：×号）。平行公文文种。

民事抗诉书

民事抗诉书，是指人民检察院对人民法院已经发生法律效力的民事判决、裁定，认为符合法律规定的条件，而按照审判监督程序向人民法院提出抗诉时制作的，载明被告人的基本情况，原判决、裁定情况，审查意见（包括事实认定），抗诉理由，提起抗诉的法律依据、抗诉要求等内容的法律公文。如：××县人民检察院《抗诉书》（×检民抗〔201×〕×号）。平行公文文种。

刑事抗诉书

刑事抗诉书，是指人民检察院对人民法院的刑事判决或者裁定，认为确有错误，依法向人民法院提出抗诉时所制作使用的，载明被告人的基本情况，原判决、裁定情况，审查意见（包括事实认定），抗诉理由，提起抗诉的法律依据、抗诉要求等内容的法律公文。如：××县人民检察院《抗诉书》（×检刑抗〔201×〕×号）。平行公文文种。

回避决定书

回避决定书，是指人民检察院在决定检察人员或侦查机关负责人回避案件时制作和使用的，载明案由、犯罪嫌疑人名称、被决定回避人、法律依据、回避原因等内容的公文。本公文适用于侦查、起诉阶段。如：××人民检察院《回避决定书》（×检避号：×）。下行公文文种。

通知立案书

通知立案书，是指人民检察院对于公安机关应当立案侦查的案件而不立案侦查的，在要求公安机关说明不立案的理由后，经审查认为公安机关不立案的理由不能成立，而通知公安机关立案时制作使用的，写明发出《说明不立案理由通知书》的时间与文号，侦查机关回复的时间与文书的文号；侦查机关关于不立案理由不能成立的原因和应当立案的事实根据和法律根据；通知侦查机关立案的法律依据和要求的法律公文。如：2010年5月10日，海口市坡巷村的海天幼儿园园长的老公栾××猥亵4岁女童，5月12日，海口市龙华区检察院向公安机关发出《通知立案书》（海龙检通立〔2010〕×号），认为栾××的行为涉嫌猥亵儿童罪，要求立案侦查。下行公文文种。

检察建议书

检察建议书，是指人民检察院在办案过程中，对有关单位在管理上存在的问题和漏洞，为建章立制，加强管理，以及认为应当追究有关当事人的党纪、政纪责任，以书面的形式向有关单位提出建议，或就具体的民事、行政裁判向人民法院提出再审建议时制作并使用的，写明建议的原因，所依据的事实，建议及要求事项的法律公文。平行、下行公文文种。

检察意见书

检察意见书，是指人民检察院对决定不起诉的案件，向有关主管机关提出对被不起诉人给予行政处罚、行政处分等措施时，与不起诉决定书一并送达有关主管机关，或向其他有关单位提出纠正意见及检察意见时适用的法律公文。如：××县人民检察院《检察意见书》（×检意〔201×〕第×号）。平行、下行公文文种。

不起诉决定书

不起诉决定书，是指检察院自行侦查终结，或者对公安机关移送起诉或者不起诉的公诉案件，经过审查，认为案件不符合刑事诉讼法所规定的提起公诉的法定条件或者没有追诉必要，决定不将案件移送人民法院审判而终止刑事诉讼时所拟制的，载明被不起诉人基本情况、辩护人基本情况、案由和案件来源、事实、不起诉理由及法律依据和决定事项，以及告知事项的法律公文。如：××县人民检察院《不起诉决定书》（××检刑不诉〔201×〕××号）。下行公文文种。

不起诉意见书

不起诉意见书，是人民检察院侦查部门对立案侦查的案件侦查终结后，认为犯罪嫌疑人犯罪情节轻微，依法对其不需要判处刑罚或者免除刑罚的案件，依法向审查起诉部门提出应当作出不起诉决定时制作的，写明犯罪嫌疑人基本情况，案由、立案和采取强制措施的情况，查明的案件事实和证据，提请不起诉意见的理由、法律根据，对犯罪嫌疑人及扣押物品的处理建议等内容的公文。如：××县人民检察院《不起诉意见书》（×检不诉〔201×〕×号）。平行公文文种。

立案请示报告

立案请示报告，是指检察机关对接受的报案、控告、检举和自首以及交办、报送的材料，按照管辖范围经初步审查，认为有犯罪事实，需要追究刑事责任的，符合立案条件而提请领导批准立案侦查时制作和使用的审批性公文。上行公文文种。

纠正违法通知书

纠正违法通知书，是指人民检察院在办理检查业务过程中，发现侦查机关的侦查活动、执行机关的执行活动或审判机关的民事行政审判活动有严重的违法情形，依法向违法单位提出纠正意见时所制作的，写清违法单位、时间和案件，指明违法事实，应予以纠正的法律根据及提出纠正意见的法律公文。如：广州市人民检察院《纠正违法通知书》（检刑纠违字〔201×〕11号）。下行公文文种。

决定释放通知书

决定释放通知书，是指人民检察院对已拘留的人不需要逮捕，或需要变更强制措施，或拘留、逮捕超过法定期限，以及决定撤销案件或不起诉后，通知执行机关释放在押犯罪嫌疑人时制作和使用的，载明犯罪嫌疑人基本情况、羁押场所、羁押原因，决定释放的理由和法律依据等内容的公文。如：××人民检察院《决定释放通知书》（×检××释〔201×〕×号）。下行公文文种。

免予起诉决定书

免予起诉决定书，是指人民检察院对侦查终结移送起诉或免予起诉的案件进行审查后，判定被告人的行为已经构成犯罪，但依法不需要判处刑罚或者可免除刑罚的，对被告人作出的不提请人民法院审判而终结诉讼的处理决定时所制作的，载明被告人情况，案由和案件来源，免予起诉的理由、法律根据及决定事项的法律公文。如：《××县人民检察院免予起诉决定书》（×检刑免字〔201×〕17号）。下行公文文种。

批准逮捕决定书

批准逮捕决定书，是指人民检察院对公安机关和国家安全机关提请批准逮捕的犯罪嫌疑人的案件进行审查后，认为符合逮捕条件而依法作出批准逮捕犯罪嫌疑人决定时制作和使用的，写明案件来源、审查意见、法律根据和决定事项的公文。如：武汉市人民检察院《批准逮捕决定书》（武检刑批捕字〔2008〕10号，2008年1月12日）。下行公文文种。

指定管辖决定书

指定管辖决定书，是指上级人民检察院依法对管辖权有争议、管辖不明确，或者由于特殊原因，有管辖权的人民检察院不能行使管辖权，需要改变管辖的案件，决定指定其管辖范围内的某一下级人民检察院管辖时制作和使用的，载明指定管辖涉及的下级检察院，指定管辖决定的内容及法律依据，及提出要求事项的公文。如：××人民检察院《指定管辖决定书》（×检×指辖〔201×〕×号）。下行公文文种。

提请抗诉报告书

提请抗诉报告书，是指地方各级人民检察院对同级人民法院已经发生法律效力的判决、裁定，经审查认为符合抗诉条件的，提请上级人民检察院抗诉时制作并使用的，载明案件来源、当事人基本情况、基本案情、诉讼过程、当事人申诉理由、提请抗诉理由及法律依据等内容的法律公文。如：《××人民检察院提请抗诉报告书》（×检刑抗报字〔2011〕第29号）。上行公文文种。

批准聘请律师决定书

批准聘请律师决定书，是指人民检察院在侦查涉及国家秘密案件的过程中，对于犯罪嫌疑人要求聘请律师提供法律帮助的，经过审查，依法批准其聘请律师时所制作的，载明案由、犯罪嫌疑人情况、批准理由、法律依据等内容的公文。如：××人民检察院《批准聘请律师决定书》（×检×批聘〔201×〕×号）。下行公文文种。

拘留人大代表报告书

拘留人大代表报告书，是指人民检察院因现行犯拘留担任县级以上各级人民代表大会代表的犯罪嫌疑人，而向其所在的人民代表大会主席团或常务委员会报告时制作和使用的，载明犯罪嫌疑人基本情况、涉嫌犯罪情形、法律依据等内容的公文。如：2013年11月27日，××人民检察院《拘留人大代表报告书》（京拘代报〔2013〕112号）案件名称：晋城市六届人大代表申振江涉嫌醉酒后驾驶机动车。上行公文文种。

停止执行死刑意见书

停止执行死刑意见书，是指人民检察院在对人民法院执行死刑的案件进行监督，依法提出停止执行死刑意见时制作和使用的，说明罪犯名称，应停止执行死刑的具体情形，以及法律依据的公文。如：××人民检察院《停止执行死刑意见书》（检停执〔201×〕×号）。平行公文文种。

刑事赔偿申请书

刑事赔偿申请书，是指供赔偿请求人依法向人民检察院申请赔偿，提出书面申请时使用的，写明赔偿请求人和代理人基本情况、被请求赔偿义务机关、申请赔偿具体事实根据与理由及要求，并附有关法律文件及证明材料的公文。上行公文文种。

刑事赔偿决定书

刑事赔偿决定书，是指人民检察院依法审理赔偿案件，作决定时使用的，载明赔偿请求人及其代理人的基本情况、申请赔偿理由、申请赔偿具体事项、本院审查认定的原案事实和依据、法律依据、决定赔偿或者不予赔偿的理由、决定赔偿或者不予赔偿的内容、并告知相关事项等内容的公文。如：《××人民检察院刑事赔偿决定书》（×检赔决〔201×〕×号）。下行公文文种。

刑事赔偿立案通知书

刑事赔偿立案通知书，是指人民检察院依法对赔偿申请决定立案后，通知赔偿请求人时使用的公文。如：《××人民检察院刑事赔偿立案通知书》（×检赔立通〔201×〕×号）。下行公文文种。

刑事赔偿复议决定书

刑事赔偿复议决定书，是指人民检察院复议机关依法审理复议案件，作决定时使用的，载明赔偿请求人的基本情况、代理人的基本情况、赔偿请求人申请赔偿的理由、请求赔偿义务机关名称、申请赔偿的具体事项、赔偿义务机关决定情况，赔偿请求人不服赔偿义务机关的赔偿决定（赔偿决定书文号）或者逾期未作决定、申请复议的具体事项及理由、本复议机关认定的事实和依据、法律依据、根据不同情形作出决定的内容及告知相关事项等的公文。如：《××人民检察院刑事赔偿复议决定书》（×检赔复决〔201×〕×号）。下行公文文种。

审查终结报告

审查终结报告，是指人民检察院承办人依法办理刑事赔偿案件、复议案件、赔偿监督案件审查终结时，报部门负责人审核、检察长决定时使用的，说明赔偿请求人（复议请求人、赔偿监督请求人）及代理人的基本情况，申请赔偿（申请复议、申请赔偿监督）的时间、理由及具体事项，以及原案办理情况、原赔偿案件办理情况、审查情况、听取意见和协商情况、承办人意见及理由、部门集体讨论意见等内容的公文。上行公文文种。

审查刑事赔偿申请通知书

审查刑事赔偿申请通知书，是指人民检察院依法对不符合立案条件的赔偿申请作出处理决定，通知赔偿请求人时使用的，载明赔偿请求人姓名或者名称、根据不同情形作出的处理决定或提出建议等内容的公文。如：《××人民检察院审查刑事赔偿申请通知书》（×检赔申通〔201×〕×号）。下行公文文种。

重新审查意见书

重新审查意见书，是指人民检察院对人民法院赔偿委员会决定提出重新审查意见时使用的，写明赔偿请求人名称、赔偿义务机关名称、案件的由来、赔偿请求人的申请事项及理由、检察机关审查过程及审查认定的事实、提出重新审查的法律依据、重新审查的意见和理由等内容的公文。如：《人民检察院重新审查意见书》（×检赔重审〔201×〕×号）。平行公文文种。

支付赔偿金申请书

支付赔偿金申请书，是指赔偿请求人向负有赔偿义务的人民检察院申请支付赔偿金时使用的，写明赔偿请求人和代理人基本情况、被请求赔偿义务机关名称、申请支付赔偿金的理由、法律依据等内容并附有关法律文件及证明材料的公文。上行公文文种。

国家赔偿金支付申请书

国家赔偿金支付申请书，是指人民检察院向财政部门申请支付国家赔偿金时使用的，写明赔偿请求人（姓名或者名称）提交支付赔偿金申请书的情况、法律依据及请求，并附有关法律文件及证明材料的公文。上行公文文种。

赔偿监督立案通知书

赔偿监督立案通知书，是指人民检察院依法对赔偿监督申请决定立案审查，通知赔偿请求人和赔偿义务机关时使用的，载明赔偿请求人姓名或者名称，赔偿义务机关名称，赔偿监督请求人姓名或者名称、不服××人民法院赔偿委员会赔偿决定（赔偿决定书文号）、本院根据申诉决定立案审查等内容的公文。如：《××人民检察院赔偿监督立案通知书》（×检赔监立通〔201×〕×号）。下行、平行公文文种。

赔偿监督申请审查结果通知书

赔偿监督申请审查结果通知书，是指人民检察院对赔偿监督申请决定不予立案审查，通知赔偿监督请求人时使用的，载明赔偿监督请求人姓名或者名称、不服××人民法院赔偿委员会赔偿决定（赔偿决定书文号）的申诉材料、经本院审查认为不予立案的决定、法律依据等内容的公文。如：《××人民检察院赔偿监督申请审查结果通知书》（×检赔监申通〔201×〕×号）。下行公文文种。

赔偿监督案件审查结果通知书

赔偿监督案件审查结果通知书，是指人民检察院对赔偿监督案件决定不提出重新审查意见，通知赔偿请求人和赔偿义务机关时使用的，写明赔偿请求人姓名或者名称、赔偿义务机关名称、案由、检察院审查结果及理由、法律依据等内容的公文。如：《人民检察院赔偿监督案件审查结果通知书》（×检赔监审通〔201×〕×号）。下行公文文种。

三、法院法律专用公文

法院法律公文，是各级人民法院机关为实现法律审判职能，依法制作的具有法律效力或法律意义的裁判公文总称。在最高人民法院的裁判公文当中，分为民事公文、刑事公文、行政公文、执行公文、涉外公文五项。其中，民事公文又包含三小项，即普通民事公文、商事公文、知识产权公文。

裁判公文，是记载人民法院审理过程和裁判结果的法律公文，是诉讼活动结果的载体，也是人民法院确定和分配当事人实体权利义务的唯一凭证。一份结构完整、要素齐全、逻辑严谨的裁判文书，既是当事人享有权利和负担义务的凭证，也是上级人民法院监督下级人民法院民事审判活动的重要依据。制作一份说理透彻、论证严谨的高质量裁判公文，是检验法官职业水平的重要标准。

裁判公文，旧称"判词"，又称"例案"文章，"乃专门之学"，有其特殊的制作规律。改革开放以来，最高人民法院为理顺和规范裁判公文，依法先后印发了一批法院法律公文样式，主要有：

1992年6月20日，《最高人民法院关于试行法院诉讼文书样式的通知》（法发〔1992〕18号），自1993年1月1日起试行。

1999年4月6日，最高人民法院审判委员会第1051次会议通过了《法院刑事诉讼文书样式》（样本），自1999年7月1日施行。

2003年1月9日，最高人民法院印发《〈关于民事诉讼证据的若干规定〉文书样式（试行）》的通知（法发〔2003〕2号）。

2003年3月18日，最高人民法院关于印发《〈海事诉讼文书样式（试行）〉的通知》（法发〔2003〕4号）。

2003年12月19日，最高人民法院关于印发《〈民事简易程序诉讼文书样式（试行）〉的通知》（法发〔2003〕21号）。

2004年12月8日，最高人民法院印发《〈行政诉讼证据文书样式（试行）〉的通知》（法发〔2004〕26号）。

2008年1月14日，最高人民法院关于认真贯彻执行《〈关于行政案件管辖若干问题的规定〉的通知》（法发〔2008〕7号）。

2009年2月12日，最高人民法院《关于印发执行文书样式（试行）》（法发〔2009〕11号）。

2011年4月21日，最高人民法院《关于印发〈民事申请再审案件诉讼文书样式〉的通知》（法发〔2011〕160号）。

2011年10月13日，最高人民法院《关于印发〈人民法院破产程序法律文书样式（试行）〉和〈管理人破产程序工作文书样式（试行）〉的通知》。

2012年10月15日，最高人民法院发布了《人民法院国家赔偿案件文书样式》。

常见的有民事裁判公文、刑事裁判公文、行政裁判公文以及其他通用诉讼公文等。本章择要介绍部分拟制式法院裁判公文。

（一）诉讼类

诉状

诉状，亦称"起诉状"，是指公民、法人或其他组织，一方当事人为维护或者实现自身的权益，依法向人民法院提出某种诉讼请求，并陈述有关事实和理由；另一方当事人针对一方当事人的诉讼请求和理由提出抗辩的法律公文。如：民事上诉状、刑事自诉状、刑事附带民事起诉状、行政起诉状、申诉状、答辩状、民事反诉状等。上行公文文种。

上诉状

上诉状，是指诉讼当事人不服人民法院作出的第一审判决或裁定，在法定上诉期限内，向上一级人民法院提起上诉，请求撤销、变更原审裁判或请求重新审理的诉讼公文。上行公文文种。

反诉状

反诉状，是指民事案件或刑事自诉案件的被告、被告人，针对原告或自诉人指控的同一纠纷事实或行为事实，提出相反指控内容的法律公文。上行、平行公文文种。

申诉书

申诉书，是指诉讼当事人及法定代理人，刑事被害人及其家属或其他公民，不服已经生效的裁决，向人民法院或者人民检察院提出的，写明申诉人基本情况、申诉的事实依据和法律依据、陈述申诉的理由，要求重新审理案件的公文。上行公文文种。

控告状

控告状，是指机关、团体、企业、事业单位和公民，依法向公安机关、人民检察院或人民法院揭发犯罪行为，请求依法惩处犯罪分子时制作和使用的，写清控告人、被控告人基本情况，被控告人（犯罪嫌疑人）的犯罪事实，控告的理由及法律依据等项内容的公文。上行公文文种。

答辩状

答辩状，是指民事、行政和刑事诉讼或被上诉人，根据民事、行政起诉状、刑事自诉状或民事、行政、刑事上诉状的内容，针对原告、自诉人提出的诉讼请求或上诉人提出的上诉请求作出答复，并依据事实与理由进行辩驳的法律公文。平行公文文种。

民事上诉状

民事上诉状，是指诉讼当事人，有独立请求权的第三人和被人民法院判决承担法律责任的无独立请求权的第三人在上诉期限内不服第一审判决裁定，请求上一级人民法院撤销、变更原审判决或裁定所制作和使用的，载明上诉人、被上诉人基本情况，案由，上诉请求，事实、证据与理由，法律依据等项内容的公文。如：《民事上诉状》，于××因转让纠纷一案，不服南京市浦口区人民法院于2013年11月14日〔2013〕浦民一初字第782号民事判决，2013年12月10日，向南京市中级人民法院提出上诉。上行公文文种。

民事起诉状

民事起诉状，也称"民事起诉书"，是指公民、法人或其他组织，认为自己的合法权益受到侵害，或与他人发生争议，或需要确权时，为维护自己的合法权益，依据事实和法律，按照法定程序，向人民法院提起民事诉讼时制作和使用的，写明诉讼参与人身份等基本情况、诉讼请求、事实和理由、证据和证据来源等内容的法律公文。如：2012年×月×日，西安市××区原告廖××因与被告何××发生道路交通事故人身损害赔偿纠纷，具状向西安市××区人民法院提起诉讼案。平行公文文种。

民事答辩状

民事答辩状，是指民事被告、被上诉人针对原告或上诉人的起诉或上诉，书面阐述自己认定的事实和理由，予以答复和辩驳时制作和使用的，写明答辩人的基本情况，答辩缘由，答辩的事实、理由、证据，答辩请求等项内容的法律公文。如：2013年×月×日，因起诉合伙纠纷一案，答辩人（被告）李××就被答辩人（原告）陈××的民事上诉状而出具的《民事答辩状》。平行公文文种。

行政上诉状

行政上诉状，是行政诉讼当事人不服人民法院第一审行政判决或裁定，在法定的上诉期限内，向上一级人民法院提出上诉，请求撤销、变更原判决内容时所提交的，写明上诉人和被上诉人基本情况、案由、上诉请求、上诉理由和法律依据的诉讼法律公文。上行公文文种。

行政起诉状

行政起诉状，是指公民、法人或其他组织，不服行政机关或行政机关工作人员的具体行政行为，认为自己的行政权益受到侵害或者与他人发生行政争议时，为维护自己的合法权益，依据事实和法律，按照法定程序，向人民法院提起行政诉讼时制作并使用的，写明原告和被告基本情况、案由、诉讼请求、事实与理由、证据和证据来源、证人姓名和住址等情况的法律公文。如：新邵县潭溪镇岩门村村民黄××，诉交通运输行政管理机关不履行行政处罚和行政奖励职责一案，2011年×月×日。上行公文文种。

刑事上诉状

刑事上诉状，是刑事公诉案件的被告人、被害人和刑事自诉案件的自诉人、被告人不服一审法院的裁决，在法定的上诉期内，向原审法院的上级法院提出的要求重审改判时使用的，写清上诉人、被上诉人基本情况、案由、上诉请求、上诉理由和法律依据等项内容的法律公文。上行公文文种。

刑事申诉书

刑事申诉书，是指刑事案件的当事人及其法定代理人、近亲属，对已经发生法律效力的判决、裁定，认为有错误而向人民法院提出申诉时制作并使用的，写明具体的请求事项、叙述事实与理由、提起申请的证据和证据来源、证人姓名和住址等内容的公文。上行公文文种。

刑事答辩状

刑事答辩状，是指被告和被上诉人针对诉状或上诉状的指控，或上诉的请求和理由，在法定的期限内进行回答和辩解时制作和使用的，写清答辩人基本情况，针对诉状或上诉状的指控所作出答辩的事实和理由等项内容的法律公文。平行公文文种。

刑事自诉状

刑事自诉状，是指法律规定的自诉案件中，由受害人及其近亲属或法定代理人，为追究被告人的刑事责任，直接向人民法院控告刑事被告人，要求法院追究其刑事责任时所提交的，写清自诉人、被告人基本情况、案由和诉讼请求、事实与理由、证据和证据来源、证人姓名和住址等项内容的法律公文。其适用于告诉才处理和其他不需要进行侦查，由人民法院直接处理的轻微的刑事案件。上行公文文种。

刑事自诉案件反诉状

刑事自诉案件反诉状，是指刑事自诉案件中的被告人在已经开始的刑事诉讼程序里，以自诉案件的自诉人作为被告，向同一人民法院提出和本诉有牵连的，旨在保护自己刑事或民事上的合法权益的，写清本诉被告人、本诉自诉人基本情况，反诉的具体请求内容，事实与理由，证据和证据来源，证人姓名和住址等项内容的法律公文。平行公文文种。

支付令申请书

支付令申请书，是指债权人以要求债务人给付金钱、有价证券为内容，请求有管辖权的基层人民法院向债务人发出催促债务人履行支付义务命令时制作并使用的，写明当事人的基本情况、请求事项、事实和理由等内容的法律公文。上行公文文种。

公示催告申请书

公示催告申请书，是指票据持有人在票据被盗、遗失和灭失的情况下，为使票据上标示的权利与实际权利相分离，保护自己的实体权利不受侵害，使自己享有的权利得以依法重新确认，而依法向票据支付地的人民法院申请作出公示催告时制作并使用的，写明票面金额、发票人、持票人、背书人等票据主要内容和申请的理由、事实等内容的公文。上行公文文种。

民事再审申请书

民事再审申请书，是指民事案件的当事人认为已生效的民事判决、裁定或调解有错误，按照法定的程序和期限，向上一级或原审人民法院请求再审时所制作并使用的，写明申请人基本情况、请求事项、事实和理由等内容的法律公文。上行公文文种。

宣告失踪申请书

宣告失踪申请书，是指符合宣告失踪法定条件的公民的利害关系人，依法请求人民法院对下落不明而满法定期间的自然人，从法律上确认并宣告其失踪，并为其设定财产管理人时制作和使用的,写明申请人基本情况、申请事由、失踪人姓名、宣告失踪人的原因、申请人与失踪人的关系、事实和理由、依据等内容的法律公文。上行公文文种。

宣告死亡申请书

宣告死亡申请书,是指符合宣告死亡法定条件的公民的利害关系人,依法请求失踪人的住所地或最后居住地的人民法院,对自然人离开住所,下落不明而达到法定期限,从法律上确认并宣告其死亡时制作和使用的,写明申请人基本情况、申请事由、被申请人基本情况、宣告其死亡的原因、申请人与失踪人的关系、事实和理由、依据等内容的法律公文。上行公文文种。

强制执行申请书

强制执行申请书,是指法律裁决中确认享有权利的一方当事人,在应当承担义务的对方当事人拒不履行裁判确定的义务的情况下,向有管辖权的人民法院提出的请求采取强制执行措施,令对方履行义务时制作和使用的,写明申请人和被申请人、事实、理由和具体请求目的等内容的法律公文。上行公文文种。

管辖异议申请书

管辖异议申请书,是指在民事诉讼中,当事人认为受诉法院或受诉法院向其移送案件的法院对案件无管辖权时,而向受诉法院或受移送案件的法院提出的不服管辖的意见或主张时所制作和提交的,写明申请人的基本情况、案由、请求事项、事实和理由、法律依据及附项的公文。上行公文文种。

判决书

判决书,是指人民法院在审理民事案件和经济纠纷案件的过程中,就当事人的实体方面的问题依法作出书面决定时所制作和使用的,载明诉讼参加人及其基本情况,案件由来和审理经过,当事人的请求和争议的事实与理由,法院认定的事实和证据,判决结果等项内容的公文。如:天津市南开区人民法院《刑事附带民事判决书》(津南刑初字〔2010〕第012号)。下行公文文种。

调解书

调解书,是指人民法院审理民事案件的过程中,依法主持调解协商,根据自愿和合法的原则,在查清事实、分清是非的基础上,促使当事人达成协议而制作的,载明当事人情况、案由,当事人的诉讼请求和案件事实和理由,调解达成的协议内容,及约定事项等内容的法律公文。如:××省××市××区人民法院《民事调解书》(×民初调字〔201×〕第××号)。平行公文文种。

裁定书

裁定书,是人民法院在审理民事案件和经济纠纷案件和执行民事判决的过程中,为保障诉讼的顺利进行,就程序问题作出处理决定时所制作和使用的,载明当事人身份概况、案由、事实、理由和裁定结果等项内容的法律公文。如：山东省济南市中级人民法院《民事裁定书》（济民一终字〔2009〕18号）。下行公文文种。

司法解释

司法解释，是法律解释的一种，属正式解释，是由有权对法律、法规作出解释的司法机关，严格依照法律的精神和原则，对法律、法规的具体应用问题所做的说明性法律公文。如：《最高人民法院关于审理劳动争议案件适用法律若干问题的解释（四）》（法释〔2013〕4号）。下行公文文种。

宣判笔录

宣判笔录，是指各级人民法院对各类案件进行宣判时制作和使用的，如实记录宣判案件的名称，宣判的时间、地点、旁听人数、审判长、到庭的公诉人、到庭的当事人和其他诉讼参与人、判决或裁定的结果、判决书或裁定书的发放情况，以及告知当事人的事项等，由当事人、审判人员、书记员签名的公文。上行公文文种。

执行裁定书

执行裁定书，是指人民法院对已发生法律效力的判决、裁定或者其他法律公文的执行，而在执行程序中作出裁定时制作和使用的，载明申请执行人和被执行人基本情况，生效法律文书的制作机关、执行依据、指定履行的义务和期限、确定的义务履行情况、裁定事项、法律依据等项内容的公文。例：2012年8月23日，中华人民共和国最高人民法院《执行裁定书》（〔2012〕执复字第6号），案件名称：广东龙正投资发展有限公司、广东景茂拍卖行有限公司申请执行复议案。下行公文文种。

执行死刑笔录

执行死刑笔录，是指人民法院对死刑罪犯执行死刑时制作和使用的，如实记载案由、死刑罪犯姓名、执行地点、执行时间、指挥执行的审判人员、临场监督人、执行人、执行死刑情况、法医（或检验人）验明毙命情况等，并由在场指挥执行的审判人员、临场监督人、法医或检验人签字的公文。上行公文文种。

法庭审理笔录

法庭审理笔录，是指各级人民法院开庭审理各类案件时制作和使用的，如实记载法庭审理的时间、地点、案由、审判人员、书记员、公诉人、辩护人、鉴定人和翻译人员名单，告知当事人的事项，当事人和其他诉讼参与人的全部诉讼活动过程及内容的法律公文。上行公文文种。

验明正身笔录

验明正身笔录，是指人民法院对死刑罪犯在执行死刑前，对死刑罪犯验明正身时制作和使用的，记载案由、死刑罪犯姓名、执行时间和地点、指挥执行的审判人员、临场监督人、核对死刑罪犯的基本情况、犯罪事实及相关核对事项的过程和内容等，并由指挥执行的审判人员、书记员签名的公文。上行公文文种。

合议庭评议笔录

合议庭评议笔录，是指各级人民法院合议庭评议各类案件时制作和使用的，如实记载评议过程，以及对案件的事实、证据、定性、处理、评议结果等重点问题的发言和意见等内容，并由合议庭成员分别签名的公文。上行公文文种。

审判委员会讨论案件笔录

审判委员会讨论案件笔录，是指各级人民法院审判委员会讨论案件时制作和使用的，如实记录讨论案件的时间、地点、会议主持人、出席委员、列席人员、案件主审人、讨论案件的名称，以及讨论案件的过程和作出的决定，或讨论主审人书面汇报的案情审理报告的公文。上行公文文种。

国家赔偿决定书

国家赔偿决定书，是中级以上人民法院的赔偿委员会对赔偿请求人的申请事项，进行重新审理后，依法作出决定时所制作和使用的，载明赔偿请求人基本情况，申请赔偿的具体要求，赔偿委员会审查认定的事实、证据，作出赔偿决定或撤销复议机关（赔偿义务机关）决定而重新作出决定的理由和法律依据，以及终局决定内容的公文。例：××人民法院赔偿委员会《国家赔偿决定书》（〔201×〕法委赔字第××号，2012年6月18日）。下行公文文种。

国家赔偿审理报告

国家赔偿审理报告，是指人民法院负责具体承办赔偿案件的审判员，对赔偿请求人提出的赔偿申请案件进行审理，在查清事实的基础上，提请赔偿委员会讨论决定时制作和使用的，写明案件的由来，赔偿请求人的基本情况及赔偿义务机关、复议机关的名称，赔偿请求人的申请事项及理由，申请的赔偿案件确认情况、赔偿义务机关决定情况以及复议机关的复议情况，承办人审查认定的事实及依据、处理意见及理由，讨论意见，拟决定的内容及法律依据与不同意见的理由及法律依据，应当报告的其他等情况内容的公文。如：××人民法院赔偿委员会《关于×××一案的审理报告》（〔201×〕××法委赔字第×号）。上行公文文种。

诉前财产保全申请书

诉前财产保全申请书，是指利害关系人在民事、经济权利义务发生纠纷后，权利人因情况紧急，为使其合法权益避免受到难以弥补的损害，在人民法院对案件审理前或者诉讼过程中，向人民法院提出书面申请财产保全并提供担保时制作和使用的，载明申请人和被申请人基本情况，请求事项、事实与理由、被保全财产的具体位置和数量等项内容的公文。上行公文文种。

诉讼财产保全担保书

诉讼财产保全担保书，是指财产保全申请人在申请人民法院采取诉前财产保全和诉讼财产保全措施时向人民法院提交的，为其财产保全申请提供财产担保而使用的，写明案由，担保人提供的作为诉前财产保全或诉讼财产保全担保，以保证用于赔偿因错误保全给被申请人造成的损失的财产的名称、数量、价值等项内容的法律公文。上行公文文种。

驳回申诉通知书

驳回申诉通知书，人民法院对于申诉人提出的申诉，通过对已经发生法律效力的判决、裁定进行审查，认为原审的程序、判决和裁定在认定事实或者适用法律上正确，申诉无理，将审查结果书面答复申诉人时制作和使用的，着重针对当事人的申诉理由，写明驳回申诉的形成过程、驳回申诉的理由和法律依据的一种告知性非正式法律公文。如：最高人民法院《驳回申诉通知书》（〔2011〕执监字第15号）。下行公文文种。

驳回再审申请通知书

驳回再审申请通知书，人民法院经对申诉人提出的再审申请进行审查后，认为原审裁决正确，再审申请无理，为书面答复申诉人时制作和使用的，说明审查情况和驳回再审申请的理由、法律依据等内容的一种告知性非正式法律公文。如：最高人民法院《驳回再审申请通知书》（〔2011〕知行字第37号）。下行公文文种。

（二）行政裁判类

行政裁定书

行政裁定书，是指人民法院在审理行政案件的过程中，为保障诉讼的顺利进行，就解决有关程序问题依法作出处理决定时制作和使用的，简述原告起诉事由，写明裁定事项的理由、法律依据，以及裁定结果的法律公文。如：中华人民共和国最高人民法院《行政裁定书》（〔2012〕知行字第19号）。下行公文文种。

行政赔偿调解书

行政赔偿调解书，是人民法院在审理行政赔偿案件的过程中，对公民、法人或者其他组织提出的赔偿诉讼请求，通过调解促使当事人达成解决赔偿争议的协议后依法制作的，载明诉讼当事人、被告和第三人等的基本情况，案由，当事人的诉讼请求和案件的事实，协议内容和诉讼费用的负担等项内容的法律公文。平行公文文种。

第一审行政判决书

第一审行政判决书，是指第一审人民法院受理行政案件后，按照法定的程序审理终结，依照法律和行政法规、地方性法规、参照行政规章，就案件的实体问题作出处理决定所制作的，载明诉讼参加人的基本情况，当事人讼争的内容，法院认定的事实和证据，判决理由和依据，判决结果等项要素的公文。如：广州市天河区人民法院《行政判决书》（天法行初字〔2007〕第62号）。下行公文文种。

第二审行政判决书

第二审行政判决书，是指第二审人民法院依照法定的第二审程序，对当事人不服第一审判决提起上诉的行政案件审理终结，就案件的实体问题依法做出的维持原判或者改判的决定而制作的，载明审理方式、认定的事实和证据、判决理由和依据、判决结果等项要素的法律公文。如：上海市第二中级人民法院《行政判决书》（〔2014〕沪二中法行终字第405号）。下行公文文种。

再审程序行政判决书

再审程序行政判决书，是指人民法院按照审判监督程序，对已经发生法律效力的行政判决，发现违反法律、法规的规定，经依法再审终结，就案件的实体问题作出书面处理决定而形成的，写明被告所做的具体行政行为的主要内容及其事实与根据，以及原告不服的主要意见、理由和请求，法院认定的事实和证据，判决所依据的法律，判决结果等要素的公文。如：温州市中级人民法院《行政判决书》（〔2013〕浙温行再字第12号）。下行公文文种。

（三）民事裁判类

民事决定书

民事决定书，指人民法院在审理民事案件过程中，为了保证民事诉讼活动的顺利进行，对诉讼过程中发生的某些需要解决，但又不适宜用判决或裁定来解决的障碍，或者影响诉讼活动正常进行的特殊和紧迫的事项，依法作出处理决定时所制作和使用的，载明依据的事实、理由和决定事项等内容的结论性判定公文。下行公文文种。

民事调解书

民事调解书，是指人民法院对民事案件或经济纠纷案件，在查清事实、分清是非的基础上，依法通过调解方式进行处理，在诉讼双方当事人自愿、合法地达成解决纠纷的协议，予以认可后而制作的，载明当事人、案由、事实、理由、协议内容及约定事项的法律公文。如：最高人民法院《民事调解书》（〔2012〕民二终字第112日）。下行公文文种。

民事裁定书

民事裁定书，是指人民法院在审理民事案件和执行民事判决的过程中，为解决诉讼当事人之间的民事权利义务的争议，就案件的程序问题或个别实体问题作出处理决定时依法制作和使用的公文。如：最高人民法院《民事裁定书》（〔2014〕民提字第110号）。下行公文文种。

第一审民事判决书

第一审民事判决书，是指人民法院对受理的民事案件或经济纠纷案件，按照民事诉讼规定的第一审普通程序或者简易程序审理终结后，依照法律、法规和最高人民法院的司法解释，就解决案件的实体问题作出处理决定时制作和使用的，载明案由、诉讼请求、争议的事实和理由，判决认定的事实、理由和适用的法律依据，判决结果和诉讼费用的负担，以及上诉期间和上诉法院等项内容的法律公文。如：辽宁省大连市中级人民法院《民事判决书》（大民四初字〔2009〕第81号）。下行公文文种。

第二审民事判决书

第二审民事判决书，又称终审判决书，是指中级以上人民法院对当事人不服第一审法院民事判决提起上诉的民事案件或经济纠纷案件，依据民事诉讼法规定的第二审程序进行审理后，依法作出维持或者改变第一审民事判决的处理决定时制作和使用的，写明当事人及其他诉讼参加人的基本情况，案件由来和审理经过，概括写明原审认定的事实和判决结果，二审认定的事实和证据，阐明维持原判或者改判的理由和判决所依据的法律条款项，判决结果等项内容的法律公文。如：浙江省高级人民法院《民事判决书》（浙民终字〔2008〕第284号）。下行公文文种。

再审程序民事判决书

再审程序民事判决书，是指人民法院对已经发生法律效力的民事判决、裁定和调解协议，发现确有错误，或者根据当事人符合法定条件的再申请，或者根据人民检察院的抗诉，依照法定的审判监督程序进行重新审理终结后，就案件的实体问题作出重新确认处理决定而制作的，写明诉讼参加人的基本情况，案件由来、审判组织、审判方式和审理经过，再审认定的事实和证据，阐明判决的理由和判决所依据的法律条款项，判决结果等项内容的法律公文。如：最高人民法院《民事判决书》（民再字〔2011〕第249号）。下行公文文种。

（四）刑事裁判类

刑事裁定书

刑事裁定书，是指人民法院对刑事案件在审理和执行过程中的程序问题和部分实体问题，依法作出决定时制作的，写明被告人基本情况，本院合议庭依法对中级人民法院的判决进行复核的情况，裁定所依据的法律条款项，裁定结果等项内容的法律公文。适用于第一审刑事裁定，第二审刑事裁定，死刑复核裁定，再审裁定和中止审理裁定、终止审理等程序。如：广东省高级人民法院《复核刑事裁定书》（〔2014〕粤高法刑三复字第 26 号）。下行公文文种。

驳回自诉刑事裁定书

驳回自诉刑事裁定书，是指基层法院在接受管辖范围应由本院直接受理的告诉才处理或者不需进行侦查的轻微刑事案件，经过审查，发现控告缺乏罪证，自诉人提不出补充证据，或者被告人的行为不构成犯罪而自诉人又不愿撤回自诉的，依法裁定驳回自诉人对被告人的控诉时制作和使用的，载明自诉人、被告人基本情况，案由，驳回自诉的理由，依据和裁定结果的法律公文。下行公文文种。

中止审理刑事裁定书

中止审理刑事裁定书，是指人民法院在刑事案件的审理过程中，因被告人患精神病或其他严重疾病，被告人逃脱，或者其他不能抗拒的原因，致使案件无法继续审理等情形，依法裁定中止对案件的审理时制定和使用的，载明被告人情况、案由、案件来源、需要中止审理的原因、裁定的法律依据、裁定结果等项内容的公文。下行公文文种。

终止审理刑事裁定书

终止审理刑事裁定书，是指各级人民法院对于刑事案件的被告人在审理程序或死刑复核程序中死亡，或者犯罪已过追诉时效期限，并且不是必须追诉或者经特赦令免除刑罚，依法决定终止审理时制作和使用的，写明被告人情况、案由、案件来源、需要终止审理的原因、裁定的法律依据、裁定结果等项内容的法律公文。如：××人民法院《终止审理刑事裁定书》（〔201×〕××刑终字第×号）。下行公文文种。

减免罚金刑事裁定书

减免罚金刑事裁定书，是指各级人民法院在执行独立判处罚金刑或者附加判处罚金刑的判决、裁定期间，对由于遭遇不能抗拒的灾祸缴纳罚金确有困难的罪犯，减少或者免除罚金时使用。写明罪犯姓名和案由，本院审理终结刑事判决或裁定结果，减免罚金原因、理由，裁定对罪犯减少或免除罚金的具体内容等方面的公文。如：××人民法院《减免罚金刑事裁定书》（〔201×〕××刑×字第×号）。下行公文文种。

补正裁判文书失误刑事裁定书

补正裁判文书失误刑事裁定书，是指各级人民法院对于本院发出的刑事判决书、刑事裁定书或刑事调解书，发现有个别错误或遗漏之处，裁定予以改正、补充时制定和使用的，写明被告人情况、案由，裁定公文或调解书文号，改正、补充的原因，错误或遗漏之处，补充裁定结果等项内容的公文。下行公文文种。

准许撤诉或按撤诉处理刑事裁定书

准许撤诉或按撤诉处理刑事裁定书，是指人民法院在审理刑事案件的过程中，对符合法律规定的自诉人申请撤诉或者公诉人按撤诉处理的情形作出裁定时制作和使用的，写明自诉人、被告人、案由，简述自诉人申请撤诉或者法院按撤诉处理的事由，本院是否准许撤诉或者按撤诉处理的理由，裁定的法律依据，裁定结果等项内容的法律公文。下行公文文种。

第一审刑事判决书

第一审刑事判决书，是指第一审人民法院对公诉案件或自诉案件，依照第一审程序审理终结，根据已经查明的事实、证据，依法确认被告人的行为是否构成犯罪，构成何种罪，决定免除刑罚或宣告无罪，或科以刑罚等实体问题所制作的，写明公诉机关项，被告人项，辩护人项，案件的由来、审判组织、审判方式和审判经过，事实、理由、判决结果等项内容的公文。适用于一审公诉案件普通程序、一审单位犯罪案件、一审公诉案件简易程序及一审自诉案件。如：上海市宝山区人民法院《刑事判决书》（〔2012〕沪宝刑初字第457号）。下行公文文种。

第一审刑事裁定书

第一审刑事裁定书，是指第一审人民法院在审理刑事案件过程中，依照刑事诉讼法规定的第一审程序，对有关程序问题作出决定时制作和使用的，载明自诉人、被告人基本情况、案由、驳回自诉的理由，依据和裁定结果的法律公文。常用于一审刑事自诉案件驳回诉讼请求。如：××人民法院《刑事裁定书》（〔201×〕×刑初字第×号）。下行公文文种。

第一审刑事无罪判决书

第一审刑事无罪判决书，是指人民法院对于所受理的刑事案件，依照第一审程序审理终结，根据已查明的事实和证据，依法确认被告人的行为并不存在或不构成犯罪，或者不应追究刑事责任的，或者证据不足，不能认定被告人有罪的，不应追究刑事责任，判决被告人无罪时所制作的，载明事实和理由、判决结果等项内容的法律公文。下行公文文种。

第一审刑事有罪判决书

第一审刑事有罪判决书，是指人民法院对于所受理的刑事案件，依照第一审程序审理终结，事实清楚，证据确凿，确认被告人的行为构成犯罪，应负刑事责任，依法就刑事案件的实体问题作出判决时所制作的，载明公诉机关和诉讼参加人情况，案件审理的有关情况，事实、理由、判决结果等项内容的法律公文。如：上海市普陀区人民法院《第一审刑事有罪判决书》（〔2013〕普刑初字第118号）。下行公文文种。

第一审刑事附带民事判决书

第一审刑事附带民事判决书，是指人民法院在一审依法审理终结的刑事附带民事案件，确认被告人的行为已构成犯罪，在依法追究刑事责任的同时，附带解决民事赔偿责任，或者被告人的行为虽不构成犯罪，但应负民事赔偿责任而作出处理决定时制作的法律公文。刑事附带民事判决书的格式有两种，分别适用于一审公诉案件普通程序及第一审自诉案件。如：陕西省汉中市中级人民法院《刑事附带民事调解书》（〔2009〕汉中刑一初字第361号）。下行公文文种。

第二审刑事判决书

第二审刑事判决书，是指第二审人民法院根据当事人的上诉或者人民检察院的抗诉，对第一审人民法院所做的第一审尚未发生法律效力的判决、裁定，依照法定的第二审程序重新进行审查后，作出终审处理决定时所制作和使用的，写明抗诉机关或上诉人的基本情况，辩护人的称谓和身份事项，案件来源，一审处理结果，提出上诉或者抗诉的主要理由，审判组织和方式，重新查证属实的事实、理由，终审判决结果等项内容的公文。如：上海市第一中级人民法院《刑事裁定书》（〔2009〕沪一中刑终字第941号）。下行公文文种。

第二审刑事裁定书

第二审刑事裁定书，是指第二审法院在审理刑事上诉或抗诉案件时，经审理查明，原判决在认定事实上和适用法律上是否有错误，量刑是否适当时依法制作的，载明公诉机关或上诉人、辩护人，案由和案件来源、审判经过，原审法院判决认定情况，本院合议庭依法对案件的审理情况，事实和理由，法律依据，终审裁定结果的法律公文。多适用于驳回上诉、抗诉，维持原判决的刑事裁定，撤销原判、发回重审的刑事裁定。如：××人民法院《刑事裁定书》（〔201×〕×刑终字第×号）。下行公文文种。

假释刑事裁定书

假释刑事裁定书，是指中级以上人民法院根据执行机关提出的假释建议，对被判处有期徒刑或无期徒刑的犯罪分子，在执行一定的刑期之后，因其遵守监规，接受教育和改造，确有悔改表现，不致再危害社会的，按照规定的案件审理程序依法进行审理后，对符合法定条件的，裁定将其予以提前释放时制作和使用的，载明罪犯基本情况、原判主刑罚的刑种、刑期情况，执行机关建议，本院认定假释的事实和理由，裁定所依据的法律条款等项内容的公文。如：××中级人民法院《假释刑事裁定书》（〔201×〕××刑执字第××号）。下行公文文种。

减刑刑事裁定书

减刑刑事裁定书，是指中级人民法院对被执行管制、拘役、有期徒刑、无期徒刑的犯罪分子，在执行改造期间，如果认真遵守监规，接受教育改造，确有悔改表现的，或者有立功表现的，决定给予减刑时制作和使用的，载明罪犯基本情况、原判主刑罚的刑种、刑期或历次减刑情况，执行机关建议，本院认定减刑的事实和理由，裁定所依据的法律条款等项内容的公文。如：2014年5月20日，四川省资阳市中级人民法院《减刑刑事裁定书》（〔2014〕资刑执字第93号）。下行公文文种。

收监执行决定书

收监执行决定书，是指人民法院对公安机关将罪犯交付执行，监狱不予收监执行而建议监外执行的情形进行审查后，认为监狱不予收监的罪犯不符合刑事诉讼法规定的暂予监外执行的情形，或当罪犯监外执行的原因消失后，依法决定将罪犯予以收监执行时制作和使用的，写明罪犯基本情况、判处刑罚种类和刑期、监狱不收监执行的理由、本院依法审理情况、罪犯应予收监执行的事实和理由、法律依据和决定事项等内容的公文。下行公文文种。

再审程序刑事判决书

再审程序刑事判决书，是指人民法院对于已经发生法律效力的判决和裁定，发现在认定事实上或在适用法律上确有错误，由人民法院按照审判监督程序对案件重新进行审判，审理终结后作出的书面结论。写明提起再审的根据，本判决的理由、法律依据和判决结果等项内容的公文。下行公文文种。

暂予监外执行决定书

暂予监外执行决定书，是指人民法院对于被判处有期徒刑或者拘役的罪犯，有严重疾病需要保外就医的，或怀孕、正在哺乳自生婴儿的妇女，或者生活不能自理，适用暂予监外执行不致危害社会的情形，依法决定适用暂予监外执行时制作和使用的，写明罪犯基本情况、判决确定的罪名和刑罚、决定暂予监外执行的原因、法律依据等项内容，并将暂予监外执行决定书抄送罪犯居住地的县级人民检察院和公安机关的法律公文。如：湖南省株洲市中级人民法院《暂予监外执行决定书》（〔2014〕株中法监外执字第1号），案件：罪犯郭汉华犯受贿罪被判处有期徒刑15年，因患有多种严重疾病，对其暂予监外执行一年。下行公文文种。

死刑复核刑事判决书

死刑复核刑事判决书，是指有权核准死刑的人民法院，依照刑事诉讼法规定的死刑复核程序，对报请复核的死刑立即执行和死刑缓期两年执行的案件，经依法复核，认为原判在适用法律上有错误，或者量刑不当，决定予以改判时所制作和使用的，概要写明原判的基本内容和被告人供述、辩护人辩护的要点，复核确认的事实、情节和有关法律规定，阐明应改作其他判处的理由，判决所依据的法律条款项和判决结果的法律公文。如：最高人民法院《刑事判决书》（〔2012〕刑核字第23号）。下行公文文种。

死刑复核刑事裁定书

死刑复核刑事裁定书，是指有权核准死刑的人民法院在刑事案件审理或判决执行过程中，就程序问题和部分实体问题所作出处理决定时制作和使用的，写明被告人项，一审判决情况，上诉、抗诉和二审裁判的情况，合议庭评议认定的事实、证据和理由，裁定所依据的法律条款项及裁定结果等项内容的法律公文。如：福建省高级人民法院《刑事裁定书》（〔2011〕闽刑复字第28号）。下行公文文种。

撤销缓刑刑事裁定书

撤销缓刑刑事裁定书，是指人民法院对被宣告缓刑、假释的犯罪分子，在缓刑、假释考验期限内违反法律、行政法规或者国务院公安部门有关缓刑的监督管理规定，情节严重，应当依法作出撤销缓刑刑事裁定时所制作和使用的，写明案由，查证后认定的罪犯在缓刑考验期限内的事实和证据，撤销缓刑的具体理由和法律依据等项内容的法律公文。下行公文文种。

四、司法行政法律专用公文

司法的行政，是围绕司法活动而展开的各种保障和服务的统称。在我国，司法行政机关的内涵和职能，是政府对司法工作进行行政管理的专门机关。司法行政机关是各级政府的组成部分。它不是司法机关，所以不能具体办案。司法行政是指国家专门机关对有关监狱管理、劳动教养管理、法制宣传、律师、公证、人民调解、法学教育、法学研究、依法治理等司法领域的行政事务实行国家管理的活动。司法行政职能主要涵括普及法律、依法治理、基层人民调解、监狱劳教、法律服务、法律援助、社区矫正等职能。本章择要介绍部分司法行政工作中的部分常用法律专用公文。

司法鉴定书

司法鉴定书，是指司法鉴定人依照法律规定的条件和程序，运用专门知识或者技能，对所委托的诉讼、仲裁等活动中所涉及的专门性问题及提供的系统完整资料，或送检的齐全材料，进行科学鉴别和判定，得出鉴定结论后制作和出具的，写明绪言、资料（案情）摘要、检验过程、分析说明、鉴定结论等内容的规范性公文。该公文包括司法鉴定意见书和司法鉴定检验报告书，且该公文的制作应符合统一规定的司法鉴定文书格式。上行公文文种。

图12-4-3 《北京中衡司法鉴定所××（委托鉴定事项）司法鉴定意见书》（京中司鉴〔2010〕临床鉴字第2941号）

司法鉴定申请书

司法鉴定申请书，是指在诉讼过程中，申请人向司法机关申请委托法定鉴定单位，对诉讼涉及的专门性问题，运用专业知识和技术进行鉴别和判断，并提供鉴定意见时提交的，写明申请人、请求事项、事实和理由等内容的公文。如：申请人梁××向茂名市茂南区人民法院提交的《司法鉴定申请书》（案号：〔2011〕茂南法民字第361号）。上行公文文种。

司法鉴定协议书

司法鉴定协议书，是指司法鉴定机构在受理鉴定委托时，与委托人在协商一致的基础上签订的，载明委托人和司法鉴定机构的基本情况，委托鉴定的事项及用途，委托鉴定的要求，委托鉴定事项涉及的案件简要情况，委托人提供的鉴定材料的目录和数量，鉴定过程中双方的权利、义务，鉴定费用及收取方式等事项的公文。平行公文文种。

司法鉴定意见书

司法鉴定意见书，是指司法鉴定机构和司法鉴定人，对委托人提供的鉴定材料进行检验、鉴别后，向委托人出具的，记录鉴定事项基本情况、检案摘要、检验过程、检验结果、分析说明、鉴定意见等内容的法律公文。上行、平行或下行公文文种。

司法鉴定咨询意见书

司法鉴定咨询意见书，是指委托人因提供的鉴定材料、检验对象资料不完整、检材不符合条件或技术条件限制等，司法鉴定人对委托咨询或者难以形成、不能得出鉴定结论的专门性问题而出具的公文。如：××司法鉴定中心《司法鉴定咨询意见书》（司鉴中心〔201×〕鉴咨字第×号）。上行公文文种。

司法鉴定检验报告书

司法鉴定检验报告书，是指司法鉴定机构和司法鉴定人，对委托人提供的鉴定材料、检验对象进行检验后出具的，客观反映司法鉴定人的检验过程，检查、测试所见或实验和检验结果等内容的法律公文。《×××（鉴定机构名称）鉴定××（委托鉴定事项）报告书》（××〔201×〕×鉴检字第×号）。上行、平行或下行公文文种。

司法鉴定书证审查意见书

司法鉴定书证审查意见书，又称"司法鉴定文证审查意见书"，是指司法鉴定人根据所委托审查的书面资料，通过分析、比较而出具的，写明绪言、资料（案情）摘要、分析说明、鉴定结论等内容的公文。常用于法医病理学、法医临床学等专业。如：××司法鉴定中心《司法鉴定书证审查意见书》（××司鉴中心〔201×〕临鉴（检）字第×号，委托事项：对孙×的伤情进行法医学书证审查）。该公文最早见于2002年6月1日施行、2007年10月1日废止的《司法鉴定程序通则（试行）》，2007年12月1日施行的《司法鉴定文书规范》（司发通

〔2007〕71号）不再有司法鉴定文/书证审查的表述。上行公文文种。

法律援助公函

法律援助公函，是指法律援助机构接受公民的法律援助申请或司法机关指定，决定为受援人提供辩护或担任其代理人时所制作和使用的，载明受援人、案件名称、承办机构、承办律师等项目的法律公文。本函专用于民事、行政、仲裁等法律援助工作，提交办理案件的人民法院、仲裁机构或行政处理机关，也用于刑事附带民事诉讼案件向检察院、法院提交。如：××法律援助中心《法律援助公函》（×援函字〔201×〕第×号）。下行、平行或上行公文文种。

法律援助公函（转交申请）

法律援助公函（转交申请），是指法律援助机构经对司法机关转交的申请人法律援助申请依法进行审查，认为是否符合法律援助条件的情形，决定予以或不予法律援助而回复司法机关时制作的，写清事由、案件名称、理由、依据等内容的公文。本函用于法律援助机构对人民法院、人民检察院、公安机关、监狱、看守所、劳动教养所、强制隔离戒毒所转交申请的回复。如：××法律援助中心《法律援助公函（转交申请）》（×援转函字〔201×〕第×号）。上行、平行公文文种。

法律援助公函（通知辩护）

法律援助公函（通知辩护），是指法律援助机构对收到司法机关为刑事案件犯罪嫌疑人或被告人提供法律援助的通知，指派律师担任其代理人或为其辩护时制作的，写明事由、案件名称、承办机构和律师名称的法律公文。本函用于法律援助机构回复人民法院、人民检察院、公安机关通知辩护公函。如：《法律援助公函（通知辩护）》（×援刑通函字〔201×〕第×号）。上行公文文种。

法律援助协作函

法律援助协作函，是指受理申请的法律援助机构发往异地法律援助机构，请求对查证申请材料或者调查取证提供协助时制作和使用的，载明申请人或受援人姓名、案由、原因和理由、请求协作事项等内容的公文。如：××法律援助中心《法律援助协作函》（××援协字〔201×〕第×号）。平行公文文种。

刑事指定辩护公函

刑事指定辩护公函，是指当刑事案件进入审判阶段，在遇有法定情形时，人民法院指定依法承担法律援助义务的律师，为刑事案件被告人提供辩护时所制作和使用的，写明案件名称、指定法律援助机构及律师名称、指定事项及要求等内容的法律公文。如：××法律援助中心《刑事指定辩护公函》（××援刑指函字〔201×〕第×号）。下行公文文种。

委托代理/辩护协议

委托代理/辩护协议，是指受援人或者其法定代理人、近亲属，与法律援助承办人所属的法律援助机构或者其他社会组织，经双方协商，就委托代理事项共同签订的，写明委托事项，授权范围和内容，律师工作方式、费用和支付方式，违约责任，解除协议的条件和后果承担、争议处理，及相关约定事项等内容的合同性公文。平行公文文种。

给予法律援助决定书

给予法律援助决定书，是指法律援助机构经对受援人提出的法律援助申请进行审查，认为符合法律援助条件，决定给予法律援助及提供法律援助的方式时制作和使用的，载明申请人、案由、决定事项的公文。如：××法律援助中心《给予法律援助决定书》（××援决字〔201×〕第×号）。下行公文文种。

终止法律援助决定书

终止法律援助决定书，是指法律援助机构决定终止法律援助协议时制作和使用的，写明受援人、案件名称、终止原因、法律依据等内容的公文。如：××法律援助中心《终止法律援助决定书》（××援终决字〔201×〕第×号）。下行公文文种。

聆询报告

聆询报告，是指劳动教养管理委员会组织的聆询合议组聆询结束后，聆询主持人组织聆询人员进行合议，提出处理意见，报送本级公安机关审核时制作和使用的，载明案由、聆询和合议的基本情况，聆询认定的案件事实、证据情况、处理意见等内容的公文。上行公文文种。

聆询笔录

聆询笔录，是指劳动教养管理委员会组织的聆询合议组聆询案件时制作和使用的，如实记载聆询过程，聆询参加人，举行聆询的时间、地点，案件调查人员陈述的事实、理由、建议决定劳动教养的依据，违法犯罪嫌疑人的陈述、申辩和质证，证人的陈述或者证人证言等内容，并由合议组成员分别签名的公文。上行公文文种。

聆询告知书

聆询告知书，是指地级以上公安机关以同级劳动教养管理委员会的名义，对具有违法犯罪嫌疑人决定劳动教养二年以上的，或未成年违法犯罪嫌疑人决定劳动教养的法定情形的案件，告知违法犯罪嫌疑人有要求聆询的权利时制作和使用的，载明违法犯罪嫌疑人的基本情况，拟决定劳动教养的事实、理由、期限和依据，违法犯罪嫌疑人依法享有的权利和提出聆询申请的期限等内容的公文。下行公文文种。

聆询通知书

聆询通知书，是指地级以上公安机关或同级劳动教养管理委员会收到违法犯罪嫌疑人的聆询申请，经审查后，对符合规定的决定举行聆询，即类似于听证、法院开庭审理时所制作的，载明聆询申请人的基本情况、案由、举行聆询的时间、地点、参加聆询的人员等内容的公文。适用于在举行聆询前送达聆询申请人，并通知呈报单位和其他参加人。下行公文文种。

矫正建议书

矫正建议书，是指人民法院在对未成年被告人的庭前调查和庭审过程中，根据适用缓刑的未成年罪犯的成长环境、家庭背景、学业情况、犯罪情节、悔罪表现等各方面情况。经依法评估考察通过，向执行机关送达判决书时制作并随案送达的，有针对性地提出矫正建议意见的法律公文。适于对非监禁刑的未成年罪犯使用。如：中新重庆网2014年6月27日电，因犯强奸罪被判处缓刑的小杨，收到了一份重庆巴南法院为其"量身定制"的《社区矫正建议书》，建议他缓刑考验期内不得浏览有色情、暴力等不良内容的网站，并按时完成规定学业。平行、下行公文文种。

劳动教养决定书

劳动教养决定书，是指劳动教养管理委员会经对公安机关提交的《劳动教养呈批报告》审核后，认为符合劳动教养条件的人员，决定由公安机关对其实行劳动教养的强制性教育改造这一行政措施时所制作的，载明被劳动教养人员的基本情况、违法犯罪事实、证据，聆询的基本情况，决定劳动教养的依据、期限，并告知享有申请行政复议、提起行政诉讼的权利等内容的公文。用以送达呈报单位和被劳动教养人员及其家属。如：北京市人民政府劳动教养管理委员会《劳动教养决定书》（京劳审字〔2011〕第834号）。已根据全国人大常委会通过的《关于废止有关劳动教养法律规定的决定》废止。下行公文文种。

劳动教养通知书

劳动教养通知书，是指公安机关根据本级劳动教养管理委员会作出的劳动教养决定内容制作的，载明决定劳动教养的事实、依据、期限，以及被劳动教养人员依法享有的权利的公文。用于送达被劳动教养人员及其家属、劳动教养场所。如：北京市人民政府劳动教养管理委员会《劳动教养通知书》（京劳会字〔2009〕第0240号）。2013年12月28日，已根据全国人大常委会通过的《关于废止有关劳动教养法律规定的决定》废止。下行公文文种。

劳动教养呈批报告

劳动教养呈批报告，是指公安机关办案部门对刑事案件、治安案件调查完毕后，认为基本事实清楚，基本证据确实充分，认为轻微违法犯罪，依法不够刑事处分而符合劳动教养条件的人员，符合劳动教养条件的，向本级劳动教养管理委员会报批时制作和使用的，载明主要违法犯罪事实和证据，处理意见和法律依据，请求审批事项等内容的公文。2013年12月28日，已根据全国人大常委会通过的《关于废止有关劳动教养法律规定的决定》废止。上行公文文种。

五、监狱法律专用公文

监狱专用法律公文，是监狱依照《中华人民共和国刑事诉讼法》和《中华人民共和国监狱法》的规定，为处理有关执行刑罚和改造罪犯中的法律事务而依法制作的各种专用文书的总称。制作依据是有关的法律规定，如：刑法、刑诉、监狱法、人民警察法及行政法规等。依法制作监狱公文，可以保证监狱准确公正地执行刑罚，保证监狱依法实施监管行为，有效保障罪犯的合法权益，切实提高改造质量。1982年6月当时主管监狱的公安部制定了《劳动改造机关执法文书格式》，共有32种公文文种。2002年7月1日，司法部监狱管理局对监狱执法文书进行了全面的修订，发布了《监狱执法文书格式（试行）》，共有48种公文文种。监狱专用法律公文分类：

（一）根据内容分：（1）监狱执行刑罚事务公文，如：收监公文、暂予执行公文、建议减刑、假释公文等。（2）狱政管理公文，对罪犯的奖惩公文、评审鉴定表、对罪犯关押禁闭、使用戒具审批表、抓捕脱逃罪犯公文。（3）监狱侦查公文，如：狱内立案公文、笔录、结案公文等。

（二）根据受文对象及处理方式可分为：（1）监狱等执行机关内部使用的表格式公文，如：罪犯入监登记表、罪犯奖惩审批表、狱内案件立案报告表等。（2）向法院和检察机关提请审查决定或裁定的书写式公文，如：提请减刑、假释意见书、起诉意见书、提请复查意见书、提请执行死刑意见书等。（3）向罪犯家属和有关机关发的通知书，大多是填空式公文，如：罪犯入监通知书、罪犯奖励或惩罚通知书、提请对保外就医罪犯执行监督考察通知书、罪犯病危通知书、罪犯死亡通知书等。（4）其他公文，如：刑满释放人员证明书、罪犯申诉材料转递单。

（三）按公文的体裁可以分为：（1）笔录类公文，如：讯问笔录、询问笔录、现场勘查笔录等。（2）填充类公文，如：监狱使用的表格类、通知类、清单类公文等。（3）报告类公文，如：狱内立案报告、狱内结案报告等。

本节择要介绍部分常用的撰述式监狱执法专用公文文种。

假释证明书

假释证明书，是指被判处无期徒刑、有期徒刑的罪犯，符合法律规定的假释条件，人民法院裁定假释的，监狱按期假释并发给的，载明罪犯基本情况、罪名、法院判处结果、假释的依据、假释考验期限等项内容的证明性法律公文。平行、下行公文文种。

释放证明书

释放证明书，是指监狱部门对服刑期满的人员，依法按期予以释放时制作并发放的，载明释放人基本情况、罪名、事由、服刑期间实际执行刑期、释放原因等项内容的证明性法律公文。用以证明服刑人员刑满到期，依法释放，被释放人员凭此公文到原户籍所在地派出所办理户籍登记手续。平行、下行公文文种。

提请假释建议书

提请假释建议书，是监狱依照法定程序，对符合假释条件的罪犯，提请人民法院予以审核裁定假释时而制作的，写明罪犯的基本情况，提请建议的事项，悔改和立功表现的具体事实及证据，假释的理由和法律根据等内容的公文。提请假释意见书的适用对象是已执行一定刑期后确有悔改表现、不致再危害社会、符合法定假释条件的被判处有期徒刑和无期徒刑的罪犯。上行公文文种。

提请减刑建议书

提请减刑建议书，是监狱依法对已执行符合法定要求的刑期，且在服刑期间确有悔改或立功表现的情形，符合法定减刑条件的罪犯，提请人民法院予以审核裁定减刑时而制作的，写明罪犯的基本情况，提请减刑的建议，悔改和立功表现的具体事实及证据，减刑的理由和法律根据等内容的公文。该公文适用对象是在服刑期间确有悔改或者立功表现、符合法定减刑条件的被判处管制、拘役、有期徒刑、无期徒刑和死刑缓期二年执行的罪犯。如：××监狱《提请减刑意见书》（〔2013〕冀监减字第 62 号）。上行公文文种。

收监执行意见书

收监执行意见书，是指监狱对在服刑期间的罪犯暂予监外执行的情形消失，罪犯刑期未满的，依法提请监狱管理机关批准终止暂予监外执行并及时收监时制作和使用的，载明罪犯基本情况、判决确定的罪名和刑罚、决定暂予监外执行的原因、起止时间、依据、提请事项等内容的公文。上行公文文种。

监狱起诉意见书

监狱起诉意见书，是监狱对罪犯在狱内服刑期间又犯罪，或者发现了判决时没有发现的罪行，认为需要追究刑事责任，依法提出起诉意见，移送人民检察院审查决定时所制作的，写明罪犯的基本情况和案由、犯罪事实和证据、提请审查起诉的理由和法律根据等内容的法律公文。上行公文文种。

暂予监外执行通知书

暂予监外执行通知书，是指监狱管理机关对于被处无期徒刑、有期徒刑或者拘役的罪犯，在服刑期间具有法律规定的某种特殊情况，符合法定情形，不适宜在监狱或者拘役所等场所执行刑罚，决定暂不收监后书面告知公安机关、原判人民法院时所制作的，载明罪犯基本情况、暂予监外执行的原因、起止时间、依据、执行机构等项内容的法律公文。下行公文文种。

暂予监外执行意见书

暂予监外执行意见书，是指监狱对于被处无期徒刑、有期徒刑或者拘役的罪犯，在服刑期间具有法律规定的某种特殊情况，符合暂予监外执行的法定情形，不适宜在监狱或者拘役所等场所执行刑罚，决定暂不收监或者收监以后又可以依法决定改为暂时监外服刑，依法提请监狱管理机关批准时制作和使用的，载明罪犯基本情况、判决确定的罪名和刑罚、决定暂予监外执行的原因、起止时间、依据、提请事项等内容的公文。上行公文文种。

罪犯入监通知书

罪犯入监通知书，是指罪犯押赴监狱，法院法警和监狱办理交接手续，监狱将罪犯收监后，根据《监狱法》的规定，监狱在法定时间内告知罪犯家属时制作和发出的，写清罪犯姓名、罪名、法院判处结果、入监时间、服刑处所的详细地址、探监时的乘车路线、与罪犯的通信方式等项内容的公文。下行公文文种。

罪犯出监鉴定表

罪犯出监鉴定表，是指监狱填写的记载出监罪犯在服刑改造期间的表现情况和监狱对其表现作出结论的法律公文。适用于在罪犯由于服刑期满、裁定假释和裁定释放、依法保外就医或监外执行等原因需要出监时，监狱对罪犯进行鉴定并填写此表。该表既是完备罪犯出监的法律手续，健全罪犯服刑改造的档案材料，也便于接收单位掌握情况。

罪犯处罚通知书

罪犯处罚通知书，是指监狱根据监狱法及其他有关法律法规的规定，遵照一定的标准和程序，对罪犯在服刑改造期间一定时期内的表现进行综合考查和评定后，根据考评的结果给予罪犯行政或刑事处罚，书面告知当事人时制作和使用的，写明处罚原因、处罚种类、法律依据等项内容的公文。下行公文文种。

罪犯死亡通知书

罪犯死亡通知书，是指罪犯在监狱服刑改造期间正常死亡或非正常死亡后，监狱书面通知犯罪亲属或监护人前来处理时填制和使用的，写清罪犯基本情况、死亡时间、死亡原因及告知相关事项的公文。下行公文文种。

罪犯死因鉴定书

罪犯死因鉴定书，是指罪犯在监狱服刑改造期间正常死亡或非正常死亡，经医院或法医对其死亡原因进行医学鉴定后制作和使用的，写清罪犯基本情况、罪名、刑期、死亡类别和死亡时间、死亡原因及死亡经过、医院或法医鉴定意见、监狱意见、驻监检察机关意见的公文。上行、平行或下行公文文种。

罪犯奖励通知书

罪犯奖励通知书，是指监狱根据监狱法及其他有关法律法规的规定，遵照一定的标准和程序，对罪犯在服刑改造期间一定时期内的表现进行综合考查和评定后，根据考评的结果给予罪犯行政或刑事奖励，书面告知当事人时制作和使用的，写明奖励原因、奖励种类、法律依据等项内容的公文。下行公文文种。

罪犯病危通知书

罪犯病危通知书，是指监狱对罪犯在服刑期间出现病危情形，通知其亲属或监护人前来看望时制作和使用的，写清罪犯姓名、病情、原因及告知相关事项的公文。下行公文文种。

罪犯不予收监通知书

罪犯不予收监通知书，是指监狱对公安机关交付的判决或裁定发生法律效力、执行刑罚的罪犯，经对入监文件进行检查，认为有关法律文件不齐全或者记载有误的，依法决定不予收监时所制作的，说明罪犯基本情况、罪名和刑期、决定对罪犯不予收监执行刑罚的理由和法律依据的公文。适于送交执行的公安机关和原判人民法院时使用。上行公文文种。

罪犯离监探亲证明书

罪犯离监探亲证明书，是指监狱、农场等服刑地管理部门，对被判处有期徒刑的罪犯有特殊情况提出的离监探亲申请，根据监狱法及其他有关法律法规规定的情形及其服刑期间的表现情况，进行审查批准后所制作并出具的，载明罪犯姓名、服刑期间的表现、批准离监探亲的起止时间等内容的证明性公文。上行公文文种。

罪犯暂不收监通知书

罪犯暂不收监通知书，是指监狱对交付执行被判处无期徒刑、有期徒刑刑罚的罪犯，经进行入监身体检查，有严重疾病需要保外就医的情形，依法决定暂不收监时所制作的，说明罪犯基本情况、罪名和刑期、决定对罪犯暂不收监执行刑罚的理由和法律依据的公文。用于送交执行的公安机关和原判人民法院。如××监狱《罪犯暂不收监通知书》（〔2014〕×省女监通字第29号）。上行公文文种。

罪犯暂予监外执行期间不计入执行刑期建议书

罪犯暂予监外执行期间不计入执行刑期建议书，是指罪犯被收监后，所在监狱或看守所对由于暂予监外执行的罪犯，存在违反暂予监外执行法律规定的情形，向人民法院提出建议，依法决定或裁定暂予监外执行期间不计入执行刑期时制作的公文。适用于不符合暂予监外执行条件的罪犯通过贿赂等非法手段被暂予监外执行的，在监外执行期间不计入执行刑期；罪犯在暂予监外执行期间未经批准擅自外出或者脱逃的，擅自外出或者脱逃期间不计入执行刑期。上行公文文种。

刑满释放人员通知书

刑满释放人员通知书，是指罪犯服刑期满，监狱依法按期释放并向刑满释放人员原户籍所在地公安机关、安置帮教机构发送的，载明刑满释放人员基本情况、刑满释放原因、服刑期间的表现情况、释放后的建议等内容的法律公文。平行、下行公文文种。

在押罪犯脱逃通知书

在押罪犯脱逃通知书，是指监狱发现在押罪犯脱逃，应当即时将其抓获而不能即时抓获，提请公安机关负责追捕时制作和使用的，写清罪犯基本情况、罪名、刑期、脱逃时间和地点、罪犯主要特征、法律依据等项内容的法律公文。上行公文文种。

对罪犯刑事判决提请处理意见书

对罪犯刑事判决提请处理意见书，是指监狱在刑罚执行过程中，经进行核查，认为对罪犯的刑事判决可能有错误，或者根据罪犯申诉，认为判决或裁定在认定事实或适用法律上可能有错误的，依照法定程序，提请原判法院或者人民检察院处理时制作和使用的，载明罪犯姓名、罪名、刑期，具体陈述理由和法律依据，提出处理意见的公文。上行公文文种。

六、仲裁类

仲裁专用公文，是仲裁机构自受理经济合同纠纷案件至裁决整个过程中，依照法律规定制作的具有法律效力的公文资料。主要包括：仲裁申请、仲裁答辩、仲裁调解、仲裁裁决等类。其特点是：具有法律约束力、强制性以及特定的表单格式。本节择要介绍部分常用的撰述式仲裁专用公文文种。

仲裁协议

仲裁协议，是指双方当事人在自愿、平等和协商一致的基础上，将他们之间未来可能会发生或已经发生的争议，所达成的在合同中订立专门条款提请仲裁解决，或单独订立仲裁协议书和其他文件中包含有提请仲裁解决的内容等，具有法律效力的公文。它是申请人提出仲裁申请、仲裁机构受理仲裁申请的依据。平行公文文种。

仲裁协议书

仲裁协议书，亦称仲裁契约，是指经当事人双方共同协商一致，表示愿意将彼此之间已经发生或可能发生的争议，为提交仲裁解决而专门订立的，表明请求仲裁的意思，提请仲裁事项，选定的仲裁机构等内容的公文。平行公文文种。

仲裁申请书

仲裁申请书，是指平等主体的公民、法人和其他组织之间发生了合同纠纷或其他财产权益纠纷，当事人根据双方自愿达成的仲裁协议，向仲裁协议中所选定的仲裁机构提出请求，对有关纠纷事项给予仲裁解决时制作和使用的，写明申请人和被申请人基本情况，案由，请求仲裁的事实和理由、证据和证据来源、证人的姓名及住址等项内容的公文。上行公文文种。

仲裁调解书

仲裁调解书，是由仲裁庭在查明事实、分清是非的前提下，在当事人自愿的基础上，对当事人自愿达成的调解协议依法制作的，记载受理案件的依据，仲裁庭产生和组成的情况，仲裁庭对案件的审理情况，双方当事人之间订立的合同以及所发生的争议事项，仲裁请求和当事人协议的结果等相关调解协议内容的法律公文。平行公文文种。

仲裁答辩书

仲裁答辩书，又称"仲裁答辩状"，是仲裁案件的被诉人为维护自己利益，针对申请人仲裁申请书所列事实和请求，进行答复和辩驳时出具的，阐明依据的事实和理由，写明答辩人基本情况，案由或前言，陈述事实过程，指明责任，反驳申请人在仲裁申请书中提出的事实、理由，说明自己的辩驳理由和依据，对申请人提出的赔偿要求表示立场和态度，部分赔偿还是不赔偿等项内容的公文。上行、平行公文文种。

仲裁裁决书

仲裁裁决书，是指仲裁庭在查明事实和认定证据的基础上，对申请人提交仲裁的请求或反请求及其相关事项依法作出的予以支持或驳回，或者部分支持、部分驳回时所制作和使用的，载明仲裁参加人的基本情况、引言、案情、仲裁庭意见和裁决结果等项内容的具有法律效力的公文。如：《中国海事仲裁委员会裁决书》（〔2013〕外仲字第4号），案件名称：上海××公司与香港××因承运人所运货物发生损失的责任发生争议仲裁案。下行公文文种。

仲裁反诉书

仲裁反诉书，是指在仲裁程序开始后，被申请人就其余申请人之间的同一纠纷问题，以单独形式向仲裁机构提出与仲裁申请人相反的仲裁请求时制作并使用的，写明当事人基本情况、案由、提出自己的反诉请求、事实与理由，支持反诉请求的证据和证据来源、证人姓名和住所等项内容的法律公文。上行、平行公文文种。

仲裁反申请书

仲裁反申请书，是指在已经开始的仲裁程序中，仲裁被申请人以原仲裁申请人为被申请人，就与原仲裁请求在事实上和法律上有牵连的、目的在于抵消或吞并仲裁申请人原仲裁请求，独立请求仲裁机构裁决申请人承担责任时制作并提交的，写明反申请人和被反申请人基本情况、案由、提出仲裁反请求的具体请求项及所依据的事实和理由等项内容的法律公文。上行公文文种。

仲裁申请执行书

仲裁申请执行书，是指经商事仲裁一裁终局的民商事纠纷案件，裁决书一经作出即告生效。被申请人未在裁决书规定的期限内履行裁决的，申请人向被申请人所在地或其主要财产所在地中级人民法院申请强制执行时提交的，写明申请人、被申请人姓名和住址、请求事项、事实与理由等项内容的法律公文。上行公文文种。

仲裁回避申请书

仲裁回避申请书，是指仲裁程序进行过程中，审理本案的仲裁员具有可能影响案件的公正审理和裁决的情况下，当事人向仲裁机构提交的请求该仲裁员退出本案仲裁活动时制作并使用的，写明申请人、被申请人的基本情况，请求事项及理由等项内容的法律公文。上行公文文种。

仲裁应诉通知书

仲裁应诉通知书，是指仲裁机构受理申请仲裁案件后，通知被告法人或其他组织应诉时所制作和使用的，写明案由，告知其相应的诉讼权利和义务，仲裁依据及有关事项等项内容的法律公文。下行公文文种。

仲裁保全申请书

仲裁保全申请书，是指在仲裁委员会受理该案件后尚未作出裁决前，一方当事人依法请求仲裁委员会对对方当事人的财产或争议标的物采取保全措施，以保证仲裁裁决能够顺利执行，维护权利人合法权益时制作并提交的，写明仲裁保全申请人和被申请人的基本情况，请求仲裁保全的标的物或者有关财产的种类、价额及其所在地以及所依据的事实和理由等项内容的法律公文。上行公文文种。

仲裁保全担保书

仲裁保全担保书，是指仲裁活动当事人以本单位财产作为担保，请求仲裁机构提交人民法院对对方当事人的财产采取保全措施时制作的，写明接受仲裁保全担保的仲裁机构名称，担保内容及担保人为仲裁保全申请提供的担保财产的名称、数量、价值及担保人所承担的责任等情形的法律公文。上行公文文种。

仲裁委托代理协议

仲裁委托代理协议，是指争议当事人与律师事务所之间订立的、委托律师事务所指派律师代行当事人部分职责，并在授权范围内参加仲裁活动时制作并使用的，写明委托人与律师事务所的基本情况，委托人委托律师事务所代理仲裁的案由，双方约定的有关仲裁代理的权利义务关系，委托代理权限，委托代理期限，以及其他一些与仲裁代理委托相关的具体事项等项内容的法律公文。用于律师参加仲裁活动的依据，仲裁机构确认律师的代理身份。上行、平行公文文种。

仲裁代理授权委托书

仲裁代理授权委托书，是指国内经济仲裁案件和涉外经济仲裁案件的当事人在委托律师或其他代理人代为参与仲裁活动时，向仲裁委员会提交的，写明委托人和受委人的基本情况，受委托的代理事项和授予该代理人的具体代理权限等项内容的公文。上行、平行公文文种。

仲裁保全措施申请书

仲裁保全措施申请书，是指在仲裁程序进行中，一方当事人认为另一方当事人的行为或其他原因，可能会发生当事人财产或争议标的物毁损、灭失、被转移，以及其他致使仲裁裁决不能执行或者难以执行的情况，请求仲裁机构对对方当事人的财产或争议标的物采取保全措施时制作并提交的，写明申请人和被申请人的基本情况，请求仲裁保全的具体事项及所依据的事实和理由等项内容的法律公文。上行公文文种。

指定仲裁员函

指定仲裁员函，是仲裁活动当事人为自己选定仲裁员而向仲裁机构出具的，写明仲裁协议中约定的仲裁机构的名称、指定内容、指定仲裁员的当事人的签名、指定日期等项内容的法律公文。上行公文文种。

延期审理申请书

延期审理申请书，是指在仲裁庭开庭审理案件时，当事人因正当理由无法出庭，而在法定期限内向仲裁庭提交的、请求延期开庭审理时制作并使用的，写明申请人的基本情况，请求事项、事实和理由等项内容的法律公文。上行公文文种。

证据保全申请书

证据保全申请书，是诉讼参与人对于案件涉及的证据，在可能灭失或以后难以取得的情况下，申请仲裁机构将与案件有关的现场情况、痕迹、物品的特征或证人证言等，采取笔录、勘验、拍照、录音、绘图等形式予以固定时而制作并提交的，写明申请人基本情况、案由、请求事项、事实和理由等项内容的法律公文。上行公文文种。

执行仲裁裁决申请书

执行仲裁裁决申请书，是指仲裁裁决中的实体权利人在实体义务人不履行仲裁裁决确定其应承担的义务时，向人民法院提交的，请求强制义务人履行义务，以实现权利人合法权益时制作并使用的，写明申请执行人和被执行人的基本情况、请求事项、事实和理由等项内容的法律公文。上行公文文种。

撤销仲裁裁决申请书

撤销仲裁裁决申请书，是指仲裁庭作出裁决后，当事人认为该裁决存在法律规定应予撤销的情形，而向仲裁委员会所在地的中级人民法院提出撤销该裁决时制作和使用的，写明申请人的基本情况，请求撤销的事项，事实、理由和证据等项内容的公文。上行公文文种。

经济合同纠纷仲裁申请书

经济合同纠纷仲裁申请书，是经济合同纠纷当事人的一方（即申请人或申诉人）为维护自己的合法权益，请求仲裁机构裁决与他方当事人（即被申请人或被申诉人）的经济合同纠纷时制作并提交的，写明申请人和被申请人基本情况、案由、请求仲裁的具体事项及要求达到的最终目的，事实和理由等项内容的公文。上行公文文种。

七、律师专用公文

1996年12月20日，中华人民共和国司法部印发了《关于印发〈刑事诉讼中律师使用文书格式〉（试行）的通知》。根据司法实践工作的开展和完善，为适应律师业务的需要，对律师文书格式进行了调整和修改，中华人民共和国司法部又印发了《关于印发〈刑事诉讼中律师使用文书格式（共19种）〉的通知》（司发通〔2000〕102号）。

本节择要介绍部分常用的律师专用公文文种。

律师函

律师函，是指律师接受客户的委托或者就有关事实或法律事实，进行披露、法律评价和风险估计，进而提出要求以达到一定预期的法律效果，满足委托人的诉求时而制作和使用的，载明委托声明、事实简述、法律评论和律师意见等内容的专业法律公文。主要用于向委托人指向的法人或组织，依法表达法律诉求，或解释说明、调查取证、通知催告、请求制止、商洽和解、催促警告、抗辩回复、行权声明等。如：广东安道永华律师事务所《关于不同意终止〈消防系统维修保养合同〉的律师函》（〔2005〕粤安永律函字第10号）。平行公文文种。

律师见证书

律师见证书，是指律师应当事人的请求，依法对自己亲身所见的法律事实或法律行为的真实性、合法性予以证明而制作的，写明委托见证人的情况、见证事项、见证过程、见证结论、法律依据等内容的法律公文。如：《遗嘱律师见证书》（〔2008〕沪信律见字第098号）。平行公文文种。

律师催告函

律师催告函，是指律师接受当事人委托，将委托人的意志告知对方当事人，催促其履行义务时所制作和使用的公文。如：贵州权衡律师事务所《律师催告函》（权衡〔2011〕函字第161号）。平行公文文种。

律师承诺函

律师承诺函，是指律师事务所及其律师在企业股票发行、上市中，为避免因存在法律障碍而影响发行审核工作的进度，参与改制方案的确定和预选材料的制作及审核工作，向证监会报送预选材料时制作并提交的，对保证改制方案和预选材料的合法性、规范性，作出相关承诺事项的公文。1998年8月4日，中国证券监督管理委员会《关于印发律师承诺函的格式的通知》（证监法字〔1998〕2号）；2002年4月9日，中国证券监督管理委员会公布《中国证监会第三批废止的部门规章目录》中第23项废止了该文种。上行公文文种。

律师事务所函

律师事务所函，是指律师事务所接受委托人的委托，指派律师担任案件犯罪嫌疑人的律师、辩护人或诉讼代理人时，向侦查、检察或审判机关提交的，写明委托人姓名、指派律师姓名、案件名称、犯罪嫌疑人名称等项内容的公文。上行、平行公文文种。

律师调查笔录

律师调查笔录，是指根据《律师法》以及相关的法律规定，在征得被调查人同意的情况下，针对当事人或者证人对案件事实本身进行调查取证时所制作的记录性公文。如果是针对当事人进行的调查笔录，则属于证据上的当事人陈述；如果是针对证人进行的调查笔录，则属于证据上的证人证言。律师调查笔录是间接证据，属于书证范畴，适于经过质证后作为提交法庭定案的合法证据使用。上行公文文种。

律师阅卷笔录

律师阅卷笔录，是指辩护律师在阅读案件卷宗时所制作的，摘要记录事实、起诉理由、证据、适用法律，并写明案件重点、难点、疑点、存在问题等内容的记录性公文。

律师事务所调查专用证明

律师事务所调查专用证明，是指受委托的律师根据案件的需要，依法向有关单位或个人进行调查、收集与承办的法律事务有关的情况或证据时制作和出具的，写明接收该证明的对象、证明调查的事项、该证明的有效期限等项内容的公文。平行、上行公文文种。

律师会见在押犯罪嫌疑人的函

律师会见在押犯罪嫌疑人的函，是指接受委托的律师在办理刑事诉讼业务过程中，在侦查阶段、审查起诉阶段，需要会见在押犯罪嫌疑人、被告人，了解与案件有关的情况时，由律师事务所依法出具的，载明法律依据、律师姓名、羁押处所、案件名称、犯罪嫌疑人姓名和会见在押犯罪嫌疑人时间的告知性公文。本函用于侦查阶段会见犯罪嫌疑人前向侦查机关提交。上行公文文种。

律师会见在押犯罪嫌疑人、被告人专用介绍信

律师会见在押犯罪嫌疑人、被告人专用介绍信，是指律师受托在办理刑事诉讼业务的过程中，会见在押犯罪嫌疑人、被告人时，由律师事务所依法出具的载明法律依据、律师姓名、案件名称、犯罪嫌疑人或被告人姓名的证明性公文。本介绍信用于会见犯罪嫌疑人、被告人时向看守所、羁押场所提交。平行公文文种。

庭审笔录

律师庭审笔录，是在法庭审理过程中，由律师制作的反映审判活动现场的全部过程和真实情况的文字记载性公文。庭审笔录是直接证据，属于书证范畴的公文文种。

授权委托书（民事诉讼）

授权委托书（民事诉讼），是指民事诉讼活动当事人、法定代表人单方面向人民法院出具的，聘请律师或者公民，作为诉讼代理人或受托人办理诉讼或非讼案件，依法授予被委托人一定的权利而制作的，写明委托人、受托人、委托事项和委托代理权限等内容的依据性公文。平行、上行公文文种。

授权委托书（刑事辩护）

授权委托书（刑事辩护），是指在案件的侦查、审查起诉、审判阶段，刑事诉讼活动当事人、法定代表人依法聘请律师作为诉讼代理人或辩护人时制作，并向人民检察院或人民法院提交的，写明委托人、受托律师事务所及律师、案件名称、委托事项、委托代理权限和委托书有效期等内容的法律公文。平行、上行公文文种。

法律建议书

法律建议书，是指律师对委托人委托的事项，在进行充分核查验证、确认基本事实的基础上，根据有关法律、法规和规章的规定，按照律师行业公认的业务标准，就委托人的有关法律事实、法律行为明确提出法律建议时制作和向委托人出具的，说明基本事实、结论性意见并提出建议，以及律师认为需要说明的其他问题等内容的法律公文。平行公文文种。

法律意见书

法律意见书，是律师向咨询者提供法律依据、法律建议以及解决问题的方案等法律服务时制作和使用的，载明委托人和受托人基本情况、委托事项、委托人提供的相关资料、受托人独立调查获得的资料、出具法律意见书所依据的现行有效的法律规定，法律法理分析、结论、声明和提示条款等内容的一种综合性公文，如：四川汇韬律师事务所《关于四川省投资集团有限责任公司发行2011年度第一期中期票据的法律意见书》（汇韬律见字〔2011〕第131号）。平行公文文种。

法律咨询意见书

法律咨询意见书，是指律师针对委托人所提供的事实情况和咨询的法律问题，经过认真的分析，根据相关法律法规的规定，逐项书面向委托人详细解答时制作和使用的，写清解答内容的缘起和依据、案件基本事实、法律依据、法律建议以及解决问题的方案等内容的公文。平行公文文种。

合同审查意见书

合同审查意见书，是指在正式签订合同之前，受聘的法律顾问依法对送审的合同主体资格、代理人的授权委托公文、合同内容、合同条款、合同的违约责任及相关约定事项等内容进行审查时所制作和使用的，写清送审单位的情况、合同名称、审查日期、审查意见、送审单位意见、处理结果等内容的法律公文。平行公文文种。

延期审理申请书

延期审理申请书，是指在法庭审理刑事诉讼案件过程中，犯罪嫌疑人、被告人委托的诉讼代理或辩护律师，认为需要通知新的证人到庭，调取新的物证，重新鉴定或者勘验的，依法提请人民法院延期审理时提交的，载明申请人、申请事项、申请理由、法律依据等内容的公文。上行公文文种。

接受指定辩护函

接受指定辩护函，又称"指定辩护函"，是指律师事务所接受人民法院指定为被告人提供辩护，书面回复指定辩护决定的人民法院时制作和使用的，写明表示接受指定的依据、接受指定辩护的律师姓名、案件名称和被告人姓名等项内容的函件式公文。平行公文文种。

调查取证申请书

调查取证申请书，是指因案情需要，辩护律师拟向被害人或其近亲属、被害人一方提供的证人收集与本案有关的材料时，由律师事务所制作，并向检察院或法院提交使用的，写清律师事务所及申请人、申请许可调查取证事项、申请理由等内容的公文。本申请书用于审查起诉、审判阶段向检察院或法院提交。上行公文文种。

聘请法律顾问合同

聘请法律顾问合同，是指聘请方与被聘请方（律师事务所）根据《中华人民共和国律师法》的有关规定，双方本着平等自愿、诚实信用的原则，在协商一致的基础上，就聘请方聘请律师担任法律顾问事宜而达成的，明确双方权利和义务、指派律师姓名、法律顾问的工作范围、合同期限、法律顾问费、合同的终止和解除、违约责任及约定的相关事项等内容的公文。平行公文文种。

解除强制措施申请书

解除强制措施申请书，是指犯罪嫌疑人、被告人委托的代理或辩护律师，提请有关机关对于被采取强制措施超过法定期限的犯罪嫌疑人、被告人，予以释放、解除取保候审、监视居住或依法变更强制措施时，由律师事务所出具的，载明申请人、申请事项、申请理由、法律依据等内容的公文。本申请书用于刑事案件的侦查、审查起诉或者审理阶段，向公安、安全、检察、法院等机关提交。上行公文文种。

通知证人出庭申请书

通知证人出庭申请书，是指被告人辩护律师认为需要证人出庭作证时，所在律师事务所依法提请人民法院通知证人出庭作证所制作并出示的，写明申请人、请求事项、事实和理由、法律依据及附项等内容的公文。上行公文文种。

通知鉴定人出庭申请书

通知鉴定人出庭申请书，是指法庭在审理案件过程中，案件当事人委托的辩护律师、诉讼代理律师对鉴定意见有异议，认为需要报告鉴定人出庭接受质证并对其进行质询，书面向人民法院提出请求，通知鉴定人出庭时提交的，写清申请人、申请事项、申请理由、法律依据等内容的公文。本申请书用于审判阶段向法院提交。上行公文文种。

通知有专门知识的人出庭申请书

通知有专门知识的人出庭申请书，是指法庭在审理案件过程中，案件当事人委托的辩护律师、诉讼代理律师，认为需要有专门知识的人出庭，对鉴定人作出的鉴定意见或者专业问题提出意见，向法庭申请准许并通知具有专门知识人员出庭协助质证时提交的，写明申请人、申请事项、事实和理由、法律依据等内容的公文。本申请书用于审判阶段向法院提交。上行公文文种。

刑事案件代理委托协议

刑事案件代理委托协议，是指刑事案件由侦查机关向人民检察院移送审查起诉后，律师接受委托担任诉讼代理人时，律师事务所与委托人依法协商达成的，写清委托人姓名或名称、接受委托的律师事务所的名称、律师事务所指派律师姓名、刑事案件名称、委托律师的代理权限、委托人向该律师事务所交纳的委托费、该委托协议的有效期限、对可能发生的变更情形双方所持的态度等内容的法律公文。本协议用于刑事公诉、刑事自诉、刑事附带民事案件。平行公文文种。

刑事辩护律师事务所函

刑事辩护律师事务所函，是指律师事务所接受委托人的委托，指派律师担任刑事案件被告人（犯罪嫌疑人）的辩护人时，向人民检察院或人民法院呈送的，所要具体证明的事项的公文。如：××《律师事务所函》（〔201×〕第×号）。上行、平行公文文种。

重新鉴定、勘验申请书

重新鉴定、勘验申请书，是指案件当事人委托的律师作为其辩护人或诉讼代理人,在案件侦查终结前,认为案件的鉴定或勘验结论存在问题,提请侦查机关提出要求重新鉴定、勘验时提交的,写清申请律师事务所名称及律师姓名、申请事项、申请理由、法律依据等内容的公文。上行公文文种。

会见在押犯罪嫌疑人申请书(涉秘案件)

会见在押犯罪嫌疑人申请书(涉秘案件),是指处在侦查阶段的涉及危害国家安全犯罪案件、恐怖活动犯罪案件、特别重大贿赂犯罪三类特殊案件或涉及国家秘密案件,律师要求会见其涉案的在押犯罪嫌疑人前,由律师事务向侦查机关提出申请所制作并提交的,写明法律依据、会见律师姓名、羁押场所、案件名称、犯罪嫌疑人姓名等项内容的公文。上行公文文种。

提请收集、调取证据申请书

提请收集、调取证据申请书,是指在审查起诉、审判阶段,辩护律师认为需要向证人、有关单位、公民个人收集、调取证据时,律师事务所制作,并向检察院或法院提交的,写清申请人的姓名、所属的律师事务所、申请事项、申请理由、提出申请的法律依据及相关附项的公文。本申请书用于审查起诉、审判阶段向检察院或法院提交。上行公文文种。

为犯罪嫌疑人提供帮助的委托协议

为犯罪嫌疑人提供帮助的委托协议,是指在案件的侦查、审查起诉、审判阶段,律师事务所接受委托,指派律师为犯罪嫌疑人提供法律帮助时,经与委托人协商达成的,载明委托律师姓名、委托权限、委托人向律师事务所缴纳的委托费数额、委托协议有效期等约定事项的合同性公文。平行公文文种。

八、公证专用公文

公证专用公文,是国家公证机构在公证活动中依照法定程序和法律规定制作的具有法律意义的公文。公证公文以书面形式如实记载公证活动的全过程,是公证机关活动的结果,是对证明对象进行调查和证明结果的集中反映。它是一种特殊的书面证明,具有三个基本法律效力:证据效力、强制执行效力和法律要件效力。

从我国目前公证工作的实际情况来看,公证公文的分类主要有以下几种。

1. 根据公证公文的性质划分,可分为民事公证公文、经济公证公文、涉外公证公文等三类。

2. 根据公证机构的业务范围划分,可分为证明法律行为的公证公文;证明有法律意义事实的公证公文;办理赋予强制执行效力的公证公文;办理证据保全、提存及其他与公证有关的法律事务的公证公文。

3. 根据公证书的格式划分,可分为定式公证书和要素式公证书。

（1）定式公证书。我国司法部曾于 1981 年制定了《公证书试行格式》，之后，司法部又于 1992 年制定了《公证书格式（试行）》，该文件把公证书格式分为 14 类 59 式共 110 种，于 1993 年 3 月 1 日起试行。这 14 类公证是：合同、协议公证类，资格公证类，招标、拍卖、提存公证类，出生、死亡、生存公证类，姓名、住所、国籍公证类，学历、经历公证类，婚姻状况公证类，亲属关系公证类，未受到刑事处分公证类，赠与公证类，强制执行公证类，保全证据公证类，证明印鉴、签名属实类，其他有法律意义的文书和事实公证类。

（2）要素式公证书。2000 年 3 月，司法部《关于保全证据等三类公证书试行要素式格式的通知》要求："在全国范围内，对保全证据、现场监督、合同（协议）三类公证书试行要素式公证书格式。"此格式自 2001 年 1 月 1 日起在全国各公证处全面推行。

4. 根据公证书的用途划分，按司法部规定或批准的格式制作，可分为国内公证和涉外公证两部分。国内公证又分为经济合同公证和民事法律关系公证两大类。

公证公文的种类繁多，本节择要介绍常用的部分定式公证书和要素式公证书。

公证书

公证书，是指国家公证机关根据当事人的申请，依照事实和法律，按照法定程序对法律行为、有法律意义的文书或事实的真实性及合法性进行证明时制作的，载明公证证明的对象、范围和内容是否真实、合法、有效，证明所依据的法律、法规等内容，具有特殊法律效力的司法证明性公文。应用于在国内或域外进行国际的民事、经济交往活动。如：拍卖公证、出生公证、合同公证、商标注册证书的公证等。平行公文文种。

公证申请书

公证申请书，是指公民、法人、非法人团体向国家公证机关书面提出的，用以请求其依照法定程序，对法律行为及有法律意义的文书或事实的真实性与合法性予以证明时制作的，写明申请人的情况、申请公正事项、公证书用途、证据情况，并提供相关材料和证明的公文。如：《专利公证申请书》《提存公证申请书》《拍卖公证申请书》等。上行公文文种。

撤回公证申请书

撤回公证申请书，是指公证申请人向公证机关提出申请后，公证机关出具公证书之前，自愿向公证机关提出撤回公证申请或停止申办该项公证，说明请求撤回理由的公文。上行公文文种。

减免公证费申请书

减免公证费申请书，是指特殊情况的公证申请人交费确有困难的，向公证机关申请减、免公证费而书面提出的，说明请求减免的理由和申请减、免的金额，并提供相关材料和证明的公文。一般适于对符合法律援助条件的当事人申请减免公证费时使用。上行公文文种。

收养公证书

收养公证书，是指国家公证机关根据公民提出的书面申请，依照法定程序，对收养人、送养人与被收养人之间，为确立收养人与被收养人之间的亲属关系的民事法律行为或事实，依法就其真实性、合法性予以证明时制作和使用的，写明收养人、送养人与被收养人基本情况、公证事项、证词内容、公证机构查明（审查核实）的事实、证明结论、法律依据等内容的公文。平行公文文种。

学历公证书

学历公证书，是指国家公证机关根据公民提出的书面申请，依照法定程序，对申请人持有的具有法律意义的学历证书，就其真实性、合法性、有效性进行审查、确认，予以证明时制作和出具的，写清证明依据、学历证书持有人姓名、毕业证书发放单位、毕业证书号、在校学习和毕业时间、证明结论等内容的公文。平行公文文种。

拍卖公证书

拍卖公证书，是指公证机关根据拍卖人的申请，依法对拍卖活动的全过程进行现场审查和法律监督，证明拍卖活动的真实性、合法性、有效性而制作并出具的，写明拍卖人全称及基本情况、公证事项、拍卖依据、先期查明的事实、简要的拍卖现场见证情况，竞买人的情况，现场监督及拍卖结果、公证结论等内容的法律公文。平行公文文种。

提存公证书

提存公证书，是指公证机关根据当事人的申请，依照法定条件和程序，对债务人或担保人为债权人的利益而交付的债务标的物或担保物进行寄托、保管，并在条件具备后交付债权人或其他受益人时制作并出具的，写清债务人基本情况、公证事项、提存原因、公证处审查或查明的事实、公证结论等内容的证明性法律公文。平行公文文种。

遗嘱公证书

遗嘱公证书，是指国家公证机关根据公民提出的书面申请，依照法定程序，对遗嘱人生前处分自己的财产或者其他事务，并于死亡时发生法律效力的行为和书面遗嘱内容，依法就其真实性、合法性与有效性予以证明时制作和使用的，写明当事人的基本情况、公证证明的对象、公证的时间与地点、公证员或见证人、证明遗嘱人签字的遗嘱内容、证明结论、依据的法律法规等内容的公文。平行公文文种。

赠与公证书

赠与公证书，是指公证机关根据公民、法人或组织提出的书面申请，依照法定程序，对当事人之间的赠与行为及其赠与书依法进行审查、确认，证明其真实性与合法性时制作并出具的，写明赠与方与受赠方的基本情况、公证事项、证词内容、公证处审查（查明）的事实、法律依据、公证结论等内容的法律公文。平行公文文种。

继承权公证书

继承权公证书，是指国家公证机关根据公民提出的书面申请，依照法定程序，证明继承人遗产的行为或事实的真实性、合法性时制作和使用的，写明被继承人、继承人基本情况、公证事项、证词内容、公证机构查明（审查核实）的事实、公证结论等必备要素和选择要素的公证法律公文。平行公文文种。

商标权公证书

商标权公证书，是指公证机关根据公民、法人组织提出的书面申请，依照法定程序，对商标已经注册并享有其专利权的文书，证明其真实性、合法性、有效性时制作和使用的，主要写明证明商标注册事项、证词内容、公证处审查的事实、公证结论等内容的法律公文。平行公文文种。

招标投标公证书

招标投标公证书，是指公证机关指派招标公证人根据招标人的申请，依照国家有关法律、法规和招标文件等要求，对整个招标投标活动的全部过程进行现场见证，证明其真实性、合法性、有效性时制作和使用的，写明公证事项、证词内容、公证处审查（查明）的事实、公证结论等必备要素和选择要素的公证法律公文。平行公文文种。

保全证据公证书

保全证据公证书，是指在未发生诉讼活动之前，公证机构根据公民、法人或其他组织的申请，依法对申请人权益有关的、日后可能灭失或难以取得的证据，加以验收提取或现场鉴定、勘验，以保持它的真实性和证明性时制作并出具的，写清申请人和关系人基本情况、公证事项、公证处审查或查明的事实、公证结论等证词内容的要素式证明性法律公文。平行公文文种。

婚姻状况公证书

婚姻状况公证书，是指公证机关根据公民提出的书面申请，依照法定程序，对公民现存的婚姻状况这一法律事实的真实性、合法性给予证明时制作和使用的公证法律公文。如：结婚公证书、未婚公证书、离婚公证书、夫妻关系公证书、丧偶公证书等。这类公证主要用于我国公民在国外办理结婚、定居、继承、留学等法律手续。平行公文文种。

赡养协议公证书

赡养协议公证书，是指公证机关根据当事人的申请，依照法定条件和程序，对赡养人与被赡养人之间已经制定的或需要见证制作的明确赡养过程中相互间权利义务的协议，依法进行审查、确认，证明其行为事实和协议的真实性、合法性与有效性时制作并出具的，写明赡养人与被赡养人的基本情况、公证事项、证词内容、公证处审查（查明）的事实、法律依据、公证结论等内容的法律公文。平行公文文种。

合同（协议）公证书

合同（协议）公证书，是指公证机关根据法人、法人或非法人组织提出的书面申请，依照法定程序，对当事人之间签订的合同的真实性、合法性、有效性进行审查、确认时依法制作并出具的，写明合同签订双方当事人的基本情况、公证事项、证词内容、公证处审查（查明）的事实、公证结论等必备要素和选择要素的公证法律公文。平行公文文种。

注册商标转让公证书

注册商标转让公证书，是指公证机关根据公民、法人或组织提出的书面申请，依照法定程序，对当事人之间的注册商标转让行为及签订的协议依法进行审查、确认，证明其真实性、合法性、有效性时制作并出具的，写明公证事项、证词内容、公证处审查（查明）的事实、法律依据、公证结论等内容的法律公文。平行公文文种。

第五节 军队专用公文

条令

条令，是指用简明条文规定的军队行动准则、行为规范的公文。有战斗条令、内务条令、队列条令、纪律条令等。如：2010年5月4日中央军委常务会议通过的《中国人民解放军纪律条令》（军发〔2010〕22号）。下行公文文种。

命令

命令，是指军队首长签署、机关发布军事法规、军事规章，确定和调整体制编制，部署军事行动，调动部队，授予、变更和撤销部队番号，调配武器装备，任免干部，授予和晋升军衔，选取士官，授予荣誉称号时所制作和使用的公文。如：2012年11月17日，中央军委主席习近平签署晋升上将军衔命令，授予中央军委委员、第二炮兵司令员魏凤和同志上将军衔。下行公文文种。

通令

通令，是军队用于依据《中国人民解放军纪律条令》宣布奖惩事项（不含授予荣誉称号）时制作和使用的，写清被奖惩单位或个人、奖惩的原因（基本事实）、事实评价与奖惩决定、希望与要求等内容的公文。如：2009年10月2日电，中央军委主席胡锦涛签署通令，嘉奖参加国庆受阅的解放军和武警部队全体官兵、民兵、预备役人员。下行公文文种。

通报

通报，是指军队向所属机关、部队或有关单位传达重要会议精神、介绍有关工作进展情况、交流经验和表扬先进、批评错误时制作和使用的公文。下行公文文种。

指示

指示，是军队向下级布置工作，明确工作原则和要求、步骤和方法时所使用的一种具有指导原则的公文。适于布置全局性工作和布置局部性工作时使用。如：《××××年政治工作要点》（中国人民解放军××陆军学院政治部指示政组〔20××〕1号）。下行公文文种。

动员词

动员词，是指军队发动官兵由和平状态转入战时状态、执行特殊战事任务或举行、参与某项重大活动之前宣讲时使用的，讲明动员事项、动员计划、组织实施、目标要求等内容的公文。如：《科技大练兵动员词》。下行公文文种。

呈批件

呈批件，是指军队机关内部呈送首长审批或向首长请示、报告有关事项时制作和使用的，写清请示的缘由、说明请求事项等内容的请示性公文文种。如：《关于协助××旅完成政治工作座谈会筹备事宜》的呈批件。上行公文文种。

请阅件

请阅件，是指部队司政后及相应机关向部队党委、首长呈报的调查报告、情况反映、工作汇报、述职报告等，无请示事项，仅供首长阅知或决策时参考的内部性公文。如：《当前部队的主要思想动态和工作指导上需要注意把握的问题》的请阅件。上行公文文种。

决心书

决心书，是指军队个人、集体响应上级号召开展工作或接受任务时，向部队首长或组织表示决心和态度，公开提出保证时制作和使用的，表明事情的缘由，决心做到的具体目标以及实现这些目标的具体措施等内容的书信体公文。适于在为开展某项有一定难度的工作，或为执行、完成某项艰巨的任务，为了让组织或首长放心，而表示自己的信心和决心时使用。如：《新兵决心书》。上行公文文种。

应战书

应战书，是指军队在开展的竞赛活动中，个人、集体和单位对向自己提出挑战的一方，表示接受挑战并给予应战的回应时制作和使用的，写明应战对象、应战事项、应战内容、应战态度等内容的书信体公文。如：《思想作风竞赛应战书》。平行公文文种。

保证书

保证书，是指军队个人、集体为响应上级号召开展工作、完成任务，或做了错事、犯了错误并决心改正，而向组织或上级作出承诺或改错保证时制作和使用的，写明事由、保证内容、保证措施等内容的书信体公文。如：《新兵保证书》。上行公文文种。

挑战书

挑战书，是指军队个人、集体为响应上级号召开展工作、完成任务，或在开展的竞赛活动中，主动向另一方发出挑战邀请，希望对方响应参与该活动时制作和使用的，写明挑战对象、挑战活动内容和意义及挑战条件与方式、决心、希望等内容的公文。如：《战术演练挑战书》。平行公文文种。

检讨书

检讨书，是指在学习或工作中出现了问题或过错的军人向当事人或组织，对自己的过错作出检查反省和自我批评，决心加以改正，并作出今后绝不再重犯此类错误的保证时制作和使用的，写明出错或问题的事实、产生的原因、对所犯错误的认识和态度，改正措施或今后的打算等内容的公文。如：《关于违反军纪的检讨书》。上行公文文种。

任免令

任免令，是指军队党委按照现役军官职务任免条例的规定程序，对现役军官职务任免事项形成决定或报上级党委审批后，宣布现役军官任免事项时制作和使用的，载明任免根据、任免人员姓名及职务的公文。如：中国人民解放军机械化步兵第×旅命令《×××等同志的任免令》。(××政干令〔20××〕××号)。下行公文文种。

授勋令

授勋令，是指军队在某一时期或某一方面活动中，军队高级机关对作出突出贡献、功绩卓著的军人、集体进行公开表彰奖励并授予勋章时制作和使用的，简介集体或个人被表彰的原因、表彰事项、发出号召、提出希望的命令性公文。如：1991年10月14日，《国务院、中央军委授勋令——关于授予钱学森同志"国家杰出贡献科学家"荣誉称号的命令》（国发〔1991〕51号）。下行公文文种。

惩戒令

惩戒令，是指军队根据有关规定决定对有关人员进行惩戒处理时制作和使用的，简介惩戒的缘由，所犯错误的事实及后果，惩戒的方式方法，总结教训的公文。下行公文文种。

嘉奖令

嘉奖令，也称"通令"，是指军队机关对军人、集体在执行某项任务中取得重大功绩进行公开表彰时制作和使用的，简介被嘉奖集体或个人的先进模范事迹和分析其性质，明确嘉奖事项，提出希望的公文。下行公文文种。

撤销令

撤销令，是指军队撤销下级机关不适当的决定时制作和使用的，写明发令撤销下级机关不适当的决定的原因和依据，发令撤销的事项，明确指出下级机关有关决定的错误，同时重申必须遵守的有关决定的公文。下行公文文种。

代职报告

代职报告，是指部队机关干部、部队院校教员到基层一线或跨兵种交叉代理相应职务期满结束前，向部队党委首长、代职汇报会提交的回顾代职情况时使用的，报告代职期间履行的岗位职责，德、能、勤、绩、廉及完成工作任务情况，经验与不足等内容的事务性公文文种。如：《在集团军机关干部代职汇报会上的发言提纲》。上行公文文种。

蹲点报告

蹲点报告，是指军队机关干部下基层蹲点结束后，回顾反思蹲点任务，根据掌握的第一手资料而整理的，书面向首长汇报基层真实情况、反映倾向性问题、提出合理化建议的常用事务性公文文种。如：《关于蹲点帮建××团的情况报告》。上行公文文种。

交换意见

交换意见，用于工作组下部队蹲点、考察、帮建、调研、检查结束时，带队首长与被考察部队领导反馈或通报情况，就检查中发现的问题和下步整改建议等进行沟通、交换看法时制作和使用的事务性公文文种。如：《集团军××主任与××团委党委交换意见时的讲话》。平行、下行公文文种。

转业申请书

转业申请书，是指军人中符合政策规定的上士以上的士官以及军官和文职干部，要求退出现役转到地方分配工作，向所在部队提出申请转业时制作和使用的，说明本人基本情况、请求事项、转业的原因和理由、表明态度的公文。上行公文文种。

重要情况通报

重要情况通报，是指军队各级政治机关、司令机关向所属部队和有关单位传达重要会议精神、重要决策和部署，或本部有关重大事项、重要情况时制作和使用的公文。如：《关于开展忠实履行新世纪新阶段我军历史使命教育活动的情况通报》。下行公文文种。

士官对照检查

士官对照检查，是指军队各级士官依据部队工作计划安排，以条令法规为准则，对照检查自身在履行职责、执行任务、工作和学习等方面存在的问题和不足，分析原因，提出改正措施时所制作和使用的公文。上行公文文种。

士官述职报告书

士官述职报告书，是指部队士官向首长和官兵陈述任职情况，采用书面形式进行自我回顾、评估、鉴定时制作和使用的，说明述职人基本情况、履行岗位职责、完成工作任务的成绩、总结经验、查找缺点或不足、提出今后设想和目标等内容的报告性公文。上行公文文种。

士官选取申请书

士官选取申请书，是指上等兵服现役期满，本人要求参加士官选取，继续留在部队服役，向所在部队提出申请时所制作的，表明对军队的认识、申请事项、回顾总结前期的学习与工作情况、表明态度的公文。上行公文文种。

士官晋级申请书

士官晋级申请书，是指军队各级士官服现役期满，按照规定要求晋级继续服现役的，向所在部队提出申请晋级时制作和使用的，说明申请事项、理由、表明态度的公文。上行公文文种。

士官留用察看审批表

士官留用察看审批表，是指军队具有批准行政看管权的首长，对拒不履行职责、不起骨干作用，经批评教育不改的士官，审核、批准实施留用察看时使用的，载明被留用察看士官的基本情况、留用察看的原因、审核意见、审批首长意见等内容的公文。上行公文文种。

行政看管审批表

行政看管审批表，是指军队具有批准行政看管权的首长，对犯有某些严重违纪行为，或可能发生某种严重问题的人员，审批实施强制性、临时性的看守和管理时使用的，载明被行政看管当事人基本情况、行政看管的原因、呈报单位意见、审批首长意见等内容的公文。下行公文文种。

行政看管登记表

行政看管登记表，是指军队对经批准实施行政看管的人员进行登记管理时制作和使用的，载明被行政看管军人的基本情况、审批人、行政看管的原因、看管期限、实施时间、看管期间的表现情况、解除时间、解除批准人等内容的公文。下行公文文种。

控告、申诉登记表

控告、申诉登记表,是指军队对军人认为给自己的处分不当或者合法权益受到侵害所提出的控告和申诉,按条例规定查明情况,将处理结果通知控告或者申诉人时,由处理单位填写的,载明控告申诉人、控告申诉要点、处理意见等内容的公文。上行公文文种。

处分登记(报告)表

处分登记(报告)表,是指军队政治机关、司令机关按照纪律条令的相关规定和程序,决定对违反和破坏军纪的军人实施处分,下达处分决定通令时制作和使用的,载明被处分人基本情况、处分项目、处分时间、处分原因、呈报单位意见、批准单位意见、实施处分首长签署等内容的公文。下行公文文种。

个人奖励登记(报告)表

个人奖励登记(报告)表,是指军队政治机关按照纪律条令的相关规定和程序,决定对遵守和维护纪律表现突出的军人实施奖励,下达奖励决定通令或荣誉称号命令时制作和使用的,载明被奖励人基本情况、奖励项目、奖励时间、主要事迹、群众评议结果、呈报单位意见、政治机关核实意见、实施奖励首长签署等内容的公文。下行公文文种。

单位奖励登记(报告)表

单位奖励登记(报告)表,是指军队政治机关按照纪律条令的相关规定和程序,决定对遵守和维护纪律表现突出,在作战或者其他方面功绩卓著、有特殊贡献的单位或集体实施奖励,下达奖励决定通令或荣誉称号命令时制作和使用的,载明被奖励单位或集体基本情况、奖励项目、奖励时间、主要事迹、群众评议结果、呈报单位意见、政治机关核实意见、实施奖励首长签署等内容的公文。下行公文文种。

第六节 社会团体专用公文

社团公文,是指由公民或企事业单位自愿组成、按章程开展活动的社会组织,包括行业性社团、学术性社团、专业性社团和联合性社团等社会团体使用的公文。从整体上看,社团公文可以分为三大类:人民团体公文、特殊社会团体公文(学校、企事业机构和团体内部设立的下级团体)和一般社会团体公文。从具体涉及的社团事务来看主要包括社团事务的各种申请书、社团内部细则的规定、社团内部成员的各种资料以及社团内部各种具体活动的通知和具体事务的对外公文。本节选取介绍几种常用的主要社团公文。

社团章程

社团章程,是指社会团体为调整其内部关系,规范社团内部成员的行为和社团内部管理和活动，按照规定程序所制定的，载明社团名称、宗旨、职能、业务范围、会员资格及权利义务、机构的职权及职责、负责人的产生或罢免及其职权职责、资产管理使用原则、章程的修改或终止程序等具有行为规则性质的规章性公文。如：2008 年 9 月 27 日中国煤炭工业协会颁布《中国煤炭工业协会章程》（修改草案，本章程于 2001 年 4 月 18 日经全国会员代表大会表决通过）。上行、平行、下行公文文种。

社团海报

社团海报，又称"社团信息海报""社团活动海报"，是指社会团体为扩大其知名度，向公众公开发布开展文体、宣传、学术和教育活动等信息，邀请众人参与时制作和使用的，载明活动主题或名称、简要内容、主办单位、时间和地点等内容的公文。如：《中国农业大学社团团工委社团之家海报——向日葵爱心社衣物收集活动》。下行公文文种。

社团筹备申请书

社团筹备申请书，是指在筹备成立社会团体之前，向主管或社团登记管理部门申请筹备成立社团时所制作和提交的，写清申请拟筹备社团名称、社团宗旨、业务范围，筹建该社团的必要性和可行性，筹建社团活动经费来源、筹备组织主要负责人、筹备发起人情况、筹备发起单位情况、拟任社团负责人情况等内容的公文。如：《筹备成立社会团体申请表——关于筹备成立长阳土家族自治县建筑装饰协会的申请》（2010 年 4 月 19 日）。上行公文文种。

社团备案申请书

社团备案申请书，社会团体依法向有关社团登记管理部门申请办理备案手续时制作和使用的，写明社会团体基本情况、请求备案事项等内容的公文。如：《深圳市社区社会组织备案申请表》（深圳市民政局制）。上行公文文种。

社团成立登记申请书

社团成立登记申请书，是指成立社会团体的筹备工作就绪后，正式成立办理登记手续时，向社团登记管理主管部门提交的，载明登记社团名称、登记理由、说明筹备情况、请求事项等内容的公文。如：河南省民政厅民间组织管理局发布的《社会团体成立登记申请书》。上行公文文种。

社团注销登记申请书

社团注销登记申请书，是指社会团体需要撤销并注销登记，向社团登记管理主管部门申请注销登记时制作和使用的，写明注销登记的社团名称、登记证号、社团代码，注销社团的原因，请求注销事项等内容的公文。如：《社会团体注销登记申请书》（中华人民共和国民政部监制）。上行公文文种。

社团变更登记申请书

社团变更登记申请书，是指社会团体需要变更其要登记内容，向社团登记管理主管部门申请变更登记时制作和使用的，写明变更理由、请求变更事项的公文。如：《社会团体变更登记申请书》（河南省民政厅民间组织管理局制）。上行公文文种。

社团设立分支（代表）机构登记申请书

社团设立分支（代表）机构登记申请书，是指社会团体需要设立分支（代表）机构，向社团登记管理主管部门申请设立分支（代表）机构并注册登记时制作和使用的，写明分支（代表）机构名称、活动地域、业务范围，设立分支（代表）机构的理由，请求登记事项的公文。上行公文文种。

社团成员年度评议

社团成员年度评议，是指社会团体对其成员的思想品德、履职情况、工作业绩、组织纪律等方面进行年度考核时制作和使用的，明确评议的各项具体内容、条件，评议的办法、步骤及评议结果的判定与运用等内容的公文。下行公文文种。

第十三章　港、澳、台地区公文种类

第一节　香港地区公文种类

中国香港在回归之前，政府的公文多以中英两种文字写成，香港回归之后，政府的公文多以中文写成。现行的中文公文文种是从过去沿革而来的。早在1975年发布的《香港政府公文处理手册》，将公文分为9类，即：人事令、行政法令、呈文、咨文、签注、公函、公告、法律文件、其他文件（含备忘录、研究或工作报告、会议文件、申请书类、单据、凭证、短柬等7项）。这些文种的设置受台湾公文的影响是显而易见的。比如，令、呈文、咨文、公函、公告等都与台湾1973年修正公布的《公文程式条例》规定的文种是相同的。

1976年香港法定语文事务署编辑的《政府公文写作手册》（试行本），将政府部门通用公文改为8类，即：公函、通告、布告（告示）、公告、通函、便笺、录事/档案纪要、会议记录。与1975年发布的《香港政府公文处理手册》比较：取消了令、呈文、咨文、签注，保留了公函、公告，新增了通告、布告（告示）、通函、便笺、录事/档案纪要、会议记录。此外，《政府公文写作手册》（试行本）还规定了"应付不同情况或场合"的应用文，包括4类，即演讲词/献词、柬帖、题词、牌匾铭文；同时规定了常见的内部文件，共7类，即报告书、顾问报告书、讨论文件、资料文件、征求同意文件、绿皮书、白皮书。以上三部分文种合计共19类。

1997年7月，中华人民共和国香港特别行政区法定语文事务署对《政府公文写作手册》（试行本）进行修改后，正式印行了《政府公文写作手册》（正式印行本，共6册），较全面地规定了香港政府中文公文的分类、特点、通则、规格和写法。与1976年"试行本"比较，又有新的变化：（1）政府通用公文由8类减为6类，即：保留了公函、便笺（便函）；通告改为通告类公文（包括通告、通函、布告、公告），会议记录改为会议公文；增加了政府宪政公告；取消了告示、录事。（2）应付不同场合需要的应用文，由4类变为5类，即：把讲演词/献词分为两类，其余三类不变。（3）常见的内部应用文由7类变为8类，即：保留了报告书、讨论文件、资料文件；取消了顾问报告书、征求同意文件、绿皮书、白皮书；新增了行政会议备忘录、进度报告、咨询文件、临时立法会议参改资料摘要、工作表现评核报告。现行公文仍然分三部分，共19类。其中规定：

（1）政府通用的公文（5类11种）有：公函、政府宪报公告、便笺、通告类文书（通告、通函、布告、公告）、会议文书（开会通知、议事日程、议事文件、会议记录）。

（2）公务员撰写或代上司草拟的应用文（5类5种）有：柬贴、牌匾铭文、演讲辞、题辞、献辞。

（3）公务员撰写的政府内部传阅或送交行政立法机关以至其他咨询机构的报告书和文件（7类7种）有：行政会议备忘录、讨论文件、进度报告、报告书、资料文件、咨询文件、临时立法会参考资料摘要。

（4）另类内部文件（1类1种）有：工作表现评核报告。

2000年9月，中华人民共和国香港特别行政区法定语文事务署编制印行了《政府公文写作手册（第二版）》（共7册），其中特别增加了《酬酢文书》一册，并编写了《政府公文实例·行政及人事》。2004年，香港公务员事务局法定语文事务部又专门印发了《政府公文写作手册—酬酢文书（第二版）》。

目前，香港地区的中文公文种类，涵盖了政府公务活动的各个领域、各个方面，以适应现代社会公务活动多样性、复杂性的要求；同时，淡化文种的行文方向，特别是"公函"同台湾公文的"函"一样，无论上行、下行与平行均可使用。这些是香港中文公文的最大特色。然而任何事物都有多重性，香港法定文种虽有适应公务活动多样化的一面，但另一方面显得有些杂，一些文种的功能界限不十分清楚或有重叠之处。本节择要介绍部分香港地区的公文文种。

一、通用类

令

令，是公布法律、任免、奖惩官员、发布命令时所使用的公文。1975年发布的《香港政府公文处理手册》将其列为公文文种，1976年香港法定语文事务署编辑的《政府公文写作手册》（试行本）取消了该文种。下行公文文种。

公告

公告，是指政府、团体对重大事项向公民正式公布或者公开宣告、宣布时使用的公文。1975年发布的《香港政府公文处理手册》将其列为公文文种，1997年经过修改后的香港《政府公文写作手册》（正式印行本）将其列为通告类公文使用至今。下行公文文种。

公函

公函，是政府通用公文，公务人员与市民或私营机构联络，或是政府机关之间沟通的公务公文。（1997年香港特别行政区法定语文事务署发布的《政府公手册总论》）如：2008年9月香港特别行政区总部公务员事务局发布的《香港政府公函》。此外，部门如要把一些较为个人的消息告知员工，例如，通知晋升、批准调职申请等，也多采用公函。1975年发布的《香港政府公文处理手册》将其列为公文文种后，一直使用至今。平行公文文种。

布告

布告，又称告示，是提醒同一部门的同事注意某事某物，并在机关部门内张贴公布告知的公文。（1997年香港特别行政区法定语文事务署发布的《政府公文手册总论》）1975年发布的《香港政府公文处理手册》将其列为公文文种，1976年香港法定语文事务署编辑的《政府公文写作手册》（试行本）曾将"告示"与其列为同一文种；1997年7月，经过修改后的《政府公文写作手册》（正式印行本），在通告类公文中保留了"布告"，取消了告示。如：《海事处布告》（2009年第76号）。下行公文文种。

呈文

呈文，是对上级官员有所呈请或报告事项时所使用的公文。1975年发布的《香港政府公文处理手册》将其列为公文文种，1976年香港法定语文事务署编辑的《政府公文写作手册》（试行本）取消了该文种。上行公文文种。

录事

录事，是政府内部向上司请示，同一机关内的同事之间互通信息、洽商公事、查询或解答公事问题，或嘱咐下属执行任务时使用的一种通用公文。（1997年香港特别行政区法定语文事务署发布的《政府公文手册总论》）1976年香港法定语文事务署编辑的《政府公文写作手册》（试行本）将"录事/档案纪要"列为公文文种，至今一直在使用。如：2006年10月18日，香港特别行政区海事处《回应2006年7月政府账目委员会第四十六号报告书的政府赴文》。上行、下行或平行公文文种。

便笺

便笺，是政府通用公文，与本部门内其他组别的人员或部门之间的公务员，互相商洽公事和互通消息时使用的一种简短的公文。（1997年香港特别行政区法定语文事务署发布的《政府公文手册总论》）1976年香港法定语文事务署编辑的《政府公文写作手册》（试行本）将其列为公文文种，至今在使用。如：致另一部门的便笺（约见部门人员），1997年7月30日，法定语文专员发文《推动公务员广泛使用中文访问计划》。公务员如与其他机关的人员商议公事，则宜使用便笺或公函。平行公文文种。

咨文

咨文，是同级官署之间公务文件往复或公务沟通时所使用的公文。1975年发布的《香港政府公文处理手册》将其列为公文文种，1976年香港法定语文事务署编辑的《政府公文写作手册》（试行本）取消了该文种。平行公文文种。

通告

通告，是个别部门和部门内部个别单位为方便工作公布恒久有效的政策或规定的公文（1997年香港特别行政区法定语文事务署发布的《政府公文手册总论》）。1976年香港法定语文事务署编辑的《政府公文写作手册》（试行本）将其列为公文文种后，至今一直在使用。如：《知识产权署2010年第一号通告》。下行公文文种。

通函

通函，是个别部门和部门内部个别单位为方便工作公布并无必要经常翻查的资料的公文。（1997年香港特别行政区法定语文事务署发布的《政府公文手册总论》）1976年香港法定语文事务署编辑的《政府公文写作手册》（试行本）将其列为公文文种后，至今一直在使用。如：《中国船级社（2011年）通函》（第38号总第102号）。上行、下行或平行公文文种。

签注

签注，是公务人员或机关对上级有所陈述、请示、请求、建议时使用的公文。1975年发布的《香港政府公文处理手册》将其列为公文文种，1976年香港法定语文事务署编辑的《政府公文写作手册》（试行本）取消了该文种。上行公文文种。

人事令

人事令，是任免公务人员职务时使用的公文。1975年发布的《香港政府公文处理手册》将其列为公文文种，1976年香港法定语文事务署编辑的《政府公文写作手册》（试行本）取消了该文种。下行公文文种。

开会通知

开会通知，是指通常由会议主席或秘书发出，作用在于通知与会人士开会的日期、时间、地点的公文。（1997年香港特别行政区法定语文事务署发布的《政府公文手册总论》）1997年7月，经修改后的《政府公文写作手册》（正式印行本）将其列入"会议文书"类文种之一，至今在使用。如：2000年7月香港特别行政区政府资讯基建咨询委员会秘书处发布《资讯基建咨询委员会第十次会议开会通知及会议议程》。下行、平行公文文种。

议事文件

议事文件，是举行会议前，假如时间许可，把背景资料、不同方案等送交与会者参考，作为在会上研究和讨论的根据的公文。（1997年香港特别行政区法定语文事务署发布的《政府公文手册总论》）1997年7月，经修改后的《政府公文写作手册》（正式印行本）将其列入"会议文书"类文种之一，至今在使用。如：《2011年10月14日内务委员会会议文件——立法会会议上的点名表决钟及委员会会议上的表决钟的钟声响起时间》（档号CB（3）/P/2/VI）。上行、下行、平行公文文种。

议事日程

议事日程，简称议程，是作用在于依次开列议事项目和程序，让与会人士做好准备的公文。(1997年香港特别行政区法定语文事务署发布的《政府公文手册总论》) 1997年7月，经修改后的《政府公文写作手册》（正式印行本）将其列入"会议文书"类文种之一，至今在使用。如：《经济及就业委员会第三次会议议事日程》。上行、下行或平行公文文种。

会议记录

会议记录，是把会议的资料和会上的发言、报告、研究、讨论、决议等内容记录下来，以备会后跟进或日后参阅查考的公文。(1997年香港特别行政区法定语文事务署发布的《政府公文手册总论》) 1976年香港法定语文事务署编辑的《政府公文写作手册》（试行本）将其列为公文文种，至今一直在使用的"会议文书"类文种之一。如：《香港特别行政区第三届黄大仙区议会第五次会议记录》。上行、下行或平行公文文种。

行政法令

行政法令，是香港回归之前，港督在行使立法职能时所制定的具有普遍性、规范性、可操作性的行政规章性公文的总称。1975年发布的《香港政府公文处理手册》将其列为公文文种，1976年香港法定语文事务署编辑的《政府公文写作手册》（试行本）取消了该文种。下行公文文种。

法律文件

法律文件，是香港回归之前，立法机构制定的法律的总称。1975年发布的《香港政府公文处理手册》将其列为公文文种，1976年香港法定语文事务署编辑的《政府公文写作手册》（试行本）取消了该文种。下行公文文种。

档案纪要

档案纪要，是政府公务员口头洽商公事后，在有关档案的录事页上，把商讨结果或查询所得数据撮写成档案纪要，作备案记录时使用的一种公文。1976年香港法定语文事务署编辑的《政府公文写作手册》（试行本）将"档案纪要"列为公文文种，至今一直在使用。档案纪要的格式与录事基本相同，分为录事编号、上款、正文、下款四部分，但上款以"档案纪要"字眼代替受文人职衔。上行、下行或平行公文文种。

酬酢公函

酬酢公函，是接受或答复邀请、婉拒邀请、答允题辞、推辞出任名誉会长、

出任名誉会长、祝贺、致谢、慰问时使用的公文。（1997年香港特别行政区法定语文事务署发布的《政府公文手册总论》）如：2009年3月27日香港特别行政区政府食物环境卫生署安全专员发布的《邀请函》。平行公文文种。

政府宪报公告

政府宪报公告，是公布带一定程度法律文件的公文。主要由宪报与其余第1~7号包括法律副刊和特别副刊的八个部分组成。1997年7月，经修改后的《政府公文写作手册》（正式印行本）将其列入"会议文书"类文种之一，至今在使用。如：《香港特别行政区政府宪报公告》。下行公文文种。

致个别市民公函

致个别市民公函，是公务人员对市民答复、通知、征询意见、回应建议、解释拒绝要求理由、邀约会晤、通知面试时使用的一种公函类公文。下行公文文种。

致国内政府单位公函

致国内政府单位公函，是公务人员与大陆政府机关之间邀请或通知参加会议、接受邀请、婉拒邀请、要求会面、提议交流访问、通知调任、查询提供资料、致谢盛情款待时使用的一种公函类公文。如：2010年8月30日，《香港特别行政区财政司司长出席港台商贸交流午宴致辞》。平行公文文种。

致属下员工公函

致属下员工公函，是公务人员对属下员工批准调职申请、通知延长试用期或晋升、通知署任以待选拔晋升、通知员工获得公费旅行奖、通知批准病假的新规定、祝贺荣休、嘉许英勇行为、劝谕或告诫员工戒除迟到陋习、呼吁员工支持公益金便服日时使用的一种公函类公文。如：2013年7月20日，××总署署长批准张××先生《调职申请》的公函。下行公文文种。

二、应用（酬酢）类

应用公文，又称酬酢公文，是香港政府公务员在交际应酬活动中，用来表达庆贺、祝颂、勉励或哀悼的公文。最常见的是香港公务员为了应付不同场合的需要，撰写或代上司草拟的题辞、柬帖、铭文和书信类等应用文。

柬帖

柬帖，是用简短文字写成的书柬、礼帖等酬酢性公文的统称，适于婚丧喜庆等社交场合时使用。常用的主要柬帖分为三类：喜庆，如：婚嫁、寿庆、弥月、开业、揭幕、迁居等场合，包括邀请亲友、嘉宾的请帖，受邀者赠送礼品或礼金的礼帖，以及受礼者的谢帖或谢启等；丧葬，包括告丧的讣告、礼帖、谢帖或谢启等；一般应酬，包括社团聚会、酒会、宴会等应酬活动的请帖及谢启。上行、平行或下行公文文种。

献辞

献辞，是指港府公务员撰写或代上司草拟的出席活动向举办方表示祝贺、庆贺时使用的公文。1976年香港法定语文事务署编辑的《政府公文写作手册》（试行本）将其列为公文文种，至今一直在使用。多用于重大节日、开业、揭幕等场合。上行、平行或下行公文文种。

题辞

题辞，是指因应切合对象身份、关系和场合所拟写的，取材适切、用词典雅、音律谐协、语句精短的一种酬酢类公文。其用途广泛，可题在书册、匾额、奖杯、银盾、锦旗等物品上，表达祝贺、奖勉、纪念之意，也可题在花圈、挽幛上，藉此表示哀悼。如：2004年9月29日，××局常任秘书长周××，为香港建造界庆祝中华人民共和国成立五十五周国庆聚餐晚会的题辞："宏基永固，华夏长荣"。上行、平行或下行公文文种。

演讲辞

演讲辞，俗称演说辞、演讲稿、讲话稿，是指港府公务员撰写或代上司草拟的，旨在表达感情，发表建议和主张，提出号召和倡议时使用的公文。1976年香港法定语文事务署编辑的《政府公文写作手册》（试行本）将其列为公文文种，至今一直在使用。上行、平行或下行公文文种。

牌匾铭文

牌匾铭文，是指港府公务员为应付不同场合的需要，撰写或代上司草拟记述事件、纪念人物、描写风土景物时使用的，刻铸在牌匾、碑石或器物上的文字或记事的碑铭类公文。如政府部门撰写的碑文："香港××中心落成用荷蒙：××局局长×××女士主持揭幕典礼立此为记。××署谨识。2014年×月×日。"上行、平行或下行公文文种。

祝贺信

祝贺信，是指其有关的事项和内容值得庆贺时使用的，适度肯定和赞扬对方的成就、建树或贡献，祝愿对方日后取得更高的成就的一种酬酢类公文。例如：获奖、晋升、退休或团体成立等。上行、平行、下行公文文种。

致谢信

致谢信，是指向给予关照、帮助和支持或馈赠的受信方表达谢意时制作并使用的，写明感谢的原因，概述由此而产生的良好效果，或赞扬受信方的贡献和成就等内容的信函性公文。上行、平行、下行公文文种。

酬酢信

酬酢信，是公务员同事对外对内发信，除谈及公事实务，还会涉及应酬交际。酬酢信属交际联谊性质，目的是表达情谊，维系人际关系。公务员同事平日须拟写的酬酢信，内容以邀请、致谢、祝贺和慰唁居多。

慰唁信

慰唁信，是指遇有同事因公受伤或因病辞世，部门管理层发信慰问遭遇不幸的当事人或其家人时使用的，除表示亲切关怀和同情外，还给予鼓励的一种酬酢类公文。上行、平行、下行公文文种。

邀请信

邀请信，通常是指邀约受函人出席酬酢活动时使用的，说明活动的日期、时间、地点，以及与活动有关的背景资料，并请对方回复的一种酬酢类公文。例如：庆典和宴会等。上行、平行、下行公文文种。

三、内部类

香港公务员撰写的公文，较重要的还有政府内部传阅或送交行政立法机关以及其他咨询机构的报告书和文件，本节择要介绍部分常见的文种。

咨文

咨文，是指香港政政府同级官署或同级官阶之间提出报告和建议，公文往复时使用的公文。如：域情咨文、预算咨文、特别咨文等。1975年发布的《香港政府公文处理手册》将其列为公文文种，1976年香港法定语文事务署编辑的《政府公文写作手册》（试行本）取消了该文种。平行公文文种。

白皮书

白皮书，是指香港政府正式发表的以白色封面装帧的重要文件、报告书或短篇幅报告及背景材料的政治性官方声明的别称。1976年香港法定语文事务署编辑的《政府公文写作手册》（试行本）将其列为公文文种，1997年经过修改后的香港《政府公文写作手册》（正式印行本）取消了该文种。下行公文文种。

绿皮书

绿皮书，是指香港政府就某一重要政策或议题对国民征询意见或收集市民意见，而正式发表的以绿色封面装帧的咨询性公文。1976年香港法定语文事务署编辑的《政府公文写作手册》（试行本）将其列为公文文种，1997年经过修改后的香港《政府公文写作手册》（正式印行本）取消了该文种。下行公文文种。

报告书

报告书，是指香港政府公务员就某一议题撰写的政府内部传阅或送交行政立法机关以至其他咨询机构的公文。自1976年香港法定语文事务署编辑的《政府公文写作手册》（试行本）将其列为公文文种，至今一直在使用。上行、平行公文文种。

讨论文件

讨论文件，是指香港政府公务员就某一事项或议题撰写的，政府内部传阅或送交行政立法机关时所使用的，说明目的、背景、策略及建议的公文。自1976年香港法定语文事务署编辑的《政府公文写作手册》（试行本）将其列为公文文种，使用至今。如：2010年5月25日，香港发展局、水务署向立法会发展事务委员会提交的讨论文件《推行全面水资源管理措施的进展》。上行公文文种。

进度报告

进度报告，是指香港政府用于向上级汇报工作进展情况或提请会议讨论、审议工作或项目进度时所使用的公文。是1997年经过修改后的香港《政府公文写作手册》（正式印行本）新增设的公文文种。如：2010年4月，香港民政事务局出具的《2010年1月6日立法会会议"推动本港体育运动发展"议案辩论进度报告》。上行公文文种。

咨询文件

咨询文件，是香港政府公务员就某一事项或议题撰写的向国民征询意见或收集市民意见使用的公文。下行公文文种。

资料文件

资料文件，是指提供给香港政府内部传阅或送交行政立法机关以至其他咨询机构的报告书和文件时，所附带或独立的可作依据的书面文字、图表等相关材料。1976年香港法定语文事务署编辑的《政府公文写作手册》（试行本）将其列为公文文种。

行政会议备忘录

行政会议备忘录，是指香港政府记载和传达会议情况和议定事项时内部使用的一种行政公文。是1997年经过修改后的香港《政府公文写作手册》（正式印行本）新增设的公文文种。

工作表现评核报告

工作表现评核报告，是指香港政府对公务员或员工的年度表现情况进行评价、考核，并将评核的结果作为本人升职、调职、提薪的参考依据时内部使用的公文。上行公文文种。

临时立法会参考资料摘要

临时立法会参考资料摘要，是指香港政府行政长官指令将行政草拟或修改的有关议案提交立法会时使用的公文。如：2006年10月，民政事务局订立并提交立法会的《2006年公众娱乐场所（修订）规例》。上行公文文种。

第二节　澳门地区公文种类

中国澳门在回归之前，政府的公文多以葡文写成，遇有需要以中文撰写公文的情况，多以参考坊间应用文书籍为之，各师各法，各适其适。1999 年 12 月，澳门回归，作为中华人民共和国的一个特别行政区，为普及中文公文写作的基础知识、规范政府公文的文种和体式，2000 年 8 月，澳门特别行政区政府行政暨公职局编写了《中文公文写作手册》（试行版），对常用的中文公文文种和体式作出规范，向澳门特区各个政府机关推行试用，其中文公文文种 15 类 18 种：公函、报告、请示、建议书、请示/建议书、传阅通知、传阅函、公告、通告、通知、布告、内部通告、内部通知、工作令、备忘录、召集书、会议纪录、请柬。其中，公告、通告、布告属告示性公文。同时，还沿用着此前的部分约定俗称的或习惯使用的文种。本节简要介绍澳门特别行政区政府常用的部分中文公文文种。

公告

公告，是澳门特别行政区政府官方向公众发布某一重大事件或事项的公文。适宜于张贴在告示栏或重要公共场所，或刊登在《特区公报》或报章上，甚或通过电台电视播发。（中华人民共和国澳门特别行政区政府行政暨公职局《中文公文写作手册（试行版）》）如：2014 年 11 月 5 日，澳门特别行政区环境保护局《公告》："关于张贴为填补二等翻译员两缺入职开考的准考人确定名单。"下行公文文种。

公函

公函，是指澳门特别行政区政府某部门向其他部门或私人实体发出的信件或正式公文。适于发出通知或作为请求时所使用。如：2002 年 5 月澳门特别行政区审计局发布专项审计报告《前临时海岛市政局的回应公函》。平行公文文种。

布告

布告，是指张贴于公共地方或刊登于报章的政府或司法命令，并在一定限期内生效的公文。或称"告示"，适用于政府机构需告知公众的文件，是就某一具体事项作出决定。如：2009 年 2 月 26 日，澳门特别行政区警察总局《布告》（2009 年澳门特别行政区公报第八期第二组）。下行公文文种。

告示

告示，即告诉、告知、通告大众的公文。如：2014 年 5 月 8 日，澳门特别行政区财政局局长江丽莉签署并发布《告示市区房屋税》。下行公文文种。

声明

声明，是适用于进行说明或证明事实的公文。如：2004 年 2 月 23 日，澳门特别行政区政府发布《关于无国籍的人的联合声明》（澳门特别行政区公报第一组副刊第八期）。平行、下行公文文种。

批示

批示，是指适用于澳门特别行政区政府行政长官、司长或局长表示批准某法例或公文，这类批示一般登载于《政府公报》。如：2011年6月27日，澳门特别行政区保安司发布《第82/2011号保安司司长批示》。下行公文文种。

报告

报告，是指澳门特别行政区政府行政部门有系统地叙述已发生的或进行中的事情，说明事由、事实、评估、总结、提议、备选方案，其内还须提出理据和评论时使用的公文。报告的种类：简单报告，通常使用专门印件撰写；综合报告，传统报告或技术报告、研究或工作结果；评论报告，写于开展工作之前；调查报告；工作进度实习报告；培训或课程报告。上行公文文种。

法规

法规，是澳门特别行政区法律、法令、条例、规则、规章、章程等法定公文的总称。如：2011年3月21日《特区公报》刊登：澳门特别行政区新闻局发布的《特区政府订定科学技术奖励规章》（第6/2011号行政法规）。下行公文文种。

规划

规划，是指澳门特别行政区政府进行的比较全面长远的发展计划是对未来整体性、长期性、基本性问题的思考、考虑和设计的整套行动方案。如：《澳门非高等教育发展十年规划（2011~2020年）》。下行公文文种。

请示

请示，是澳门特别行政区行政部门适用于向上级汇报工作、呈报数据的内部公文。（中华人民共和国澳门特别行政区政府行政暨公职局《中文公文写作手册（试行版）》）上行公文文种。

请示/建议书

请示/建议书，是请示和建议书的混合体，适用于澳门特别行政区政府某些部门向上级汇报工作、呈报资料、提出方案或备选方案、请示指引的内部公文。目前，澳门特别行政区政府某些部门倾向多用简单的请示或建议书，而少用请示/建议书。某些部门则宁用请示/建议书，而舍弃余两种公文。（中华人民共和国澳门特别行政区政府行政暨公职局《中文公文写作手册（试行版）》）上行公文文种。

请柬

请柬，是指澳门特别行政区政府或部门以书面形式表示的邀请客人出席或参加某项活动时所使用的礼仪性信函类公文。适用于召开各种重要的会议，举行各种典礼、仪式等活动前送达被邀请人。上行、平行公文文种。

通告

通告，是指澳门特别行政区政府向公众或某部门发出消息的公文，通常标贴于告示栏或刊登于报章上。如：消防局局长马耀荣消防总监签署并发布的《消防局通告》（2014年5月22日）。下行公文文种。

通知

通知，是指澳门特别行政区政府向公众或某部门发出消息的公文。适用对象比较明确，发文者可把文件直接送达受通知人。下行公文文种。

章程

章程，是指澳门特区社团组织经特定的程序制定的，关于社团组织规程和办事规则的公文。如：《澳门经济文化促进会章程》（澳门第一公证署，2006年1月6日）。下行公文文种。

工作令

工作令，是指澳门特区政府某部门为规范某个程序或某事务，而由局长发出指示并签发、下达，要求执行或实施的公文，以划一局内厅和处对某项工作的处理程序。如：人员调动、离职、升职、各项规章制度以及必须完成的工作等。下行公文文种。

计划书

计划书，澳门特区行政机构或个人对未来工作的目的、内容、步骤、期限等作出整体安排的一种事务性公文。如：2010年1月15日，澳门特别行政区社会工作局发布的《残疾人士就业发展资助计划》。下行、上行公文文种。

召集书

召集书，是指澳门特区政府或行政部门在开会日之前，送达并通知有关人士出席会议时使用的公文。又称（会议）通知书，即会议通知，用于书面告知出席会议的人员有关会议的时间、地点、会议种类、议程安排、处理或讨论事项等。如：《澳门通股份有限公司股东大会会议召集书》。下行、平行公文文种。

申请书

申请书，澳门特别行政区个人或下级部门就与私人关系较密切的具体问题提出要求，请求上级批准的公文。如：2006年12月06日，澳门特别行政区澳门贸易投资促进局发布的《澳门特别行政区临时留居申请书》。上行公文文种。

建议书

建议书，是指澳门特别行政区个人或下级部门用于向上级建议采取某行动或实施某计划时内部使用的公文，通常涉及预算开支。如：澳门科学馆股份有限公司《澳门科学馆天文馆光学——机械式星象仪供应及安装征求建议书》。上行公文文种。

传阅函

传阅函，是指澳门特区政府或部门同时向多个部门或实体发出，通传某个决定、义务或事件的公文。也适于不相隶属的部门或向本部门内部人员告知某一决定或人员变动等事宜时所使用。如：2002年9月12日，澳门特别行政区行政公职局发布《有关公共实体车辆管理之传阅公函》。下行、平行公文文种。

备忘录

备忘录，是指澳门特区政府部门内公务员之间或不同附属单位之间用于通讯的公文。常用于扼要地传达或交换信息、意见。如：2011年12月19日，澳门特别行政区政府与国家文物局在澳门签署《关于深化文化遗产领域交流与合作的谅解备忘录》。平行公文文种。

内部通告

内部通告，是指澳门特区政府或部门通知发出文件、告知收到来件或提出请求时使用的公文，收件单位于有需要时可作出回复。如：《澳门特别行政区公职局2008年12月5日，第634/DRH-DF/NJC/2008号内部通告》。下行、平行公文文种。

内部通知

内部通知，是指澳门特区政府部门内传达消息，无须回复时使用的公文。平行公文文种。

会议通知

会议通知，是指澳门告知出席会议的人员有关会议的安排、讨论的事项等内容时使用的公文。如：《澳门国际中西医结合泌尿外科学术会议通知》（2008年6月6日）。下行、平行公文文种。

会议纪录

会议纪录，是指澳门特区政府或部门纪录会议处理的事项时使用的，载明会议性质、会议日期、地点、会议的开始及结束时间、主持人的身份、出席及缺席成员、有序地列举会议中所讨论的事项、建议以及作出的决定，或载明表决结果等内容，缮录于簿册或专有印件的正式公文。

会议纪要

会议纪要，是指澳门用于记录会议上的发言、议决、报告等内容的公文。如：2006年11月27日，澳门特别行政区立法会审阅《经济事务委员会会议纪要》（档号：CB1/PL/ES/1）。上行、下行或平行公文文种。

传阅通知

传阅通知，是指澳门特区政府或行政部门同时发往所有下属单位，用以传递讯息或上级的指示的公文。下行公文文种。

行政命令

行政命令，是指澳督时期适用于根据宪法或《澳门组织章程》发布法规、转发与澳门有关的国际公约、宣布任命等的公文文种。澳门回归后沿用。如：2001年6月13日，澳门特别行政区行政长官何厚铧发布《第26/2001号行政命令》（摘自《澳门特别行政区公报》，2001年6月18日，第一组第25期）。下行公文文种。

第三节 台湾地区公文种类

台湾地区现行的公文规范是《公文程式条例》，是由台湾"行政院"秘书处修正公布的，将其现用公文规定为6类：令、呈、咨、函、公告和其他公文。其他公文又包括书函、签、表格化公文、通告、通知、证明书、手谕、报告等具体文种。呈，限定为"对总统有所呈请或报告时用之"的范围之内，成为总统专用的一种特殊文种。咨，在民国期间曾规定为各部院对各省最高官署之行文及其他官署地位相等者之往返文书，还曾规定以"公函"代替"咨"，称公函、便函，被列为广泛使用的正式的公文文种，属于平行文。但在现行的《公文程式条例》中淡化了上行文、下行文、平行文的界限，很多公文的文种三者皆可，这与香港公文文种相似。台湾地区现行的公文中，没有大陆广泛使用的"通报""决定""议案""会议纪要"等文种，但"公函"和其他公文都承担了以上（大陆出现，台湾没有出现）文种的任务。台湾地区现行的公文中，没有"批复"这一特定文种，但从民国元年之后，在历经修改的公文程式条例中，先后六次用了"批"或"批答"这一文种。台湾地区现行的"签"类公文文种，在大陆现行的公文中是没有的。"证明书"，在大陆未列入正式行政公文的范围。总而言之，台湾地区现行公文与大陆现行公文，看似有许多差异，但它们还是有相当多的共性，虽然称谓不尽相同，具体内容和作用也有不同，但都源自共同的根系，脉络相连，错综交织，具有进一步规范化的共同基础。台湾地区公布的其关于规范公文管理的文件主要有：

1952年11月21日，公布《公文程式条例》全文十条。

1972年1月25日，公布《公文程式条例》全文十四条。

1973年11月3日，公布《公文程式条例》第二及第三条条文。规定为6类：令、呈、咨、函、公告、其他公文（书函、表格化公文等）。

1993年2月3日，公布《公文程式条例》第二及第三条条文，并增订第十二条之一条文：令、呈、咨、函、公告、其他公文（书函、开会通知单、公务电话记录、其他定型化处理之公文）。

1998年3月26日，修正《文书处理档案管理手册》。

2001年2月13日，发布《文书处理手册》，公文种类除上述者外，尚有：手令或手谕、签、报告、笺函或便笺、聘书、证明书、证书或执照、契约书、提案、纪录、节略、说帖、其他有需用之文书。

本节简要介绍台湾地区目前常用的部分公文文种。

令

令，是指公布法律、任免、奖惩官员，政要、军事机关、部队发布命令时使用的公文（《公文程式条例》第二条（一））。如：华总一义字第10000136171号。下行公文文种。

呈

呈，是指对政要有所呈请或报告时使用的公文（《公文程式条例》第二条（二））。上行公文文种。

函

函，是指上级机关对所属下级机关有所指示、交办、批复时，或下级机关对上级机关有所请求或报告时使用的公文（《公文程式条例》第二条）。如：《台北教育111标杆学校认证及奖励要点》（台北市教职字第09834435400号函，98年5月18日）。上行、下行或平行公文文种。

咨

咨，是指政要与国民大会、立法院、监察院公文往复时使用的公文（《公文程式条例》第二条（三））。平行公文文种。

签

签，是指承办人员就执掌事项，或具幕僚性质之机关首长对上级有所陈述、请示、请求、建议时使用的公文（《文书处理手册》第二章公文制作十五（一））。上行公文文种。

书函

书函，是指代替过去之便函、备忘录、简便行文表，于公务未决阶段需要磋商、征询意见或通报时使用的公文（《文书处理手册》第二章公文制作十五（一））。如：经济部标准检验局制发的《经济部标准检验局第六组书函》。平行公文文种。

公告

公告，是指各机关就主管业务，向公众或特定之对象宣布周知时使用的公文（《公文程式条例》第二条（五））。如：台北市环境保护局发布的《限制性招标公告》。下行公文文种。

记录

记录，是指记录会议经过、决议或结论时使用的公文（《文书处理手册》第二章公文制作十五（一））。如：《台北县教育局97年度第39次局务会议记录》。下行公文文种。

报告

报告，是指公务用报告（如：调查报告、研究报告、评估报告等）或机关所属人员就个人事务有所陈请时使用的公文（《文书处理手册》第二章公文制作十五（一））。如：《台北市都市发展局九十一年度中正区社区规划服务中心服务建议书报告》。上行公文文种。

说帖

说帖，是指详述机关掌理业务办理情形，请相关机关或部门予以支持时使用的公文。上行公文文种。

通告

通告，是指用于内部告知全体成员或一个系统的多数单位的全体员工，提醒他们应注意和应遵守的事情的公文。下行公文文种。

通报

通报，是适用于主办单位与非主办单位之间的商洽通知的公文。如：《台北市教育局人事室业务参考通报（第095002号）》。平行公文文种。

通知

通知，是适用于机关内部各单位有所洽办或通知的公文。主要用于开会或银行、保险、邮局等业务部门的通知单。如：2010年10月18日，台北县教育局制发的《开会通知单——研商各校水电费结余款解除专款专用限制事宜》。平行公文文种。

提案

提案，是指对会议提出报告或讨论事项时使用的公文（《文书处理手册》第二章公文制作十五（一））。如：2009年5月21日台湾经济部能源局发布的《台湾能源局提案——争取LED专利》。上行公文文种。

聘书

聘书，是聘用人员时使用的公文（《文书处理手册》第二章公文制作十五（一））。如：台湾海洋大学颁发的《台湾海洋大学聘书》（海大助聘字第《流水号》××号）。平行、下行公文文种。

证明书

证明书，是指对人、事、物之证明时使用的公文（《文书处理手册》第二章公文制作十五（一））。如：台北大学学务处课外活动指导组发布的《台北大学学生社团活动证明书》。平行公文文种。

契约书

契约书，是用于当事人双方意思表示一致，成立契约关系时使用的公文（《文书处理手册》第二章公文制作十五（一）6-11）。如：台湾大学工程《契约书》（2007年3月25日）。平行公文文种。

开会通知单

开会通知单，是指召集会议时使用的公文（《文书处理手册》第二章公文制作十五（一））。如：《台中县政府开会通知单》。平行、下行公文文种。

手令或手谕

手令或手谕，是适用于机关长官对所属有所指示或交办时使用的公文（《文书处理手册》第二章公文制作十五（一））。下行公文文种。

证书或执照

证书或执照，是对个人或团体依法令规定取得特定资格时使用的公文（《文书处理手册》第二章公文制作十五（一））。如：《台北市教师资格证书》（台北市教育局）。下行公文文种。

签函或便函

签函或便函，是指以个人或单位名义于洽商或回复公务时使用的公文（《文书处理手册》第二章公文制作十五（一））。平行公文文种。

公务电报或代电

公务电报或代电，是指除公告外，各类公文必要时都可用公务电报或代电代替。如：《台北市致国民住宅处代电》。上行、平行或下行公文文种。

附录一：

条目音序索引

A

ai

哀册 ………………………………………………………… 64

an

安民告示 …………………………………………………… 137
案件通报 …………………………………………………… 302
案件处理批复 ……………………………………………… 302
案件审理报告 ……………………………………………… 303
案件复查批复 ……………………………………………… 302
案件调查报告 ……………………………………………… 303
案件处理意见书 …………………………………………… 343
案件调查终结报告 ………………………………………… 331

B

ba

八股文 ……………………………………………………… 144

bai

白事 ………………………………………………………… 47
白牌 ………………………………………………………… 135
白札子 ……………………………………………………… 107
白皮书 ……………………………………………… 294、560
白箚子 ……………………………………………………… 112

ban

板 …………………………………………………………… 65
版 …………………………………………………………… 16
版图 ………………………………………………………… 29
办法 ……………………………………… 207、222、237、253

办案协作函 …………………………………………………… 489
办公会议纪要 ………………………………………………… 267
颁发性通知 …………………………………………………… 279

bang

榜 …………………………………………………………………… 85
榜文 ………………………………………………………… 109、153
榜示 …………………………………………………………… 195
牓 ……………………………………………………………………… 66
牓子 …………………………………………………………… 87、112

bao

包机运输合同 ………………………………………………… 420
包机运输申请书 ……………………………………………… 420
报 ……………………………………………………………………… 79
报　报书 …………………………………………………………… 43
报告 …………………………… 199、227、243、270、563、568
报告书 ………………………………………………………… 200、560
报案笔录 ……………………………………………………… 488
报检委托书 …………………………………………………… 460
报关员年审报告书 …………………………………………… 461
保状 …………………………………………………………………… 97
保证书 ………………………………………………………… 547
保全证据公证书 ……………………………………………… 544
保健食品说明书 ……………………………………………… 448

bei

碑 …………………………………………………………………… 88
碑文 …………………………………………………………………… 51
备忘录 ………………………………………………… 203、454、565
被取保候审人义务告知书 …………………………………… 482
被害人诉讼权利义务告知书 ………………………………… 493
被限制人身自由人家属通知书 ……………………………… 349

ben

本章 …………………………………………………………… 172
奔命书 ………………………………………………………………… 48

bi

比	53、69
比附	93
比居	26
比要	26
闭幕词	290
毕业生登记表	432
毕业生跟踪调查报告	432

bian

边牒	84
边控对象通知书	373
便函	228、261
便笺	555
变事书	48
变更行政处分决定书	352
变更商标行政指导书	385
变更逮捕措施通知书	484
扁书	43
辨认笔录	488

biao

表	45、67、86、111、229
表口笺	138
表扬信	291
表彰通报	276
标准	282

bing

兵册	176
兵票	134
兵牌	136
病历	446
病程记录	446
病情告知书	446
病危(重)通知书	446
病重(病危)患者护理记录	446

柄 …………………………………………………………… 21
禀 …………………………………………… 143、198、210
禀申 ………………………………………………………… 172
禀报 ………………………………………………………… 173
禀帖 ………………………………………………………… 143
禀奏 ………………………………………………………… 173

bo

驳议 ………………………………………………………… 140
驳回申诉通知书 …………………………………………… 516
驳回再审申请通知书 ……………………………………… 516
驳回自诉刑事裁定书 ……………………………………… 518
驳回/不予注销的决定 …………………………………… 385
驳回行政复议申请决定书 ………………………………… 337
博士后科研工作站申报表 ………………………………… 402

bu

卜辞 ………………………………………………………… 17
布告 ………………………… 42、192、223、262、555、562
不予立案通知书 …………………………………………… 477
不予救济告知书 …………………………………………… 393
不予认定工伤决定书 ……………………………………… 390
不予行政赔偿决定书 ……………………………………… 356
不予受理行政许可申请通知书 …………………………… 327
不予受理行政复议申请决定书 …………………………… 337
不予释放/变更强制措施通知书 ………………………… 485
不予批准/延续/变更行政许可决定书 ………………… 327
不予批准享受农村五保供养待遇告知书 ………………… 394
不予受理（终止受理）消费者投诉告知书 ……………… 382
不起诉决定书 ……………………………………………… 504
不起诉意见书 ……………………………………………… 504
不动产权证书 ……………………………………………… 404
不动产登记证明 …………………………………………… 404
不立案理由说明书 ………………………………………… 477
不准予会见罪嫌疑人决定书 ……………………………… 479
不服行政处分复核结果申诉书 …………………………… 352

不服行政处分复核结果申诉处理决定 ……………………… 353
补偿贸易合同 …………………………………………… 465
补充侦查报告书 ………………………………………… 490
补正裁判文书失误刑事裁定书 …………………………… 519
部令 ……………………………………………………… 189
部署性决定 ……………………………………………… 266
部分实施细则 …………………………………………… 255

C

cai

财政概要 ………………………………………………… 214
财务工作计划 …………………………………………… 362
财务分析报告 …………………………………………… 362
财政工作计划 …………………………………………… 363
财政决算报告 …………………………………………… 363
财政决算审查报告 ……………………………………… 317
财政收支分析报告 ……………………………………… 363
财政预算报告 …………………………………………… 363
财政预算草案报告 ……………………………………… 363
财政预算草案审查报告 ………………………………… 317
财政预算执行情况报告 ………………………………… 363
财政财务收支审计报告 ………………………………… 368
采取技术侦查措施决定书 ……………………………… 494
采矿权转让合同 ………………………………………… 467
裁定书 …………………………………………………… 513

cao

草案 ……………………………………………………… 283

can

参加行政裁决通知书 …………………………………… 339

ce

册 ………………………………………………………… 64
册书 ……………………………………………… 64、80、104
册文 …………………………………………………… 64、192
册命 …………………………………………………… 64、127

策 ………………………………………………… 9、63
策书 ………………………………………………… 40
策令 ………………………………………………… 190
策问 ………………………………………………… 41、115

cha
茶引 ………………………………………………… 119、157
查封决定书 ……………………………………… 489
查封（暂扣）决定书 …………………………… 343
查封（扣押）决定书 …………………………… 347
查封（扣押）延期决定书 ……………………… 348
查封（扣押）当场告知书 ……………………… 348

chai
差票 ………………………………………………… 134

chan
产品分析报告 …………………………………… 474
产品定位报告 …………………………………… 474
产品样品确认告知书 …………………………… 449

chang
长详 ………………………………………………… 140
长名榜 ……………………………………………… 85
场址预选报告书 ………………………………… 420

chao
抄告单 ……………………………………………… 297
超限运输车辆行驶公路申请书 ………………… 417

che
撤回公证申请书 ………………………………… 542
撤回专利申请声明 ……………………………… 439
撤回行政许可决定书 …………………………… 326
撤回行政复议申请书 …………………………… 336
撤回行政裁决申请书 …………………………… 339
撤销令 ……………………………………………… 548
撤销案件决定书 ………………………………… 491
撤销通缉令的通知 ……………………………… 491
撤销缓刑刑事裁定书 …………………………… 522

撤销仲裁裁决申请书	535
撤销行政处分决定书	352
撤销行政许可决定书	326
撤销注册商标复审申请书	386
撤销注册不当商标复审申请书	386

cheng

成案	151
呈	196、226、567
呈文	555
呈状	141
呈批件	546
呈送报告	272
呈请拘传报告书	496
呈请拘留报告书	496
呈请结案报告书	496
呈请破案报告书	497
呈请搜查报告书	497
呈请调取证据报告书	497
呈请撤销案件报告书	497
呈请案件侦查终结报告书	497
城乡医疗医前救助告知书	395
城乡困难群众医疗救助申请书	395
城乡困难群众临时救助申请书	395
城乡困难群众临时救助批准（不予批准）书	395
城乡居民最低生活保障申请书	395
城市流浪乞讨人员求助申请书	396
城市流浪乞讨人员求助批准（不予批准）书	396
城镇"三无"人员申请认定书	396
惩戒令	547

chi

饬	191
敕	38、62、105、129
敕书	63、82、105、129
敕命	105、129

敕符 155
敕谕 130
敕牒 .... 82、106、110
敕牓 106

chong
重新审查意见书 507
重新鉴定、勘验申请书 540

chou
酬酢信 559
酬酢公函 557

chu
处分令 190
处分登记（报告）表 550
处置性决定 265
处理消费者投诉情况报告书 382
除书 43
除岁奏章 180
出院记录 443
出证机构诚信承诺书 394
出口商品检验申请单 463
出口货物退税专用报关单 462
出入境管理拘留审查/延长拘留审查决定书 499

chuan
传 50
传敕 130
传单 204
传示 132
传阅函 565
传阅通知 565
传讯通知书 481
串票 157
传唤证 486
船舶国籍证书 419
船舶营业运输证 419

船舶所有权登记证书 …… 419

ci

刺 …… 49、68、88、113
辞 …… 22、87
辞封 …… 37
辞牒 …… 93
辞职信 …… 401
辞见牓子 …… 112
辞职报告 …… 402
辞退通知书 …… 402

D

da

大纲 …… 207、222
大赦 …… 38
大总统令 …… 190
答词 …… 452
答复函 …… 262
答谢词 …… 290
答辩状 …… 510
答记者问 …… 457

dai

代电 …… 204、229
代职报告 …… 548
代履行决定书 …… 350
代理报关委托书 …… 461
代表议案办理情况报告 …… 317
代表议案处理意见报告 …… 317
逮捕证 …… 480
逮捕通知书 …… 481

dan

丹书 …… 10
丹符 …… 155
丹书铁券 …… 41

单位奖励登记（报告）表 …… 550

dang

党章 …… 239
党代会工作报告 …… 245
党代会代表提案 …… 246
党代表提案提议的转办函 …… 246
党代表提案办理结果意见反馈表 …… 246
党委工作计划 …… 245
党委工作总结 …… 245
党委领导班子述职报告 …… 246
党纪处分申诉登记卡 …… 303
党组织专用公示 …… 305
党组织专用办法 …… 305
党组织专用记录 …… 305
党组织专用决议 …… 305
党组织专用决定 …… 306
党组织专用报告 …… 306
党组织专用材料 …… 306
党组织专用请示 …… 306
党组织专用通知 …… 306
党组织专用意见 …… 307
党组织专用鉴定 …… 307
党组织专用审批表 …… 307
党组织专用登记表 …… 307
党组织关系介绍信 …… 308
党组织专用思想汇报 …… 308
党组织工作目标自查考核登记表 …… 310
党员代表（党员）大会选举办法 …… 310
党员代表（全体党员）大会主持词 …… 310
档案记要 …… 557

dao

祷 …… 17
悼词 …… 294
道路运输证 …… 415

道路运输经营许可证 …………………………………… 416
道路危险货物运输申请书 ……………………………… 416
道路危险货物运输行政许可决定书 …………………… 417
道路货物运输经营申请书 ……………………………… 416
道路货物运输站（场）经营申请书 …………………… 417
道路客运站经营申请书 ………………………………… 416
道路客运班线经营可行性报告 ………………………… 417
道路旅客运输班线经营申请书 ………………………… 417

de

德音 …………………………………………………… 82、106

di

地比 ……………………………………………………… 28
地方性法规 …………………………………………… 315
地方实施细则 ………………………………………… 254
第一审行政判决书 …………………………………… 516
第一审民事判决书 …………………………………… 517
第一审刑事判决书 …………………………………… 519
第一审刑事裁定书 …………………………………… 520
第一审刑事无罪判决书 ……………………………… 520
第一审刑事有罪判决书 ……………………………… 520
第一审刑事附带民事判决书 ………………………… 520
第二审民事判决书 …………………………………… 518
第二审刑事判决书 …………………………………… 520
第二审刑事裁定书 …………………………………… 521
第二审行政判决书 …………………………………… 517
第三人参加行政复议告知书 ………………………… 337

dian

电 ……………………………………………………… 147
电文（传真电报）…………………………………… 281
电令 …………………………………………………… 188、220
电呈 …………………………………………………… 196
电报 …………………………………………………… 203、229
电函 …………………………………………………… 202
电话记录单 …………………………………………… 298

典 …………………………………………………… 20、91
典型材料 ………………………………………… 249、285
典型经验简报 ………………………………………… 289

diao

吊 ……………………………………………………………… 7
调研报告 ………………………………………………… 287
调查汇报 ………………………………………………… 286
调查报告 ……………………………… 207、232、249、287
调查提纲 ………………………………………………… 287
调查询问笔录 …………………………………………… 344
调查取证申请书 ………………………………………… 539
调取证据通知书 ………………………………………… 490
调取账簿资料通知书 …………………………………… 374
调卷通知书 ……………………………………………… 330

die

牒 ……………………………… 12、68、84、115、147
牒　牒书 ………………………………………………… 51
牒上 ……………………………………………………… 113
牒呈 ……………………………………………………… 142
牒状 ……………………………………………………… 118
牒呈上 …………………………………………………… 113

ding

丁籍 ……………………………………………………… 26、118
定期租船合同 …………………………………………… 418

dong

动员令 …………………………………………………… 221
动员词 …………………………………………………… 546
冻结存款（汇款）决定书 ……………………………… 349
冻结存款（汇款）通知书 ……………………………… 349
冻结存款（汇款）延期决定书 ………………………… 349

du

度牒 ……………………………………………………… 85、136
督查通知 ………………………………………………… 278
督查通知单 ……………………………………………… 298

督查结果报告单 …… 298

duan

断状 …… 93
端阳奏章 …… 180

dui

对 …… 11、44
对外贸易谈判方案 …… 462
对保证人罚款决定书/通知书 …… 483
对罪犯刑事判决提请处理意见书 …… 532

dun

蹲点报告 …… 548

duo

多边条约 …… 455

E

en

恩敕　常赦 …… 38

F

fa

发布性通知 …… 278
发明专利请求书 …… 436
发明专利请求提前公布声明 …… 436
发明专利申请优先审查请求书 …… 437
法 …… 20、207、222
法案 …… 313
法规 …… 563
法规性通告 …… 275
法庭审理笔录 …… 514
法律 …… 313
法律文件 …… 557
法律答问 …… 55
法律解释 …… 502
法律建议书 …… 538

法律意见书 ………………………………………… 538
法律援助公函（转交申请）………………………… 525
法律援助公函（通知辩护）………………………… 525
法律援助公函 ……………………………………… 524
法律咨询意见书 …………………………………… 538
法律援助协作函 …………………………………… 525

fan

范 …………………………………………………… 11
反诉状 ……………………………………………… 510
反倾销调查申请书 ………………………………… 463
反倾销调查最终裁定 ……………………………… 463
犯罪嫌疑人诉讼权利义务告知书 ………………… 493

fang

方 …………………………………………………… 10
方书 ………………………………………………… 42
方案 ……………………………… 192、222、247、283
放弃专利权声明 …………………………………… 439
房屋所有权证 ……………………………………… 415
房屋拆迁许可证 …………………………………… 415
房屋拆迁补偿协议书 ……………………………… 415
房屋拆迁补偿安置协议 …………………………… 415

fei

非公司企业法人改制登记申请书 ………………… 378
非公司企业法人注销登记申请书 ………………… 378
非公司企业法人登记（备案）申请书 …………… 378
非经营性通用航空登记证 ………………………… 421

fen

分公司登记申请书 ………………………………… 377
分期（延期）缴纳罚款申请书 …………………… 345

feng

封 …………………………………………… 8、36
封条 ………………………………………………… 447
封事 ……………………………………… 47、87、112
封套 ………………………………………………… 181

封寄	194
封赐	37
封印奏章	179
封存通知书	368

fu

付	201
付子	145
讣告	293
符	23、50、66、69、69、84
符节	25、154
符命	40
符玺	25
符验	154
府书	42
副状	151
傅别	29
复逆	13
复学申请书	431
赋	22

G

gan

甘结	151
感谢信	291
干部商调函	398
干部任免材料	308

gang

岗位责任书	400
纲要	207、247、282
纲领	208、224
纲领性决定	266
港口作业合同	418

gao

| 告 | 7、15、34、54 |

告敕	105
告令	188
告身	65、83
告示	132、169、188、562
告书	205、223
告知函	261
诰	8、103、149
诰命	129
诰谕	170、178

ge

个人总结	288
个人奖励登记（报告）表	550
格	70、116
格 永格	92
格后敕	92
歌	11

gong

工业企业承包经营合同	472
工伤认定申请书	389
工伤认定决定书	389
工伤认定申请受理决定书	389
工伤认定申请不予受理通知书	389
工作令	564
工作文件	454
工作安排	248、284
工作报告	201
工作经验	284
工作指引	284
工作要点	249、284
工作情况简报	289
工作表现评核报告	561
工资转移证明	398
工程设计任务书	410
工程地质勘察报告	410

公开信 ……………………………………………………… 291
公布令 ……………………………………………………… 258
公布性决定 ………………………………………………… 265
公务电报或代电 …………………………………………… 569
公用征收补偿合同 ………………………………… 353、468
公示 ………………………………………………………… 281
公示催告申请书 …………………………………………… 512
公安管理确认书 …………………………………………… 328
公共工程承包合同 ………………………………………… 468
公司注销登记申请书 ……………………………………… 377
公司登记（备案）申请书 ………………………………… 377
公证书 ……………………………………………………… 542
公证申请书 ………………………………………………… 542
公诉意见书 ………………………………………………… 502
公约 ………………………………………… 237、253、449
公告 ………………………………… 191、222、240、262、312、
554、562、567
公报 ………………………………………………… 240、262
公函 ………………………………… 201、228、260、554、562
公验 ………………………………………………………… 83
公牒 ………………………………………………………… 114
公路交通安全设施整改通知书 …………………………… 417
功书 ………………………………………………………… 13
功状 ………………………………………………………… 96
共同展望 …………………………………………………… 457
贡 …………………………………………………………… 19
供状 ………………………………………………………… 150
供词 ………………………………………………………… 152
供职报告 …………………………………………………… 314

gu

固定形式印刷品广告登记证 ……………………………… 388
固定形式印刷品广告登记申请表 ………………………… 388
固定形式印刷品广告登记审核表 ………………………… 388
孤儿基本生活费申请书 …………………………………… 394

孤儿基本生活费使用监管协议书 …… 395
孤儿基本生活费批准（不予批准）书 …… 395
股份有限公司章程 …… 472
股权出质设立登记申请书 …… 383
股权出质设立登记通知书 …… 383
股权出质注销登记申请书 …… 383
股权出质变更登记申请书 …… 383
股权出质撤销登记申请书 …… 383
股票 …… 158
故事 …… 55、71
故牒 …… 110、136

guan

关 …… 68、88、113
关文 …… 145
官制 …… 209
官契 …… 158
官执照 …… 175
馆衙名册 …… 176
管理办法 …… 254
管辖异议申请书 …… 513

guang

广告 …… 191
广告业务招标书 …… 386
广告经营许可证 …… 387
广告经营登记申请表 …… 387
广告经营申请登记审核表 …… 387
广告经营单位年检注册书 …… 388
广告经营注销登记申请表 …… 387
广告经营注销登记审核表 …… 387
广告经营变更登记申请表 …… 387
广告经营变更登记审核表 …… 388
光船租船合同 …… 417

gui

龟符 …… 89

规令	211
规划	247、285、563
规划性意见	281
规则	209、225、238、255
规约	208、450
规定	225、238、241、255
规范	238、255
规程	208、225、239、255
跪禀	172

guo

过所	50
国书	161、451
国比	22
国信	114
国务院令	259
国内水路运输经营许可证	419
国内沿海集装箱货运代理协议	420
国民经济和社会发展计划	365
国民经济和社会发展计划案	269
国有土地使用权证	404
国有土地使用权出让合同	469
国有建设用地交地确认书	405
国有建设用地使用权出让合同	405
国际公法	456
国际协议	456
国际条约	315、455
国际技术转让合同	465
国际贸易代理合同	466
国际船舶运输经营许可证	419
国铁接轨许可证	422
国家订购合同	467
国家科研合同	467
国家科技奖励推荐书	425
国家最高科学技术奖推荐书	425

国家赔偿决定书 …………………………………… 499、515
国家赔偿审理报告 …………………………………… 515
国家赔偿金支付申请书 ……………………………… 499、507
国家赔偿或刑事赔偿申请不予受理通知书 …………………… 499
国家赔偿或刑事赔偿复议申请补正通知书 …………………… 499
国家赔偿或刑事赔偿复议申请驳回通知书 …………………… 500
国家赔偿或刑事赔偿复议申请受理通知书 …………………… 500
国家赔偿或刑事赔偿复议申请中止审查通知书 ………………… 500
国家赔偿或刑事赔偿复议申请终结审查决定书 ………………… 500
国家赔偿或刑事赔偿复议申请恢复审查通知书 ………………… 500

H

hai

海难救助合同 …………………………………………… 418
海上货物运输合同 ……………………………………… 418
海域使用申请书 ………………………………………… 409
海域使用权证书 ………………………………………… 409
海域使用权登记申请表 ………………………………… 409
海域使用权注销登记申请表 …………………………… 409
海域使用权（续期、变更、转让）申请书 ………………… 409
海域租赁承包合同 ……………………………………… 468

han

函 …………………………………… 145、173、239、259、567

hang

航次租船合同 …………………………………………… 418

hao

号纸 ……………………………………………………… 133

he

合约 ……………………………………………………… 213
合挥 ……………………………………………………… 175
合同 ……………………………………………… 118、158、203
合同书 …………………………………………………… 360
合同审查意见书 ………………………………………… 539
合同（协议）公证书 …………………………………… 545

合议庭评议笔录 ………………………………………………… 514
贺电 ………………………………………………… 204、230、292
贺词 ………………………………………………………… 292
贺表 ………………………………………………………… 67
贺信 ………………………………………………………… 293
核定（调整）定额通知书 ……………………………………… 374

hong

红示 ………………………………………………………… 132
红契 ………………………………………………………… 158
红白禀 ……………………………………………………… 144
红皮书 ……………………………………………………… 294

hu

户帖 ………………………………………………… 94、118、156
户籍 ………………………………………………………… 71、156
户外广告登记申请表 …………………………………………… 388
户外广告登记（变更登记）审核表 …………………………… 388
护牌 ………………………………………………………… 136
护照 ………………………………………………………… 161、451
虎符 ………………………………………………………… 52

hua

花烛奏章 …………………………………………………… 179
划拨存款（汇款）决定书 ……………………………………… 349

huan

换文 ………………………………………………………… 451
换押证 ……………………………………………………… 480
欢迎词 ……………………………………………………… 290
欢送词 ……………………………………………………… 290
环境监测快报 ……………………………………………… 423
环境质量报告书 …………………………………………… 423

huang

黄册 ………………………………………………………… 159
黄牒 ………………………………………………………… 110
黄皮书 ……………………………………………………… 295

hui

会典 ·· 151
会诊记录 ·· 443
会谈记录 ·· 206
会议记录 ·· 206、231、557、565
会议纪要 ··· 206、231、565
会议通知 ·· 565
会议简报 ·· 289
会议性通知 ··· 278
会务事项联系单 ··· 298
会见犯罪嫌疑人申请表 ·· 479
会见在押犯罪嫌疑人申请书（涉秘案件）······························· 541
汇报 ·· 286
汇报提纲 ·· 286、297
回避决定书 ··· 503
回避/驳回申请回避决定书 ·· 478
恢复强制执行通知书 ··· 347
诲谕 ·· 170
诲醒 ·· 171

hun

婚姻状况公证书 ··· 544

huo

火票 ·· 134
火牌 ··· 135、153
活动计划 ·· 286

J

ji

计账 ·· 94
计书 ·· 27
计划 ·· 198、223、247、285
计划书 ··· 564
计划性意见 ··· 280
计划生育合同 ·· 466

计算/重新计算侦查羁押期限通知书	485
记	50
记过	108
记录	568
记账	71
纪实	205
纪要	241、266
记事录	205
纪律处分决定	301
纪律检查建议书	301
纪检工作条例	300
纪检证明材料	301
纪检调查笔录	301
即位诏	127
技术任务书	425
技术鉴定委托书	448
急诊留观记录	445
绩效考核方案	400
集体劳动合同	390
继承权公证书	544
继续盘问通知书	488
基本情况调查报告	287
给予法律援助决定书	525
寄信谕旨	131
籍	22

jia

甲历	96
驾帖	133
家册	176
夹单禀	144
嘉奖令	259、548
假释证明书	494、528
假释刑事裁定书	521

jian

- 见面材料 …… 299
- 建议 …… 248
- 建议书 …… 206、564
- 建议案 …… 319
- 建议报告 …… 272
- 建议性意见 …… 281
- 建设工程设计合同 …… 411
- 建设工程监理合同 …… 411
- 建设工程勘察合同 …… 411
- 建设工程施工合同 …… 411
- 建设工程施工许可证 …… 412
- 建设工程规划许可证 …… 411
- 建设工程竣工报告 …… 413
- 建设工程竣工验收报告 …… 413
- 建设工程质量评价报告 …… 412
- 建设工程质量监督注册登记表 …… 412
- 建设工程竣工规划验收合格证 …… 413
- 建设用地批准书 …… 407
- 建设用地规划许可证 …… 412
- 建设项目建议书 …… 413
- 建设项目投资估算 …… 414
- 建设项目选址申请书 …… 414
- 建设项目选址意见书 …… 414
- 建设项目竣工申报书 …… 407
- 建设项目可行性研究报告 …… 414
- 建设项目动工开发申报书 …… 407
- 建设项目环境影响报告书 …… 424
- 建设项目水资源论证资质申请表 …… 408
- 建设项目可行性研究报告的批复 …… 414
- 建设项目竣工环境保护验收申请 …… 424
- 建撤案 …… 268
- 柬贴 …… 558
- 监视居住决定书/执行通知书 …… 484

监狱起诉意见书	529
减刑/假释建议书	495
减刑刑事裁定书	521
减免公证费申请书	542
减免罚金刑事裁定书	519
检讨书	547
检察建议书	503
检察意见书	504
检验结果告知书	448
检查存款账户许可证明	374
检测/检验/检疫或技术鉴定告知书	348
笺	46、67、86、87
笺函	202
谏	11
谏书	113
简报	200、231、248、289
简章	200
简牒	85、88
简稽	25
简易纠纷（口头）调解登记表	359
鉴定意见通知书	491
鉴定聘请书	489

jiang

将凭	176
讲章	138
讲话	247、282
讲话稿	231
奖惩性决定	266
奖学金申请表（书）	432

jiao

交片	133、192
交换意见	548
交（接）班记录	443
郊赦	38

教	9、43、65、83
教帖	43
教学大纲	433
教学计划	433
教学任务书	434
教学改革方案	434
教学质量报告	434
教学成果鉴定书	434
教学改革论证报告	434
教学改革实验分析报告	435
脚色	97
矫正建议书	526

jie

介绍性发言	459
介绍经验的典型材料	311
节	23
节略	142、161、198、214
戒	34
戒书	35
戒敕	39
结状	150
诫谕	170
捷报	211
揭帖	140
阶段小结	444
接受指定辩护函	539
解	67
解由	109
解答性请示	274
解释性发言	460
解聘通知书	402
解剖尸体通知书	491
解除行政处分决定书	352
解除冻结存款通知书	375

解除阻止出境决定书 …… 375
解除强制措施申请书 …… 539
解除查封（扣押）决定书 …… 348
解除查封（暂扣）决定书 …… 344
解除技术侦查措施决定书 …… 494
解除行政强制措施决定书 …… 347
解除税收保全措施决定书 …… 375
解除先行登记保存证据通知书 …… 344
解除冻结存款（汇款）决定书 …… 349
解除限制公民人身自由决定书 …… 349
解除取保候审决定书/通知书 …… 484
解除监视居住决定书/通知书 …… 484
解除收缴/停止发售发票决定书 …… 375

jin

禁 …… 22
今故牒 …… 110
金牌　信符 …… 153
进度报告 …… 561
紧急命令 …… 222
紧急请示 …… 273
紧急通报 …… 276
紧急通知 …… 231、244、277
进口检验申请单 …… 462
进出口货物许可证 …… 462
进出口货物报关单 …… 461
进出口货物征免税证明 …… 461

jing

敬禀 …… 172
经验 …… 230
经济意向书 …… 364
经济统计报告 …… 364
经济管理确认书 …… 329
经济仲裁申请书 …… 364
经济仲裁调解书 …… 364

经济仲裁裁定书 …………………………………… 365
经济活动分析报告 ………………………………… 365
经济合同纠纷仲裁申请书 ………………………… 535
经营性通用航空企业筹建认可通知书 …………… 422
竞聘上岗实施方案 ………………………………… 400
精减退职职工救济申请书 ………………………… 396
精减退职职工救济批准书 ………………………… 396

jiu
九锡文 ……………………………………………… 41
救济申请书 ………………………………………… 393
纠正违法通知书 …………………………………… 504

ju
举书 ………………………………………………… 42
拘传证 ……………………………………………… 480
拘留证 ……………………………………………… 480
拘留通知书 ………………………………………… 481
拘留人大代表报告书 ……………………………… 506

jue
决议 …………………………………… 192、223、240、264
决定 …………………………………………… 223、240、264
决心书 ……………………………………………… 546
决算报告 …………………………………………… 360
决定性批复 ………………………………………… 270
决定释放通知书 …………………………………… 504
决策性决定 ………………………………………… 265
决策方案报告 ……………………………………… 272

jun
军册 …………………………………………… 154、176
军目 ………………………………………………… 176
钧谕 ………………………………………………… 170

K

kai
开幕词 ……………………………………………… 289

开场白 ……………………………………………… 453
开印奏章 …………………………………………… 179
开会通知 …………………………………………… 556
开会通知单 ………………………………………… 569
开发建设项目水土保持方案审批申请表 ………… 408
开发建设项目水土保持设施验收申请表 ………… 408

kan

勘合 ………………………………………………… 155
勘剳 ………………………………………………… 136
堪合 ………………………………………………… 137

kang

抗议书 ……………………………………………… 453

kao

考牒 ………………………………………………… 85
考试规则 …………………………………………… 433

ke

可行性研究报告 …………………………………… 273
科 …………………………………………… 55、70、92
科技建议书 ………………………………………… 426
科技鉴定书 ………………………………………… 426
科技试验报告 ……………………………………… 426
科技统计报告 ……………………………………… 427
科技成果鉴定证书 ………………………………… 427
科技成果鉴定申请书 ……………………………… 427
科技产品技术说明书 ……………………………… 427
科技产品使用说明书 ……………………………… 427
科技项目申请书编写提纲 ………………………… 428
科研立项报告 ……………………………………… 428
科研立项申请书 …………………………………… 428
科研计划任务书 …………………………………… 428
科研项目申请书 …………………………………… 428
科研项目可行性报告 ……………………………… 428
科研项目结项鉴定申请书 ………………………… 429
课题申报指南 ……………………………………… 429

课题结题验收证书 …… 429

kong
控告状 …… 510
控告（申诉）登记表 …… 549

kou
口宣 …… 104
扣押决定书 …… 489
扣押/解除扣押邮件/电报通知书 …… 493
扣留/收缴护照、证件决定书 …… 498
扣缴税收款项通知书 …… 371

kuang
框架文件 …… 454
框架协议 …… 455
矿山承包合同 …… 467

L

lai
来文底簿 …… 181

lan
蓝皮书 …… 295

lao
劳务派遣协议 …… 390
劳动合同 …… 390
劳动争议仲裁调解书 …… 392
劳动争议仲裁答辩书 …… 392
劳动争议仲裁裁决书 …… 392
劳动争议调解协议书 …… 392
劳动仲裁申请书 …… 391
劳动仲裁受理通知书 …… 392
劳动仲裁不予受理通知书 …… 393
劳动能力鉴定结论 …… 391
劳动能力鉴定申请书 …… 391
劳动能力鉴定结论通知书 …… 391
劳动能力复查鉴定申请书 …… 391

劳动能力复查鉴定结论	391
劳动教养决定书	527
劳动教养通知书	527
劳动教养呈批报告	527
劳动管理确认书	328

le

| 勒石告示 | 137 |

lei

| 诔 | 8 |
| 诔文 | 72 |

li

礼	18
礼命	27
礼籍	19
礼拜奏章	179
立法案	268
立案报告	299、477
立案决定书	477、502
立案请示报告	504
立案调查结论	300
立即代履行事后通知书	350
例	152
例　断例	117
离职通知书	402

lian

联合公报	245、458
联合声明	458
联席会议纪要	267
联营企业法人章程	472

liang

| 两 | 20 |
| 谅解备忘录 | 460 |

lin

| 临时立法会参考资料摘要 | 561 |

ling

令 ……………………………………… 7、34、53、65、69、83、
91、116、149、187、
220、256、554、567

令书 ……………………………………………………… 62
令旨 …………………………………………………… 62、107
领状 ……………………………………………………… 151
领事证书 ………………………………………………… 458
领事任命书 ……………………………………………… 458
领导同志出席会议安排表 ……………………………… 298
聆询报告 ………………………………………………… 526
聆询笔录 ………………………………………………… 526
聆询告知书 ……………………………………………… 526
聆询通知书 ……………………………………………… 526

lu

录事 ……………………………………………………… 555
录副奏折 ………………………………………………… 140
录用合同 ………………………………………………… 399
录用通知书 ……………………………………………… 399
路引 ……………………………………………………… 176
路凭 ……………………………………………………… 177
路程单 …………………………………………………… 181
露布 …………………………………… 53、69、90、116、156

lü

律 …………………………………… 21、54、70、92、116、149
律师函 …………………………………………………… 536
律师见证书 ……………………………………………… 536
律师承诺函 ……………………………………………… 536
律师催告函 ……………………………………………… 536
律师调查笔录 …………………………………………… 537
律师阅卷笔录 …………………………………………… 537
律师事务所函 …………………………………………… 537
律师事务所调查专用证明 ……………………………… 537
律师会见在押犯罪嫌疑人的函 ………………………… 537

律师会见在押犯罪嫌疑人／被告人专用介绍信 …………… 537
绿头牌 ……………………………………………………… 148
绿皮书 ……………………………………………… 295、560
履历表 ……………………………………………………… 399

M

ma

麻醉记录 …………………………………………………… 446
麻醉同意书 ………………………………………………… 446
麻醉术前访视记录 ………………………………………… 447

mai

买田券 ……………………………………………………… 56
买地券 ………………………………………………… 56、71

men

门牌 ………………………………………………………… 180

meng

盟 …………………………………………………………… 24

mi

密令 ………………………………………………… 195、221
密本 ………………………………………………………… 139
密电 ………………………………………………………… 204
密白 ………………………………………………………… 114
密呈 ………………………………………………………… 197
密报 ………………………………………………………… 197
密诏 ………………………………………………………… 36
密饬 ………………………………………………………… 195
密函 ………………………………………………………… 202
密单 ………………………………………………………… 142
密详 ………………………………………………………… 197
密咨 ………………………………………………………… 202
密奏 ………………………………………………………… 197

mian

免予起诉决定书 …………………………………………… 505

min

民用机场使用许可证申请书 ………………………………………… 420
民用机场工程环境影响报告书 ………………………………………… 421
民用航空货运代理合同 …………………………………………………… 421
民用航空器国籍登记证 …………………………………………………… 421
民用航空器国籍登记证申请书 ………………………………………… 421
民事上诉状 …………………………………………………………………… 510
民事反诉状 …………………………………………………………………… 341
民事决定书 …………………………………………………………………… 517
民事抗诉书 …………………………………………………………………… 503
民事调解书 …………………………………………………………………… 517
民事起诉状 …………………………………………………………… 341、510
民事答辩状 …………………………………………………………………… 510
民事裁定书 …………………………………………………………………… 517
民事再审申请书 ……………………………………………………………… 512
民政管理确认书 ……………………………………………………………… 328
民情之五书 …………………………………………………………………… 14

ming

命 ……………………………………………………………………………………… 7
命令 ……………………………………………………… 189、221、242、257、545
命辞 …………………………………………………………………………………… 17

mo

谟 ……………………………………………………………………………………… 9
没收违法所得意见书 ………………………………………………………… 492
没收保证金决定书/通知书 ………………………………………………… 482

mu

木契 …………………………………………………………………………………… 89
墓表 ……………………………………………………………………… 120、160
墓志铭 ………………………………………………………………… 73、96、120、161

N

na

纳税人合并分立情况报告书 ………………………………………………… 372

nong

农村土地承包合同 …………………………………… 468
农村五保供养待遇批准书 ……………………………… 394
农村五保供养待遇申请书 ……………………………… 394

nei

内部通告 ………………………………………………… 565
内部通知 ………………………………………………… 565
内参材料 ………………………………………………… 311

P

pai

排单 ……………………………………………………… 136
牌　牌面　牌文 ………………………………………… 135
牌示 ……………………………………………………… 135
牌面 ……………………………………………………… 109
牌票 ……………………………………………………… 135
牌檄 ……………………………………………………… 135
牌匾铭文 ………………………………………………… 559
拍卖公证书 ……………………………………………… 543

pan

判 ………………………………………………… 20、91
判书 ……………………………………………………… 29
判状 ……………………………………………………… 118
判决书 …………………………………………… 210、513

pei

培训计划书 ……………………………………………… 400
赔偿监督立案通知书 …………………………………… 507
赔偿监督申请审查结果通知书 ………………………… 508
赔偿监督案件审查结果通知书 ………………………… 508

pi

批 ………………………………………… 79、132、193、224
批令 ……………………………………………… 193、210
批示 …………………………………… 132、193、224、269、563
批状 ……………………………………………………… 150

批复	224、241、269
批答	105、193、224
批答　朱批	128
批评通报	276
批转性请示	274
批转性通知	278
批准书	453
批准性批复	270
批准救济通知书	393
批准逮捕决定书	505
批准聘请律师决定书	505
批准本级财政决算的决议	318
批准本级财政预算的决议	318

piao

票文	135

pin

品约	49
品牌定位报告	474
聘书	568
聘任书	401
聘用合同	401
聘用意向书	401
聘用外国人就业申请表	401
聘任专业技术职务公示	401
聘请法律顾问合同	539

ping

平牒	114
平关	145
平咨	145
凭由	97、119
评议工作方案	316

pu

谱牒	72、95

Q

qi

企业章程 …………………………………………………………… 470
企业定位报告 ……………………………………………………… 474
企业集团组建方案 ………………………………………………… 472
企业名称预先核准申请书 ………………………………………… 377
企业名称预先核准通知书 ………………………………………… 377
企业国有资产产权登记证 ………………………………………… 470
企业国有资产评估报告 …………………………………………… 470
启 ……………………………………… 44、66、85、113、137、173
启事 ……………………………………………………… 193、223
祈 …………………………………………………………………… 16
契 ………………………………………………………… 25、94、118
契约 …………………………………………………………… 158、203
契尾 ………………………………………………………………… 158
契约书 …………………………………………………………… 569
起诉书 …………………………………………………………… 210、502
起居注 ……………………………………………… 41、83、107、132
起诉意见书 ……………………………………………………… 489

qian

金票 ……………………………………………………………… 152
前辞 ……………………………………………………………… 18
签 ………………………………………………………………… 567
签呈 ……………………………………………………………… 197、226
签报 ……………………………………………………………… 279
签条 ……………………………………………………………… 230
签证 ……………………………………………………………… 453
签注 ……………………………………………………………… 556
签证申请表 ……………………………………………………… 453
签函或便函 ……………………………………………………… 569
遣书 ……………………………………………………………… 43
遣送出境决定书 ………………………………………………… 498
迁移拆除文物申请书 …………………………………………… 441

qiang

抢救记录 …………………………………………… 444
强制性公告 ………………………………………… 264
强制执行申请书 …………………………………… 513
强制医疗意见书 …………………………………… 491
强制戒毒/延长强制戒毒决定书 ………………… 486

qiao

乔迁奏章 …………………………………………… 179

qie

切责 ………………………………………………… 39

qing

请示/建议书 ……………………………………… 563
请示 ……………………………… 227、242、273、563
请柬 ………………………………………………… 563
请诏书 ……………………………………………… 48
请阅件 ……………………………………………… 546
请愿书 ……………………………………………… 200
情况报告 …………………………………………… 272
情况说明 …………………………………………… 457
情况通报 …………………………………………… 276
情报 ………………………………………………… 200
清册 ………………………………………………… 213
清单 ………………………………………………… 284
清关文件 …………………………………………… 460

qiu

求职信 ……………………………………………… 398
求准性请示 ………………………………………… 274

qu

曲赦 …………………………………………… 38、63
去文底簿 …………………………………………… 181
取保候审决定书 …………………………………… 482
取保候审保证书 …………………………………… 482
取保候审执行通知书 ……………………………… 482
取消居留资格决定书 ……………………………… 498

quan

劝谕	169
全权证书	457
全面总结	288
全面实施细则	254
全民所有制工业企业承包合同	469
权利要求书	435
券	25、93
券契	71

R

ren

人大代表议案	316
人大代表建议、批评和意见	317
人事令	556
人事调令	397
人事任免案	268
人事调动通知	397
认状	150
任命状	195
任免令	258、547
任免性决定	265
任免性通知	278

ri

日成	26
日常病程记录	443

ru

繻	50
入门牓子	112
入学通知书	431
入院记录	442
入党誓词	303
入党申请书	304
入党志愿书	304

入党考察报告 …………………………………… 304
入党思想汇报 …………………………………… 304
入党介绍人意见 ………………………………… 305
入党转正申请书 ………………………………… 305
入所健康检查表 ………………………………… 482

ruan

软件著作权登记申请表 ………………………… 439

S

shan

膳牌 ……………………………………………… 143
赡养协议公证书 ………………………………… 544

shang

上书 ……………………………………………… 14
上呈 ……………………………………………… 172
上诉书 …………………………………………… 228
上诉状 …………………………………………… 509
上级医师查房记录 ……………………………… 443
赏格 ……………………………………………… 210
商凭 ……………………………………………… 177
商洽函 …………………………………………… 261
商标权公证书 …………………………………… 544
商标异议申请书 ………………………………… 383
商标注册申请书 ………………………………… 383
商标注销申请书 ………………………………… 383
商标转让合同 …………………………………… 437
商标转让行政指导书 …………………………… 385
商标注册行政建议书 …………………………… 385
商标续展注册申请书 …………………………… 385
商标许可备案行政指导书 ……………………… 385
商标使用许可合同备案申请书 ………………… 385
商标注册人死亡／终止注销商标申请书 ……… 385

she

赦 ……………………………………… 9、37、103

赦文	63、81
赦令	190
设想	282
设计任务书	425
设计说明书	425
设立博士后科研流动站申报表	402
社团海报	551
社团章程	550
社团筹备申请书	551
社团备案申请书	551
社团成员年度评议	552
社团成立登记申请书	551
社团注销登记申请书	551
社团变更登记申请书	551
社团设立分支（代表）机构登记申请书	552
涉外合同	463
涉外公证	457
涉外公证申请表	465
涉外仲裁申请书	465
涉外仲裁协议	464
涉外投标书	464
涉外投标申请书	465
涉外招标书	464
涉外招标通告	464
涉税案件移送书	373
涉密案件聘请律师申请表	479
涉密案件聘请律师决定书	479

shen

申文	141
申令	187
申论	398
申状	113、141
申敕	39、63
申诉书	510

申请书	564
申请城乡低保待遇诚信承诺书	396
申请人民法院强制（立即）执行申请书	350
审计工作报告	366
审计工作年度计划	366
审计工作综合报告	366
审计报告征求意见书	368
审计报告	366
审计决定书	367
审计建议书	367
审计通知书	367
审计处罚决定书	367
审计复核意见书	367
审计移送处理书	368
审议意见书	315
审批函	261
审查录	205
审查报告	299
审查终结报告	507
审查刑事赔偿申请通知书	507
审判委员会讨论案件笔录	515

sheng

升官开印奏章	180
圣旨	105
声明	205、215、228、450、562
省札	108

shi

士官对照检查	549
士官述职报告书	549
士官选取申请书	549
士官晋级申请书	549
士官留用察看审批表	549
市籍	95
市场定位报告	473

市场调查报告 …………………………………… 361、473
市场预测报告 …………………………………… 361、473
示 ……………………………………………………… 191
示　告示 ……………………………………………… 132
式 ………………………………… 19、54、70、91、116
时政记 …………………………………………………… 97
事书 ……………………………………………………… 13
事例 …………………………………………………… 152
事务性通知 …………………………………………… 279
事项性通告 …………………………………………… 275
事业单位产权登记证 ………………………………… 469
实用新型专利请求书 ………………………………… 437
实用新型专利检索报告请求书 ……………………… 437
实收　库收 …………………………………………… 159
实验报告 ……………………………………………… 433
实施办法 ……………………………………………… 253
实施细则 ……………………………………………… 254
实施性意见 …………………………………………… 280
试卷分析报告 ………………………………………… 433
食品说明书 …………………………………………… 447
贳卖 ……………………………………………………… 56
谥册 ……………………………………………………… 64
誓 ………………………………………………………… 24
释放证明书 …………………………………… 481、528
释放通知书 …………………………………………… 481

shou

手令 ……………………………………………… 61、187
手令或手谕 …………………………………………… 569
手札 …………………………………………………… 104
手折 …………………………………………………… 198
手诏 …………………………………………… 79、104
手实 ……………………………………………………… 94
手敕 ……………………………………………………… 38
手谕 …………………………………………………… 187

手术记录 …… 442
手术同意书 …… 442
手术清点记录 …… 442
手术安全核查记录 …… 442
守则 …… 237、254
收管 …… 151
收养公证书 …… 543
收监执行决定书 …… 521
收监执行通知书 …… 495
收监执行意见书 …… 529
收取保证金通知书 …… 482
收取行政许可申请材料凭证 …… 327
收缴/停止发售发票决定书 …… 374
收回国有建设用地使用权决定书 …… 405
收容教育/延长收容教育决定书 …… 486
受处分期间表现情况的报告 …… 352
受案登记表 …… 477
受理消费者投诉告知书 …… 381
受理行政许可申请决定书 …… 326
首次病程记录 …… 445
授勋令 …… 547
授予荣誉称号案 …… 269
授权委托书（民事诉讼）…… 538
授权委托书（刑事辩护）…… 538

shu

书 …… 49、68、110、161、173、178
书 上书 …… 14
书函 …… 567
书复 …… 173、178
书契 …… 27
书致 …… 174、178
书面讲话 …… 458
述职报告 …… 287、314
术前小结 …… 443

术前讨论记录 …………………………………………………… 443
术后首次病程记录 ……………………………………………… 443
输血治疗知情同意书 …………………………………………… 447
鼠尾簿 …………………………………………………………… 119
熟状 ……………………………………………………… 86、111
疏 ……………………………………………… 46、86、111、138

shuang
双红禀 …………………………………………………………… 144
双边条约 ………………………………………………………… 455

shui
税契 ……………………………………………………………… 71
税收计划 ………………………………………………………… 369
税务稽查结论 …………………………………………………… 369
税务处理决定书 ………………………………………………… 370
税务事项通知书 ………………………………………………… 370
税务检查通知书 ………………………………………………… 370
税务文书送达回证 ……………………………………………… 370
税务认定年审审批表 …………………………………………… 370
税务认定审批确认表 …………………………………………… 370
税务证件挂失报告表 …………………………………………… 371
税收保全措施决定书 …………………………………………… 371
税收强制执行决定书 …………………………………………… 371
水路货物运输合同 ……………………………………………… 418
水土保持监测资格证书申请表 ………………………………… 407
水文/水资源调查评价资质申请表 …………………………… 408
水利工程建设监理单位资质等级申请表 ……………………… 408

shuo
说帖 ………………………………………… 142、199、215、568
说明 ……………………………………………………………… 282
说明书 …………………………………………………………… 206
说明材料 ………………………………………………………… 299

si
思想反映 ………………………………………………………… 311
司法解释 ………………………………………………………… 513

司法鉴定书 ……………………………………………… 523
司法鉴定申请书 ………………………………………… 523
司法鉴定协议书 ………………………………………… 524
司法鉴定意见书 ………………………………………… 524
司法鉴定咨询意见书 …………………………………… 524
司法鉴定检验报告书 …………………………………… 524
司法鉴定书证审查意见书 ……………………………… 524
司法行政管理确认书 …………………………………… 329
死亡记录 ………………………………………………… 444
死亡通知书 ……………………………………………… 495
死亡病例讨论记录 ……………………………………… 444
死刑复核刑事判决书 …………………………………… 522
死刑复核刑事裁定书 …………………………………… 522

song

诵 ………………………………………………………… 11
颂 ………………………………………………………… 11
颂词 ……………………………………………………… 452
送达回证 ………………………………………………… 344
送信记事 ………………………………………………… 181

sou

搜查证 …………………………………………………… 487
搜查笔录 ………………………………………………… 488

su

诉 ………………………………………………………… 15
诉状 …………………………………………… 118、208、509
诉前财产保全申请书 …………………………………… 515
诉讼财产保全担保书 …………………………………… 515

sui

岁会 ……………………………………………………… 28
岁成 ……………………………………………………… 28
岁入总预算表 …………………………………………… 214
岁出总预算表 …………………………………………… 214

suo

缩短停留期限决定书 …………………………………… 498

T

tan
弹 …… 86
弹事 …… 67、112、140
探报 …… 155
谈话笔录 …… 299

tang
堂帖 …… 83
堂谕 …… 153
塘报 …… 155

tao
讨论文件 …… 561

te
特别行政区法 …… 316
特殊病例记录 …… 445
特殊检查治疗同意书 …… 445

ti
提议 …… 229
提纲 …… 230
提讯提解证 …… 487
提存公证书 …… 543
提交国家赔偿案件情况通知书 …… 500
提供法律援助通知书 …… 478
提案 …… 199、229、318、568
提案办理复文 …… 319
提请批准逮捕书 …… 485
提请抗诉报告书 …… 505
提请复核意见书 …… 496
提请假释建议书 …… 528
提请减刑建议书 …… 529
提请收集、调取证据申请书 …… 541
提请批准延长侦查羁押期限意见书 …… 485
提请批准重新计算侦查羁押期限意见书 …… 486
题本 …… 139

题辞 …… 559

tian

天王诏旨 …… 172
天命　天令 …… 174
天条 …… 174
天制 …… 62
天敕 …… 63
田凭 …… 177
田簿 …… 95

tiao

条令 …… 257、545
条约 …… 162、215、450
条陈 …… 199
条例 …… 93、117、152、169、208、224、237、242、255
条规 …… 208
条格 …… 117
条款 …… 162
条禀 …… 143
挑战书 …… 547
调解书 …… 513

tie

帖 …… 111
帖　下帖 …… 133
铁券 …… 81、129
铁路运输合同 …… 422

ting

庭审笔录 …… 538
停职检查建议书 …… 302
停止执行死刑意见书 …… 506
停止执行具体行政行为通知书 …… 338

tong

统 …… 21
统计表 …… 213
统计公报 …… 244

统战信息	312
僮约	56
通令	194、221、545
通电	204
通则	209、226
通告	194、226、243、274、556、564、568
通报	194、226、244、275、546、568
通函	556
通详	140
通牒	215
通缉令	222、486
通知	195、230、244、277、564、568
通知立案书	503
通知证人出庭申请书	540
通知鉴定人出庭申请书	540
通知有专门知识的人出庭申请书	540
同意分期（延期）缴纳罚款通知书	345
同意召开党员代表大会请示的批复	310

tou

头子	107

tu

土地储备计划	403
土地登记申请书	403
土地登记审批表	403
土地使用权出租合同	404
土地使用权抵押合同	404
土地使用权转让合同	404

tui

退还保证金决定书/通知书	483

tuo

托运单	460

W

wai

外交公报	456

外交电报 …………………………………………… 456
外交声明 …………………………………………… 456
外交函件 …………………………………………… 456
外观设计专利请求书 ……………………………… 437
外出经营活动情况申报表 ………………………… 372
外出经营活动税收管理证明 ……………………… 372
外商投资公司撤销登记申请书 …………………… 379
外商投资企业备案申请书 ………………………… 378
外商投资企业设立登记申请书 …………………… 379
外商投资企业注销登记申请书 …………………… 379
外商投资企业名称已核调整申请书 ……………… 380
外商投资企业名称预先核准申请书 ……………… 380
外商投资企业分支机构设立登记申请书 ………… 380
外商投资企业分支机构注销登记申请书 ………… 380
外商投资企业分支机构变更登记申请书 ………… 380
外商投资企业（企业集团）名称变更核准意见书 … 380
外商投资企业变更登记申请书 …………………… 379
外商投资合伙企业备案申请书 …………………… 379
外商投资合伙企业设立登记申请书 ……………… 379
外商投资合伙企业变更登记申请书 ……………… 379
外国人就业证 ……………………………………… 398
外国人就业许可证书 ……………………………… 398
外国（地区）企业常驻代表机构设立登记申请书 … 380
外国（地区）企业常驻代表机构注销登记申请书 … 381
外国（地区）企业常驻代表机构变更登记（备案）
　申请书 …………………………………………… 381

wang

网吧经营许可证 …………………………………… 439
网吧经营管理安全责任书 ………………………… 440
网络文化经营许可证 ……………………………… 439
网络文化经营活动立项登记申请 ………………… 440

wei

卫生许可证 ………………………………………… 441
卫生管理确认书 …………………………………… 328

委任令	190
委托代征税款协议书	374
委托代理/辩护协议	525
尾单	136
慰问电	292
慰问信	231、292
慰唁信	560
慰劳制书	82
未中标通知书	361
未成年人法定代理人到场通知书	493
未成年证人/被害人法定代理人到场通知书	493
为犯罪嫌疑人提供帮助的委托协议	541

wen

文批　批廻	156
文物勘探协议书	440
文物保护责任书	440
文物保护管理协议	441
文物考古发掘许可申请书	441
问题报告	272

wu

无居民海岛使用权证书	408
污染源监测报告	424
污染源监督监测季报	424

X

xi

檄	24、52、116、153、210
檄文	69、90
檄移	52
玺书	10、40、81
细则	209、225、238、254
吸收预备党员决议	308

xian

| 先进事迹 | 284 |

先进事迹材料	311
先行登记保存证据通知书	343
闲置土地认定书	406
闲置土地调查通知书	406
闲置土地情况告知书	406
闲置土地处置听证权利告知书	406
现场勘验笔录	490
现场检查（勘察）笔录	344
限期离境决定书	498
限期整改通知书	331
限制公民人身自由决定书	349
宪法	313
宪票	134
宪章	451
献辞	559
贤能之书	14

xiang

详	66、198
详文	141
详册	141
项目管理目标责任书	474

xiao

效	55
晓示	108
晓谕	171
消费者投诉登记表	381
消费者投诉转办通知书	381
消费者投诉分送情况告知书	382
消费者权益争议调解书	381
消费者权益争议调解通知书	381

xie

协约	214
协定	214、228、450
协议书	360

协助执行通知书	373
协助调查通知书	331
协助查询财产通知书	492
协助查询个人存款通知书	368
协助查询单位账户通知书	368
协助查封/解除查封通知书	492
协助冻结/解除冻结财产通知书	492
协查通报	487
谢恩奏章	180
谢恩兼悔罪奏章	180

xin

信息	248
信票	134
信访复信	300
信访转办函	300

xing

刑事上诉状	511
刑事申诉书	511
刑事自诉状	512
刑事抗诉书	503
刑事答辩状	511
刑事裁定书	517
刑事指定辩护公函	525
刑事自诉案件反诉状	512
刑事案件代理委托协议	540
刑事辩护律师事务所函	540
刑事赔偿申请书	506
刑事赔偿决定书	506
刑事赔偿立案通知书	506
刑事赔偿复议决定书	507
刑律	174
刑满释放人员通知书	531
刑满释放证明书	495
行书	55

行状	120
行政令	259
行政命令	566
行政法令	557
行政上诉书（状）	341
行政上诉状	511
行政劝导书	320
行政举报登记	329
行政处分决定书	351
行政处分建议书	336
行政处分复核申请书	351
行政处分复核决定书	351
行政处罚决定书	342
行政处罚通知书	342
行政处罚听证笔录	342
行政处罚听证通知书	342
行政处罚听证会报告书	343
行政处罚事先告知书	343
行政处罚强制执行申请书	343
行政处罚强制执行通知书	343
行政处理决定书	329、336
行政处理建议书	329
行政处理结案报告	330
行政申诉书（状）	341
行政会议备忘录	561
行政收费决定书	354
行政收费通知书	354
行政执法错案责任追究决定	330
行政许可申请书	323
行政许可听证公告	324
行政许可听证报告	324
行政许可听证申请书	324
行政许可听证告知书	324
行政许可听证通知书	324

行政许可文书送达回证	325
行政许可核查工作记录	325
行政许可利害关系人告知书	325
行政许可特别程序期限告知书	325
行政许可申请材料补正告知书	325
行政约见书	376
行政告诫书	376
行政建议书	376
行政补偿申请书	355
行政补偿决定书	356
行政诉讼答辩书（状）	341
行政征收决定书	354
行政征收告知书	354
行政征收听证权利通知书	355
行政征收听证事先告知书	354
行政复议申请书	332
行政复议决定书	332
行政复议告知书	332
行政复议和解书	332
行政复议建议书	333
行政复议调解书	333
行政复议裁决书	333
行政复议意见书	333
行政复议中止通知书	334
行政复议法律意见书	334
行政复议终止决定书	334
行政复议终止通知书	334
行政复议申请转送函	333
行政复议申请补正通知书	334
行政复议申请受理通知书	335
行政复议延期审理通知书	335
行政复议责令受理通知书	335
行政复议恢复审理通知书	335
行政复议被申请人答复书	335

行政复议强制执行申请书 …………………………………… 336
行政复议提出答复通知书 …………………………………… 336
行政复议规范性文件转送函 ………………………………… 336
行政复议责令恢复审理通知书 ……………………………… 336
行政奖励决定 ………………………………………………… 351
行政奖励申请书 ……………………………………………… 351
行政看管审批表 ……………………………………………… 549
行政看管登记表 ……………………………………………… 549
行政指导公示书 ……………………………………………… 320
行政指导申请书 ……………………………………………… 321
行政指导示范书 ……………………………………………… 321
行政指导约见书 ……………………………………………… 321
行政指导告诫书 ……………………………………………… 321
行政指导建议书 ……………………………………………… 321
行政指导规劝书 ……………………………………………… 322
行政指导辅导书 ……………………………………………… 322
行政指导提示书 ……………………………………………… 321
行政指导提醒书 ……………………………………………… 322
行政指导警示书 ……………………………………………… 322
行政指导工作规则 …………………………………………… 322
行政指导工作指南 …………………………………………… 322
行政指导项目审议终结报告 ………………………………… 323
行政指导项目效果评估报告 ………………………………… 323
行政指导受理（不予受理）通知书 ………………………… 323
行政监察通知书 ……………………………………………… 301
行政监察建议书 ……………………………………………… 302
行政监督送达回证 …………………………………………… 330
行政监督立案审批表 ………………………………………… 330
行政案件转办通知书 ………………………………………… 330
行政案件移送通知书 ………………………………………… 330
行政调解笔录 ………………………………………………… 357
行政调解申请书 ……………………………………………… 357
行政调解协议书 ……………………………………………… 357
行政调解审批表 ……………………………………………… 358

行政调解邀请函……………………………………………………358
行政调解调查记录…………………………………………………358
行政调解征求意见书………………………………………………358
行政调解终止通知书………………………………………………358
行政调解受理通知书………………………………………………359
行政调解受理登记表………………………………………………358
行政调解案件结案表………………………………………………359
行政调解终止送达回证……………………………………………359
行政调解不予受理通知书…………………………………………359
行政调解权利义务告知书…………………………………………359
行政调解协议司法确认申请书……………………………………359
行政起诉状…………………………………………………………511
行政起诉书（状）…………………………………………………341
行政强制执行公告…………………………………………………346
行政强制执行协议…………………………………………………346
行政强制结案报告…………………………………………………346
行政强制执行申请书………………………………………………346
行政强制执行决定书………………………………………………346
行政强制执行催告书………………………………………………346
行政强制执行现场笔录……………………………………………347
行政强制措施决定书………………………………………………346
行政强制措施现场笔录……………………………………………347
行政裁决书…………………………………………………………338
行政裁定书…………………………………………………………516
行政裁决申请书……………………………………………………338
行政裁决送达回证…………………………………………………339
行政裁决受理通知书………………………………………………339
行政裁决案件调解书………………………………………………339
行政裁决案件听证笔录……………………………………………339
行政裁决不予受理决定书…………………………………………340
行政裁决案件处理意见书…………………………………………340
行政裁决案件听证通知书…………………………………………340
行政裁决案件调查通知书…………………………………………340
行政裁决调查（询问）笔录………………………………………340

行政赔偿申请书 …………………………………… 356
行政赔偿决定书 …………………………………… 356
行政赔偿调解书 …………………………… 357、516

xiu
修正案 ………………………………………………… 284

xu
繻 ………………………………………………………… 50
须知 …………………………………………… 194、282
勖醒 ………………………………………………… 171

xuan
宣 ……………………………………………… 84、103
宣令 ………………………………………………… 211
宣言 …………………………… 194、215、230、451
宣命 ………………………………………………… 104
宣麻 ………………………………………………… 84
宣布令 ……………………………………………… 259
宣判笔录 …………………………………………… 514
宣传动态 …………………………………………… 311
宣传提纲 …………………………………… 249、312
宣传工作意见 ……………………………………… 312
宣告处理性决定 …………………………………… 266
宣告失踪申请书 …………………………………… 512
宣告死亡申请书 …………………………………… 512
选举结果报告单 …………………………………… 309
选举结果报告 ……………………………………… 309
悬赏通告 …………………………………………… 487
喧谕 ………………………………………………… 171

xue
学习计划 …………………………………………… 285
学历公证书 ………………………………………… 543
学籍登记表 ………………………………………… 431
学生体检表 ………………………………………… 431
学生干部登记表 …………………………………… 432
学校发展规划 ……………………………………… 430

学校章程 …………………………………… 430
学校章程核准书 …………………………… 430

xun
训　训诰 …………………………………… 15
训令 …………………………………… 188、221
训词 …………………………………… 188、221
训谕 ………………………………………… 170
讯问笔录 …………………………………… 487
询问函 ……………………………………… 261
询问笔录 …………………………………… 488
询问通知书 ………………………………… 488
询问（调查）笔录 ………………………… 331

Y

ya
牙帖 ………………………………………… 156

yan
唁电 ………………………………………… 293
盐引 …………………………………… 119、157
验文 ………………………………………… 142
验辞 ………………………………………… 18
验明正身笔录 ……………………………… 514
研讨会议纪要 ……………………………… 267
演讲辞 ………………………………… 206、559
延长拘留期限通知书 ……………………… 484
延长侦查羁押期限通知书 ………………… 485
延长行政许可批准时限告知书 …………… 327
延长技术侦查措施期限决定书 …………… 494
延期审理申请书 ……………………… 535、539
延期申报申请核准表 ……………………… 371
延期缴纳税款申请审批表 ………………… 372

yao
药品说明书 ………………………………… 447
要会 ………………………………………… 29
要则 ………………………………………… 209

要点 ·· 199、227
要事性公告 ·· 263
要求复议意见书 ·· 496
邀请函 ·· 292、454
邀请信 ·· 560

yi

一般性发言 ·· 459
一般性辩论发言 ·· 459
议 ·· 15、44、66、85
译 ·· 138
议案 ·· 202、267、313
议定书 ·· 453
议事文件 ·· 556
议事日程 ·· 557
医嘱单 ·· 444
役要 ·· 29
益封 ·· 37
易知由单 ·· 160、177
移 ·· 68、88、114
移书 ·· 49
移文 ·· 146、211
移文　遗书　贻书 ······································ 14
移付 ·· 205
移会 ·· 146
移送案件通知书 ·· 478
遗诏 ·· 62、127
遗诰 ·· 106
遗嘱公证书 ·· 543
意见 ·· 195、243、280
意见书 ·· 200、228
懿旨 ·· 107、132
疑难病例讨论记录 ······································ 447

yin

音像制品经营许可证 ···································· 440

ying
应书 ……………………………………………………… 47
应征信 …………………………………………………… 399
应战书 …………………………………………………… 546
营业性演出许可证 ……………………………………… 440
营业单位登记申请书 …………………………………… 377

yong
咏谕 ……………………………………………………… 170

you
右契 ……………………………………………………… 27
由历 ……………………………………………………… 96
由帖 ……………………………………………………… 157
由详 ……………………………………………………… 140
优牒 ……………………………………………………… 84
邮符 ……………………………………………………… 134
幼主诏旨 ………………………………………………… 172
油盐口粮挥条 …………………………………………… 177
油盐转发通知 …………………………………………… 178
有限责任公司章程 ……………………………………… 471
有创诊疗操作记录 ……………………………………… 443
有创诊疗操作同意书 …………………………………… 444

yu
玉册 ……………………………………………………… 39
玉牒 …………………………………………… 95、119、160
鱼符 ……………………………………………………… 89
鱼鳞图册 ………………………………………………… 159
禹贡 ……………………………………………………… 13
语书 ……………………………………………………… 10
预案 ……………………………………………………… 283
预算案 …………………………………………………… 268
预算审查报告 …………………………………………… 214
谕 …………………………………………… 34、131、191
谕文 ……………………………………………………… 137
谕令 ……………………………………………………… 152

谕旨 ··· 131
谕帖 ··· 137
御札 ··· 82、106

yuan

元旦出行奏章 ······································ 180
员工守则 ··· 399
爰书 ··· 55
院令 ·· 189
原则 ·· 225

yue

月计 ··· 26
月要　月成 ··· 26
约 ·· 56
约剂 ··· 28
约法 ·· 207

Z

zai

再审程序民事判决书 ······························· 518
再审程序刑事判决书 ······························· 522
再审程序行政判决书 ······························· 517

zan

暂予监外执行决定书 ························ 495、522
暂予监外执行通知书 ······························· 529
暂予监外执行意见书 ······························· 529

ze

则 ·· 19
则例 ·· 152
责令召回通知书 ···································· 448
责令具结悔过决定书 ······························· 483
责令限期改正通知书 ······························· 373
责令改正违法行为决定书 ························· 344
责令履行行政复议决定通知书 ···················· 337

zeng

增封 ································· 37

赠谥册 ······························· 65

赠与公证书 ························· 544

zha

札 ······························ 147、191

札子 ································· 115

札付 ·························· 108、147

札谕 ·························· 169、178

札撒　大札撒 ······················ 117

zhan

占辞 ································· 17

战斗详报 ···························· 211

战斗要报 ···························· 211

战斗概报 ···························· 212

战报 ································· 211

战绩电报 ···························· 212

战绩通报 ···························· 212

战略合作框架协议 ··················· 455

zhang

章 ······························ 46、111

章程 ············ 43、209、226、256、564

zhao

召开党员代表大会的请示 ·············· 309

召开党员代表（党员）大会的通知 ······ 309

召集书 ······························ 564

诏 ···················· 7、35、62、102、126

诏书 ·························· 35、80

诏令 ································· 79

诏记 ································· 35

诏告 ································· 35

诏条 ································· 35

诏板 ································· 36

诏黄 ································· 62

诏策 ··· 62
招状 ··· 150
招生广告 ··· 430
招生计划 ··· 430
招生简章 ··· 431
招股说明书 ··· 364
招标公告 ··· 360
招标申请书 ··· 360
招标邀请书 ··· 361
招标投标公证书 ······································· 544
招商说明书 ··· 376
招聘广告 ··· 399
招聘启事 ··· 399
照札 ··· 109
照会 ······················· 148、162、174、179、216、452

zhe
折本 ··· 139

zhen
箴 ··· 12
珍谕 ··· 170
珍醒 ··· 171

zheng
证明 ··· 230
证明书 ··· 568
证书或执照 ··· 569
证据保全申请书 ······································· 535
证人诉讼权利义务告知书 ······························· 493
征 ··· 23
征缴土地闲置费决定书 ································· 406
侦查工作方案 ··· 490
政府宪报公告 ··· 558
政治审查报告 ··· 312
政策性公告 ··· 263
政绩报告 ··· 201

zhi

支付令申请书	512
支付赔偿金申请书	507
执业医师资格证	442
执照	133、159
执法检查报告	316
执行裁定书	514
执行死刑笔录	514
执行仲裁裁决申请书	535
执行技术侦查措施通知书	494
旨	34
旨符	84
制	36、54、103
制书	62、80、128
制诏	36
制度	175、239、256
制辞	128
治 治成	12
治中	13
直发性意见	281
知识产权转让合同	437
知识产权海关备案申请书	462
知会	146
知照	169
知照性公告	263
知照性通告	275
知照性通知	279
知情同意书	445
质	16
质剂	28
质要	28
质量分析报告	473
质量管理手册	473
指令	189、210、221、258

指示	225、242、546
指示信	225
指示性批复	270
指示性通知	279
指导性意见	281
指定仲裁员函	535
指定管辖决定书	478、505
指定居所监视居住通知书	483
指定代表或者共同委托代理人授权委托书	378
指南	282
指挥	108
胗状	97
致辞	452
致谢信	559
致个别市民公函	558
致国内政府单位公函	558
致属下员工公函	558
职	21
职业资格证书	400

zhong

中秋奏章	179
中标通知书	361
中药制剂说明书	448
中外合作企业协议	471
中外合作企业合同	471
中外合作企业章程	471
中外合资企业章程	471
中外技术转让合同	437
中止审理刑事裁定书	519
中止强制执行通知书	347
仲裁协议	532
仲裁协议书	532
仲裁调解书	533
仲裁答辩书	533

仲裁裁决书 …………………………………… 533
仲裁反诉书 …………………………………… 533
仲裁反申请书 ………………………………… 533
仲裁委托代理协议 …………………………… 534
仲裁代理授权委托书 ………………………… 534
仲裁申请书 …………………………………… 532
仲裁申请执行书 ……………………………… 534
仲裁回避申请书 ……………………………… 534
仲裁应诉通知书 ……………………………… 534
仲裁保全申请书 ……………………………… 534
仲裁保全担保书 ……………………………… 534
仲裁保全措施申请书 ………………………… 535
终止侦查决定书 ……………………………… 490
终止审理刑事裁定书 ………………………… 519
终止法律援助决定书 ………………………… 526
终止消费者权益争议调解告知书 …………… 382
终结强制执行通知书 ………………………… 347
重要情况通报 ………………………………… 548

zhu

主持词 ………………………………………… 289
主席令 ………………………………………… 258
主旨演讲 ……………………………………… 459
主体发言 ……………………………………… 459
朱谕 …………………………………………… 128
住院志 ………………………………………… 444
住院病历 ……………………………………… 444
住宅使用说明书 ……………………………… 410
住宅质量保证书 ……………………………… 410
助学金申请表（书） ………………………… 432
注销行政许可决定书 ………………………… 326
注册商标转让公证书 ………………………… 545
注册商标争议裁定申请书 …………………… 386
祝祷 …………………………………………… 17
祝贺信 ………………………………………… 559

祝酒词 …………………………………………… 290
祝寿奏章 ………………………………………… 179
著作权转让合同 ………………………………… 437
著作权质押合同 ………………………………… 438
著作权质押合同申请表 ………………………… 438
著作权质押合同登记证 ………………………… 438

zhuan

专约 ……………………………………………… 450
专用线接轨合同 ………………………………… 422
专用线可行性研究报告 ………………………… 423
专用线与国铁接轨意向书 ……………………… 423
专用线可行性研究报告审查意见 ……………… 423
专利转让合同 …………………………………… 435
专利权质押合同 ………………………………… 436
专利权评价报告 ………………………………… 435
专利权评价报告请求书 ………………………… 436
专利权无效宣告请求书 ………………………… 436
专项性计划 ……………………………………… 286
专项性决定 ……………………………………… 265
专项审计调查报告 ……………………………… 368
专项规划环境影响报告书 ……………………… 424
专题发言 ………………………………………… 459
专题报告 ………………………………………… 271
专题总结 ………………………………………… 288
专题会议纪要 …………………………………… 267
转科记录 ………………………………………… 445
转业申请书 ……………………………………… 548
转发性通知 ……………………………………… 279
转让注册商标申请书 …………………………… 385

zhuang

状 ……………………………………… 70、86、150、203
状 行状 …………………………………… 44、72

zhun

谆谕 ……………………………………………… 171

准则	238
准入条件	296
准予会见犯罪嫌疑人决定书	479
准予会见犯罪嫌疑人通知书	479
准予/延续/变更行政许可决定书	327
准许撤诉或按撤诉处理刑事裁定书	519

zi

自我检查报告	288
自治法规	314
咨	201、567
咨文	114、146、229、555、560
咨呈	114、148、196
咨报	114
咨陈	199
咨询文件	561
资料文件	561
资格预审通告	361
资产评估立项申请书	469
资产评估确认申请书	470
资产评估项目核准申请	470
资助农村困难群众建房（新建、改建、维修）申请书	397
资助农村困难群众建房（新建、改建、维修）批准（不予批准）书	397

zong

总结	227、248、288
宗地登记公告	406
综合分析报告	272
综合性计划	286
综合报告	272

zou

奏	45、67、87、198
奏疏	138
奏本　题本	139
奏抄	87

奏折 …………………………………… 139、198
奏状 …………………………………… 111
奏副 …………………………………… 140
奏策 …………………………………… 47
奏谳书 ………………………………… 48

zu

诅 ……………………………………… 23
阻止欠税人出境布控申请表 ………… 373
阻止欠税人出境撤控申请表 ………… 373
阻止欠税人出境撤控通知书 ………… 373
阻止出境决定书 ……………………… 372
族谱 …………………………… 95、120、160

zui

罪己诏 ………………………………… 127
罪犯入监通知书 ……………………… 530
罪犯出监鉴定表 ……………………… 530
罪犯处罚通知书 ……………………… 530
罪犯死亡通知书 ……………………… 530
罪犯死因鉴定书 ……………………… 530
罪犯奖励通知书 ……………………… 530
罪犯病危通知书 ……………………… 531
罪犯不予收监通知书 ………………… 531
罪犯离监探亲证明书 ………………… 531
罪犯暂不收监通知书 ………………… 531
罪犯暂予监外执行期间不计入执行刑期建议书 …… 531

zuo

左契 …………………………………… 27
坐名敕 ………………………………… 131
作战计划 ……………………………… 212
作战命令 ……………………………… 212
作战通报 ……………………………… 212
作战机密日记 ………………………… 213
作战经过概要 ………………………… 213
作品著作权登记申请表 ……………… 438

附录二：

表1 古代公文种类

朝代	方向	皇帝(王命)专用类	皇室(王室)专用类	官府类	奏议类	法律与司法类	军事类	经济类	卜辞与祭祀类	谱牒类	外交类	凭证类	其他	备注
先秦	上行				对、范、诵、颂、谏、歌、牒、书、箴、复逆事			日计、月计成、月要、月成、计书、岁会、岁成	折、祝、祷、祷文、卜辞、占辞、前辞、命辞、验辞				治(成)、治中、禹贡、情之五书、贤能之书	
	下行	令、诰、命、封、敕、诏、策、教、谟、丹书、玺书		方、语书		礼、礼式、刑、则、两造、典、贡、判、律、柄法、赋、统、职、籍、策、辞、籍、圃比	符、节、征、符玺							
	平行						诅、盟	券、约剂、质剂、要、判书、质会、礼命(傅别)			遗书(移文)、贻书			
秦	多向						誓、徼、节、简檄	契、丁籍、比居、要、左契、地比、役要、右契、版图					书(上书)、训(训诂)、议、告、诉、版、质	

续表

用途\种类\方向\朝代	皇帝(王命)专用类	皇室(王室)专用类	官府类	奏议类	法律与司法类	军事类	经济类	卜辞与祭祀类	谱牒类	外交类	凭证类	其他	备注
秦 上行			白事、奉命书、奏谳书	议、对、行状、章、表、笺、奏、疏、策、应书、封事书、露布、变事书、请诏书									
汉 下行	令、谕、戒书、诏板、诏记、诏告、诏条、制诏、制书、密诏、封赐封、封辞封、封策封、戒敕、曲赦、恩赦、敕、申敕、切责、符命、策书、玺书、问、起居注、九锡文、丹书铁券		布告、方书、府书、举书、除书、遣书、报书、教、教帖、章程		比、令、式、告、制、律、科、效、行事、书、故事、法律答问								
汉 平行											过所、繻		

续表

朝代	用途/种类/方向	皇帝(王命)专用类	皇室(王室)专用类	官府类	奏议类	法律与司法类	军事类	经济类	卜辞与祭祀类	谱牒类	外文类	凭证类	其他	备注
秦	平行												刺、品约、移书	
汉	多向			记		爰书	露布、符、檄、移	贳卖		碑文、牒书		传、符	书	
魏晋南北朝	上行				议、奏、启、笺、贺表、详、解、弹事	状								
魏晋南北朝	下行	手令、令书、制书、诏策、诏旨、诏敕、黄敕、敕文、曲赦、申敕、策、册文、册书、册命、哀册、册命、谥册、赠谥册		令、告、板、教、符、榜		比、令、式、律、科、格、故事	露布							
魏晋南北朝	平行			刺、移、牒										
魏晋南北朝	多向						符、檄文	户籍、账记、券契、税契、买地券		状、行状、谍文、谱牒、墓志铭			书、关、符	

续表

用途种类\朝代方向		皇帝（王命）专用类	皇室（王室）专用类	官府类	奏议类	法律与司法类	军事类	经济类	卜辞与祭祀类	谱牒类	外交类	凭证类	其他	备注
隋	上行			笺、辞	议、状、表、启、状、笺、疏、熟拟、奏抄、封事、牓子	辞牒								
	下行	批诏、报诏、诏令、册书、手诏、制书、玺书、铁券、敕文、敕牒、御札、德音、慰劳制书	令、教、起居注	公验、身符、堂帖、宣旨、宣牒、宣榜、告身、符、旨符、宣、帖、边牒、考牒、度牒、简牒、长名榜		令、判、律、格、式、典、科、格后敕、永格、比附条例、断状	龟符	户帖、实、市籍、手计账、田簿					牓状、保状、凭由	
唐	平行			关、移、刺										
	多向			简牒、碑			木契、符、檄文	契、券		玉牒、族谱、墓志铭			时政记、甲历、历状、由、功、脚色	

续表

用途种类/方向 朝代	皇帝(王命)专用类	皇室(王室)专用类	官府类	奏议类	法律与司法类	军事类	经济类	卜辞与祭祀类	谱牒类	外交类	凭证类	其他	备注
宋 上行			启、申状、谏书、牒呈上	书、帖(帖子)、表、章、词)、疏、奏状、熟状、封事、弹事、白简子、榜子、入门榜子、辞见榜子			丁籍						
宋 下行	诏(诏书)、手诏、手札、白札子(册文)、制旨、批答、制书、(制书)、口宣、敕、敕书、告敕、敕谍、敕命、敕榜、诰命、遗诰、御札、德音	令旨、懿旨	头子、付子、札、记过、指挥、晓示、省照、牌面、解由、故榜文、谍、黄谍、敕谍、今故谍		令、式、条、律、格、例、(断例)、条例、札撒、(大礼撒)、诉状、谍状、判	檄	户贴、合同、凭由、茶引、盐引						
元 平行			关、移、公牒、平信、咨文、咨呈、答报、密白				契、鼠尾簿						

续表

用途/种类/方向\朝代	皇帝（王命）专用类	皇室（王室）专用类	官府类	奏议类	法律与司法类	军事类	经济类	卜辞与祭祀类	谱牒类	外交类	凭证类	其他	备注
宋元 多向		起居注	札子、牒、策问						玉牒、行状、族谱、墓表、墓志铭				
明 上行			长详、详、通详、详文、申文、申状、节帖、说帖、牒文、牌、帖、夹单禀、白禀、条禀、红禀、双红帖、八股文	启、译（笺）（疏）、讲章、表奏折本、密本、题奏本（折本）、奏副、弹事、驳议、揭帖、录副奏折	状、甘结、认状、结状、招状、供状、供词	露布							
清 行						探报、塘报							

续表

用途种类\朝代方向	皇帝(王命)专用类	皇室(王室)专用类	官府类	奏议类	法律与司法类	军事类	经济类	卜辞与祭祀类	谱牒类	外交类	凭证类	其他	备注
明 下行	诏、遗诏、即位诏、册诏、谕、罪己诏、朱批(批答)、朱谕、制、制辞、诰、铁券、敕、敕命、敕书、敕谕、传敕、坐名敕、谕旨、寄信谕旨	起居注、懿旨	示(告示)、传示、红示、批示(下帖)、驾帖、号纸、交片、邮照、火票、票、信票、宪票、牌票(牌面)、牌文(牌文)、牌示、牌檄、白牌、兵牌、护牌、度牒、故尾、单、勘合、排剳、谕文(谕)、安民告示、朝石告示		令、诰、领、典、收票、批、状、会典、则例、条例、案、管、票、例、事、谕、榜文	檄、火牌(信牌)、金符册、军符节、丹符、敕验符、教符、勘合	户帖、茶引、由引、申票、盐票、牙帖、股契、实收(库执照、黄册、鱼鳞图册、易知由单)						
清 下行													

续表

用途种类方向\朝代	皇帝(王命)专用类	皇室(王玺)专用类	官府类	奏议类	法律与司法类	军事类	经济类	卜辞与祭祀类	谱牒类	外交类	凭证类	其他	备注
明 平行			函、平咨、平札、咨呈、知会、付子、夫文、夫咨、移文、移会				合同、契约			书、国书、节略、护照、条约、条款、照会			
清 多向			电、札、咨呈、照会、绿头牌		副状、例	露布	文批(批廻)、户籍、红契		玉牒、族谱、墓表、墓志铭			电、牒、绿头牌、札付	

表2　近代公文种类

用途种类／时代方向	通用类	法律与司法类	财经类	军事类	外交类	宗教类	其他类	备注
近代　太平天国时期　上行	上呈、本章、敬禀、跪禀、禀奏、禀申、禀报							
近代　太平天国时期　下行	告示、条例、知照、劝谕、札谕、训谕、珍谕、诰谕、诫谕、咏谕、海谕、钧谕、晓谕、谆谕、喧谕、珍醒、海醒、勋醒、天王诏旨、幼主诏旨	天条（天令）、天命、刑律、合挥、制度、官执照	田凭、商凭、易知由单、盐口粮挥发通知、油盐转发通知	军目、军册、兵册、家册、馆简名册、将凭、路引、路凭		开印奏章、中秋奏章、礼拜奏章、乔迁奏章、花烛奏章、祝寿奏章、封印奏章、除岁奏章、端阳奏章、元旦奏章、谢恩奏章、出行奏章、谢恩兼悔罪奏章	封套、路单、去文薄、来文薄、送信记事	
近代　太平天国时期　平行	启、函、书、书致、照会				书、书致、札谕、照会			
近代　多向					书复、书诰		门牌	

续表

用途种类 方向 时代		通用类	法律与司法类	财经类	军事类	外交类	宗教类	其他类	备注
近代 民国时期	上行	呈、电呈、咨呈、密呈、密报、禀、详呈、密奏、详、手折、计划、奏折、节略、条陈、咨陈、报要点、说帖、提案、情愿书、简报、意见书、简章、请愿报告、工作报告、报告、政绩报告	诉状、起诉书	清册、财政审查报告、预算概要报告、岁入总预算表、岁出总预算表	禀、战报、战斗详报、战斗概要报、战绩电报、作战经过概要	节略、说帖			
	下行	令、手令、电令、手谕、训令、指令、赦令、委任令、分令、统令、谕告、广告、方案、批片、决议、批示、宣言、通告、通知、意见、申告、告令、命令、训词、院令、策令、处分令、大礼、札、公告、布告、交告、册文、启事、答复、批封寄、通须知、密令、榜示、密伤、任命状	法、约法、纲要、纲领、条例、规约、规则、细则、要则、章程、制、指令、赏格、判决书		批令、规令、宣报、作战计划、作战令、作战报、作战通报、作战机密日记				

时代 \ 用途种类方向	通用类	法律与司法类	财经类	军事类	外交类	宗教类	其他类	备注
近代 民国时期 平行	付、笺函、公函、电函、密函、议案、合同、契约、备忘录		合约	檄、移文	协约、协定、声明、条约、宣言、通牒、照会			
近代 民国时期 多向	状、电报、代电、通电、传单、通告书、密电、纪实、声明、移付、审查书、建议书、说明书、演讲词、记录、谈话记录、会议纪要、会议记录、调查报告	办法	统计表	捷报				
近代 革命战争时期 上行	呈、签呈、报告、总结、要点、请示、诉书、意见书							
近代 革命战争时期 下行	令、电令、训令、指令、命令、密命令、紧急命令、大纲、公告、决议、布告、启事、纲领、条例、批复、批答、批示、指示、批示信、规定、规程、指示信、细则、原则、规则、通告、通报、章程、意见	法、通缉令						

续表

用途种类 时代方向		通用类	法律与司法类	财经类	军事类	外交类	宗教类	其他类	备注
近代	平行	公函、协定、声明、便函、咨文、提议、提案							
革命战争时期	多向	表、电报、代电、贺电、证明、经验、宣言、通知、提纲、签条、简报、讲话稿、慰问信、会议记录、会议纪要、紧急通知、调查报告							

附录二　　　　　　　　　　　　　　　　·651·

表 3　现代公文种类

一、党的公文种

行文方向 文种种类	上行	下行	平行	多向	备注
法规与规章性公文		办法、条例、规则、守则、细则、规定、规范、规程、制度、党章	公约		
规范性公文	请示、报告	公报、决议、决定、规定、批复、条例、命令（令）、指示、通报	函	公告、纪要、意见、通告、通知、紧急通知、统计公报、联合公报	"条例""规定"原为规范性公文种，2012年4月16日《党政机关公文处理工作条例》将其删除。
事务性公文	党代会代表提案	方案、规划、纲要、工作安排、工作要点、宣传提纲、党代会工作报告	党代表提案提议的转办函	计划、讲话、建议、信息、总结、简报、典型材料、调查报告、党委工作计划、党委领导班子述职报告、党委提案办理结果报告、党代表提案提议反馈表	

二、行政公文文种

专用文种	行文方向	上 行	下 行	平 行	多 向	备注
法规与规章性公文			公约、办法、实施办法、管理办法、守则、细则、实施细则、全面实施细则、地方实施细则、部分实施细则、规定、规则、规范、规程、条例、制度、章程			
规范性公文		报告、专题报告、问题报告、呈送报告、建议报告、综合报告、情况报告、决策方案分析报告、综合分析报告、可行性研究报告、请示、紧急请示、批转性请示、求准性请示、解答性请示、签报、建议性意见	令、指令、命令、嘉奖令、任免令、主席令、公布令、行政令、国务院令、公告、宣布性公告、知照性公告、政策性公告、要事性公告、强制性公告、决议、任免性决定、公布性决定、奖惩性决定、专项性决定、决策性决定、部署性决定、宣告处理性决定、批复、决定性批复、批准性批复、事项批复、法规性通报、情况通报、批评通报、督查通报、彰通报、紧急通报、通知、任免性通知、批转性通知、颁发性通知、转发性通知、实施性意见、直发性意见、规划性意见、指导性意见	函、公函、告知函、商洽函、询问函、答复批函、审议案、撤案、立法案、预算案、人事任免案、授予荣誉称号案、国民经济和社会发展计划案	纪要、办公会议纪要、专题会议纪要、研讨会议纪要、联席会议纪要、知照性通告、会议通知、知照性通告、紧急通知	
事务性公文		汇报、汇报提纲、调查汇报、自我检查报告	公示、设想、纲要、指南、须知、预案、清单、工作安排、方案、标准、规划	说明、草案、修正案	电文（传真电报）、讲话、工作要点、典型材料、计划、学习计划、活动计划、专项性计划、综合性计划、调查报告、调查情况调查、基本情况调查报告、专题总结、述职报告、个人总结、报、工作情况简报、全面简报、典型经验简报、会议简报、商报、主持词、开幕词、闭幕词、答谢词、欢送词、欢迎词、表扬信、感谢信、祝酒词、慰问电、公开信、慰问信、讣告、邀请信、贺词、贺电、贺信、红皮书、黄皮唁电、悼词、绿皮书、白皮书、蓝皮书、准人条件	

三、专用公文文种

（一）党务机关专用公文文种

行文方向 专用文种	上行	下行	平行	多向	备注
综合办公部门	汇报提纲、督查结果报告单	督查通知单		抄告单、电话记录单、会务事项联系单、领导同志出席会议安排表	
纪律检查（行政监察）机关	立案报告、纪检证明材料、纪律检查笔录、案件审理报告	信访复信、纪检工作条例、纪律处分决定、案件通报、案件处理批复、案件复查批复	信访转办函	审查报告、见面材料、说明材料、谈话笔录、立案调查结论、纪律检查建议书、行政监察建议书、停职检查报告、案件调查报告、党纪处分申诉案件登记卡	
组织部门	入党誓词、入党申请书、入党志愿书、入党考察报告、入党介绍人意见、入党转正申请书、党组织专用报告、党组织思想汇报、党组请示、党组报告、选举结果报告单、召开党员代表大会的请示	党组织专用公示、党组织专用办法、党组织专用决议、党组织专用决定、党组织专用通知、召开党员（党员代表）大会请示的批复、大会主持词、党员代表（全体党员）大会（党员）大会选举办法	党组织关系介绍信	党组织专用记录、党组织意见、党组织专用材料、党组织专用鉴定、党组织专用审批表、党组员决议、党组织专用登记表、预备党员转正、干部任免材料、党组织工作目标自查考核登记表	
宣传部门	内参材料			先进事迹材料、介绍经验的典型材料、思想反映、宣传提纲、宣传工作动态、宣传工作意见	
统战部门	政治审查报告			统战信息	

(二) 行政专用公文文种

行文方向\专用文种	上行	下行	平行	多向	备注
行政指导类	行政指导申请书、行政指导项目审议终结报告	行政劝导书、行政指导公示书、行政指导示范书、行政指导约见意见书、行政指导建议书、行政指导告诫书、行政指导规劝书、行政指导辅导书、行政指导提醒书、行政指导警示书、行政指导受理（不予受理）通知书	行政指导工作规则、行政指导工作指南	行政指导项目效果评估报告	
行政许可类	行政许可申请书、行政许可听证报告、行政许可核查工作记录、行政许可证申请书	行政许可听证公告、行政许可证公告、行政许可听证通知书、行政许可申请材料补正告知书、行政许可申请期限告知书、行政许可转特别程序报告书、注销行政许可决定书、撤回同意行政许可决定书、撤销行政许可决定书、不予受理行政许可申请决定书、受理行政许可申请通知书、行政许可批准时限告知书、准予/不予批准/延长行政许可决定书、延续/变更行政许可决定书、延续/变更行政许可决定书	收取行政许可申请材料凭证、行政许可送达回证		
行政确认类		公安管理确认书、卫生管理确认书、劳动管理确认书、民政管理确认书、经济管理确认书、司法行政管理确认书			
行政监督类	行政处理结案报告、案件调查终结报告	行政处理决定书、行政监督立案审批表、行政执法错案责任追究决定书、协助调查通知书、询问（调查）笔录、限期整改通知书	行政监督送达回证、行政案件转办通知书	行政举报登记、行政处理建议书、行政案件移送通知书	

续表

行文方向 专用文种	上行	下行	平行	多向	备注
行政复议类	行政复议申请书、行政复议被申请人答复书、撤回行政复议申请书、行政复议强制执行申请书	行政复议决定书、行政裁决书、行政复议意见书、行政复议中止通知书、行政复议终止决定书、行政复议延期通知书、行政复议申请受理通知书、行政复议责令恢复审理通知书、行政复议责令受理通知书、行政复议驳回行政复议申请通知书、行政复议第三人参加行政复议通知书、行政复议不予受理决定书、行政复议履行为通知书、停止执行具体行政行为通知书	行政复议和解书、行政复议建议书、行政复议调解书、行政复议法律意见书、复议规范性文件转送函、行政复议分建议书	行政复议申请转送函	
行政裁决类	行政裁决申请书、撤回行政裁决申请书	行政裁决受理通知书、行政裁决不予受理通知书、行政裁决案件听证通知书、行政裁决案件调查通知书	行政裁决案件调解书	行政裁决案件处理意见书	
行政诉讼类	民事起诉状、行政上诉书（状）、行政起诉书（状）		民事反诉状、行政诉讼答辩书（状）		
行政处罚类	行政处罚听证报告书、行政处罚强制执行申请书、案件处理意见书	行政处罚决定书、行政处罚听证通知书、行政处罚事先告知书（暂扣）决定书、行政处罚强制执行决定书、先行登记保存证据执行通知书、查封（暂扣）改正决定书、解除登记保存证据通知书、责令改正违法行为决定书、同意分期（延期）缴纳罚款通知书	行政处罚送达回证	行政处罚听证笔录	

续表

行文方向 专用文种	上行	下行	平行	多向	备注
行政强制类	行政强制结案报告、行政强制执行申请书、申请人民法院强制（立即）执行申请书	行政强制执行公告、行政强制执行决定书、行政强制执行催告书、行政强制措施决定书、中止强制执行通知书、终结强制执行决定书、恢复强制执行通知书、解除强制措施决定书、查封（扣押）措施决定书、当场告知书、查封（扣押）决定书、解除查封（扣押）决定书、检测或核验检疫技术鉴定书、检测存款（汇款）决定书、划拨存款（汇款）决定书、冻结存款（汇款）决定书、冻结存款（汇款）通知书、延期冻结决定书、延期冻结通知书、限制公民人身自由通知书、解除限制公民人身自由决定书、被限制人身自由人家属通知书、代履行决定书、立即代履行事后通知书	行政强制执行协议	行政强制执行现场笔录、行政强制措施现场笔录	
行政奖励与处分类	行政奖励申请书、行政处分复核申请书、受处分期间表现情况的报告、不服行政处分复核结果申诉书	行政奖励决定书、行政处分决定书、变更行政处分决定书、撤销行政处分决定书、不服行政处分复核处理决定书			
行政征收类		行政收费决定书、行政征收告知书、行政征收听证告知书、行政征收听证权利通知书	公用征收补偿合同		
行政赔（补）偿类	行政补偿申请书、行政赔偿申请书	行政补偿决定书、行政赔偿决定书	行政赔偿调解书		
行政调解类	行政调解申请书、行政调解协议司法确认申请书	行政调解审批表、行政调解征求意见书、行政调解终止通知书、行政调解不予受理通知书、行政调解受理通知书、行政调解终止送达回证	行政调解协议书、行政调解邀请函	行政调解笔录	

续表

专用文种\行文方向	上行	下行	平行	多向	备注
财经类	决算报告、招标申请书、财政决算报告、财政预算报告、财政收支分析报告、财政预算草案报告、财政预算执行情况报告、经济仲裁申请书	招标公告、中标通知书、未中标通知书、资格预审通知书、经济仲裁裁决书	协议书、合同书、招标邀请书、经济意向书、经济仲裁调解书	市场调查报告、市场预测报告、财政说明书、招股计划、招股说明书、经济统计分析报告、经济活动分析报告、国民经济和社会发展计划	
审计类	审计工作报告、审计工作综合报告、财政财务收支审计报告	审计决定书、审计通知书、审计处罚决定书	审计报告征求意见书、协助查询个人存款通知书、协助查询单位账户通知书	审计工作年度计划、审计计划、审计建议书、审计移送处理书、封存通知书、专项审计调查报告	
税类	纳税人合并分立情况申报书、外出经营活动情况申报表、阻止欠税人出境申请表、欠税人出境撤控申请表	税务处理决定书、税务事项通知书、税收检查通知书、税收保全措施决定书、税收强制执行决定书、延期缴纳税款申请批准通知书、协助执行通知书、边控对象通控通知书、责令限期改正通知书、调取账簿资料通知书、停止发售发票决定书、解除冻结存款通知书、核定（调整）定额通知书、解除阻止出境决定书、解除收缴停止发售发票决定书、税收保全措施决定书	涉税案件移送书、委托代征税款协议书	税收计划、税务文书送达回证、税务稽查结论、延期缴纳税款申请核准通知书、外出经营活动税收管理证明、检查存款账户许可证明	

续表

行文方向 专用文种	上行	下行	平行	多向	备注
工商行政管理类	分公司登记申请书、营业单位登记（备案）申请书、公司登记申请书、公司登记（备案）申请书、企业名称预先核准申请书、企业名称预先核准申请书、非公司企业法人注销登记申请书、非公司企业法人登记（备案）申请书、外商投资企业备案申请书、外商投资企业注销登记申请书、外商投资企业变更登记申请书、外商投资合伙企业备案申请书、外商投资合伙企业注销登记申请书、外商投资合伙企业变更登记申请书、外商投资合伙企业设立登记申请书、外商投资企业申请书、外商投资企业分支机构注销登记申请书、外商投资企业分支机构变更登记申请书、名称已核准调整申请书、外商投资企业分支机构设立登记申请书、处意见书、外商投资企业（企业集团）名称驻（地区）外国（备案）申请书、企业常驻代表机构变更登记申请书、企业常驻（地区）外国（地区）申请书、股权出质撤销报告书、股权出质注销申请书、股权出质变更登记申请书、股权出质设立登记申请书、消费者投诉展延续申请书、商标注销申请书、商标注册申请书、商标使用许可合同备案申请书、商标续展注册申请书、商标使用许可合同注册商标申请书、商标注销商标申请书、注册商标申请书、撤销注册商标申请书、撤销注册商标复审申请书、广告经营登记申请书、广告经营变更登记申请表、户外广告登记申请表、固定式印刷品广告登记申请表	行政告诫书、行政约见书、企业名称预先核准通知书、受理消费者投诉告知书、消费者权益争议调解通知书、消费者投诉转办情况告知书、不予受理（终止受理）消费者投诉告知书、股权出质登记通知书、终止消费者权益争议调解商标转让行政指导书、变更商标行政指导书、商标许可证、广告经营许可证、驳回不予注册的决定、广告经营登记审核表、广告经营变更登记（变更登记）审核表、广告单位年检登记审核表、户外广告登记审核表、固定式印刷品广告登记审核表	消费者权益争议调解书、消费者投诉转办通知书	行政建议书、招商说明书、指定代表或者共同委托代理人授权委托书、商标注册行政建议书、广告业务招标书	

续表

行文方向 专用文种	上 行	下 行	平 行	多 向	备注
劳动管理类	工伤认定申请书、劳动能力鉴定申请书、劳动能力复查鉴定申请表	工伤认定决定书、工伤认定申请不予受理决定书、工伤认定申请不予受理通知书、认定工伤决定书、劳动能力鉴定结论、劳动能力复查鉴定结论、劳动能力鉴定结论通知书、劳动仲裁受理通知书、劳动仲裁裁决书、劳动仲裁不予受理通知书	劳动合同、劳务派遣协议、集体劳动合同、劳动争议仲裁调解协议书	劳动争议仲裁答辩书	
社会保障管理类	救济申请书、农村五保供养申请书、孤儿基本生活费申请书、城乡困难群众医疗救助申请书、城乡居民最低生活保障申请书、城市流浪乞讨人员救助申请书、城镇"三无"人员申请认定书、精减退职职工救济申请书、申请城乡低保待遇诚信承诺书、资助农村困难群众建房（新建、改建、维修）申请书	不予救济告知书、批准救济通知书、农村五保供养待遇批准书、不予批准享受农村五保供养待遇告知书、孤儿基本生活费批准（不予批准）书、城乡医疗前救助批准告知书、城乡困难群众临时救助批准（不予批准）书、城市流浪乞讨人员救助批准（不予批准）书、精减退职职工救济批准（不予批准）书、资助农村困难群众建房（新建、改建、维修）批准（不予批准）书	孤儿基本生活费使用监管协议书	出证机构诚信承诺书	
人力资源管理类	应征信、求职信、履历表、辞职信、聘用外国人就业申请表、聘土后科研工作站申报表、设立博士后科研流动站申报表	外国人就业许可证书、外国人就业证、招聘广告、岗位责任书、绩效考核方案、职业资格证书、竞争上岗实施方案、聘任书、聘任专业技术职务公示、辞退通知书、离职通知书、解聘通知书	干部商调函、工资转移证明、录用合同、聘用合同、聘任合同、聘用意向书	人事调动通知、人事调动通知令、申论、培训计划	
国土资源管理类	土地登记申请书、建设项目竣工申报书、项目动工开发申报表	不动产权证书、不动产登记证明、国有土地使用权证、收回国有建设用地使用权决定书、闲置土地认定书、闲置土地处置听证告知书、征缴土地闲置费决定书、宗地登记公告、建设用地批准书	土地使用权出租合同、土地使用权抵押合同、国有建设用地使用权出让合同	土地储备计划、土地登记审批表、土地使用权转让合同、国有建设用地交地情况告知书、闲置土地情况告知书	

续表

行文方向\专用文种	上行	下行	平行	多向	备注
水利管理类	水土保持监测资格证书申请表、水文（水资源）调查评价资质申请表、水利工程建设监理单位资质等级申请表、开发建设项目水土保持方案审批申请表、建设项目水资源论证资质申请表				
海域管理类	海域使用申请书、海域使用权登记申请表、海域使用权注销申请表、海域使用权（续期、变更、转让）申请书	无居民海岛使用权证书、海域使用权证书			
规划建设类	建设工程竣工报告、建设工程竣工验收报告、建设项目选址申请书、建设项目可行性研究报告	建设工程规划许可证、建设工程施工许可证、建设工程规划验收合格证、建设项目选址报告的批复、房屋拆迁许可证	住宅使用说明书、住宅质量保证书、工程设计合同、工程施工合同、工程监理合同、工程勘察合同、工程质量评价报告、房屋拆迁补偿协议、房屋拆迁补正安置协议	工程设计任务书、工程地质勘察报告、建设项目投资估算	
交通运输类	道路客运站经营申请书、道路货物运输经营申请书、道路危险货物运输经营申请书、道路运输班线经营申请书、道路旅客运输经营申请书、道路货物运输（场）经营申请书、超限运输车辆行驶公路申请书、包机场申请书、场址预选报告书、民用机场工程环境影响报告书、民用机场使用许可证申请书、民用航空器国籍登记证申请书、专用线与国铁接轨意向报告、专用线可行性研究报告	道路运输证、道路运输经营许可证、道路运输经营许可决定书、公路交通安全设施改造许可证、船舶营运证、船舶所有权登记证书、国际船舶运输经营许可证、国内水路运输经营许可证、民用航空经营许可证、经营性通用航空登记通知书、国铁接轨建设与用线可行性研究报告审查意见	光船租船合同、定期租船合同、海难救助合同、航次租船合同、港口作业合同、水路货物运输合同、海上货物海集装箱货运代理协议、包机运输代理合同、民用航空货运代理合同、铁路运输合同、专用铁路接轨合同		

续表

行文方向 专用文种	上行	下行	平行	多向	备注
环境保护类	环境监测快报、环境质量报告书、污染源监测报告、专项规划环境影响报告书、建设项目竣工环境保护验收申请			污染源监督监测季报	
科技类	国家科技奖励推荐书、国家最高科学技术奖推荐书、科技建议书、科技成果鉴定申请书、科技项目申请书编写提纲、科研立项报告、科研项目申请立项报告、科研项目可行性报告、科研项目结项鉴定申请书	科技成果鉴定验收证书	设计说明书、课题申报指南	设计任务书、科技鉴定任务书、科技鉴定报告、科技产品技术说明书、科技产品使用说明书、科技实验报告	
教育类	复学申请书、毕业生跟踪调查报告、助学金申请表、奖学金申请表、试卷分析报告、教学质量分析报告、教学改革实验分析报告	学校发展规划、招生简章、学校章程核准书、招生广告、入学通知书、考试规则、教学大纲、教学任务书、教学改革方案		学校章程、招生计划、学籍登记表、学生干部登记表、学生体检登记表、毕业生登记表、教学计划(课程计划)	
知识产权类	权利要求书、专利权无效宣告请求书、专利评价报告请求书、发明专利请求书、专利请求提前公布声明、发明专利申请优先审查请求书、实用新型专利请求书、实用新型专利检索报告请求书、外观设计专利请求书、著作权登记申请表、作品著作权登记申请表、放弃专利权声明、专利申请声明	著作权质押合同登记证	专利转让合同、专利权质押合同、中外技术转让合同、知识产权转让合同、著作权质押合同、著作权转让合同	专利权评价报告	
文化管理类	网络文化经营活动立项登记申请	网吧经营许可证、网络文化经营许可证、营业性演出许可证、音像制品经营许可证	网吧经营管理安全责任书		

续表

行文方向 专用文种	上 行	下 行	平 行	多 向	备 注
文物管理类	文物考古发掘许可申请书、迁移拆除文物申请书		文物保护责任书、文物树探协议书、保护管理协议		
卫生医疗类		卫生许可证、执业医师资格证、病历、病危（重）情告知书、病危（重）通知书	手术同意书、有创诊疗操作同意书、特殊检查治疗同意书、麻醉同意书、输血治疗知情同意书	入院记录、手术记录、手术清点核查记录、手术安全核查记录、上级医师查房记录、术前讨论记录、术后首次病程记录、出院记录、日常病程记录、交（接）班记录、诊疗记录、有创诊疗操作记录、死亡记录、死亡病例讨论记录、医嘱单、住院志、住院病历、阶段小结、抢救记录、转科记录、首次病程记录、特殊病例记录、病程记录、患者护理记录、病重（危）记录、麻醉记录、麻醉前访视记录、疑难病例讨论记录	
食品药品安全类		封条、责令召回通知书、产品样品确认告知书	技术鉴定委托书	药品说明书、中药制剂说明书、保健食品说明书	食品说明书

续表

行文方向 专用文种	上行	下行	平行	多向	备注
外交类	签证申请表、工作文件	批准书、全权证书、涉外公证、领事证书、领事任命书	公约、专约、条约、规约、协定、声明、国书、宣言、宪章、换文、颂词、答词、照会、开场白、议定书、抗议书、邀请函、备忘录、框架协议、战略合作框架协议、双边条约、多边条约、国际条约、国际公法、国际协议、外交公报、外交声明、外交函件、共同展望、情况说明、答记者问、联合公报、联合声明、书面讲话、专题发言、主旨演讲、主体发言、一般性发言、介绍性发言、一般性辩论发言、解释性发言、谅解备忘录	护照、签证、致辞、外交电报	
海关类	清关文件、报关员年审报告书、进出口货物报关单、知识产权海关备案申请书	进出口货物征免税证明	托运单	报检委托书、代理报关委托书、出口货物退税专用报关单	
对外贸易类	进口检验申请单、品检检验申请书、涉外投标表、涉外投标申请书、涉外仲裁申请书、出口商品检验申请书、出口公证申请书	进出口货物许可证、反倾销调查最终裁定、涉外招标通告	涉外合同、涉外招标书、涉外仲裁协议、补偿贸易合同、国际贸易合同、国际技术转让合同、国际贸易代理合同	对外贸易谈判方案	

续表

行文方向 / 专用文种	上 行	下 行	平 行	多 向	备注
行政合同类			计划生育合同,国家订购合同,国家科研合同,矿山承包合同,采矿权转让合同,公用征收补偿合同,公共工程承包合同,农村土地承包合同,公共土地租赁承包合同,海域使用权出让合同,全民所有制工业企业承包合同		
国有资产管理类	资产评估立项申请书,资产评估确认申请书,资产评估项目核准申请、企业国有资产评估报告	事业单位产权登记证、企业国有资产产权登记证			
企业管理类			中外合作企业协议、中外合资企业合同、工业企业承包经营合同	企业章程、中外合作有限责任公司章程、中外合资有限责任公司章程、股份有限公司章程、联营企业章程、企业集团法人章程、企业集团组建方案、企业管理手册、市场定位报告、市场调查报告、市场分析预测报告、产品分析报告、产品定位报告、质量管理报告、品牌定位报告、项目管理目标责任书	

(三) 法律类专用公文

专用公文	行文方向	上行	下行	平行	多向	备注
公安机关专用公文	立案、管辖、回避类	立案报告	立案决定书、不予立案通知书、指定管辖决定书、回避/驳回申请回避决定书	不立案理由说明书	受案登记表、移送案件通知书	
	律师参与刑事诉讼类	涉密案件聘请律师申请表、会见犯罪嫌疑人申请表	涉密案件聘请律师决定书、不准予会见犯罪嫌疑人决定书、准予会见犯罪嫌疑人通知书		提供法律援助通知书	
	强制措施类	取保候审保证书	拘传证、拘留证、换押证、逮捕证、传讯通知书、拘留通知书、逮捕通知书、释放通知书、取保候审决定书、取保候审执行通知书、被取保候审人义务告知书、收取保证金通知书、没收保证金决定书、退还保证金决定书、对保证人罚款决定书、责令具保悔过通知书、指定居所监视居住决定书/执行通知书、解除取保候审决定书/通知书、解除监视居住决定书/通知书、延长拘留期限通知书、延长收容教育决定书、强制戒毒/延长强制戒毒决定书	不予释放/变更强制措施通知书、提请批准逮捕书、提请批准延长侦查羁押期限意见书、提请批准重新计算侦查羁押期限意见书	释放通知书、变更逮捕措施通知书、入所健康检查表、延长侦查羁押期限通知书、重新计算侦查羁押期限通知书	

续表

	行文方向	上行	下行	平行	多向	备注
公安机关专用公文	侦查取证类	（讯问、报案、搜查、辨认、询问）笔录、现场勘验笔录、补充侦查报告书	传唤证、搜查证、悬赏通告、询问通知书、扣押决定书、继续盘问通知书、查封决定书、侦查工作方案、终止侦查决定书、调取证据通知书、解剖尸体通知书、撤销案件通知书、撤销缉控的通知、鉴定意见告知书、被害人诉讼权利义务告知书、犯罪嫌疑人诉讼权利义务告知书、未成年人法定代理人到场通知书、未成年被害人法定代理人到场通知书	办案协作函、起诉意见书、鉴定聘请书、强制医疗意见书、没收违法所得意见书	通缉令、提讯提解证、协查通报、协助查询财产通知书、协助查封/解除查封财产通知书、协助冻结/解除冻结财产通知书、扣押/解除扣押邮件/电报通知书	
	技术侦查类		采取技术侦查措施决定书、执行技术侦查措施通知书、解除技术侦查措施决定书、延长技术侦查措施期限决定书			
	执行类	减刑/假释建议书	收监执行通知书、暂予监外执行决定书		假释证明书、刑满释放证明书	
	刑事通用类	提请复核意见书、呈请拘传报告书、呈请拘留报告书、呈请结案报告书、呈请搜查报告书、呈请破案报告书、呈请调取证据报告书、呈请案件撤销案件报告书、呈请案件侦查终结报告书		要求复议意见书	死亡通知书	

续表

专用文种 \ 行文方向	上行	下行	平行	多向	备注
公安机关专用公文 — 外国人出入境类		限期离境决定书、遣送出境决定书、取消居留资格决定书、缩短居留期限决定书、扣留/收缴护照（证件）决定书、出入境管理拘留审查决定书/延长拘留审查决定书			
公安机关专用公文 — 公安国家赔偿类	国家赔偿金支付申请书	国家赔偿或刑事赔偿申请不予受理通知书、国家赔偿回通知书、国家赔偿或刑事赔偿复议申请驳回通知书、国家赔偿或刑事赔偿复议受理通知书、国家赔偿或刑事赔偿复议申请中止审查通知书、国家赔偿或刑事赔偿复议终结审查决定书、国家恢复复审查情况通知书、申请国家赔偿案件情况通知书、提交国家赔偿案件审查情况通知书			
检察法律专用公文	立案请示报告、提请抗诉报告书、拘留人大代表报告书、刑事赔偿申请书、审查终结报告、支付赔偿金申请书、国家赔偿金支付申请书	法律解释、回避决定书、通知立案书、不起诉决定书、纠正违法通知书、决定释放通知书、免予起诉决定书、批准逮捕决定书、指定管辖决定书、批准聘请律师决定书、赔偿立案通知书、刑事赔偿复议决定书、审查刑事申请审查结果通知书、赔偿监督申请审查结果通知书、赔偿监督立案通知书	起诉书、公诉意见书、民事抗诉书、刑事抗诉书、不起诉意见书、停止执行死刑意见书、重新审查意见书	检察建议书、检察意见书、赔偿监督立案通知书	

续表

专用文种	行文方向	上行	下行	平行	多向	备注
法院法律公文	诉讼类	诉状、上诉状、申诉书、民事起诉状、民事上诉状、行政起诉状、行政上诉状、刑事起诉状、刑事上诉状、支付令申请书、公示催告申请书、宣告失踪申请书、宣告死亡申请书、民事再审申请书、管辖异议申请书、强制执行申请书、执行异议申请书、宣判笔录、法庭审理笔录、刑事庭审议笔录、明正身笔录、合议庭评议笔录、审判委员会讨论案件笔录、国家赔偿全申请书、诉讼财产保全申请书、诉讼财产保全担保书	判决书、裁定书、司法解释、执行裁定书、国家赔偿决定书、国家赔偿审理报告、驳回申诉通知书、驳回再审申请通知书	答辩状、民事答辩状、刑事答辩状、刑事自诉案件反诉状、调解书	反诉状	
	行政裁判类		行政裁定书、第一审行政判决书、第二审行政判决书、再审程序行政判决书	行政赔偿调解书		
	民事裁判类		民事决定书、民事裁定书、第一审民事判决书、第二审民事判决书、再审程序民事判决书	民事调解书		

续表

行文方向 专用文种		上行	下行	平行	多向	备注
法院法律公文	刑事裁判类		刑事裁定书、驳回自诉刑事裁定书、中止审理刑事裁定书、终止审理刑事裁定书、减免罚金刑事裁定书、补正裁判文书、失误刑事处理刑事裁定书、准许撤诉或按撤诉处理刑事裁定书、第一审刑事判决书、第一审刑事无罪判决书、第一审刑事有罪判决书、第一审刑事附带民事判决书、第二审刑事裁定书、第二审刑事判决书、减刑刑事裁定书、假释刑事裁定书、收监执行决定书、再审程序刑事判决书、暂予监外执行决定书、死刑复核刑事判决书、死刑核准刑事裁定书、撤销缓刑刑事裁定书			
	司法行政法律类专用公文	司法鉴定申请书、司法鉴定咨询意见书、法律援助公函（通知辩护）、聆询笔录、劳动教养呈批报告	司法鉴定指定辩护公函、给予法律援助决定书、终止法律援助决定书、聆询通知书、劳动教养决定书、劳动教养通知书	司法鉴定协议书、法律援助协作函、委托代理/辩护协议	司法鉴定意见书、司法鉴定检验报告、司法鉴定证书审查意见书、法律援助公函、法律援助公函（转交申请）、矫正建议书	

续表

行文方向 专用文种	上行	下行	平行	多向	备注
监狱法律专用公文	提请假释建议书、提请减刑建议书、收监执行意见书、监狱起诉意见书、暂予监外执行意见书、罪犯暂不收监通知书、罪犯暂予监外执行通知书、对罪犯不计入执行刑期建议书、在押罪犯脱逃提请决定意见书	暂予监外执行通知书、罪犯入监通知书、罪犯处罚通知书、罪犯死亡通知书、罪犯奖励通知书、罪犯病危通知书	罪犯离监探亲证明书	假释证明书、释放证明书、罪犯死因鉴定书、刑满释放人员通知书	
仲裁类专用公文	仲裁申请书、仲裁反申请书、仲裁执行申请书、回避申请书、仲裁保全申请书、仲裁保全担保书、仲裁保全措施申请书、证据保全申请书、延期审理申请书、指定仲裁员函、撤销仲裁裁决申请书、经济合同纠纷提请仲裁申请书	仲裁裁决书、仲裁应诉通知书	仲裁协议、仲裁协议书、调解书	仲裁答辩书、仲裁反诉书、仲裁委托代理协议、仲裁代理授权委托书	
律师专用公文	律师承诺函、律师会见在押犯罪嫌疑人的函、延期审理申请书、调查取证申请书、解除强制措施申请书、通知证人出庭申请书、通知有专门知识的人出庭申请书、仲裁（勘验）申请书、会见在押犯罪嫌疑人申请书、（涉秘案件）、提请收集（调取）证据申请书		律师函、律师会见证明、律师事务所调查专用证明、律师会见在押犯罪嫌疑人（被告人）专用介绍信、法律咨询意见书、法律意见书、合同审查意见书、建议书、法律辩护函、聘请法律顾问合同、刑事案件代理委托协议、为犯罪嫌疑人提供帮助的委托协议	律师事务所函、民事授权委托书（民事诉讼）、授权委托书（刑事辩护）、刑事辩护律师事务所函	

续表

行文方向 专用文种	上行	下行	平行	多向	备注
公证专用公文	公证申请书、撤回公证申请书、减免公证费申请书		公证书、收养公证书、学历公证书、拍卖公证书、提存公证书、遗嘱公证书、赠与公证书、继承权公证书、商标权公证书、招标投标公证书、保全证据公证书、婚姻状况公证书、赡养协议公证书、合同（协议）公证书、注册商标转让公证书		

（四）其他专用公文

行文方向 专用文种	上行	下行	平行	多向	备注
人大法律公文	法案	宪法、自治法规、地方性法规、特别行政区法	国际条约		
人大机关公文	议案、法案、述职报告、职报告、人大代表议案、执法检查报告、财政预算草案报告、财政决算草案审查报告、代表议案办理情况报告、代表议案处理意见报告、人大代表建议（批评）和意见	公告、评议工作方案、批准本级财政决算的决议、批准本级财政预算的决议		审议意见书	
政协机关公文		提案办理复文	提案、建议案		

续表

行文方向 专用文种	上行	下行	平行	多向	备注
军队专用公文	呈批件、请阅件、决心书、保证书、检讨书、代职报告、腾点报告、士官对照检查、士官述职报告书、士官选取申请书、士官晋级申请书、土官置级申请表、控告（申诉）登记表	条令、命令、通令、通报、指示、动员词、任免令、嘉奖令、惩戒令、撤销奖励令、重要情况通报、士官留用察看审批表、行政看管审批表、行政看管登记表、个人奖励登记（报告）表、单位奖励登记（报告）表	应战书、挑战书	交换意见	
社团公文	社团筹备申请书、社团备案申请书、社团成立登记申请书、社团注销登记申请书、社团变更登记申请书、社团设立分支（代表）机构登记申请书	社团海报、社团成员年度评议		社团章程	

表4　港澳台地区公文种类

文种类别		行文方向	上行	下行	平行	多向	备注
香港公文文种	通用类		呈文、签注	令、公告、布告、通告、人事令、行政法令、法律文件、致个别市民公函、致属下员工公函、政府宪报公告	公函、便笺、咨文、致国内政府单位公函	录事、便笺、通函、开会通知、议事日程、会议记录、议事文件、档案纪要	
香港公文文种	酬酢类					柬帖、献辞、题辞、演讲辞、牌匾铭文、祝贺信、致谢信、邀请信、慰唁信、酬酢信	
香港公文文种	内部类		讨论文件、进度报告、资料文件、工作表现评核报告、临时立法会参考资料摘要	白皮书、绿皮书、咨询文件	咨文、行政会议备忘录	报告书	
澳门公文文种			报告、请示、建议书、申请书、建议书	公函、布告、批示、法规、规划、通告、章程、工作令、传阅通知、行政命令	公函、传阅函、备忘录、内部通告、内部通知	声明、请柬、计划书、召集书、会议通知、会议纪要	
台湾公文文种			呈、签、报告、说帖、提案	令、公告、手令或手谕、通告	咨、书函、记录、通报、通知、证明书、契约书、签函或便函	函、聘书、开会通知单、公务电报或代电	

参考文献

[清] 纪昀等. 四库全书. 上海古籍出版社, 1987.
于成鲲. 现代企业管理文书写作规范, 复旦大学出版社, 2011.
中华书局. 清实录, 中华书局, 1986.
文学容. 承包经营合同订立研究（A）. 才智, 2011（11）.
王强. 中国古代公文选注, 中国人民解放军出版社, 2002.
王磊. 公安法律文书大全与制作详解, 中国法制出版社, 2014.
王士如. 不动产征收补偿比较研究, 政府法制研究 2009（2）.
王名扬. 法国行政法, 北京大学出版社, 2007.
王庐生, 陈全旻. 战时政工类文字材料写作范本, 蓝天出版社, 2010.
王志斌. 新编公文语用词典, 复旦大学出版社, 2002.
王维达. 中国行政法学教程, 同济大学出版社, 2006.
冯文彬. 中国当代干部大百科, 延边人民出版社, 1992.
石培民. 公司必备行政办公文案即查即用, 民主与建设出版社, 2011.
任群, 郑敬东. 常用公文最新规范写作大全, 重庆出版社, 2006.
刘壮. 中国应用文源流研究, 北京图书馆出版社, 2007.
刘国涛, 范海玉. 法律文书学, 重庆大学出版社, 2005.
刘雨樵. 公文起源与演变, 档案出版社, 1988.
吕彦主编. 知识产权法, 四川大学出版社, 2008.
吕伯涛主编. 适用物权法重大疑难问题研究, 人民法院出版社, 2008.
孙桂峰, 江作舟. 部队基层常用文书写作范本, 蓝天出版社, 2009.
成于思. 公司必备签订合同即查即用, 民主与建设出版社, 2011.
朱子南. 中国文体学辞典, 湖南教育出版社, 1988.
朱建太, 马林. 新千年实用公文全编, 山西教育出版社, 2008.
许同莘著. 王毓, 孔德兴校点. 公牍学史, 档案出版社, 1989.
许荣云. 实用秘书大全, 南京大学出版社, 1991.
许嘉璐主编. 二十四史全译, 汉语大词典出版社, 2004.
齐爱民著. 知识产权法总论, 北京大学出版社, 2010.

佟冬．沙俄与东北，吉林文史出版社，1985．
吴伟仁主编．国防科技工业知识产权实务，知识产权出版社，2005．
吴楚材．古文观止，京华出版社，2003．
张振．中法战争，中华书局，1996．
张浩．新编企业做强常用行政文书写作范例全书，北京工业大学出版社，2011．
张莉主编．行政法教程·第十二章　行政合同，对外经济贸易大学出版社，2010．
张书夏等编．湘鄂赣革命根据地文献资料，人民出版社，1985．
张连举．当代法律文书写作，暨南大学出版社，2006．
张易主编．企业常用商务文书，中华工商联合出版社，2007．
张宪文．中华民国史大辞典，中国广播电视出版社，1991．
张培新．建筑工程法规，中国电力出版社，2008．
李东阳，申时行．大明会典，中华书局，1989．
李庆峰．部队常用主持词写作，蓝天出版社，2009．
李纯，鲍明顺．军队机关常用公文写作，海潮出版社，2007．
李和忠．军队司令/后勤/装备/政治机关公文写作训练，长征出版社，2008．
李和忠．军队机关公文写作最新格式与范例，中国人民解放军出版社，2006．
李忠朋，张艳伟，邵建国．中国古代公文选读，经济科学出版社，2010．
李昌远．中国公文发展简史，复旦大学出版社，2007．
李昌远．中国古代公文发展简史，复旦大学出版社，2007．
李明义．应用文书写作格式与范本大辞典，中央编译出版社，2004．
李欣，聊成，张保忠．机关文书写作大辞典，人民日报出版社，1997．
李树春编著．人大机关公文写作，长春出版社出版，2004．
杨伯峻．春秋左传注，中华书局，1990．
杨建洲编著．现代商务文书大全，金盾出版社，2007．
杨剑宇．中国秘书史，安徽大学出版社，2003．
辛华，李忠朋．党政机关公文写作，经济科学出版社，2010．
闵庚尧．中国古代公文简史，档案出版社，1988．
陈伯礼，潘丽霞，徐信贵著．行政法与行政诉讼法·第六章　非权力行政行为，武汉大学出版社，2011．
陈建中，吕波编著．营销策划文案写作指要，中国经济出版社，2011．
周道鸾著．最新刑法法律文书格式范本，人民法院出版社，2003．

尚海．民国史大辞典，中国广播电视出版社，1991．
岳海翔．党务公文写作要领与范文，中国言实出版社，2008．
罗尔纲．太平天国史，中华书局，1991．
罗尔纲．太平天国史纲，商务印书馆，1947．
罗竹风等．汉语大词典，汉语大词典出版社，1993．
罗豪才主编．行政法学，北京大学出版社，1998．
郑明编著．企业管理文书写作，云南大学出版社，2005．
金振邦．文章体裁辞典，东北师范大学出版社，1986．
柳新华．实用行政公文写作与处理，中国人事出版社，2002．
段观宋．中国历代公文选，辽宁大学出版社，1986．
胡乐亭编著．财政学基础，中国财经出版社，2000．
荣孟源．中国国民党历次代表大会及中央全会资料，光明日报出版社，1985．
费安玲，来小鹏，陈健等著．知识产权法学，中国政法大学出版社，2007．
贺汪泽．先秦文章史稿，河南大学出版社，1995．
赵尔巽等．清史稿，中华书局，1977．
赵传福，黄海笑．新编后勤机关公文写作示范，蓝天出版社，2007．
郦春．太平天国制度初探，中华书局，1989．
倪道善．明清档案概论，四川大学出版社，1990．
夏征农，陈至立等．辞海（第六版），上海辞书出版社，2010．
秦灵华主编．合同协议签约范本、谈判技巧与纠纷化解全书，电子工业出版社，2008．
秦灵华主编．常见合同实用大全，电子工业出版社，2008．
高金波．中国律师实务文书，法律出版社，2008．
常林瑞，张金涛．中国历代文书，中国城市出版社，1999．
常青，赵颉仕，樊建功．新编军用公文写作教程，中国长安出版社，2006．
盛永彬，徐涛．法律文书，暨南大学出版社，2006．
彭明．中国现代史资料选辑，中国人民大学出版社，1993．
彭明．中国现代史资料选辑第一至八册补编，中国人民大学出版社，1993．
舒正平，王志国．新编装备机关公文写作示范，蓝天出版社，2007．
蒋坡主编．知识产权管理，知识产权出版社，2007．
蒋茂凝，戴军编．著作权法实例说，湖南人民出版社，2005．
褚斌杰．中国古代文体概论，北京大学出版社，1984．
裴燕生．历史文书，中国人民大学出版社，2003．

潘庆云. 法律文书学教程, 复旦大学出版社, 2005.

戴君编著. 企业商务文书工具箱, 广东经济出版社, 2009.

魏江, 黄拥军. 军队党支部工作规范, 蓝天出版社, 2008.

香港法定语文事务署. 政府公文写作手册（试行版、正式版）, 1997.

澳门特别行政区政府行政暨公职局. 中文公文写作手册, 2000.

台湾行政院. 文书处理手册, 2001.

中华民国史研究室. 中华民国史资料丛稿, 中华书局, 1985.

中国史学会主编. 中国近代史资料丛刊（太平天国）, 上海人民出版社, 2000.

中国第一历史档案馆. 清政府镇压太平天国档案史料, 社会科学出版社, 1995.

中国第二历史档案馆. 中华民国史档案资料汇编, 凤凰出版社, 2010.

太平天国历史博物馆编. 太平天国文书汇编, 中华书局, 1979.

太平天国历史博物馆编. 太平天国资料汇编, 中华书局, 1980.

江西省档案馆中共江西省委党校党史研究室合编. 中央革命根据地史料选编, 江西人民出版社, 1982.

河北省社会科学院历史研究所编. 晋察冀抗日根据地史料选编, 河北人民出版社, 1983.

陕西省档案馆陕西省社会科学院合编. 陕甘宁边区政府文件选编, 档案出版社, 1986.

后　　记

古今公文种类繁多，作用不一。《简明公文类编》的编撰出版，既是为了向读者展现历代丰富多彩、功能各异的公文种类，为读者了解公文种类的发展变化提供线索，又是向读者展示公文在不同工作领域中，通过不同的文种发挥的不同作用。此外，本书还搜集了港澳台地区的公文种类，可以为公文种类的比较提供便利条件。

在上编中，我们研究、整理、搜集了我国古代和近代各个不同历史时期所使用的公文文种。在搜集中，既有前后一脉相通的上书、表、议等公文文种，又有不同时代应运而生的新公文文种，如秦汉时期的诏书、册书、表、奏议等，魏晋南北朝时使用的赦文、启、牒状、教等，宋元时期的诰命、敕牓、口宣、札子、省札、榜文、宣命、敕牒、懿旨等，明清时期的题本、咨呈、照会、牒呈、牒上、堂谕、扎、奏折、揭、谕帖、懿旨等文种。为了向读者提供每一时期完整的文种使用情况，我们采用完整全面、尊重历史的原则，力求能把每一时期所使用的文种较全面地提供给读者。

在中编中，我们搜集编撰了近代时期所使用的公文文种。公文为适应社会的发展，这一时期的公文种类发生了革命性的变化，在由封建社会向民主主义社会、新民主主义社会和社会主义社会转变的进程中，公文激浊扬清、除旧布新，发挥了极其重要的作用，就公文文种的使用而言，已具当代公文雏形，出现了命令、指示、宣言、意见、条约、纲领、条例、办法、函、通告等文种。当然瑕不掩玉，由于历史原因，公文文种仍保留了古代沿袭下来的部分文种，如禀、谕、咨、呈等，我们不应用苛求的目光看待历史现象。

在下编中，我们主要搜集辑录了当前各个领域的部分常用公文，涵盖范围多达57个领域，基本包含了目前各个领域中的主要公文文种。在研究搜集这些公文时，每个领域既有共性公文，又有特例，对于共性文种，因作用大同小异，我们采用以党政机关公文为主方式加以介绍，其他领域不再一一列举，以避免重复罗列。

本书在编写过程中，查阅参考了各种论著和有关材料；鲁东大学的领导和文学院老师给予了大量的帮助和支持；刘玉坤、乔卫星、王佳、刘璐、高慧等承担了书稿的统编任务，邵明媚、邵建国、吴颖、邓丽丽、乔雨菲、朱绘锦、苏燕、赵爱、王晓华、李娇娇、李伟、祝金菊、李宗凤等研究生做了大量的资料搜集、整理和校对工作。在此一并向他们表示衷心的感谢！

希望本书的出版发行能为广大从事公文写作的秘书人员、各高校承担公文写作与研究的老师和同学们提供一些有用的资料。更希望为中国公文学的研究与发展贡献微薄之力。由于水平所限、时间仓促，错误遗漏在所难免，欢迎广大读者批评指正。

编著者

2014 年 12 月

跋

2013年1月12日凌晨,一则噩耗显示在手机屏上:枫林先生于早上4点12分去世,享年81岁。简单明了而寒气逼人的一句话让人的心倏地抽紧,惶惶不安、反反复复看了几遍,不得不承认确是寒风吹落霜叶,先生驾鹤西去。我木然坐在书房座椅上,好半天才回过神来,枫林先生或近或远的音容笑貌翩翩而至。

枫林先生是位颇有身份的人,曾长期在北京中央机关首长身边工作,在省城那是一位地位显赫的领导干部,但那时我并不认识他,无法对他写下只言片语。我所认识的枫林先生已离开领导岗位,已是进入所谓"无官一身轻"的赋闲光景,"一身轻"的他竟然看不到一点官架,嗅不到一点官气,品不到一点官味,我所认识的仅仅是一位人人尊敬的长者,一位风度儒雅的学者,一位推新扶弱的贤者。所以,文中我不称先生的官职,非为不敬,实在是因为我认识的枫林先生与做官和权势无关。

我第一次认识枫林先生是在1992年10月,那一年我因为工作需要,出版了一本薄薄的关于公文写作的书,应邀与枫林先生一起参加了中国公文写作研究会的成立大会。会议在烟台新闻中心举行,枫林先生在会议上当选为中国公文写作研究会第一任会长。枫林先生的当选,并非其他原因,而是由于他在1987年出版了《中国公文学》一书,由此被国内公文学界尊为中国公文学的创始人,会长一职自然非他莫属了。而后,我与他见面多了,他对我讲,这本书是他从政时,将由北京调往山东工作的待命期间,在北京图书馆里写成的。他说,现在这个"学"、那个"学"的,铺天盖地,而公文"经国之大业、不朽之盛事"怎么就没有"学"呢,这就是他写作此书的动因。后来先生还专门将《中国公文学》题名赠送了我一本,拜读之后,至今受益匪浅。先生写过多少公文已经无人知晓,只是知道"文化大革命"刚刚结束时,为老干部平反冤假错案、党的生活准则等许多重要中央文件均出自他手。中国公文写作研究会是一个名不见经传的全国性二级学术团体,但自成立以来,每次年会他都参加,这个学会后来在全国渐渐有了些影响,实在是赖先生所赐。后来他年纪大了,毅然决然辞去会长职务,推荐年轻的同志担任会长,他则成为名誉会长,一般情况下名誉会长都是挂名的，但学会20年来的每次会议他都参加，而且每次会议都会发表具有真知灼见、切中时弊的研究见解。第十二届全国公文写作年会是2010年8月在西安举行的，他不仅在会议上谈了他对公文文风的看法，而且会议期间还接受了多家媒体的采访，他大声呼吁改变文风要从领导干部做起。他认为，"假大空"这种文风，抄袭的文风，最后的避难所就是领导的官僚主义，领导疏于亲政。他的话，引起与会者和媒体的普遍关注。人们没有想到一个79岁高龄的老者有如此敏锐的思想，无怪会后一个刊物发表了一篇题为《老树春深情更浓》的文章，大感惊叹！

如果有人认为官员出身，能写公文，对公文写作有点感想和认识，那不足为奇，也算不得了不起的真才实学。如果你这样来看待枫林先生，我不得不再谈谈他的另一项研究成果。2004年，枫林先生送我一本新著《中国用人史》，并对我讲，这是他自20世纪80年代始，在工作之余，耗时10年，完成的一本我国用人制度史专著。我认真拜读60余万字的皇皇巨著，枫林先生对中华民族历史上用人思想研究之深刻、方略评判之精当令人叹服。长期以来，史学界很少有人对用人史作系统、科学的研究，即或有著述问世，或失之于片断性、随意性，或只是辑录一些用人的故事，缺乏理论的总结与深入的分析。《中国用人史》突破了某些思维定式的束缚，通过全面系统地梳理用人历史上的丰厚遗产，阐释用人与政治、经济及社会发展的关系，从用人的角度去解读历史朝代的兴衰更迭，彰显唯物主义的人才史观和新时期人才强国战略的现实价值。它显示出枫林先生深厚的理论功底和驾驭能力，更蕴含着枫林先生忧国忧民的崇高情怀。

如果有人感觉一个担任过高级领导干部的人谈用人，还是不足为奇的话，那么对一个没有当过兵、打过仗的人，却出版了一本兵书，难道你不感到神奇而非凡吗?！2010年8月在西安，枫林先生又送我一本他刚刚由中国军事科学出版社出版的《中国古代心战》一书，全书50多万字，上起先秦、下迄明清，过去那些屡屡散见于史籍的历代心战战例、战史，历代心战思想与方策，均被他收入锦囊。利用西安会议期间，我把全书通读一遍，发现这是枫林先生奉献给我们的一部极有教益的军事奇书。在中华民族的历史长河中，心战代表了中国古代兵道的智慧，是实现"不战而屈人之兵，善之善者也"的不二法宝。中国古代心战经历了漫长的发展过程，其斗争艺术丰富多彩，奇计妙策蕴含在浩如瀚海的历代兵书和史籍之中，没有剥茧抽丝的毅力和皓首穷经的耐心，实在是难以集大成而为一家。有人评价说，《中国古代心战》一书借鉴《孙子兵法》中丰富的心战思想和原则，研究高技术条件下心理战的基本内涵、应用特点、作战方法，不仅对弘扬中国传统文化具有现实而深远的意义，而且对促进中华民族软实力的提高和对于新时期军事斗争准备都具有极高的价值。这一点，2012年8月18日在北京举行的《中国古代心战》研讨会上得到与会专家的一致认同。同年12月，该书在新闻出版总署举行的第三届"三个一百"原创图书出版工程评选中，从参选的1167种新版图书中脱颖而出，入选"人文社科类原创图书"，被美国国立图书馆和我国各大图书馆收藏，成为我军心理战专业的研修教科书。

我作为晚辈，从30多岁与枫林先生忘年交已20余年，几乎年年相见，每次见面都为他的渊博学问所倾倒，为他的朴实为人所钦佩。他待人谦逊，温和平静，尤其对年轻人的呵护笃爱，事事显示一个长者的胸怀。2002年我在中国人事出版社出版《实用电子公文传输与处理》一书，请先生作序，考虑先生年事已高，且电子公文又是一个新东西，就拟了一个初稿给先生，先生很快就将序言寄了回来，但已不是我拟的初稿，而是先生自己重新撰写的，一看便知先生对电子公文的研究绝不生疏。此书出版后，在社会上引起广泛影响，实在有赖先生推举之力。以后我又在先生鼓励引导之下，陆续出版了几本关于公文写作研究方面的书，每次都是先生欣然命笔作序，为之增彩良多，其呵护之情溢于言表。枫林先生严谨治学，虚怀若谷，每每展现一个学者的风范。学会召开的会议，由于经费有限，一般都在一些简陋的酒店宾馆举行，每次参加会议，他绝不搞特殊，坚持与与会人员在一起食宿、一起讨论。记得2011年暑期，中国公文写作研究会与鲁东大学共同举办"公文学的发展现状与展望"研讨会，枫林先生从青岛赶到烟台参加会议，考虑到学校的接待条件有限，会议特意另作安排，但枫林先生坚决不同意，就在学校与与会人员一起食宿参加会议，两天会议，由于他的亲自参与和指导，会议开得十分成功，会议研究成果结集出版了《公文学现状与展望》一书。枫林先生勤勉一生，努力不懈，他那种对学问孜孜以求的精神，使年轻人常常感到自愧不如。枫林先生70岁左右开始学习电脑，每天坚持用电脑写作3000字。我知道《中国用人史》《中国古代心战》都是他在笔记本电脑上一个字、一个字敲出来的，这是我与他出差开会在一起时亲眼所见。他曾对我说，现在有些人不是认真做学问，为了赶时髦赚钱，组织一帮人，东拼西凑，粗制滥造，几天就搞出一大本，糟蹋学问，有辱斯文，绝不应该这样做学问啊。现实中像枫林先生这样认真做学问的人可谓凤毛麟角，今天重温枫林先生的话，令人感慨良多。

枫林夕照别样红，霜叶流丹分外娇。枫林先生曾与我谈及自己退休后的生活，他说，他可以有两种"写"的选择：一种是写字，练练书法，既有益身体，还可以百年留名，甚至还可以借机得到不菲的润笔费；另一种是写书，研究点东西，不过比较清苦。朋友劝他选第一种，因为枫林先生的书法造诣很深，稍微再用点心，比一些自我标榜的所谓书法家写得要好。但枫林先生选择了另一种，他心里很清楚，这是自找苦吃，但他认为离岗以后如果能利用晚年的时间，能继续为国家、为民族做点有益的事，为后人留下点有价值的东西，那是值得的。他曾说过，人类文化是一个整体，为人类文化做出贡献的人，是不会被历史遗忘的。正如孔夫子所言，枫林先生"其为人也，发愤忘食，乐以忘忧，不知老之将至云尔。"他离岗以后，研究成果不断问世，一部比一部精彩，且有一发而不可收的态势。除了本文言及的三部著作外，枫林先生还著有《步履集》《孔子文化大全》《世界改革史》《中国古代名物大典》等，都是可以传世的佳篇力作。他在2011年烟台会议上对我说，他计划编著一部公文赏析读物，让今人从中观察前人公文对社会治理的视角，学习前人公文笔者善于透彻说理，又重在提出解决办法的睿智，然后将已有的几十万字的文章出个文集，作为献给自己85岁的礼物。并嘱托公文赏析读物由我协助他完成出版发行工作。这两年我一直在期盼枫林先生的新作问世。

2013年元旦假期之间，得知枫林先生病重入院，我于1月3日匆匆赶到北京301医院看望，因医生嘱咐谈话不能超过一刻钟，本来想好许多要对先生说的话，如他的公文赏析书稿何时杀青，他对此书出版发行有什么要求等等。但时间不允许，而我也不忍心让先生再劳累，心想等枫林先生病好了，此事再议也不迟。未曾想病魔如此凶狠，北京一晤，顿成永别，回来仅仅十天多一点的时间，就与枫林先生阴阳两隔，从此再也无法聆听先生的教诲。

2013年1月14日，枫林先生遗体告别仪式在济南殡仪馆举行，是日雾霾蔽日，旅程阻隔，竟至未能赶到济南送枫林先生最后一程。正当我哀思无尽的时刻，枫林先生的亲人打来电话，说枫林先生走前通过"遗事"告知方式，请他们与我联系出版《中国公文名篇赏析》之事。经了解，他的最后书稿在他的个人计算机中，已经系统修改过4次，可谓尽心尽力了。他在住院前最后的日子，就是为再修改书稿、增加新内容搬书而"扭伤"了腰。并且在病中多次提到要出好这本书。

根据他的遗愿，鲁东大学公文文献研究中心将他的遗著校订出版，作为本中心公文学系列研究丛书的第一部。鲁东大学公文文献研究中心是在枫林先生的倡议下，于2008年成立的全国首家以公文为研究对象的科研机构，2010年10月28日中国公文写作研究会批准，成为其分支机构——中国公文写作研究会公文文献研究室。鲁东大学公文文献研究中心创立之初，枫林先生捐赠了其珍藏的全部公文文献和著作，供师生学习、研讨利用，并欣然担任中心的兼职教授，中心的发展倾注了先生的许多心血。此次中心能够为先生的遗著出版尽微薄之力，师生感到无限的荣幸和欣慰。

跋

为了纪念枫林先生，我们将本书包括丛书其他分册的出版式样、大小和封面以先生过去出版的著作为蓝本，统一进行了设计，并命名为《中国公文学研究》丛书，算是对枫林先生为中国公文学创立发展作出的卓越贡献表示的崇高敬意，以告慰枫林先生的在天之灵。

是为跋。

柳新华

2014 年 1 月 12 日

苗枫林（1931.10.27~2013.1.12），男，汉族，原名苗丰麟，笔名林泉，山东省威海市人，相当大专学历。中国共产党优秀党员、忠诚的共产主义战士。中国作家协会会员，山东省第七届人民代表大会常务委员会副主任、党组成员，第八届人民代表大会常务委员会副主任、党组副书记，山东省委原常委，第五届山东省委委员，中国共产党第十三次全国代表大会代表，中国公文学学科奠基人和中国公文写作研究会创始人。2013 年 1 月 12 日，苗枫林同志因病医治无效在北京 301 医院逝世，享年 81 岁。